Groffmann · Kooperatives Führungsinformationssystem

Praxis der Wirtschaftsinformatik

Herausgeber

Prof. Dr. Karl-Heinz Rau,
Fachhochschule Pforzheim
Prof. Dr. Eberhard Stickel,
Berufsakademie Stuttgart

Bisher erschienene Bücher

Eberhard Stickel
DATENBANKDESIGN
Methoden und Übungen
1991, X, 148 Seiten
ISBN-13: 978-3-409-13146-9

Karl-Heinz Rau /
Eberhard Stickel
SOFTWARE ENGINEERING
Erfahrungsberichte aus Dienstleistungsunternehmen, Handel und Industrie
1991, VIII, 174 Seiten
ISBN-13: 978-3-409-13146-9

Karl-Heinz Rau
INTEGRIERTE BÜROKOMMUNIKATION
Organisation und Technik
1991, XVI, 267 Seiten
ISBN-13: 978-3-409-13146-9

Karl-Heinz Rau /
Eberhard Stickel
DATEN- UND FUNKTIONS-MODELLIERUNG
Erfahrungen – Konzepte – Perspektiven
1992, VIII, 186 Seiten
ISBN-13: 978-3-409-13146-9

Hans-Dieter Groffmann
KOOPERATIVES FÜHRUNGS-INFORMATIONS-SYSTEM
Grundlagen – Konzept – Prototyp
1992, XIV, 289 Seiten
ISBN-13: 978-3-409-13146-9

Hans-Dieter Groffmann

Kooperatives Führungsinformationssystem

Grundlagen – Konzept – Prototyp

GABLER

Der Autor, Dr. Hans-Dieter Groffmann, ist wissenschaftlicher Assistent von Professor Dr. B. Jahnke am Lehrstuhl für Allgemeine Betriebswirtschaftslehre, insbesondere Wirtschaftsinformatik der Universität Tübingen. Er lehrt außerdem an der Berufsakademie Stuttgart.

Die Deutsche Bibliothek – CIP-Einheitsaufnahme

Groffmann, Hans-Dieter:
Kooperatives Führungsinformationssystem : Grundlagen – Konzept – Prototyp / Hans-Dieter Groffmann. - Wiesbaden : Gabler, 1992
(Praxis der Wirtschaftsinformatik)
Zugl.: Tübingen, Univ., Diss., 1992 u. d. T.: Groffmann, Hans-Dieter: Führungsinformationssysteme – Grundlagen und Perspektiven computergestützter Informationssysteme für die Unternehmensführung
ISBN-13: 978-3-409-13146-9 e-ISBN-13: 978-3-322-85821-4
DOI: 10.1007/978-3-322-85821-4

Der Gabler Verlag ist ein Unternehmen der Verlagsgruppe Bertelsmann International.

Lektorat: Brigitte Siegel

Vorwort

Vor dem Hintergrund der Potentiale moderner Informations- und Kommunikationstechnologien sowie der steigenden Komplexität und Dynamik der Umwelt werden seit einigen Jahren unter dem Begriff Führungsinformationssystem (Executive Information System) erneut Konzepte zur computergestützten Versorgung von Führungskräften mit in- und externen Informationen vorgeschlagen. Während computergestützte Informationssysteme in der Betriebswirtschaftslehre seit Mitte der sechziger Jahre ausführlich diskutiert werden, bestimmen heute die eher an technischen Leistungskriterien orientierten Hersteller von Führungsinformationssystemen kraft ihrer Produkte die Gestaltung konkreter Systeme in den Unternehmen. Die Ursache hierfür liegt auch in der nach wie vor festzustellenden mangelnden Konkretisierung und Überprüfung der theoretischen Konzepte.

Ausgehend von der These, daß die im Vergleich zum Produktionsbereich recht geringen Automatisierungs- und Rationalisierungseffekte moderner Informationstechniken bei der Versorgung mit Führungsinformationen vor allem auf die unzureichende Berücksichtigung der betroffenen Menschen, der von ihnen zu bewältigenden Aufgaben, der dafür zur Verfügung stehenden Arbeitsmittel sowie der Einbindung der DV-Systeme in das organisatorische betriebliche Umfeld zurückzuführen sind, wird in dem vorliegenden Buch ein allgemeines praxisorientiertes Konzept computergestützter Führungsinformationssysteme entwickelt, das den genannten Anforderungen gerecht wird.

Auf der Grundlage einer detaillierten Analyse der institutionellen und persönlichen Dimensionen der Unternehmensführung und ihres Informationsversorgungsproblems wird das Konzept eines kooperativen Führungsinformationssystems entwickelt. Oberstes Ziel der Arbeitsteilung zwischen Mensch und Computer ist dabei die Erhaltung und Förderung der menschlichen Stärken. Sofern Arbeitsaufgaben ausgegliedert werden können, die durch kontextfreie, elementaristische, starre und selbstbezogene Automatismen schneller und besser als durch menschliche Routinen erledigt werden können, werden sie dem DV-System übertragen. Die Umsetzbarkeit des theoretischen Konzeptes wird anhand der prototypischen Realisierung eines Pilotsystems für den Vorstandsvorsitzenden der Württembergischen Gebäudebrandversicherung, Herrn Präsident Reinhard Schäfer, gezeigt. Hieraus lassen sich auch konkrete Gestaltungshinweise zur praktischen Führungsinformationssystementwicklung ableiten und Gestaltungshilfen geben.

Das Buch entstand während meiner Tätigkeit als Wissenschaftlicher Angestellter am Lehrstuhl für Wirtschaftsinformatik bei Herrn Prof. Dr. B. Jahnke an der Universität Tübingen; es stellt zugleich die am 8. Mai 1992 von der Wirtschaftswissenschaftlichen Fakultät der Universität Tübingen unter dem Titel "Führungsinformationssysteme - Grundlagen und Perspektiven computergestützter Informationssysteme für die Unternehmensführung" angenommene Dissertation dar.

Dank schulde ich neben meinem akademischen Lehrer Herrn Prof. Dr. B. Jahnke, vor allem Herrn Prof. Dr. D. B. Preßmar für viele anregende wissenschaftliche Diskussionen sowie Herrn Prof. Dr. F. X. Bea für die Übernahme des Zweitgutachtens. Zu Dank verpflichtet bin ich ferner den vielen Mitarbeitern des Lehrstuhls sowie der Praxiskooperationspartner IBM Deutschland GmbH und Württembergische Gebäudebrandversicherung in Stuttgart, ohne deren Interesse und aktive Unterstützung die Entwicklung des Pilotsystems eines Führungsinformationssystems nicht möglich gewesen wäre.

Hans-Dieter Groffmann

Inhaltsverzeichnis

Abkürzungsverzeichnis

ACM	Association for Computing Machinery
AFIPS	American Federation of Information Processing
AI	Angewandte Informatik (ab 1990 unter dem Titel "Wirtschaftsinformatik")
AMA	American Management Association
Aufl.	Auflage
Bb.	Beiblatt
Bd.	Band
BFuP	Betriebswirtschaftliche Forschung und Praxis
BIFEGO	Betriebswirtschaftliches Institut für empirische Gründungs- und Organisationsforschung e. V.
BIFOA	Betriebswirtschaftliches Institut für Organisation und Automation
BMFT	Bundesministerium für Forschung und Technologie
BTX	Bildschirmtext
bzw.	beziehungsweise
CAD	Computer Aided Design
CA	California
CAM	Computer Aided Manufacturing
CHI	Computer Human Interaction
CIS	Chief Information System/Chef-Informationssystem
CISR	Center for Information Systems Research
DB	Der Betrieb
DBW	Die Betriebswirtschaft
d. h.	das heißt
DIN	Deutsches Institut für Normung e. V.
Diss.	Dissertation
DOS	Disk Operating System
DSS	Decision Support System
DV	Datenverarbeitung
E	Entwurf
EIS	Executive Information System
f.	folgende
ff.	fortfolgende
FIS	Führungsinformationssystem
FN	Fußnote
ggf.	gegebenenfalls
GI	Gesellschaft für Informatik e.V.
GMD	Gesellschaft für Mathematik und Datenverarbeitung mbH
H.	Heft
Habil.	Habilitationsschrift
HBR	Harvard Business Review
HdWW	Handwörterbuch der Wirtschaftswissenschaften
HMD	Handbuch der modernen Datenverarbeitung
Hrsg.	Herausgeber
HWB	Handwörterbuch der Betriebswirtschaft
HWFür	Handwörterbuch der Führung
HWO	Handwörterbuch der Organisation

HWP Handwörterbuch der Planung
HWR Handwörterbuch des Rechnungswesens

IAO Frauenhofer-Institut für Arbeitswirtschaft und Organisation
IBM International Business Machines
IEEE Institute of Electrical and Electronics Engineers
IFIP International Federation for Information Processing
Ill. Illinois
insb. insbesondere
ISO International Organization for Standardization

J. Jahr
Jg. Jahrgang

LAN Local Area Network
LCD Liquid Crystal Display

m. w. N. mit weiteren Nachweisen
Mass. Massachusetts
MCI Mensch-Computer-Interaktion
MIS Management Informationssystem
MIT Massachusetts Institute of Technology
MMK Mensch-Maschine-Kommunikation

NF Neue Folge
NIP Notizen zum Interaktiven Programmieren
No. Number
Nr. Nummer
NY New York

o. ohne
o. a. oben angeführte
OM Office Management
o. O. ohne Ort
OS/2 Operating System/2

PC Personal Computer
PIK Praxis der Informationsverarbeitung und Kommunikation
Proc. Proceedings
PS Personal System

S. Seite
SAA Systems Application Architecture/System-Anwendungsarchitektur
SIGCHI Special Interest Group on Computer-Human Interaction
SJCC Spring Joint Computer Conference
sog. sogenannte
Sp. Spalte
SQL Structured Query Language
SzU Schriften zur Unternehmensführung

u. a. und andere
UIMS User Interface Management Systems
usw. und so weiter
u. U. unter Umständen

vgl.	vergleiche
Vol.	Volume
WG	Working Group
WI	Wirtschaftsinformatik
WiSt	Wirtschaftswissenschaftliches Studium
WISU	Das Wirtschaftsstudium
z. B.	zum Beispiel
ZfB	Zeitschrift für Betriebswirtschaft
ZfbF	Zeitschrift für betriebswirtschaftliche Forschung
ZfhF	Zeitschrift für handelswissenschaftliche Forschung (bis 1963)
ZfO	Zeitschrift für Organisation
ZfOR	Zeitschrift für Operations Research
z. T.	zum Teil
zugl.	zugleich
ZVEI	Zentralverband der Elektrotechnischen Industrie e. V.
ZwF	Zeitschrift für wirtschaftliche Fertigung und Automatisierung
z. Z.	zur Zeit

1 Einleitung

1.1 Bedeutung von Führungsinformationssystemen

Vor dem Hintergrund der in den letzten Jahrzehnten immer komplexer, dynamischer und in ihren Entwicklungen und Auswirkungen schwerer voraussagbar gewordenen Umweltfaktoren[1] gewinnen die Versorgung der Unternehmensführung[2] mit aktuellen und qualitativ hochwertigen Umweltinformationen sowie die interne Kompetenz, als Voraussetzung entsprechender flexibler und schneller Aktivitäten, zunehmend existentielle Bedeutung für die Unternehmen[3].[4] Die qualifizierte Planung, Steuerung und Kontrolle des betrieblichen Geschehens setzt darüber hinaus aktuelle und systematisch vollständige Informationen über die eigenen unternehmerischen Aktivitäten voraus.[5]

Die Notwendigkeit, in immer kürzeren Zeitabständen auf den dynamischen Wandel der ökonomischen Rahmenbedingungen reagieren zu können, hat bewirkt, daß der Informationsstand der Unternehmensführung, als Grundlage ihrer Entscheidungen, sowohl in der Theorie als auch in der Praxis wieder in den Mittelpunkt des Interesses gerückt ist.[6] Der Versuch, der strategischen Bedeutung von Informationen gerecht zu werden, hat zu einer erneuten Diskussion über die Einbeziehung der Information in das System der betrieblichen Produktionsfaktoren geführt.[7] Danach wird Information etwa als Verbrauchsfaktor eingestuft, der nicht substantiell in die Produkte eingeht.[8]

Die Verkürzung der Produktionszeiten materieller sowie der Bereitstellungszeiten immaterieller Güter durch den Einsatz computergestützter Material- und Finanzwirtschaftssysteme hat die Flexibilität der Unternehmen zum Teil entscheidend erhöhen können. Die vorgeschlagene Ausweitung des Einsatzes moderner Informationstechnologien[9] zur Erlangung weiterer Wettbewerbsvorteile[10] steht jedoch im Gegensatz zur Erfahrung, daß bereits heute die in den betriebsinternen operativen DV-Systemen[11] vorhandenen Informationen der Unternehmensführung nur unvollständig oder mit erheblicher zeitlicher Verzögerung zur Verfügung stehen;[12] ganz zu schweigen von den auf computerlesbaren Medien bereits verfügbaren unternehmensexternen Informationen, denen erst seit wenigen Jahren vereinzelt Beachtung geschenkt wird.[13]

Vor dem Hintergrund der in den Unternehmungen festzustellenden Integrationstendenzen[14] und damit einhergehenden weiteren Zunahme der Computerunterstützung scheinen die erzeugten Informationsmengen auch in der Zukunft eher zu steigen als abzunehmen.[15] Das zentrale Problem heutiger Führungsinformationssysteme[16] liegt nicht mehr nur allein in der Informationsgenerierung, sondern vielmehr in der personenspezifischen Selektion, Aufbereitung, Darstellung und Verteilung der vorhandenen Informationen.[17]

Ohne den Einsatz moderner Informationstechnologien ist diese Aufgabe nicht mehr zu bewältigen. Ergebnisse neuerer empirischer Untersuchungen, die zeigen, daß zwar von den Ausgaben für Informationstechnik[18] nicht auf den wirtschaftlichen Erfolg eines Unternehmens geschlossen werden kann, jedoch erfolgreiche Unternehmen - gemessen an überdurchschnittlicher Kapitalverzinsung, Produktinnovation und Wachstumsrate - mehr für Informationstechnik ausgeben als weniger erfolgreiche, scheinen dies zu bestätigen.[19] Entsprechend finden neben dem Management der Informationsbeschaffung, -verarbeitung und -bestände die Gestaltung der informationstechnischen Infrastruktur und ihre Integration in die Unternehmensstrategie[20] heute[21] unter dem Begriff Informationsmanagement[22] wieder stärkere Beachtung.[23]

Diese im allgemeinen an den technischen Leistungskriterien orientierte theoretische Diskussion über die Automatisierungs- und Rationalisierungspotentiale bestimmter Informationstechnologien haben im Büro- und Verwaltungsbereich bisher kaum zu den erhofften Effekten geführt.[24] Zur Informationsversorgung werden DV-Systeme zwar in der Regel eingesetzt; von den wenigen Unternehmensführern, die angeben, einen Computer am Arbeitsplatz einzusetzen, versorgt sich jedoch kaum einer planmäßig direkt mit Führungsinformationen durch die Benutzung[25] eines Computers,[26] was aufgrund der existentiellen Bedeutung der Informationsversorgung zunächst naheliegen würde.

Es ist zu vermuten, daß auch diese Tatsache vor allem auf die unzureichende Berücksichtigung der betroffenen Menschen, der von ihnen zu bewältigenden Aufgaben, der dafür zur Verfügung stehenden Arbeitsmittel und deren Zusammenwirken sowie der Einbindung des DV-Systems in das organisatorische betriebliche Umfeld zurückzuführen ist (vergleiche Abbildung 1).[27]

Primäres Ziel jeder Arbeitsteilung zwischen Mensch und Computer sollte die Erhaltung beziehungsweise Förderung der Stärken des Menschen, wie zum Beispiel seiner Situationsgebundenheit, ganzheitlich-emotionalen Erfassung, Flexibilität des Schemas und Sozialbezogenheit sein.[28] Sofern Teile von Arbeitsaufgaben ausgegliedert werden können, die durch kontextfreie, elementaristische, starre und selbstbezogene Automatismen schneller und besser als durch menschliche Routinen zu erledigen sind, können und sollten diese Teile maschinellen Funktionsträgern übertragen werden - vorausgesetzt, es existiert ein sinnvolles Konzept für die Nutzung der dadurch für andere Aufgaben zusätzlich zur Verfügung stehenden Zeit.[29]

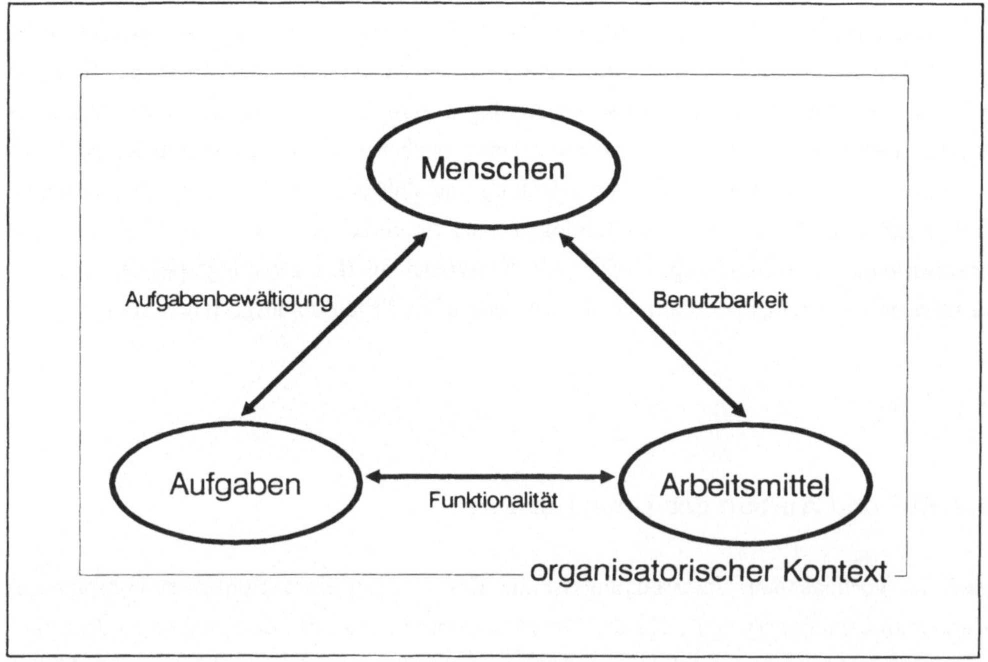

Abbildung 1: Die Triade: Mensch, Aufgabe, Arbeitsmittel[30]

Obwohl computergestützte Informationssysteme im Rahmen der Betriebswirtschaftslehre seit Mitte der sechziger Jahre ausführlich diskutiert wurden,[31] bestimmen die eher an technischen Leistungskriterien orientierten Hersteller von Führungsinformationssystemen kraft ihrer Produkte die Gestaltung konkreter Systeme in den Unternehmen - von der Wissenschaft zumeist wohlwollend begleitet durch die Erstellung praxisorientierter Marktübersichten.[32] Die Hersteller schließen damit eine Lücke, die aufgrund divergierender Forschungsziele zwischen Betriebswirtschaftslehre und Informatik entstanden ist: Aus der technikorientierten Sicht der Informatik steht die Entwicklung flexibler anwendungsunabhängiger DV-Systeme im Vordergrund. Die zunehmende Bedeutung der organisatorischen Einbindung interaktiver DV-Systeme in die konkrete Arbeitsumgebung wird zwar zum Teil gesehen, die detaillierte Untersuchung der organisatorischen betrieblichen Rahmenbedingungen sowie die Anpassung beziehungsweise Gestaltung entsprechender DV-Systeme wird jedoch zumeist der Betriebswirtschaftslehre übertragen.[33] Die Betriebswirtschaftslehre ihrerseits nimmt hingegen den Stand der Informationstechnologie im allgemeinen als gegeben hin und diskutiert lediglich die betriebswirtschaftlichen Auswirkungen.[34] Gestaltungshilfen werden kaum gegeben.

Während Szyperski auf die technologischen Herausforderungen an die Betriebswirtschaftslehre schon zu Beginn der sechziger Jahre nachdrücklich hingewiesen hat,[35] zeichnen sich die entwickelten theoretischen Konzepte zum Aufbau und zur Gestaltung computergestützter Informationssysteme auch heute noch oft durch mangelnde Konkretisierung und Überprüfung aus.[36] Zur Entwicklung von Führungsinformationssystemen liegen bisher keine umfassenderen Darstellungen vor; vereinzelt finden sich lediglich kurze praxisorientierte Abhandlungen, die jedoch zumeist an den Leistungsspektren der bekanntesten beziehungsweise am häufigsten verkauften Produkte ausgerichtet sind.[37]

1.2 Ziel und Aufbau der Untersuchung

Ziel der vorliegenden Untersuchung ist die Entwicklung eines Konzeptes computergestützter Informationssysteme für die Unternehmensführung, das den genannten Anforderungen gerecht wird. So soll auf der Grundlage einer detaillierten Analyse der Unternehmensführung und ihres Informationsversorgungsproblems - unter besonderer Berücksichtigung der sich aus ihrem organisatorischen Umfeld ergebenden Anforderungen und vor dem Hintergrund des gegenwärtigen Standes der Informationstechnologie - das theoretische Konzept eines Führungsinformationssystems entwickelt werden, das vom Unternehmensführer direkt benutzt werden kann. Hierzu sind neben den Ergebnissen der Informatik insbesondere Erkenntnisse aus der Psychologie in die Betriebswirtschaftslehre zu integrieren, um den Anforderungen des Menschen gerecht werden zu können.

Um darüber hinaus konkrete Gestaltungshinweise und -hilfen zur praktischen Führungsinformationssystementwicklung ableiten beziehungsweise geben zu können, ist, zur Konstruktion und Überprüfung der konzeptionellen Aussagen, ein Pilotsystem zu konzipieren, zu entwickeln und zu gestalten. Die beispielhafte Realisierung bietet daneben die Möglichkeit, über die vorhandene wissenschaftlich-theoretische Diskussion hinaus Anhaltspunkte für die betriebswirtschaftlichen Implikationen eines computergestützten betrieblichen Führungsinformationssystems zu gewinnen.

Der gegenwärtige Stand der Informationstechnologie bildet die Basis der abzuleitenden Gestaltungshinweise, sollte aber nicht zugleich den äußersten Rahmen darstellen, in dem sich die Aussagen bewegen. Um ein Konzept ableiten zu können, das voraussichtlich auch in naher Zukunft noch Gültigkeit besitzt, soll, sofern notwendig und möglich, darüber hinaus zur Realisierung des Systems auf Techniken zurückgegriffen werden, die noch nicht oder erst seit kurzer Zeit kommerziell verfügbar sind, nach dem jetzigen Stand der Forschung aber richtungsweisend sein können.[38]

Die Untersuchung gliedert sich demnach in insgesamt sieben Kapitel. Im Anschluß an diese Einleitung, bestehend aus der Darlegung von Motivation, Ziel und Aufbau der Untersuchung, folgt im zweiten Kapitel eine Präzisierung der relevanten betriebswirtschaftlichen Grundlagen. Neben der Definition der zentralen Begriffe stehen hier die Aufgaben der Unternehmensführung, die Bedeutung der Information für die Erledigung dieser Aufgaben sowie die Organisation der Informationsversorgung im Vordergrund. Die Ableitung der Grundstruktur eines Führungsinformationssystems am Schluß des zweiten Kapitels verdeutlicht gleich zu Beginn die grundsätzlichen Potentiale eines DV-Systems zur Informationsversorgung der Unternehmensführung.

Da das detaillierte Konzept eines Führungsinformationssystems entscheidend von der gewählten Vorgehensweise bestimmt wird, folgt im dritten Kapitel die Darstellung des zugrundeliegenden Vorgehensmodells. Nach einer kurzen Erläuterung der modelltheoretischen Grundlagen sind Bedeutung und Voraussetzungen der gewählten anthropozentrischen Vorgehensweise zu diskutieren, bevor die Gestaltungsziele, -felder und -ebenen eines Führungsinformationssystems abgeleitet werden können.

Im Anschluß an diese beiden grundlegenden Kapitel steht im Zentrum des vierten Kapitels die detaillierte Analyse des organisatorischen Kontextes eines Führungsinformationssystems: Auf der einen Seite - aus der Sicht der Informationsnachfrage - der Unternehmensführer mit den ihm zum Zwecke der Aufgabenbewältigung zur Verfügung stehenden Personen und Arbeitsmitteln sowie deren Beziehungszusammenhängen und auf der anderen Seite - aus der Sicht der Informationsversorgung - die Informationsbasis, die Gesamtheit der Informationen, die im Hinblick auf die Bewältigung der Unternehmensführungsaufgaben computergestützt zur Verfügung gestellt werden können. Aufgrund ihrer herausragenden Bedeutung ist in diesem Zusammenhang insbesondere auf betriebliche Kennzahlen einzugehen.[39]

Vor dem Hintergrund der konkretisierten organisatorischen Rahmenbedingungen kann im fünften Kapitel das Konzept der Benutzerschnittstelle von Führungsinformationssystemen, als Gesamtheit der betriebswirtschaftlich relevanten Komponenten,[40] erarbeitet werden. Nach einer Präzisierung des Begriffs der Benutzerschnittstelle wird, als Ergebnis einer kritischen Darstellung der in der wissenschaftlichen Literatur diskutierten Modelle, ein eigenes Modell der Mensch-Computer-Interaktion vorgestellt. Das Ebenenmodell bildet die Grundlage für die sich anschließende Darstellung der Funktionen und Benutzbarkeitsmerkmale von Führungsinformationssystemen. Auf die praktische Umsetzbarkeit wird an den entsprechenden Stellen zwar stets hingewiesen, die Beschreibung beschränkt sich aber im wesentlichen auf die logische Ebene; denn mit zunehmender Nähe zur technischen Ausführungsebene nehmen sowohl die betriebswirtschaftliche Relevanz der Aussagen als auch die Beschreibungsstabilität aufgrund des hohen Entwicklungstempos der Informationstechnologien ab.[41]

Im sechsten Kapitel wird anschließend die zum Zwecke der Konkretisierung und Überprüfung des entwickelten logischen Konzeptes durchgeführte Entwicklung und Gestaltung des Pilotsystems eines Führungsinformationssystems in einem konkreten Wirtschaftsunternehmen dokumentiert.[42] Nach kurzer Beschreibung der gewählten Informationstechnik soll anhand einzelner zentraler Systemfunktionen und des Szenarios einer typischen Informationsanfrage die Funktionsweise des Pilotsystems erläutert werden. Eine umfassende Dokumentation des Gesamtsystems würde nicht nur den Rahmen dieser Arbeit sprengen, sondern auch zu keinen weiteren betriebswirtschaftlich bedeutsamen Aussagen führen.

Die Untersuchung schließt im siebten Kapitel mit einer zusammenfassenden Reflexion der Perspektiven von Führungsinformationssystemen. Hier sollen nicht die bereits existierende umfangreiche wissenschaftliche Literatur oder fundierte Praxisäußerungen zu den allgemeinen betriebswirtschaftlichen Auswirkungen der modernen Informationstechnologie wiederholt diskutiert, sondern die Möglichkeiten und Grenzen des vorgestellten Führungsinformationssystemkonzeptes zusammengefaßt sowie die im Zusammenhang mit der Implementierung des Pilotsystems gemachten Erfahrungen einer betriebswirtschaftlichen Würdigung unterzogen werden.

2 Informationsversorgung der Unternehmensführung

2.1 Unternehmensführung

2.1.1 Begriff und Aufgaben

Der Begriff Unternehmensführung[1] wird in der betriebswirtschaftlichen Literatur unterschiedlich definiert. Bezogen auf die Unternehmung, wird damit zum einen die Führungstätigkeit und zum anderen die Gesamtheit der Träger der Führungstätigkeiten bezeichnet, die im Einzelfall aus einer Person oder einer Personengruppe bestehen kann.[2] Im Rahmen dieser Arbeit wird von der letztgenannten Definition ausgegangen.

Die Unternehmensführung bestimmt aufgrund der ihr zugeordneten Anordnungs- und Entscheidungsbefugnis das gesamtbetriebliche Geschehen.[3] Sie bildet das "Zentrum, die eigentlich bewegende Kraft des betrieblichen Geschehens."[4] Ihre Aufgabe[5] besteht aus produktionstheoretischer Sicht etwa darin, die betrieblichen Elementarfaktoren menschliche (objektbezogene) Arbeitsleistung, Betriebsmittel und Werkstoffe nach dem Prinzip der Wirtschaftlichkeit[6] zu einer produktiven Kombination[7] zu vereinigen.[8]

Sind zu einem bestimmten Zeitpunkt zwei oder mehr Handlungsmöglichkeiten gegeben, die sich nicht gleichzeitig verwirklichen lassen,[9] muß eine Entscheidung über die Realisierung einer der Alternativen getroffen werden.[10] Dabei wird von der Unternehmensführung die Alternative ausgewählt und in die betriebliche Realität umgesetzt, die ihr im Hinblick auf die verfolgten Ziele[11] zu dem betreffenden Zeitpunkt am geeignetsten erscheint.

In der betriebswirtschaftlichen Literatur wird der Unternehmensführung in diesem Zusammenhang im allgemeinen rationales oder zumindest intendiert rationales Handeln unterstellt beziehungsweise von ihr gefordert. Bereits Gutenberg hat jedoch zu Beginn seiner Ausführungen nachdrücklich darauf hingewiesen, daß die Entscheidungen der Unternehmensführung zum Teil wesentlich bestimmt sind von einem persönlichen Moment, den individuellen, nicht quantifizierbaren Eigenschaften der Unternehmensführung, die sich "in kein rationales Schema einfangen"[12] lassen, die "irrationale Wurzel"[13] der Unternehmensführung.[14]

Für eine sich rational verhaltende Unternehmensführung ist die genaue Planung[15] aller Einzelheiten in sämtlichen betrieblichen Bereichen Voraussetzung für die Realisierung.[16] "Ohne planendes Vorbedenken bleiben alle noch so starken persönlichen Antriebe und alle noch so großen betriebspolitischen Zielsetzungen ohne Wirkung."[17]

Da jedoch niemand die zukünftigen Umstände vorhersehen kann, läßt sich der Erfolg oder Mißerfolg einer zu treffenden Entscheidung nicht im voraus bestimmen. Im Extremfall kann eine offensichtlich irrational getroffene Entscheidung zum Erfolg sowie eine rationale Entscheidung zum Mißerfolg führen. Aufgrund der Unfaßbarkeit des Irrationalen wird im folgenden, sofern es um die Vorhersage menschlichen Handels geht, von rationalem Verhalten der Unternehmensführung ausgegangen. Sofern es sich bei der Unternehmensführung um mehr als eine Person handelt oder der alleinige Unternehmensführer nicht gleichzeitig auch alleiniger Eigentümer der Unternehmung ist, bildet rationales Verhalten der Unternehmensführung die Voraussetzung für die notwendige Nachvollziehbarkeit und -prüfbarkeit der getroffenen Entscheidungen durch die übrigen betroffenen Personen.

2.1.2 Entscheidungsfindung

Zur Erklärung des Zustandekommens von Führungsentscheidungen auf der einen Seite und als Anleitung zur planvollen Vorgehensweise bei einer anstehenden Entscheidung auf der anderen Seite wird in der Literatur eine Vielzahl von Phasenschemata diskutiert.[18] Da sich fast alle realen Probleme in mehrere kleinere Teilprobleme aufspalten lassen, unterscheiden sie sich im wesentlichen lediglich in Phaseneinteilung und Detaillierung. Sie gehen letztlich alle auf die Analyse kognitiver Prozesse entscheidender Individuen von Dewey[19] im Jahre 1910 zurück. Nach Einführung in das Gebiet der Business Administration durch Barnard[20] und Simon[21] wurden die "stages", "steps" oder "phases" des "decision-making-process" in der amerikanischen Managementliteratur eingehend behandelt.[22]

Nach Dewey läßt sich beim Menschen der Prozeß vom Erkennen eines Problems bis zu dessen Lösung grundsätzlich in fünf logisch getrennte und systematisch aufeinander bezogene Phasen einteilen:[23]

(1) **Identifikation**: Erkennen des Problems.[24]

(2) **Definition**: Abgrenzung von Inhalt und Umfang des Problems.[25] Darüber hinaus wird versucht, anhand der Problemstruktur Ursachen und Wirkungszusammenhänge aufzudecken und erste Lösungsansätze zu identifizieren.[26]

(3) **Alternativenbildung**: Ermittlung von möglichst vielen differenzierten Problemlösungswegen.

(4) **Beurteilung**: Bewertung der herausgearbeiteten Handlungsmöglichkeiten im Hinblick auf die gegebene Problemstellung und Auswahl einer Alternative.

(5) **Durchführung und Kontrolle**: Realisierung der ausgewählten Lösungsmöglichkeit und Kontrolle[27] der Durchführung.

Diese letzte Phase soll sicherstellen, daß das Problem tatsächlich gelöst beziehungsweise ein erneuter Problemlösungsprozeß angestoßen wird, sofern das Problem durch die ergriffenen Maßnahmen nicht bewältigt werden konnte.

Aufgrund der sich im Zeitablauf ständig ändernden Rahmenbedingungen der Unternehmung und der Möglichkeit, größere Probleme in mehrere Teilprobleme aufzuteilen, läßt sich die Führung einer Unternehmung als ein Geflecht vieler Problemlösungsprozesse beschreiben.[28] Die Verknüpfung der einzelnen Prozesse ist durch Rekursivität[29] und das Prinzip der Rückkopplung zwischen den einzelnen Stufen[30] gekennzeichnet.[31]

Als Folge der starken Entscheidungsorientierung der jüngeren deutschen Betriebswirtschaftslehre[32] werden die Aufgaben der Unternehmensführung heute im allgemeinen aus den Phasen des Entscheidungsprozesses abgeleitet.[33] Die Führung einer Unternehmung beinhaltet demnach im wesentlichen vier Aufgaben:[34]

(1) Festlegung der Unternehmensziele,

(2) Herbeiführung von Entscheidungen über die durchzuführenden Maßnahmen,[35]

(3) Einwirkung auf das Unternehmen (im weiteren Sinne), das heißt Veranlassung und Kontrolle der Durchführung sowie

(4) Übernahme der Verantwortung für das betriebliche Geschehen.

Aus diesen Hauptaufgaben der Unternehmensführung können je nach Detaillierungsgrad des zugrundegelegten Phasenschemas entsprechend viele kleinere Teilaufgaben abgeleitet werden. So läßt sich die erste Aufgabe der Zielentscheidung beispielsweise unterteilen in die Teilaufgaben der Vorausschau der Unternehmensentwicklung, der Zielplanung und der Zielentscheidung.[36]

2.2 Informationsversorgung

Als gemeinsames Merkmal aller Aktivitäten des Entscheidungsprozesses wird in der betriebswirtschaftlichen Literatur hervorgehoben, daß sie einen Vorgang darstellen, der aus dem Verarbeiten von Informationen besteht.[37] Jede Problemlösungsaktivität beinhaltet hiernach das Suchen, Finden und Auswerten von Informationen im Hinblick auf die Problemstellung.[38]

Diese Feststellung basiert auf dem in der betriebswirtschaftlichen und informationstechnischen Literatur vorherrschenden, aber nur selten explizit dargestellten Modell des menschlichen Denkens als einem bewußten oder zumindest nachvollziehbaren Prozeß der Verarbeitung von Informationen nach formalen Regeln. So formulieren etwa Müller/Preßmar: "Da sich die menschliche Denkleistung prinzipiell als Informationsverarbeitungsprozeß darstellen läßt, sind auch Entscheidungen im Grunde nichts anderes als Prozesse der Informationsverarbeitung."[39] Teichmann spricht in diesem Zusammenhang von Informationen als den Rohstoffen von Entscheidungen.[40]

Ohne im Rahmen dieser Arbeit auf das zugrundeliegende Modell des menschlichen Gehirns als informationsverarbeitende Maschine näher eingehen zu können, sei darauf hingewiesen, daß sich mit den in den letzten Jahren bekannt gewordenen Mißerfolgen auf dem Gebiet der Künstlichen Intelligenz-Forschung[41], hierzu auch zunehmend kritische Stimmen finden. Während eine Gruppe von Autoren das Modell modifiziert und nur auf eine eng begrenzte Menge von Problemen anwendet,[42] versuchen andere, in einem holistischen Ansatz[43] eine völlig neue Vorstellung von den Problemlösungsvorgängen im menschlichen Gehirn zu entwickeln. Gleichwohl werden diese Modelle im Gegensatz zur informationstechnisch orientierten Literatur in naher Zukunft wohl kaum Eingang in die betriebswirtschaftliche Literatur finden.

2.2.1 Begriff der Information

In der betriebswirtschaftlichen Literatur wird Information überwiegend als zweckorientiertes Wissen definiert, das heißt Wissen[44], "das zur Erreichung ... einer möglichst vollkommenen Disposition eingesetzt wird"[45].[46] Bezogen auf das Zustandekommen von Entscheidungen, wird der Vorgang der Information zum Teil auch als Zuwachs an entscheidungsrelevantem Wissen bezeichnet.[47]

Zur Hervorhebung des Bedeutungsinhaltes von Wissen für den Informationsempfänger werden die Begriffe Informationen und Daten zum Teil voneinander abgegrenzt.[48] Als Daten werden in diesem Zusammenhang "Abbildungen realer oder gedanklicher Zustände angesehen, die noch ohne Bezug zu ihrer Verwendung für eine bestimmte Aufgabenstellung stehen."[49] In der nachrichtentechnischen Informationstheorie[50] werden hingegen die durch einen Zeichenträger übermittelten Nachrichten als Informationen bezeichnet, während Daten das Ergebnis einer zweckorientierten Verarbeitung von Informationen darstellen.[51]

Beiden Ansätzen gemein ist die Differenzierung zwischen der Gesamtmenge darstellbarer Beobachtungen und einer Teilmenge daraus, die sich durch zweckbestimmte Auswahl oder Verknüpfung von Elementen der Gesamtmenge ergibt. Die Bestimmung dessen, was im Einzelfall Informationen oder Daten sind, bleibt subjektiv und kann zwischen verschiedenen Personen, sofern sie unterschiedliche Ziele verfolgen, divergieren.

Im Rahmen dieser Arbeit werden die Begriffe Informationen und Daten synonym verwendet. Einerseits wäre sonst das gleiche Wissen je nach Betrachtungsstandpunkt und Zielsetzung mit unterschiedlichen Begriffen zu belegen, andererseits kann grundsätzlich davon ausgegangen werden, "daß für die Datenverarbeitung ohnehin nur solche Informationen (Daten) erfaßt werden, für die zumindest Erwartungen bestehen, daß sie für die Lösung der Aufgabenstellungen in der Unternehmung benötigt werden."[52]

Sowohl zur Erkennung und Formulierung des Entscheidungsproblems als auch zur Bildung und Beurteilung der mit den Entscheidungsalternativen verbundenen Konsequenzen sowie der Kontrolle der Aktivitäten in der Realisierungsphase werden Informationen über das betriebliche Geschehen und die relevante Umwelt benötigt. So lassen sich beispielsweise Ziel-, Anregungs-, Entscheidungs-, Vorgabe- und Kontrollinformationen unterscheiden.[53]

2.2.2 Information und Entscheidung

Der Handlungsspielraum der Unternehmensführung wird durch eine Reihe von objektiven Faktoren begrenzt. Hierunter fallen zum Beispiel institutionelle und juristische Normen, Technologien oder auch vorausgegangene Entscheidungen.[54] Die eigentlichen Entscheidungsdeterminanten liegen jedoch in der Person des Entscheidungsträgers selbst.[55] Dem Bemühen der Unternehmensführung nach umfassender Information über die Entscheidungssituation stehen neben den technischen Problemen der Informationsbeschaffung[56] drei grundsätzliche Restriktionen gegenüber:

(1) Es gibt keinen Zustand der "vollständigen Information". Bereits durch den Vorgang der Abbildung der Umwelt mit Hilfe von Informationen entsteht ein subjektives Situationsbild beim Entscheidungsträger.[57]

(2) Die Kapazität des Entscheidungsträgers zur Aufnahme und Verarbeitung von Informationen ist begrenzt.[58]

(3) Die notwendige Informationsselektion ist an den Zielen der Unternehmensführung ausgerichtet.[59]

Die Entscheidung und die aus ihr resultierenden Aktionen ergeben sich aus der zielorientierten entscheidungslogischen Verknüpfung der Informationen des Entscheidungsträgers. Das heißt, der Informationsstand[60], als Abbild des subjektiven Entscheidungsfeldes[61], stellt die Grundlage von Entscheidungen dar. Er hat so wesentlichen Einfluß auf die mögliche Entscheidungsqualität.[62] Zur Veranschaulichung dieser Zusammenhänge vergleiche Abbildung 2.

2.2.3 Informationsoptimum

Vor dem Hintergrund der Tatsache, daß in Entscheidungssituationen jeweils nur unvollständige und zum Teil zufallsbedingte Informationen über die relevanten Größen und ihre Zusammenhänge untereinander zur Verfügung stehen können,[63] wird in der Literatur versucht, Regeln abzuleiten, um ein anzustrebendes individuelles Informationsoptimum zu bestimmen.[64] Hierzu ist es notwendig, den Informationsstand des Entscheidungsträgers im Hinblick auf die damit verbundenen Vor- und Nachteile für die daraus resultierende Entscheidung zu bewerten.[65]

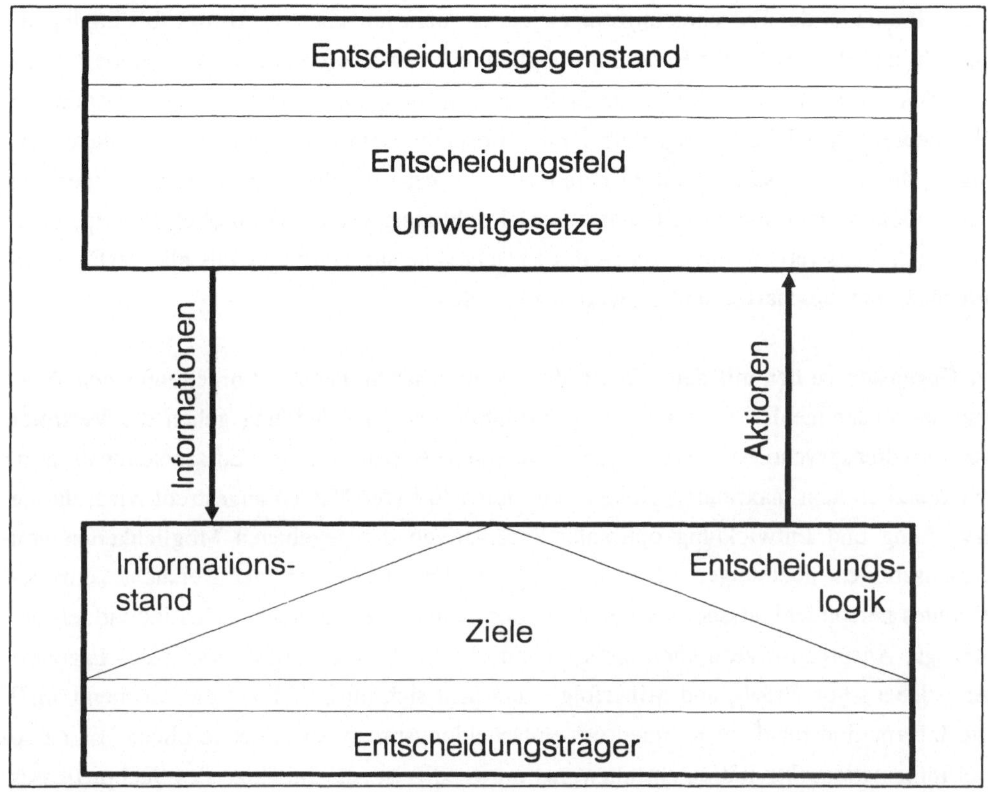

Abbildung 2: Information und Entscheidung[66]

Vorausgesetzt, sowohl der Aufwand als auch der Nutzen bestimmter Informationen können bewertet werden und der quantifizierte Nutzen ist stets größer als der dazu notwendige Aufwand, so läßt sich nach dem ökonomischen Prinzip das Informationsoptimum allgemein bestimmen: Es sind im Rahmen des Entscheidungsprozesses jeweils Informationen in der Anzahl und Qualität zu beschaffen, daß der Nutzen aus der Entscheidung abzüglich des Aufwandes für die Informationsbeschaffung am größten ist.

In der Regel wird darüber hinaus davon ausgegangen, daß Nutzen- und Aufwandsentwicklung in der Weise vom Informationsstand abhängig sind, daß der Aufwandsentwicklung ein progressiv steigender Verlauf unterstellt wird, während die Nutzenentwicklung einen progressiv fallenden Verlauf aufweist.[67] Bei diesem Spezialfall existiert genau ein Informationsoptimum, das durch ein Gleichgewicht von Grenznutzen und Grenzaufwand charakterisiert ist.[68]

In der Praxis ist der Entscheidungsträger jedoch nicht nur über die Umweltbedingungen, die Zahl und die Art seiner Handlungsmöglichkeiten und deren Ergebnisse, sondern auch über den Aufwand und Nutzen zusätzlicher Informationen unvollständig informiert.[69] Die theoretischen Überlegungen über ein Informationsoptimum können nicht dazu beitragen, diese Unvollständigkeit zu beseitigen. Sie verdeutlichen jedoch, daß es einerseits nicht möglich, aber andererseits unter Berücksichtigung des ökonomischen Prinzips auch nicht erstrebenswert ist, im Rahmen des Entscheidungsprozesses jeweils alle verfügbaren Informationen beschaffen und auswerten zu wollen.

Im Gegensatz zu der mit den Mitteln der ökonomischen Theorie vorgenommenen Analyse des Zusammenhanges zwischen Information und Entscheidung gehen die Vertreter der verhaltenspsychologischen Theorie[70] davon aus, daß von den Entscheidungsträgern grundsätzlich kein maximaler, sondern ein befriedigender Nutzen angestrebt wird, da die Erkennung und Entwicklung optimaler Alternativen die gegebenen Möglichkeiten von Organisationen übersteigen. Das heißt, jeder Entscheidungsträger versucht, ein bestimmtes persönlichkeitsspezifisches Anspruchsniveau[71] zu erreichen. Das individuell bevorzugte Anspruchsniveau kann nicht ein für allemal fixiert werden. Es ist das Ergebnis des Erlebens von Erfolg und Mißerfolg[72] und paßt sich im Zeitablauf entsprechend an.[73] Die Informationsregel im Rahmen des Entscheidungsprozesses lautet folglich: "Es ist so viel Informationsaktivität zu entfalten, als notwendig ist, um im Zuge des Suchprozesses mindestens eine befriedigende Alternative zu finden."[74]

Beiden Ansätzen gemein ist die Erkenntnis, daß die in einem gegebenen Kontext zur Erfüllung einer bestimmten Aufgabe von einem Entscheidungsträger geäußerte Informationsnachfrage jeweils eine Teilmenge des Informationsbedarfs darstellt. Als Informationsbedarf wird in diesem Zusammenhang die "Art, Menge und Qualität der Informationsgüter [Wort im Original kursiv], die ein Informationssubjekt im gegebenen Informationskontext zur Erfüllung einer Aufgabe in einer bestimmten Zeit und innerhalb eines gegebenen Raumgebietes benötigt,"[75] bezeichnet.

In einigen Literaturstellen wird darüber hinaus zwischen einem objektiven und einem subjektiven Informationsbedarf unterschieden,[76] die unterschiedliche Informationsgüter beinhalten können. Zur Ermittlung wird der Informationsbedarf dabei einmal aus der Sicht der Aufgabe (objektiver Informationsbedarf) und ein anderes Mal aus der Sicht des individuellen Aufgabenträgers (subjektiver Informationsbedarf) analysiert.[77]

Diese Unterscheidung erscheint jedoch weder theoretisch sinnvoll noch praktikabel.[78] Aufgabe und Aufgabenträger bilden bei der Bewältigung der Aufgabe eine Einheit. Bei der Ermittlung des Informationsbedarfs ist der Bedarf zu betrachten, der sich als ein Ganzes aus der Aufgabe und den damit betrauten Personen ergibt. So kommen auch Picot/Franck am Ende ihrer Ausführungen zu dem Schluß, daß einerseits der objektive Informationsbedarf in der Realität nie frei von subjektiven Einflüssen ist und sich andererseits der subjektive Informationsbedarf in einer konkreten Situation nicht vom objektiven Informationsbedarf isoliert ermitteln läßt.[79]

Es sind zwar Informationen denkbar, die sich aus der Aufgabe und dem damit betrauten Aufgabenträger von einem Außenstehenden als Bedarf ableiten lassen, vom Aufgabenträger aber nicht nachgefragt werden. Dies ist typischerweise der Fall, wenn der Aufgabenträger nicht vollkommen rational handelt. Entgegen einzelnen Darstellungen in der Literatur[80] ist jedoch bei allen vom Entscheidungsträger geäußerten Informationsnachfragen davon auszugehen, daß diese Informationen von ihm zu dem betreffenden Zeitpunkt auch zur Bewältigung der Aufgabe als notwendig erachtet werden. Das heißt nicht, daß sie allein schon aus der Aufgabe und dem Aufgabenträger von einer anderen Person nachvollziehbar oder gar ableitbar sein müssen.

Das Informationsangebot, die Gesamtheit der Informationen, die dem Entscheidungsträger im Zeitpunkt der Informationsnachfrage zur Verfügung stehen, wird im allgemeinen weder mit dem Informationsbedarf noch mit der Informationsnachfrage vollständig übereinstimmen. Im Extremfall, wenn die zu bewältigende Aufgabe für den Aufgabenträger neu ist und Informationen verlangt, die bisher noch nicht als Informationsbedarf vorab ermittelt werden konnten, kann sogar der Fall eintreten, daß entweder gar keine Informationen angeboten werden oder nur solche, die keinen unmittelbaren Beitrag zur Aufgabenbewältigung leisten. Bei regelmäßig wiederkehrenden, nicht stark variierenden Aufgabenstellungen, die von einem bestimmten Aufgabenträger oder bezüglich ihres Informationsnachfrageverhaltens ähnlichen Aufgabenträgern zu bewältigen sind, wird zumindest ein Teil des geplanten Informationsangebotes der vom Aufgabenträger geäußerten Informationsnachfrage entsprechen (vergleiche Abbildung 3).

Die Gesamtheit der Informationen, die vom Aufgabenträger zu einem Zeitpunkt nachgefragt und durch das konkrete Informationsangebot abgedeckt werden, bildet seine Entscheidungsgrundlage. Formal ergibt sich der entscheidungsrelevante Informationsstand eines Unternehmensführers als Schnittmenge aus Informationsnachfrage und -angebot.

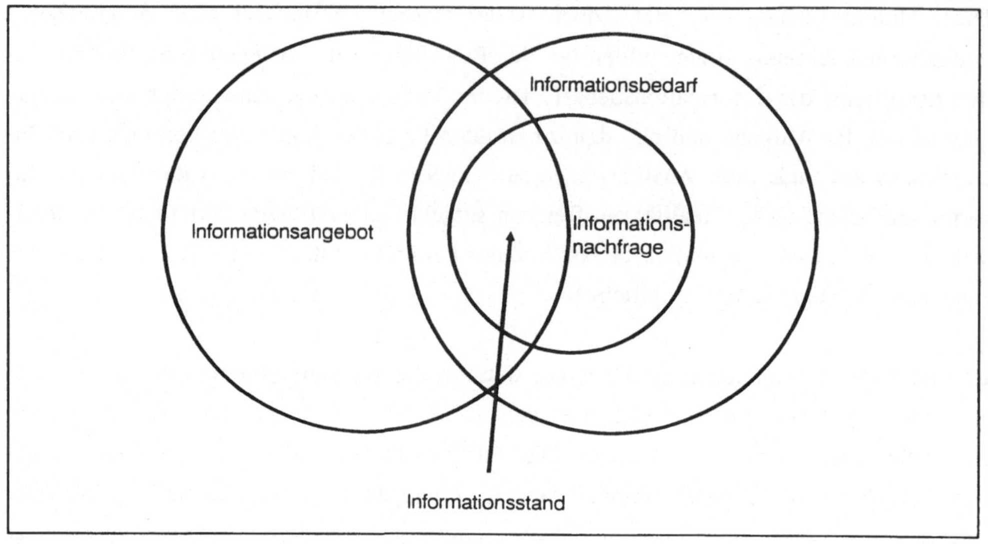

Abbildung 3: Informationsbedarf, -nachfrage und -angebot.[81]

2.2.4 Informationswesen

Abgesehen von dem Spezialfall einer Einzelunternehmung, bei der nur eine Person, die gleichzeitig alleiniger Unternehmensführer ist, Entscheidungen fällt, gibt es in einer Unternehmung in der Regel mehrere Entscheidungsträger auf verschiedenen Hierarchieebenen[82] mit ihren spezifischen Aufgaben. Die Entscheidungen können dabei sowohl von einzelnen Personen als auch von Personengruppen zu fällen sein.[83] Darüber hinaus besteht das wirtschaftliche Handeln nicht aus einer Sequenz weniger Einzelentscheidungen, sondern aus einer Fülle unterschiedlicher, voneinander abhängiger Entscheidungen, die von Personen verschiedener Hierarchieebenen, zum Teil parallel, zu treffen sind.[84] Zur Lenkung aller Entscheidungen in einem Unternehmen in Richtung auf die Unternehmensziele[85] bedarf es eines entsprechend geordneten Informationsaustausches zwischen den Entscheidungsträgern, der innerbetrieblichen Kommunikation.

Der Begriff Kommunikation wird je nach Wissenschaftsdisziplin und Verwendungszweck unterschiedlich definiert.[86] In der weitesten Fassung wird jede Interaktion zwischen aktiven Systemen (z.B. Menschen, Tieren, Maschinen usw.) als Kommunikation bezeichnet.

Hierunter fällt auch die Vermittlung von Informationen durch Objekte (z.B. Kunstwerke).[87] Im Gegensatz dazu wird vielfach in einem engen, technischen Verständnis[88] Kommunikation mit Nachrichtenübertragung gleichgesetzt.[89] Im Rahmen dieser Arbeit wird Kommunikation, in Anlehnung an Hax,[90] definiert als:

> Informationsaustausch zwischen einem Sender und einem Empfänger (seien es Personen oder andere Einheiten). Der mitzuteilende Sachverhalt wird zu diesem Zweck zunächst vom Sender in die Zeichen einer bestimmten Sprache übertragen und durch physische Signale dem Empfänger übermittelt. Der Empfänger muß seinerseits von den wahrgenommenen Signalen auf den Sachverhalt schließen, den ihm der Sender mitteilen will.

Neben äußeren Störungen birgt jeder Transformationsvorgang Fehlerquellen in sich, so daß in der Regel Rückkopplungen zwischen Empfänger und Sender über den mitzuteilenden Sachverhalt notwendig sind (vergleiche Abbildung 4).[91]

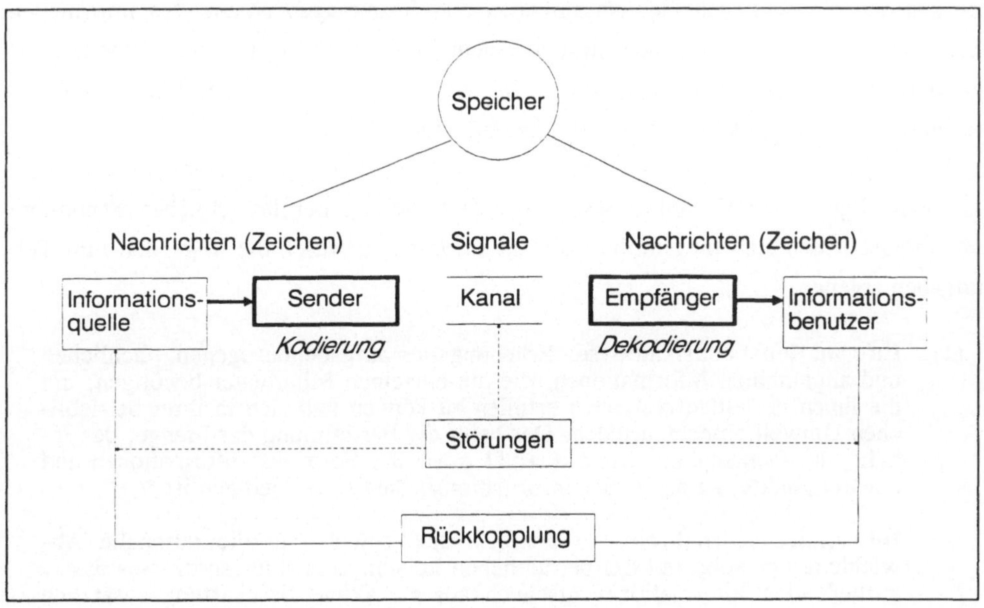

Abbildung 4: Schematische Darstellung des Kommunikationsprozesses[92]

Voraussetzungen für die Funktionsfähigkeit eines derart komplexen Systems[93] sind organisatorische[94] Regelungen für die Integration aller betrieblichen Stellen[95] zu einem auf die gemeinsamen Unternehmensziele hinwirkenden Ganzen und die Verbindung der Unternehmung mit der Umwelt. Die hierzu erforderlichen Einrichtungen, Mittel und Maßnahmen zur Erarbeitung, Weiterleitung, Verarbeitung und Speicherung von Informationen sind Gegenstand des Informationswesens[96].

Das Informationswesen umfaßt sowohl Fragen der Aufbau- als auch der Ablauforganisation: Während im Bereich der Aufbauorganisation die Informationspflichten und -rechte zu regeln sind, das heißt, welche Stellen welche Informationen beschaffen beziehungsweise bereitstellen und welche Stellen welche Informationen erhalten sollen, dienen die ablauforganisatorischen Regelungen einem möglichst effizienten Informationsfluß. Das heißt, es ist festzulegen, wie und mit welchen Mitteln die jeweiligen Informationsarten zu beschaffen und zu verarbeiten sind.

Diese organisierten Informationsbeziehungen, die das sogenannte formale Kommunikationssystem darstellen, werden durch informelle Organisationsstrukturen überlagert. Die sich aus den menschlichen Gemeinsamkeiten und Spannungen ergebenden informellen Beziehungen und Gruppen stehen zwar in einem Zusammenhang mit der formellen Organisation, sind aber anderen Ursprungs. Sie können den Ablauf und Vollzug der formellen Organisation positiv oder negativ beeinflussen.[97]

Aus dem allgemeinen Organisationsziel der Optimierung der betrieblichen Strukturen und Abläufe lassen sich im Hinblick auf das Informationswesen die folgenden fünf Teilaufgaben ableiten:[98]

(1) **Informationsbedarfsanalyse**: Erhebung der aufgabenbezogenen, fachlichen und allgemeinen Informationen, die die einzelnen Mitarbeiter benötigen, um die ihnen gestellten Aufgaben erfüllen zu können und sich in ihrer betrieblichen Umwelt zurechtzufinden. Das heißt die Bestimmung der Menge, des Inhalts, der Genauigkeit, der Aktualität sowie der Form der Informationen und der Zeitpunkte, zu denen der Informationsbedarf zu befriedigen ist.[99]

(2) **Informationsaufnahme**: Sie erstreckt sich sowohl auf die rationelle Abwicklung der aufgrund des betrieblichen Leistungserstellungsprozesses passiv zufließenden Informationen als auch auf die aktive Beschaffung zusätzlich benötigter Informationen.

(3) **Informationsspeicherung**: Hierdurch sollen Transparenz und Aktualität der Informationen sichergestellt werden.

(4) **Informationsbearbeitung**: Die aufgenommenen oder gespeicherten Informationen sind sowohl auf technischer (z.B. von einem Datenträger auf einen anderen) als auch auf inhaltlicher Ebene (z.B. in Form von Berechnungs-, Vergleichs-, Zuordnungs- und Verdichtungsvorgängen) zu transformieren und so für betriebliche Zwecke brauchbarer zu machen.

(5) **Informationsverteilung**: Aufrechterhaltung des Informationsflusses. Neben der eigentlichen Weiterleitung erstreckt sich diese Aufgabe auf die Entwicklung und Durchführung geeigneter Verteilungsverfahren und die Einrichtung sowie laufende Betreuung der für die Informationsübertragung notwendigen technischen Anlagen.

2.2.5 Informationssystem

Die Versorgung aller betrieblichen Stellen mit den von ihnen benötigten Informationen ist Gegenstand von Informationssystemen. Das heißt, jede Unternehmung besitzt als zielgerichtete Organisation zur Erfüllung ihrer Aufgaben ein Informationssystem.[100] Als Einführung von Informationssystemen kann demnach strenggenommen nur der erstmalige Aufbau des Informationssystems eines Unternehmens bezeichnet werden. Sofern die Informationsversorgung betrieblicher Stellen einmal geregelt ist, sind spätere Gestaltungsänderungen oder verfahrenstechnische Verbesserungen nicht mehr als Einführung eines Informationssystems, sondern lediglich als Verbesserung des bestehenden Informationssystems zu verstehen.[101]

Bezogen auf die Begriffe Informationsbedarf, -nachfrage und -angebot, läßt sich das Ziel von Informationssystemen wie folgt präzisieren: Ziel des Informationssystems eines Unternehmens ist es, jeder betrieblichen Stelle ein adäquates Informationsangebot zur Verfügung zu stellen, so daß die Beantwortung zukünftiger Informationsnachfragen gewährleistet ist (vergleiche Abbildung 5, Situation a).

Voraussetzung hierfür ist die Erhebung des Informationsbedarfs der einzelnen betrieblichen Stellen im weiteren Sinne beziehungsweise der Informationsnachfrage im engeren Sinne. Sollen im Zeitpunkt der Äußerung der Informationsnachfrage durch den Aufgabenträger bereits die gewünschten Informationen verfügbar sein, muß diese Nachfrage richtig vorhergesehen worden sein, wenn die nachgefragten Informationen nicht für eine andere Aufgabe bereitgestellt wurden, die auch von dieser betrieblichen Stelle zu erledigen ist. Andernfalls läßt sich eine zum Teil erhebliche Wartezeit des Aufgabenträgers nicht vermeiden, wenn beispielsweise die Informationsquellen erst ermittelt und abgefragt werden müssen.

Bleibt die erhobene Informationsnachfrage bis zur Bereitstellung des Informationsangebotes konstant, läßt sich eine Situation erreichen, in der sich der Informationsstand eines Entscheidungsträgers unmittelbar aus der von ihm geäußerten Informationsnachfrage ergibt (vergleiche Abbildung 5, Situation b). Eine weitere Anpassung des Informationsangebotes führt danach zu keiner weiteren Vergrößerung des Informationsstandes mehr (vergleiche Abbildung 5, Situation c). In dieser Situation läßt sich der entscheidungsrelevante Informationsstand nur durch Anregung der Informationsnachfrage vergrößern.

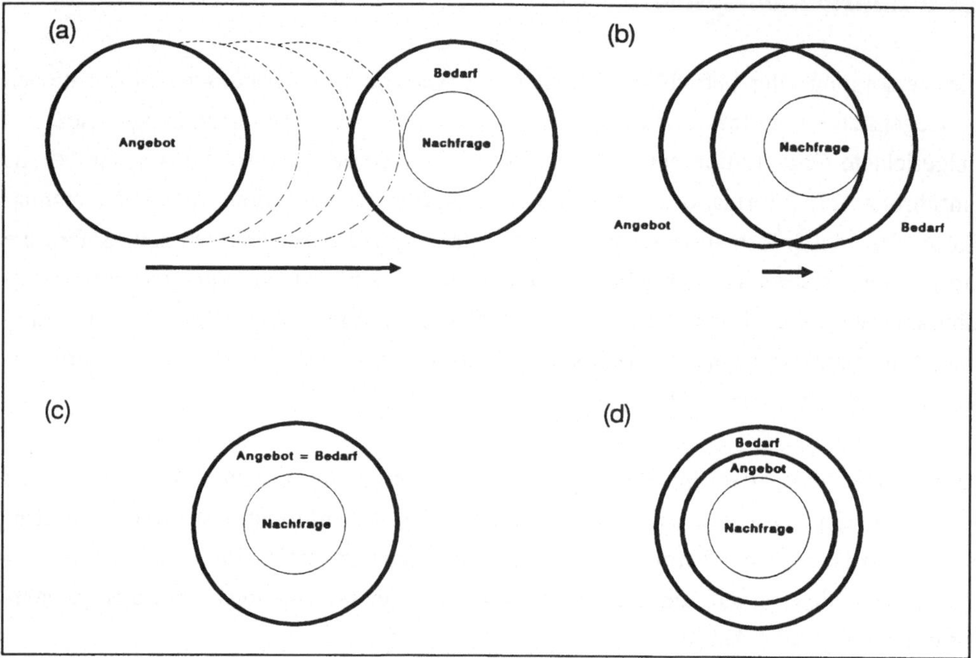

Abbildung 5: Informationsangebot und -nachfrage

Empirische Untersuchungen realer Entscheidungsprozesse belegen, daß die Unvollkommenheit des Informationsstandes eines Entscheidungsträgers nicht allein aus unvollkommener Informationsversorgung, sondern zum Teil aus unvollkommener Informationsnachfrage resultiert.[102] Da die Ergebnisse darüber hinaus eindrucksvoll zeigen, daß sich die Nachfragemenge durch mündliche Aufforderung nicht wesentlich vergrößern läßt,[103] kommt der Gestaltung aktiver Informationssyteme eine besondere Bedeutung zu.[104] Das Informationssystem sollte dem Entscheidungsträger von sich aus Informationen über das Informationsangebot zur Verfügung stellen, denn in der Regel kennt der Entscheidungsträger kaum seinen gesamten Informationsbedarf.[105]

Im Idealzustand sollte das Informationsangebot eines Informationssytems kleiner als der Informationsbedarf und größer als die Informationsnachfrage sein (vergleiche Abbildung 5, Situation d). Einerseits ist die Nachfragemenge stets eine Teilmenge des Informationsbedarfs, und im Hinblick auf das Antwortzeitverhalten des Informationssystems ist das bereitgestellte Informationsangebot so gering wie möglich zu halten. Andererseits muß das Informationsangebot größer sein als die Nachfrage, damit vom Informationssystem eine Aktivierung der Informationsnachfrage ausgehen kann.

Veränderungen des Informationsbedarfs aufgrund sich ändernder Aufgabenstellungen oder wechselnder Aufgabenträger und des Informationsnachfrageverhaltens einzelner Aufgabenträger im Zeitablauf müssen strenggenommen jeweils zu einer entsprechenden Anpassung des Informationsangebotes führen. Dies setzt zwar eine sehr hohe Flexibilität seitens des Informationssystems voraus, jedoch durch die Flexibilität allein kann zum Zeitpunkt der Informationsnachfrage das ideale Informationsangebot noch nicht bereitgestellt werden. Voraussetzung hierfür ist darüber hinaus die korrekte Antizipation der Veränderungen.

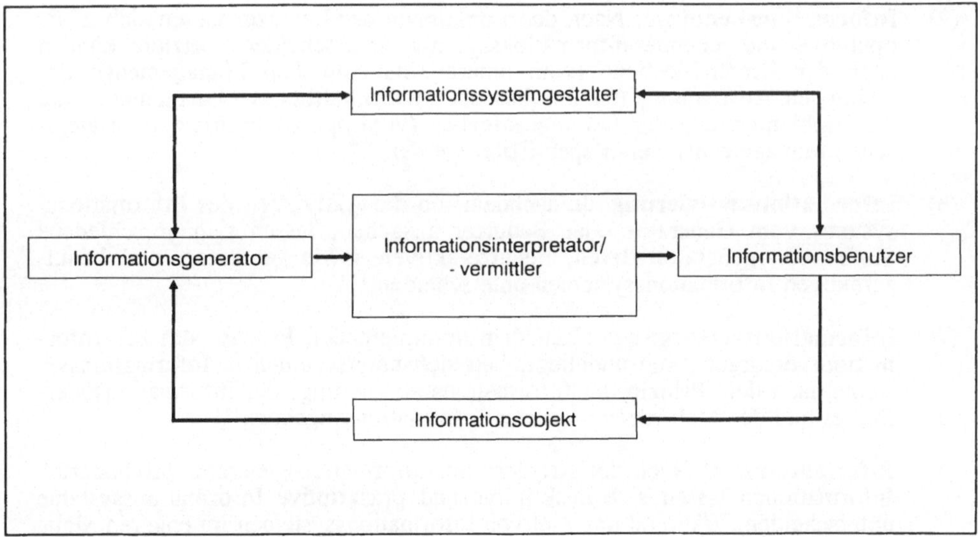

Abbildung 6: Grundstruktur von Informationssystemen[106]

Jedes Informationssystem besteht grundsätzlich aus fünf Komponenten (vergleiche Abbildung 6). Die beiden tragenden Elemente sind der Informationsgenerator und der Informationsbenutzer. Aufgabe des Informationsgenerators ist es, Informationen über das

Bezugsobjekt für einen Informationsbenutzer zu erzeugen. Wenn die Informationen nicht direkt zwischen dem Generator und dem Benutzer ausgetauscht werden können, wird ein spezielles Interpretations- und Vermittlungsorgan dazwischengeschaltet. Die Ausrichtung des Informationsgenerators auf den Informationsbedarf obliegt dem Informationssystemgestalter. Aufgrund der hierzu notwendigen Fachkenntnisse wird er nur in den seltensten Fällen mit dem Informationsbenutzer identisch sein. Die sich im Zeitablauf ständig ändernden Rahmenbedingungen erfordern, daß der Informationssystemgestalter fester Bestandteil eines anpassungsfähigen und sich selbst organisierenden Informationssystems ist.[107]

Informationssysteme lassen sich anhand einer Vielzahl von Kriterien systematisieren. Im Rahmen dieser Arbeit sind von Bedeutung:

(1) **Informationsobjekt**: Nach dem Bezugsobjekt lassen sich z. B. bei funktionaler Gliederung der Unternehmung Informationssysteme im Beschaffungs-, Produktions-, Absatz-, Forschungs- und Entwicklungsbereich, im Personalbereich sowie im Bereich des Finanz- und Rechnungswesens unterscheiden.[108]

(2) **Informationsbenutzer**: Nach den Funktionen der Benutzer lassen sich z. B. operative und leitende Informationssysteme unterscheiden. Letztere können nach der Hierarchieebene (vom unteren bis zum Top Management), der fachlichen Ausrichtung (technisches oder wirtschaftliches Management) und der Problemstufung der Leitungsaufgaben (vom operativen bis zum strategischen Management) weiter spezifiziert werden.[109]

(3) **Informationsaktivierung**: Je nachdem, ob die Aktivitäten des Informationssystems vom Generator oder Benutzer ausgehen, lassen sich verschiedene Stufen von generatoraktiven, benutzeraktiven sowie generator- und benutzeraktiven Informationssystemen unterscheiden.[110]

(4) **Informationsversorgung**: Nach dem dominierenden Prinzip, das der Informationsversorgung zugrundeliegt, läßt sich unterscheiden in Informationssysteme nach dem Prinzip der Informationsrationierung, des Informationsüberflusses und des nachfragegesteuerten Informationsangebots.[111]

(5) **Informationsart**: Nach der Art der vom Informationsgenerator produzierten Informationen lassen sich deskriptive und präskriptive Informationssysteme unterscheiden. Während das Ziel von Informationssystemen im engeren Sinne lediglich in der Abbildung des Informationsobjektes besteht, enthalten Informationssysteme im weiteren Sinne darüber hinaus verbindliche Anweisungen im Hinblick auf die sich aus bestimmten Informationen ergebenden Entscheidungen. Zwischen diesen beiden Extremen lassen sich verschiedene Zwischenstufen herausarbeiten.[112]

(6) **Computerunterstützung**: In Abhängigkeit davon, ob Teilaktivitäten eines Informationssystems dem Computer übertragen werden, lassen sich com-

putergestützte Informationssysteme und Informationssysteme ohne Computerunterstützung unterscheiden.[113]

2.3 Führungsinformationssystem

2.3.1 Begriff und Aufgaben

Informationssysteme, die ausschließlich für die Unternehmensführung konzipiert sind, werden als Führungsinformationssysteme bezeichnet.[114] Aufgrund der Zugehörigkeit der Unternehmensführung zu der obersten Ebene der Unternehmenshierarchie wird in der Literatur auch zum Teil von Top Management-, Vorstands- oder Chef-Informationssystemen gesprochen.[115] Das Informationsobjekt eines Führungsinformationssystems leitet sich aus den Aufgaben der Unternehmensführung ab. Bei Betrachtung der Unternehmensführung als Institution sind das Gesamtunternehmen[116] und die entscheidungsrelevante Umwelt Bezugsobjekte. Die Beschränkung auf einzelne Führungskräfte wird in der Regel bei einer aus mehreren Personen bestehenden Unternehmensführung zu personenspezifischen Informationsobjekten führen.[117]

Aufgrund der Aufgaben der Unternehmensführung und der daraus abgeleiteten Arbeitsorganisation ist ferner davon auszugehen, daß die Informationsversorgung im wesentlichen nach dem Prinzip des nachfragegesteuerten Angebots zu erfolgen hat, so daß der Benutzer nur mit der gewünschten und nachgefragten Information konfrontiert wird.[118] Dies geht einher mit der Forderung nach Möglichkeiten wechselseitiger Aktivitäten von Informationsgenerator und -benutzer, das heißt generator- und benutzeraktiver Informationssysteme.[119] Damit soll gewährleistet werden, daß sich die Leistungen des Informationssystems und des Benutzers möglichst gut aufeinander abstimmen lassen und es durch den Einsatz eines Führungsinformationssystems nicht zu einer zusätzlichen Belastung der Unternehmensführung kommt.

Ferner ist davon auszugehen, daß es nicht ausreichen kann, wenn der Informationsgenerator darauf ausgerichtet ist, ein möglichst gutes Abbild des Informationsobjektes zu erzeugen. In Abhängigkeit von spezifischen Aufgaben muß ein Führungsinformationssystem in der Lage sein, auf Anforderung dem Benutzer auch Anregungen für Entscheidungen zu geben, insbesondere durch entscheidungsvorbereitende sowie -begleitende Informationen. Voraussetzung hierfür sind neben der Informationsgenerierung die Informationsanalyse, -diagnose und -prognose. Hierunter sind nicht nur quantitative, algorithmisierbare Informationsverknüpfungsaufgaben zu verstehen. Für das Entdecken von Problemfeldern sowie die Suche nach Lösungen ist der Einsatz der menschlichen Kreativität aller an der Führungsentscheidung Beteiligten eine wesentliche Voraussetzung. Dem Führungsinformationssystem kommt somit darüber hinaus die Aufgabe zu, die Kreativität der Benutzer zu fördern.[120]

Jede Veränderung eines bestehenden Führungsinformationssystems[121] bietet Anlaß, die Computerunterstützung von Teilaktivitäten (z. B. die Erfassung, Speicherung, Transformation, Aufbereitung, Vermittlung und Interpretation der Informationen) in Betracht zu ziehen.[122] Die fortschreitende Entwicklung auf dem Gebiet der Informationstechnologie und der damit einhergehende wachsende Spielraum bezüglich der Ausgestaltung spezieller Informationssysteme haben dazu geführt, daß bei größeren Unternehmen ausschließlich computergestützte Führungsinformationssyteme existieren.[123] Sie unterscheiden sich lediglich im Hinblick auf den Grad der Computerunterstützung.

Zur Konkretisierung des Betrachtungsgegenstandes der vorliegenden Arbeit wird im folgenden zwischen Führungsinformationssystemen im weiteren und im engeren Sinne unterschieden: Allgemeine, umfassende Führungsinformationssysteme, die sich in einer jeden Unternehmung befinden, werden unabhängig von ihrem Computerunterstützungsgrad als Führungsinformationssysteme im weiteren Sinne bezeichnet. Unter Führungsinformationssystemen im engeren Sinne werden hingegen DV-Systeme verstanden, die Unternehmensführer zur Erledigung bestimmter Informationsversorgungsaufgaben des Führungsinformationssystems im weiteren Sinne direkt benutzen können. Da im Zentrum dieser Arbeit Führungsinformationssysteme im engeren Sinne stehen, sollen sie im folgenden kurz als Führungsinformationssysteme bezeichnet werden.

2.3.2 Entwicklungsgeschichtliche Zusammenhänge

Führungsinformationssysteme haben ihren geschichtlichen Ursprung in den Mitte der sechziger Jahre aufgekommenen Management-Informationssystemen (MIS). Mit der Entwicklung interaktiver DV-Systeme und Fortschritten auf dem Gebiet der Datenbanken sahen die DV-Hersteller in den USA neue Vertriebschancen und regten an, die betrieblichen Einsatzmöglichkeiten der Datenverarbeitung über die damals dominierenden Abrechnungsarbeiten hinaus auszudehnen.[124] Diese Überlegungen wurden in der anglo-amerikanischen Literatur rasch aufgegriffen, und es entwickelte sich eine breit und teilweise heftig geführte Diskussion über die Definition von Management-Informationssystemen.[125]

Diese als "MIS-Euphorie" bezeichnete Phase führte mitunter zu spekulativen Vorschlägen, die bis zur Vision des "Total System Approach" reichten. Ziel des totalen Informationssystems war es, jegliche Information, die zu einem beliebigen Zeitpunkt von irgendeiner Person gewünscht werden könnte, bereitzustellen. Darüber hinaus sollte die immer größer werdende Informationsflut nicht nur bewältigt, sondern durch eine optimale Generierung der betrieblichen Einflußfaktoren auch ein Gewinn an nützlichen und erfolgbringenden Erkenntnissen verbucht werden.

Management-Informationssysteme als Verkaufsargumente für Hard- und Software sowie organisatorische Konzepte führten recht schnell zu einer starken Zunahme des Einsatzes von DV-Systemen in den Unternehmen.[126] Die Literaturflut hielt auch zu der Zeit noch an, als in der Praxis immer häufiger Enttäuschungen zum Ausdruck kamen.[127] Aufgrund von unzweckmäßig organisierten Basissystemen, Komplexitätsproblemen und damit zusammenhängender mangelnder Wirtschaftlichkeit wurden die MIS-Entwicklungsarbeiten Mitte der siebziger Jahre abgebrochen[128] oder die Anforderungen an ein Mangement-Informationssystem den technischen Restriktionen angepaßt. So wurden zum Teil alle DV-Systeme, denen eine Datenbank zugrunde lag, reine Abfrage- und Auskunftssysteme der operativen Ebene sowie Berichtssysteme, die teilweise auch manuell erstellte Berichte enthielten, als Management-Informationssysteme bezeichnet.[129]

In der aktuellen wissenschaftlichen Literatur und seitens der Anwender wird der Begriff Management-Informationssystem größtenteils vermieden, da mit ihm allzu häufig Assoziationen bezüglich anspruchsvoller Gesamtkonzeptionen ausgelöst werden. Informationssysteme werden in der Praxis heute als sogenannte partielle Informationssysteme entweder auf konkrete betriebliche Funktionen bzw. Aufgaben ausgerichtet (z. B. Logistik- und Projekt-Informationssysteme) oder auf der Datenbasis einzelner Dispositions- und Abrechnungssysteme betrieblicher Funktionsbereiche (z. B. computergestützte Kennzahlensysteme des Finanz- und Rechnungswesens) aufgebaut.[130]

Vor dem Hintergrund der gegenwärtig größtenteils noch herrschenden allgemeinen Euphorie im Hinblick auf Expertensysteme[131] werden auch auf dem Gebiet der Betriebswirtschaftslehre die Einsatzmöglichkeiten dieser neuen Technologie untersucht. Ohne eine eingehendere Analyse der zugrundeliegenden Künstliche Intelligenz-Technologien ist eine wissenschaftliche Diskussion über die umfassende Unterstützung des Managements entstanden.[132] Während sich der MIS-Ansatz Mitte der sechziger Jahre auf die Informationsversorgung beschränkte, scheint heute darüber hinaus eine Unterstützung des gesamten Entscheidungsprozesses bis zur Entscheidungsautomatisierung in greifbare Nähe gerückt zu sein.[133] Die damit verbundenen Probleme werden kaum kritisch reflektiert.[134] Es liegt die Vermutung nahe, daß Auslöser dieser Diskussion ebenfalls die DV-Hersteller waren, die in dem Expertensystemkonzept die Möglichkeit sahen, die Teilergebnisse einzelner Forschungsvorhaben auf dem Gebiet der Künstlichen Intelligenz zu kommerzialisieren.

2.3.3 Grundstruktur

Das Führungsinformationssystem steht im Spannungsfeld zwischen dem in die Unternehmensorganisation eingebundenen Unternehmensführer mit seinen spezifischen Informationsnachfragen auf der einen Seite und der Informationsbasis auf der anderen Seite (vergleiche Abbildung 7). Ausgehend von der Annahme, daß sich Informationsbedarf und -nachfrage der betreffenden Unternehmensführer ermitteln lassen, wird die Informationsbasis durch die Gesamtheit der entscheidungsrelevanten Informationen über das Informationsobjekt gebildet, die von Informationsgeneratoren unmittelbar zur Verfügung gestellt werden. Hierbei kann es sich sowohl um technische Systeme als auch um Menschen handeln, die bestimmte Aspekte des Informationsobjektes wahrnehmen und entsprechende Informationen zur Verfügung stellen. Aufgabe des Informationssystemgestalters ist es, adäquate Informationsgeneratoren festzulegen beziehungsweise bereits existierende Generatoren entsprechend anzuweisen oder einzustellen, sofern dies aufgrund der begrenzten Wahrnehmungsfähigkeit des Menschen[135] überhaupt möglich ist.[136]

Die Informationsbasis bildet die Grundlage des im Zeitpunkt der Informationsnachfrage zur Verfügung stehenden Informationsangebotes. Das konkrete Informationsangebot kann darüber hinaus Informationen enthalten, die durch Verknüpfung und Interpretation aus den Basisinformationen hervorgegangen sind. Die Verknüpfungs- und Interpretationsvorschriften müssen dabei jedoch zeitlich vor der Informationsnachfrage festgelegt worden sein. Dies gilt sowohl für DV-Systeme als auch für menschliche Assistenzkräfte, die mit dieser Aufgabe betraut sind. Im Vergleich zu DV-Systemen verbleibt dem Menschen auch in unvorhergesehenen Situationen sein unternehmerisches Denkvermögen beziehungsweise der sogenannte gesunde Menschenverstand, so daß er in der Lage ist, auch ad hoc sinnvolle Informationsverknüpfungen und -interpretationen durchzuführen. Sofern von der Unternehmensführung solche Informationen nachgefragt werden, kann der Computer auch in absehbarer Zeit nicht zur Bereitstellung des Informationsangebotes eingesetzt werden.[137]

Soll ein DV-System in diesem Rahmen eingesetzt werden, um voraussehbare, insbesondere regelmäßig wiederkehrende Informationsnachfragen des Unternehmensführers direkt zu beantworten, dadurch menschliche Assistenzkräfte von dieser Routinetätigkeit zu entlasten und ihnen entsprechend Freiraum für kreativere Tätigkeiten zu geben, so muß es im wesentlichen aus zwei funktionalen Komponenten bestehen: Einer Komponente, die das Informationsangebot repräsentiert sowie einer zweiten Komponente, die die Informationsnachfragen entgegennimmt und das Ergebnis der Suche im Informationsangebot darstellt.

Die für die Abwicklung der Mensch-Computer-Interaktionen zuständige DV-Systemkomponente wird in der Literatur als Benutzerschnittstelle bezeichnet.[138] Zum Teil wird in diesem Zusammenhang auch von Mensch-Maschine-Kommunikation gesprochen. Zum einen ist der Computer jedoch nicht nur eine Maschine, sondern gleichzeitig auch Nachricht und Medium. Zum anderen wird mit Kommunikation allgemein eher ein Miteinander (comunio) gemeint, das heißt die Übermittlung semantisch gehaltvoller Inhalte, wohingegen das Wort Interaktion sowohl im allgemeinen Sprachgebrauch als auch in den Naturwissenschaften und technischen Disziplinen im Sinne von Wechselbeziehung und Rückkopplung gebraucht wird. So ist der Ausdruck Mensch-Maschine-Kommunikation unter- und überbewertend zugleich.[139]

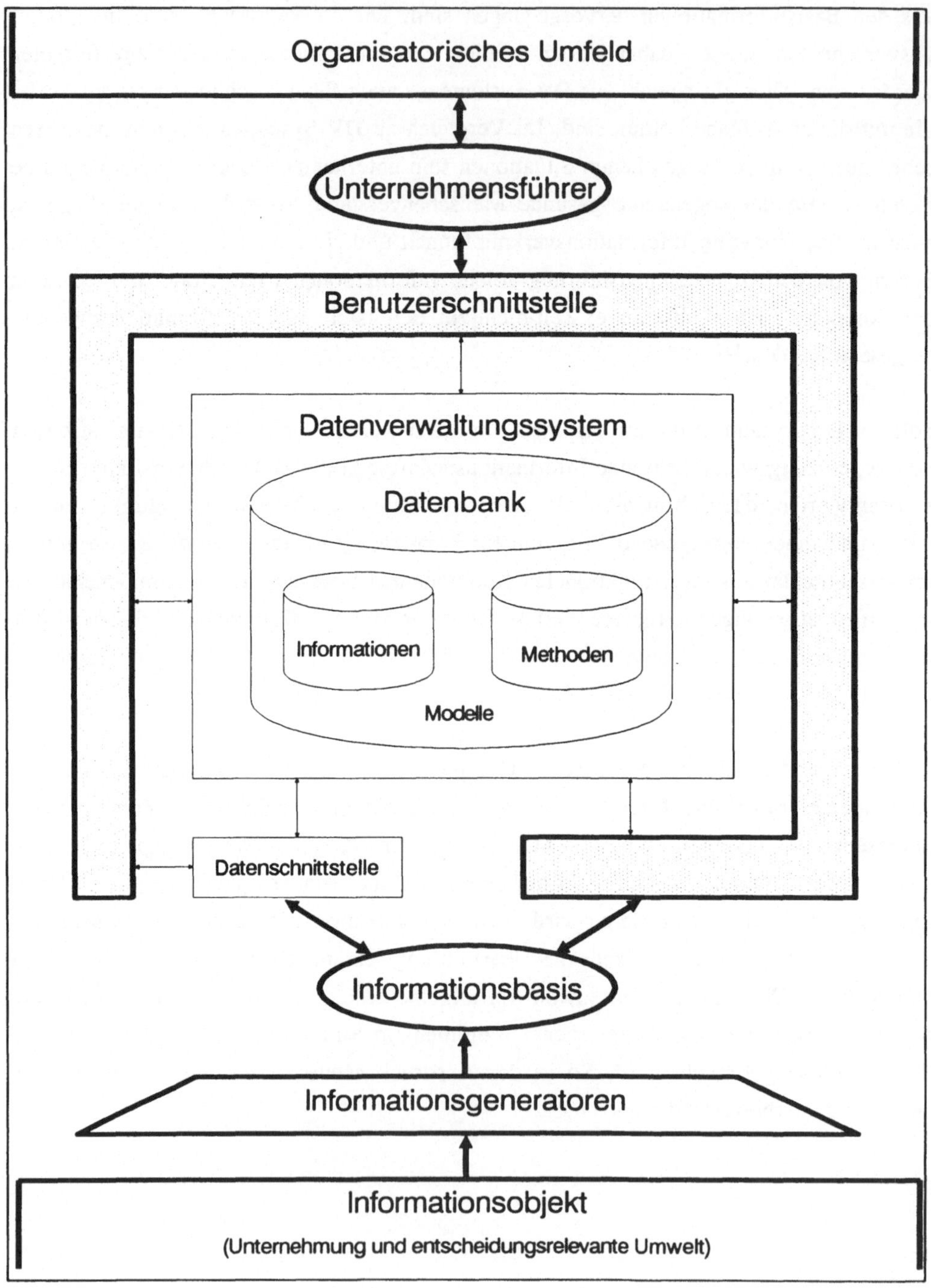

Abbildung 7: Grundstruktur von Führungsinformationssystemen

Die Verwaltung des Informationsangebotes obliegt hingegen dem sogenannten Datenbanksystem, das sich aus einer Datenbank und einem Datenverwaltungssystem zusammensetzt.[140] Um den Besonderheiten der Verwaltung von Methoden-[141] und Modellinformationen[142] gegenüber Basisinformationen Rechnung zu tragen und eine einfachere Wartung und Pflege zu ermöglichen, werden sie logisch in getrennten Komponenten gehalten: Die Methodenbank[143] enthält Methoden zur Informationsverknüpfung, -analyse, -diagnose und -prognose, während die Modellbank[144] Beziehungszusammenhänge zwischen Informationen, Methoden sowie zwischen Informationen und Methoden beinhaltet (vergleiche Abbildung 7).[145] Nicht nur die Basisinformationen, sondern auch die Methoden- und Modellinformationen sind ständig an die sich verändernden Umweltbedingungen oder Informationsnachfragen der Unternehmensführung anzupassen.

Im Gegensatz zur manuellen Eingabe generierter Informationen in das Datenbanksystem, die auch über die Benutzerschnittstelle abgewickelt wird, obliegt die automatisierte Übernahme von Teilen der Informationsbasis der sogenannten Datenschnittstelle[146]. Da im allgemeinen aus der Fülle der generierten Informationen nur einzelne Bestandteile in das Informationsangebot des Führungsinformationssystems übernommen werden sollen, muß die Möglichkeit bestehen, die Selektionskriterien über die Benutzerschnittstelle festzulegen (vergleiche Abbildung 7).

Sind die vom Unternehmensführer nachgefragten Informationen bereits in der Informationsbasis enthalten, liegt die Aufgabe des Führungsinformationssystems lediglich in der Vermittlung der Informationen. Dazu gehören sowohl die Auswahl eines adäquaten Ausgabemediums als auch die Selektion und Realisierung einer angemessenen Informationsdarstellung. Nicht bereits in der Informationsbasis enthaltene Informationen lassen sich zum Teil durch Verknüpfung und Interpretation der vorhandenen Informationen gewinnen. Neben die eigentliche Informationsvermittlungsaufgabe des Führungsinformationssystems tritt hier die Aufgabe der Informationsverknüpfung, -analyse, -diagnose und gegebenenfalls -prognose.

Die Festlegung der Vorschriften zur Selektion bestimmter Informationen aus der Informationsbasis sowie der Verknüpfungs- und Interpretationsvorschriften wird in der Regel in den Aufgabenbereich eines Informationssystemgestalters fallen, der, im Verhältnis zum Unternehmensführer, über relativ ausgeprägte DV-Kenntnisse verfügt. Es ist jedoch auch denkbar, daß der Unternehmensführer bestimmte Selektionen, Verknüpfungen und Interpretationen selbst vornehmen will, sei es, weil es sich um kleinere kurzfristige Änderungen handelt oder weil sie anderen Personen nicht bekannt sein sollen. Grundsätzlich muß auch dem Unternehmensführer die Möglichkeit gegeben sein, über die Benutzerschnittstelle entsprechende Änderungen vorzunehmen.

Vor dem Hintergrund der Grundstruktur von Führungsinformationssystemen ergeben sich aus der Sicht der Betriebswirtschaftslehre im wesentlichen drei Problemfelder, die in den folgenden Kapiteln detailliert zu behandeln sind:

(1) Ausgehend von dem Unternehmensführer, ist die organisatorische Einbindung des Unternehmensführers in seine Arbeitswelt näher zu untersuchen. Dabei ist insbesondere auf die übrigen am Arbeitsprozeß beteiligten Personen und Arbeitsmittel sowie die Aufgabenverteilung einzugehen.

(2) Darüber hinaus stellt sich die Frage, was für Informationen dem Führungsinformationssystem prinzipiell zum Aufbau des Informationsangebotes zur Verfügung stehen. Das heißt, Informationen welcher Art, Menge und Qualität lassen sich aus der Informationsbasis übernehmen und gegebenfalls systemintern zu neuen Informationen weiterverarbeiten?

(3) Die organisatorischen Rahmenbedingungen bilden die Grundlage für die Ableitung des detaillierten Konzeptes der Benutzerschnittstelle von Führungsinformationssystemen.[147]

Bevor jedoch hierauf genauer eingegangen werden kann, ist im folgenden Kapitel ein Vorgehensmodell zu entwickeln.

3 Vorgehensmodell zur Entwicklung von Führungsinformationssystemen

3.1 Modellbegriff und -arten

Ein Modell entsteht durch die vereinfachende idealisierende Abbildung der Realität.[1] Da die Wirklichkeit in ihrer Komplexität vom Menschen, aufgrund seiner begrenzten Wahrnehmungsfähigkeit, nur unvollständig erfaßt werden kann, sind Modelle "nichts anderes als ein Mittel, um sich an die .. Wirklichkeit heranzutasten. Sie sind gewissermaßen Bilder, um eben diese Wirklichkeit zu begreifen."[2]

Die Realität soll mit Hilfe von Modellen nicht vollständig, sondern nur in Bezug auf die problemrelevanten Tatbestände wiedergegeben werden. Modelle können sich dabei sowohl auf natürliche als auch auf künstliche Ausschnitte aus der Realität (sogenannte Originale) beziehen, die selbst wieder Modelle sein können.[3] Sie sind Abbildungen von Originalen, die nach bestimmten Gesichtspunkten geordnet sind.[4] In diesem Zusammenhang werden Modelle und Originale als Attributklassen[5] aufgefaßt. Die Abbildung geschieht durch eine Zuordnung ausgewählter Originalattribute zu Modellattributen. Modelle beinhalten dabei keine Attribute des repräsentierten Originals.

Es besteht grundsätzlich keine eindeutige Zuordnung zwischen Original und Modell. Einerseits lassen sich von einem Original unterschiedliche Modelle erstellen und andererseits können allgemeine Modelle Repräsentanten verschiedener Originale sein. Ein Modell als Abbild der Realität gilt immer nur für bestimmte Subjekte, zu einer definierten Zeit und unter einer gegebenen Zielfunktion.[6]

Voraussetzung für jede Modellbildung ist die Abstraktion[7]. Nach der Art der durchgeführten Abstraktion lassen sich Reduktiv- und Konstruktivmodelle unterscheiden: Reduktivmodelle entstehen durch isolierende Abstraktion. Während bei der generalisierenden Abstraktion die relevanten gemeinsamen Merkmale verschiedener Gegenstände oder Klassen herausgehoben werden, werden bei der isolierenden Abstraktion in der Realität beobachtete oder in der allgemeinen Anschauung als typisch erkannte Tatbestände isoliert, wobei von gewissen Seiten einer Erscheinung völlig abgesehen wird.[8] Im Gegensatz dazu entsteht ein Konstruktivmodell durch das gedankliche Zusammenfügen von Elementen und Grundformen, die in der Realität zwar einzeln beobachtet wurden, deren Kombination sich bisher jedoch nicht beobachten oder durch Reduktion gewinnen ließ.[9]

Nach der Art der verwendeten Abbildungsmittel (Symbole oder Ikone) und der abzubildenden Systeme (abstrakt oder anschaulich) werden in der Literatur verschiedene Modellklassen unterschieden.[10] Im Rahmen der Betriebswirtschaftslehre, insbesondere der Organisationsforschung, ist die Verwendung von abstrakt-symbolischen Modellen vorherrschend. Im Gegensatz zu anschaulich-ikonischen Modellen (z. B. Molekülmodellen) sind sie als Sprachmodelle aufgrund der Symbolisierung des Gegenstandsbereiches nur mittelbar als Abbilder erkennbar.[11]

Anhand der Aussagen, die mit Hilfe eines Modells getroffen werden können, sind Beschreibungs-,[12] Erklärungs- und Entscheidungsmodelle zu unterscheiden. Während Beschreibungsmodelle lediglich der Abbildung beobachteter Erscheinungen dienen, werden die Erscheinungen in Erklärungsmodellen im Hinblick auf etwaige Gesetzmäßigkeiten untersucht. Lassen sich Gesetzmäßigkeiten feststellen, können die beobachteten Erscheinungen erklärt werden. Vorhersagemodelle (Prognosemodelle) gehören im weiteren Sinne zu den Erklärungsmodellen. Auf der Grundlage der erkannten Gesetzmäßigkeiten werden hierfür Erklärungen in Vorhersagen umformuliert. Entscheidungsmodelle sollen darüber hinaus die Bestimmung optimaler Handlungsmöglichkeiten erleichtern. Dazu werden die in einem Erklärungsmodell gewonnenen Erkenntnisse auf einen konkreten Anwendungsfall übertragen.[13]

Zur Gestaltung eines Führungsinformationssystems wird im Rahmen dieser Arbeit zunächst ein detailliertes abstrakt-symbolisches Reduktionsmodell des relevanten organisatorischen Umfeldes erarbeitet. Durch Einbeziehung der Gestaltungselemente der Informationstechnologie läßt sich darauf aufbauend das detaillierte Konstruktivmodell eines Führungsinformationssystems entwerfen.[14]

3.2 Sichtweisen der Modellbildung

Die Erfüllung einer Arbeitsaufgabe durch Zusammenwirken von Mensch und Arbeitsmittel im Arbeitsablauf am Arbeitsplatz in einer Arbeitsumgebung wird als Arbeitssystem bezeichnet (vergleiche Abbildung 8).[15] Die Arbeitsaufgabe legt das Sachziel fest und bestimmt somit In- und Output des Arbeitssystems. Durch Zusammenwirken von Mensch und Arbeitsmittel am Arbeitsplatz werden Informationen, Material und Energie im Sinne der Arbeitsaufgabe verändert. Der Output als Ergebnis des Arbeitsprozesses wird nach Qualität und Quantität festgelegt. Die Arbeitsumwelt beinhaltet zum einen die unmittelbaren Umgebungseinflüsse am Arbeitsplatz (physikalische, chemische, biologische) und zum anderen die Rahmenbedingungen, unter denen die Arbeit geleistet werden muß (z. B. bestimmte gesetzliche Regelungen).[16]

Voraussetzung für die Gestaltung eines interaktiven DV-Systems ist, daß sich der Systementwickler[17] ein Modell vom Zielsystem, den betreffenden Benutzern, den relevanten organisatorischen und systemtechnischen Rahmenbedingungen sowie dem Ablauf der Entwicklung macht. Das Ergebnis wird dabei neben dem betrachteten Sachverhalt, den an der Modellbildung beteiligten Personen, der Zeitspanne, in der das Modell gebildet wird und der Zielsetzung in entscheidendem Maße von der zugrundeliegenden Sichtweise geprägt. Grundsätzlich lassen sich zwei gegensätzliche Sichtweisen unterscheiden: die anthropozentrische und die technozentrische Sichtweise.[18]

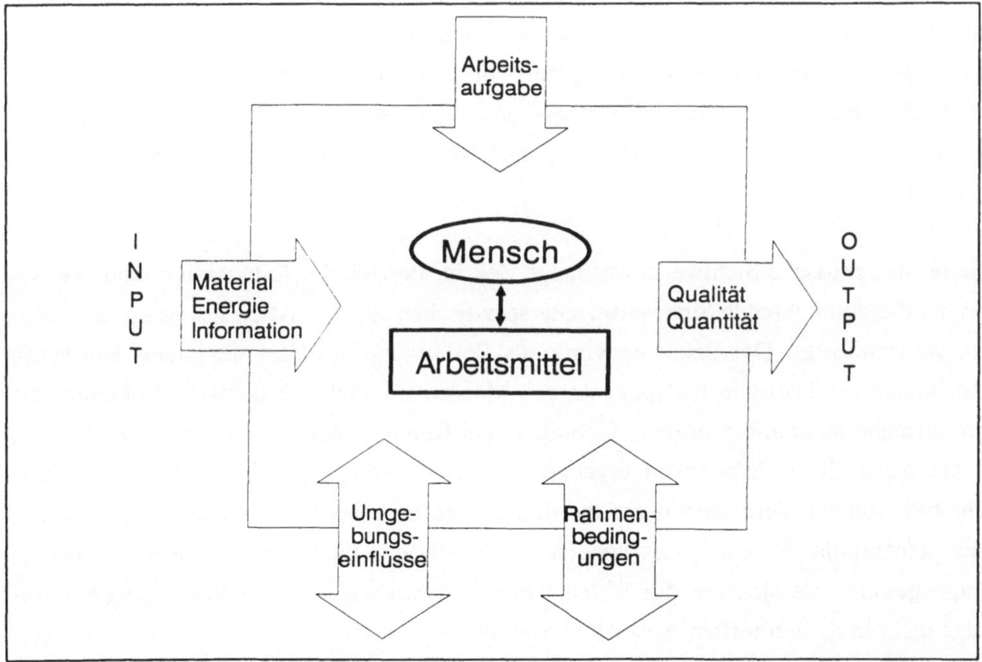

Abbildung 8: Elemente und Beziehungen eines Arbeitssystems[19]

Die anthropozentrische Sichtweise stellt den Menschen mit seinen spezifischen Bedürfnissen und Verhaltensweisen in den Mittelpunkt der Betrachtung. Die technischen Einrichtungen und Arbeitsabläufe sind an die körperlichen Eigenheiten des menschlichen Organismus sowie an die körperlichen, seelischen und sozialen Erfordernisse des Menschen anzupassen. Ziel der Anthropotechnik[20] ist einerseits die optimale Gestaltung der technischen Elemente hinsichtlich ihrer Anordnung und Formgebung, andererseits die Optimierung von Mensch-Maschine-Systemen, das heißt die Abstimmung des als Regelkreis zu verstehenden Verhältnisses von Mensch und Maschine auf die spezifischen menschlichen Bedürfnisse und Verhaltensweisen. Ein DV-System ist hiernach primär so zu konzipieren, daß es den Menschen bei seiner Arbeitstätigkeit unterstützt.

Im Gegensatz hierzu führt nach der aus der ingenieurwissenschaftlichen Tradition kommenden technozentrischen Sichtweise der Mensch die Arbeiten aus, die die nach dem neuesten Entwicklungsstand konzipierten technischen Einrichtungen noch nicht wirtschaftlich übernehmen können. Bei der Erforschung und Entwicklung neuer Informationstechniken und bei der Auswahl alternativer Lösungen stehen Funktionstüchtigkeit, Kompatibilität mit den bereits vorhandenen technischen Einrichtungen[21] und technische Effizienz[22] im Vordergrund. Der Mensch wird erst nachträglich in das fertig konstruierte und installierte Techniksystem eingeplant; die Arbeitsaufgaben des Menschen werden durch die bestehenden Mechanisierungs- und Automatisierungslücken bestimmt.[23] Arbeitssysteme ergeben sich als die ungeplante Konsequenz des entworfenen technischen Systems.[24]

Die technozentrische Sichtweise war lange Zeit im Bereich der Entwicklung von DV-Systemen die dominierende Sichtweise. Die spezifischen Eigenschaften des Menschen wurden vernachlässigt. Der Benutzer wurde als Fortsetzung des Techniksystems angesehen und bildete die kritische Komponente des Mensch-Computer-Systems.[25] Probleme, die ihre Ursache nicht allein in dem Techniksystem hatten, sondern sich aus der Einbettung in die menschliche Arbeitswelt ergaben, wurden in der wissenschaftlichen Diskussion sehr früh von der Verursacher- auf die Betroffenenebene verschoben und als sogenanntes Akzeptanzproblem[26] seitens des Benutzers subjektiviert. Diese Sichtweise wurde erst in Frage gestellt, als sich die durch den Computereinsatz erwarteten Rationalisierungserfolge nicht in dem erhofften Ausmaß einstellten.

Sofern die relevanten Eigenschaften des zukünftigen Systembenutzers vom Systementwickler vollständig und richtig antizipiert worden sind, kann es bei der von einer anthropozentrischen Sichtweise geleiteten Systementwicklung hingegen - im strengen Sinne - gar nicht erst zu einem Akzeptanzproblem kommen. Das DV-System wird von vornherein so konzipiert, daß es an die körperlichen, seelischen und sozialen Erfordernisse des Menschen angepaßt ist. Auch wenn die anthropozentrische Sichtweise letztendlich keine Gewähr dafür bieten kann, daß es im späteren Umgang mit dem Techniksystem zu keinerlei Akzeptanzproblemen kommt, sind sie, im Vergleich zu den bei einer technozentrischen Sichtweise gegebenenfalls auftretenden Problemen, jedoch voraussichtlich geringer.

Für die Wahl der geeigneten Sichtweise bei der Entwicklung von Führungsinformationssystemen ist neben der Grundeinstellung des Systementwicklers entscheidend, welche Bedeutung etwaige Akzeptanzprobleme für die Einsatzfähigkeit des Systems hätten.

3.3 Bedeutung des Akzeptanzproblems

Die Erforschung des Ausmaßes und der Ursachen von Problemen bereits eingesetzter DV-Systeme auf der einen Seite sowie die Einflußnahme auf Entwicklung und organisatorische Einordnung zukünftiger technischer Systeme auf der anderen Seite ist heute ein zentraler Gegenstand der Akzeptanzforschung.[27] Zur genaueren Untersuchung des Akzeptanzphänomens im Zusammenhang mit computergestützten betrieblichen Informationssystemen lassen sich nach Müller-Böling/Müller aufgrund ihrer beiden Dimensionen Einstellungs- und Verhaltensakzeptanz[28] grundsätzlich vier Benutzertypen unterscheiden.[29]

Verhaltensakzeptanz / Einstellungsakzeptanz	ja	nein
ja	(1) überzeugter Benutzer	(2) verhinderter Benutzer
nein	(3) gezwungener Benutzer	(4) überzeugter Nicht-Benutzer

Tabelle 1: Benutzertypen

Ausgehend von der Annahme, daß eine bejahende Einstellung des Benutzers sich positiv auf sein Verhalten auswirken müßte und vice versa,[30] sind der verhinderte und der gezwungene Benutzer von besonderem Interesse. Hier divergieren Einstellung und Verhalten des Benutzers.

Im Gegensatz zu dem allgemeinen Benutzer eines computergestützten betrieblichen Informationssystems ist der Unternehmensführer in der Regel der einzige Benutzer in einer Unternehmung, der selbst über Einsatz und Nutzung des Informationssystems entscheiden kann. Dem Sachbearbeiter werden in der Regel hingegen bestimmte Informationssysteme vorgegeben, die er benutzen muß. Sofern er keine bejahende Einstellung zu dem System hat, aber im Rahmen seines Arbeitsverhältnisses verpflichtet ist, es zu benutzen, stellt er den Fall des gezwungenen Benutzers dar. So kann beispielsweise "ein Buchhalter in einem Unternehmen mit Online-Buchhaltung nicht seine eigenen Journale in Papierform wieder aufleben lassen."[31]

Aufgrund der Entscheidungsbefugnisse der Unternehmensführung ist die positive Einstellungsakzeptanz ausschlaggebend für den erstmaligen Einsatz eines Führungsinformationssystems. Ohne eine positive Einstellung der Unternehmensführer wird, trotz etwaiger starker Befürworter inner- oder außerhalb der Unternehmung, das Führungsinformationssystem nicht installiert werden. Selbst wenn davon auszugehen ist, daß zumindest in absehbarer Zeit Unternehmensführer etwa zur Mitarbeitermotivation auf die Installation von Computern an ihrem Arbeitsplatz und den persönlichen Einsatz bestimmter Informationstechniken nicht verzichten werden, wird die direkte, persönliche Benutzung von Führungsinformationssystemen hiervon unberührt bleiben. Im Gegensatz zu Kommunikationssystemen, wie beispielsweise E-Mail als Ersatz für die Hauspost, wird die Benutzung von Führungsinformationssystemen - wenn überhaupt - so nur wenigen unterstützenden Stellen aus der engeren Umgebung des Unternehmensführers deutlich.

Sollten während des Einsatzes Akzeptanzprobleme sichtbar werden, sind sie sofort zu beheben, da sich sonst sehr schnell negative Rückwirkungen auf die Einstellung des Unternehmensführers ergeben können, die nach einer gewissen Zeitspanne zur Abschaffung des betreffenden Systems führen. Der Fall des verhinderten Benutzers dürfte im Zusammenhang mit der Unternehmensführung in der Regel nur von kurzer Dauer sein.

Vor allem bei der Entwicklung von Führungsinformationssystemen muß seitens der Systementwickler versucht werden, jede mögliche Akzeptanzhürde von vornherein zu vermeiden.[32] Dieses Ziel kann nur durch eine anthropozentrische Sichtweise bei der Modellbildung erreicht werden. Nur so wird sichergestellt, daß humane und nicht technische Kriterien bei der Gestaltung des Führungsinformationssystems im Vordergrund stehen.

3.4 Voraussetzungen anthropozentrischer Gestaltung

Die anthropozentrische Gestaltung von Führungsinformationssystemen setzt jedoch grundsätzlich (1) die Unabhängigkeit der Arbeitsorganisation von der eingesetzten Informationstechnologie, (2) eine partizipative und evolutionäre Systementwicklung sowie (3) eine besondere Flexibilität des Führungsinformationssystems voraus.

3.4.1 Informationstechnologie und Arbeitsorganisation

Sollten sich einzelne Unternehmensziele oder daraus für das Führungsinformationssystem abgeleitete Ziele nur mit einer bestimmten Kombination aus Informationstechnologie und Arbeitsorganisation realisieren lassen oder direkte Abhängigkeiten zwischen einzelnen Informationstechnologien und Arbeitsorganisationsformen bestehen, kann nicht ohne Einschränkungen nach der anthropozentrischen Betrachtungsweise vorgegangen werden.

Seit Aufkommen der Computer wird eine wissenschaftliche Diskussion über die damit einhergehenden Änderungen in der Gesamtstruktur von Organisationen geführt. So wurde diese technische Entwicklung von manchen Autoren mit der Einführung der Dampfmaschine oder des Fließbandes in der Produktion verglichen, und es wurde von einer weißen Automation[33] oder von einer zweiten industriellen Revolution gesprochen.[34] In dem Computer wurden neue Mechanisierungs- und Automatisierungspotentiale gesehen, die neben ausführenden Aufgaben im Verwaltungsbereich auch Planungs- und Steuerungsaufgaben automatisch erfüllen können und so zu einem tiefgreifenden Wandel im gesamten System der Steuerung der Aufgabenerfüllung in Organisationen führen würden.[35] Neben Veränderungen in der organisatorischen Konfiguration (Zahl der Hierarchieebenen, Größe der Leitungsspannen, Abteilungsgliederung), dem Spezialisierungsgrad, dem Ausmaß der programmierten Koordination (Standardisierung und Formalisierung) und der Selbstabstimmung (Einrichtung von Komitees, horizontale Kommunikation) hat vor allem der Umfang der Konzentration von Entscheidungsbefugnissen besondere Bedeutung gefunden.

Im Zusammenhang mit dem Grad der Entscheidungszentralisation werden heute üblicherweise drei Richtungen unterschieden, die sich bereits zur Zeit der ersten Prognosen über die Auswirkungen des Computereinsatzes herausgebildet haben. So läßt sich durch plausible Argumente und fundierte Ergebnisse empirischer Untersuchungen[36] sowohl schlüssig darlegen, daß der Computereinsatz zu einer stärkeren Entscheidungszentralisation führt, als auch, daß er zu einer stärkeren Dezentralisation oder zu keiner dieser beiden Wirkungen führt.[37]

Genährt durch die sich ständig ändernden technischen Rahmenbedingungen, scheint kein Ende dieser Diskussion absehbar. Es läßt sich jedoch festhalten, daß heute die überwiegende Zahl der Informationstechnologien keine bestimmte Nutzung vorschreiben. Selbst im Hinblick auf Rentabilität und Effizienz lassen sich die Technologien durchaus mit unterschiedlichen Formen der Arbeitsorganisation, zum Beispiel Arbeitsaufgabe und Arbeitsteilung, sowie den hieraus folgenden Anforderungen an die Mitarbeiterqualifikation vereinbaren, und zwar, ohne daß eine dieser Varianten eindeutig allen anderen überlegen wäre.[38]

Aufgrund der rasanten Entwicklung auf dem Gebiet der Informationstechnologie wird dieser Trend eher zunehmen. Die Informationstechnologie ist heute ein äußerst flexibles Gestaltungsinstrument,[39] und es ist und bleibt die Aufgabe der organisatorischen Gestaltung, der Informationstechnologie ihre Rolle in der Unternehmung zuzuweisen. Entsprechend werden in einigen Literaturstellen lediglich die Potentiale der Informationstechnologie bezüglich Information, Organisation und Motivation hervorgehoben.[40]

3.4.2 Partizipative und evolutionäre Systementwicklung

Der Begriff Partizipation wurde bereits sehr früh von den Griechen verwendet, um einen Sachverhalt zu beschreiben, der sich mit den Worten Demokratie, Einbeziehung, Beteiligung und Kooperation skizzieren läßt.[41] Im Bereich der Systementwicklung bezeichnet

Partizipation die Beteiligung der später vom System Betroffenen an den Entscheidungen während des gesamten Systementwicklungsprozesses.[42] Nur durch die möglichst frühzeitige - neben den eigentlichen Systementwicklern gleichberechtigte - Einbeziehung der Unternehmensführung in den Entwicklungsprozeß läßt sich die bestmögliche Kombination von Informationstechnologie und Arbeitsorganisation finden, so daß es voraussichtlich zu keinen oder nur sehr geringen Akzeptanzproblemen kommt.[43]

Aufgrund des unterschiedlichen Wissens und verschiedener Interessen beider Personengruppen ist hierfür im Verlauf des Entwicklungsprozesses die wiederholte Erstellung praktischer Demonstrationsbeispiele, sogenannter Prototypen[44], unabdingbar. Nur anhand dieser Beispiele kann der Unternehmensführer konkrete, bisher nicht vorstellbare technische Möglichkeiten kennenlernen, während der Systementwickler die Einsatzmöglichkeiten spezifischer Informationstechnologien für bestimmte Arbeitsorganisationsformen überprüfen kann. So muß in einem Versuch-Irrtum-Prozeß die günstigste Lösung[45] allmählich erarbeitet werden.[46]

Vor diesem Hintergrund vollzieht sich die Entwicklung der Benutzerschnittstelle eines Führungsinformationssystems grundsätzlich in drei Phasen, die jeweils aus mehreren Schritten bestehen und durch das Prinzip der Rückkopplung miteinander verbunden sind (vergleiche Abbildung 9):[47]

(1) **Analyse**: Nach Festlegung der Gestaltungsziele und Durchführung einer ersten Arbeitsanalyse stehen die zukünftigen Benutzer des Systems im Mittelpunkt der Betrachtung und werden aktiv an der Ableitung von Entwurfsrichtlinien beteiligt. Vor Abschluß der Analysephase werden die Ergebnisse zusammengefaßt und die Struktur der konzipierten Benutzerschnittstelle gedanklich überprüft. Sofern sich beim strukturierten Durcharbeiten herausstellt, daß Änderungen der Gestaltungsziele notwendig sein sollten, sind alle Schritte dieser Phase erneut zu durchlaufen; andernfalls wird mit der Entwurfsphase begonnen.

(2) **Entwurf**: Ziel der Entwurfsphase ist das schnelle Erstellen von prototypischen Benutzerschnittstellen nach den Vorstellungen der Benutzer; notwendige Systemfunktionen werden dabei in der Regel zunächst simuliert.

(3) **Evaluation**: Im Rahmen der Evaluierungsphase ist im ersten Schritt die Benutzerakzeptanz anhand des erstellten Prototypen zu überprüfen. Falls Probleme auftreten sollten, wird mit der erneuten Gestaltung eines Prototypen fortgefahren. Ansonsten kann mit der Entwicklung einer einsatzfähigen Benutzerschnittstelle begonnen werden, mit der sich Laufzeittests und experimentelle Überprüfungen durchführen lassen. Sofern dabei Mängel erkennbar werden, sind zumeist die zugrundeliegenden Entwurfsrichtlinien zu korrigieren, was ein erneutes Durchlaufen der Entwurfs- und Evaluationsphase zur Folge hat. Andernfalls kann mit der Fertigstellung des Gesamtsystems fortge-

fahren werden. Dazu gehört insbesondere die Implementation beziehungsweise Vervollständigung der Systemfunktionen sowie die Integration des Führungsinformationssystems in die betriebliche Umgebung.

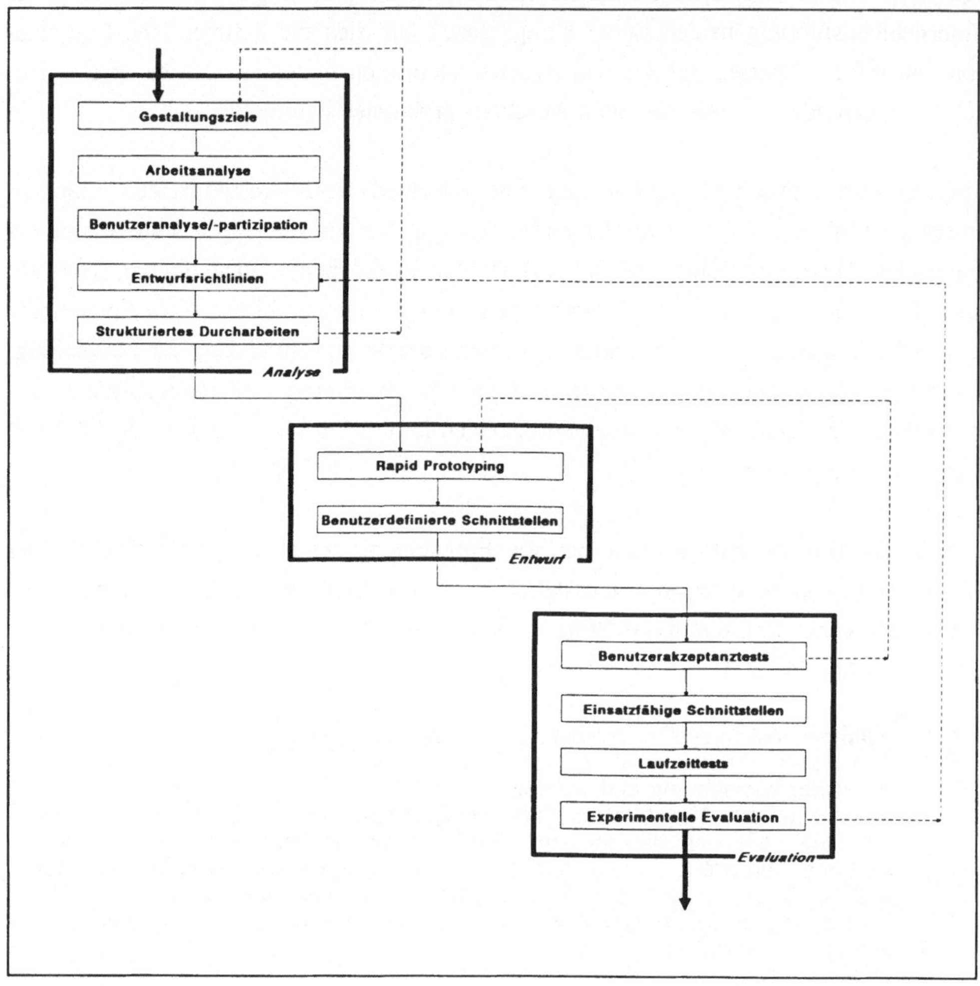

Abbildung 9: Partizipative und evolutionäre Entwicklung der Benutzerschnittstelle eines Führungsinformationssystems[48]

Nach Fertigstellung und Übergabe hat die konkrete Arbeit mit dem Führungsinformationssystem - über die damit einhergehenden Erfolgs- und Mißerfolgserlebnisse - Rückwirkungen auf das Anspruchsniveau der Benutzer. Sind etwa anfängliche Akzeptanzhürden seitens des Unternehmensführers zu einem bestimmten Zeitpunkt überwunden, so daß er mit dem DV-System arbeitet, werden sich bei ihm in der Regel zunächst mehr Erfolgs- als Mißerfolgserlebnisse einstellen. Sein Anspruchsniveau erhöht sich entsprechend.[49] Das Führungsinformationssystem muß deshalb von vornherein so konzipiert werden, daß es den anfänglich voraussichtlich stark steigenden Ansprüchen gerecht werden kann. Der Systementwickler steht vor der Aufgabe, diese Entwicklungen zu antizipieren. Ansonsten besteht die Gefahr, daß sich sehr schnell Mißerfolgserlebnisse beim Unternehmensführer einstellen, beispielsweise dadurch, daß das Führungsinformationssystem bezüglich seiner Funktionalität sehr stark eingeschränkt wurde, um dem Unternehmensführer den ersten Umgang mit dem System zu erleichtern. Während am Anfang etwa die Funktionalität des Gesamtsystems, im Vergleich zu den Ein- und Ausgabemedien oder Interaktionsformen, in den Hintergrund rückt, stehen nach einer Eingewöhnungsphase die mit Hilfe des Führungsinformationssystems durchführbaren Aufgaben im Vordergrund.

3.4.3 Flexibilität des Führungsinformationssystems

Da einerseits die günstigste Lösung erst allmählich erarbeitet wird und sich andererseits die ökonomischen und technologischen Rahmenbedingungen im Zeitablauf ständig ändern, ohne daß die Veränderungen vorhersehbar wären, muß das Führungsinformationssystem in besonderem Maße flexibel sein. Es muß insbesondere anpaßbar[50] an verschiedene Benutzer[51], portierbar[52] auf verschiedene DV-Systemumgebungen und kompatibel[53] zu möglichst vielen anderen DV-Systemkomponenten sein. Dem hierfür erforderlichen hohen Entwicklungsaufwand stehen auf der anderen Seite geringere Schulungs- und Motivierungsmaßnahmen sowie organisatorische Veränderungen gegenüber.[54]

Seit Beginn der achtziger Jahre formiert sich hierzu ein interdisziplinäres Forschungsgebiet, für das sich in den letzten Jahren im deutschsprachigen Raum der Begriff Softwareergonomie durchzusetzen scheint.[55] Gegenstand der Softwareergonomie ist die Lehre von der Anpassung eines DV-Systems[56] an die kognitiven, intellektuellen und physischen Eigenschaften des arbeitenden Menschen in seinem organisatorischen Kontext.[57] Das Ziel liegt einerseits in der bestmöglichen Anpassung der durch das DV-System bestimmten Arbeitsbedingungen an die Eigenschaften des arbeitenden Menschen. Damit verbunden soll andererseits die Effizienz der menschlichen Arbeit mit dem DV-System gesteigert werden.[58] Die hieraus abzuleitenden Aufgaben lassen sich, in Anlehnung an das Gebiet der Ergonomie, als Analyse, Gestaltung und Beurteilung des arbeitenden Menschen, der Informationstechnologie beziehungsweise des konkreten DV-Systems und der Arbeitsaufgaben beschreiben.[59]

Die Wechselbeziehungen zwischen Softwareergonomie und Informationstechnologie lassen sich wie folgt skizzieren: Zum einen greift die Softwareergonomie neue technische Entwicklungen auf, um damit neue Lösungsmöglichkeiten für die Fragen der Computerbenutzung zu erarbeiten. Zum anderen versucht sie, vom benutzerorientierten Standpunkt aus Anstöße zu geben und Richtlinien für technische Entwicklungen zu liefern.

3.5 Gestaltungsziele

Die von den menschlichen Gegebenheiten und Bedingungen ausgehende Erforschung und Gestaltung menschlicher Arbeit mit DV-Systemen ist sowohl eine zentrale Aufgabe der Arbeitswissenschaft als auch der Arbeits- und Organisationspsychologie.[60] Als Hauptziele werden in diesem Zusammenhang genannt: Schädigungsfreiheit, Beeinträchtigungslosigkeit, Zumutbarkeit und Persönlichkeitsförderlichkeit der menschlichen Arbeit.[61] Daneben betonen die Arbeitswissenschaftler den Aspekt der technisch-wirtschaftlichen Rationalität. Das heißt, bei konkreten Gestaltungsmaßnahmen ist auch darauf zu achten, daß der technische Aufwand, in bezug zum Nutzen, in einem vertretbaren Rahmen bleibt.[62]

Arbeitstätigkeiten werden entsprechend als human bezeichnet, wenn sie die psychophysische Gesundheit der Arbeitstätigen "nicht schädigen, ihr psychosoziales Wohlbefinden nicht - oder allenfalls vorübergehend - beeinträchtigen, ihren Bedürfnissen und Qualifikationen entsprechen, individuelle und/oder kollektive Einflußnahme auf Arbeitsbedingungen und Arbeitssysteme ermöglichen und zur Persönlichkeitsentwicklung im Sinne der Entfaltung von Potentialen und Förderung von Kompetenzen beizutragen vermögen."[63] Während Schädigungsfreiheit und Beeinträchtigungslosigkeit vor allem durch eine entsprechende Hardwaregestaltung gewährleistet werden können, wird ein zumutbares und persönlichkeitsförderliches DV-System wesentlich durch die Gestaltung der Software bestimmt.

Die physikalischen Faktoren von DV-Systemen, wie zum Beispiel Strahlenbelastungen und Flimmern der Bildschirme oder Schäden durch Zwangshaltungen, standen am Anfang ergonomischer Betrachtungen.[64] Hierzu gibt es mittlerweile eine große Reihe von Normen, die diesen Bereich detailliert regeln.[65] Die zur Zeit verfügbaren Hardwarekomponenten sind in der Regel nach diesen Normen konstruiert, so daß ihr Einsatz eine weitestgehend schädigungsfreie und beeinträchtigungslose Arbeit mit dem DV-System gewährleistet. Zur Gestaltung zumutbarer und persönlichkeitsförderlicher Software liegen erst vereinzelte Normen beziehungsweise Normentwürfe vor, die sich größtenteils lediglich auf formale Aspekte der Informationsdarstellung beziehen.[66]

Von Arbeitswissenschaftlern sowie Arbeits- und Organisationspsychologen werden in diesem Zusammenhang im wesentlichen fünf Merkmale der Aufgabengestaltung hervorgehoben: Ganzheitlichkeit, Anforderungsvielfalt, Möglichkeiten der sozialen Interaktion, Autonomie sowie Lern- und Entwicklungsmöglichkeiten (vergleiche Tabelle 2).[67]

"Der Vorteil der Ganzheitlichkeit einer Aufgabe liegt einerseits darin, daß der Mitarbeiter den Bedeutungsgehalt und den Stellenwert seiner Tätigkeit im betrieblichen Arbeitsablauf klarer erkennen kann und andererseits die Möglichkeit von Rückmeldungen über den Arbeitsfortschritt aus der Tätigkeit selbst gegeben ist."[68] Durch die Anforderungsvielfalt einer Aufgabe soll es dem Aufgabenträger ermöglicht werden, seine unterschiedlichen Fähigkeiten, Kenntnisse und Fertigkeiten einzusetzen. Dies ist am ehesten durch eine Kombination von Teilaufgaben erreichbar, die Elemente der Planung, Ausführung und Kontrolle beinhalten. Damit wird zugleich die Ganzheitlichkeit der gesamten Aufgabe gefördert.[69] Funktionierende Möglichkeiten der sozialen Interaktion tragen zur Reduzierung der Auswirkungen potentieller Stressoren bei, indem sie dem Aufgabenträger die Erfahrung vermitteln, daß er sich - sowohl bei der eigentlichen Aufgabenbewältigung als auch bei etwaigen Problemen und Schwierigkeiten - der Unterstützung durch die übrigen Personen sicher sein kann.[70]

Gestaltungs-merkmal	Ziel / Absicht Vorteil / Wirkung	Realisierung durch...
Ganzheitlichkeit	o Mitarbeiter erkennen Bedeutung und Stellenwert ihrer Tätigkeit o Mitarbeiter erhalten Rückmeldung über den eigenen Arbeitsfortschritt aus der Tätigkeit selbst	...umfassende Aufgaben mit der Möglichkeit, Ergebnisse der eigenen Tätigkeit auf Übereinstimmung mit gestellten Anforderungen zu prüfen
Anforderungs-vielfalt	o Unterschiedliche Fähigkeiten, Kenntnisse und Fertigkeiten können eingesetzt werden o Einseitige Beanspruchungen können vermieden werden	...Aufgaben mit planenden, ausführenden und kontrollierenden Elementen bzw. unterschiedlichen Anforderungen an Körperfunktionen und Sinnesorgane
Möglichkeiten der sozialen Interaktion	o Schwierigkeiten können gemeinsam bewältigt werden o Gegenseitige Unterstützung hilft Belastungen besser ertragen	...Aufgaben, deren Bewältigung Kooperation nahelegt oder voraussetzt
Autonomie	o Stärkt Selbstwertgefühl und Bereitschaft zur Übernahme von Verantwortung o Vermittelt die Erfahrung, nicht einfluss- und bedeutungslos zu sein	...Aufgaben mit Dispositions- und Entscheidungs-möglichkeiten
Lern- und Entwicklungs-möglichkeiten	o Allgemeine geistige Flexibilität bleibt erhalten o Berufliche Qualifikationen werden erhalten und weiter entwickelt	...problemhaltige Aufgaben, zu deren Bewältigung vorhandene Qualifikationen erweitert bzw. neue Qualifikationen angeeignet werden müssen

Tabelle 2: Merkmale der Aufgabengestaltung, Ziele und Wege der Realisierung[71]

Von besonderer Bedeutung für die Persönlichkeitsentwicklung eines arbeitenden Menschen ist der ihm bei der Aufgabenbewältigung eingeräumte Tätigkeitsspielraum.[72] Er setzt sich als mehrdimensionales Konstrukt aus dem Handlungs-, dem Gestaltungs- und dem Entscheidungsspielraum zusammen.[73] Als Handlungsspielraum[74] wird in diesem Zusammenhang die Summe der Freiheitsgrade in bezug auf Verfahrenswahl, Mitteleinsatz und zeitliche Organisation von Teilaufgaben bezeichnet.[75] Die konkreten Möglichkeiten zur selbständigen Gestaltung von Vorgehensweisen bestimmen hingegen den Gestaltungsspielraum.[76] Der Umfang der Entscheidungskompetenz kennzeichnet schließlich den Entscheidungsspielraum, wobei die Größe des Entscheidungsspielraumes das Ausmaß an Autonomie, das mit einer Tätigkeit verbunden ist, bestimmt.[77] Die Persönlichkeitsförderlichkeit ist dabei in der Regel umso höher, je größer der Tätigkeitsspielraum insgesamt ist.

Lern- und Entwicklungsmöglichkeiten resultieren im wesentlichen aus der Umsetzung der vorgenannten Gestaltungsziele. Positiv wirken sich im allgemeinen auch Arbeitsaufgaben geringer Komplexität aus. Die an einem Umwelt-Vereinfachungs-Modell orientierte Reduktion der Aufgabenkomplexität, führt jedoch nicht zwangsläufig zu guten Lern- und Entwicklungsmöglichkeiten. Ein gewisses Maß an Komplexität kann Voraussetzung sein für das Erkennen von Handlungs- und Gestaltungsspielräumen, die mit der Arbeitstätigkeit verbunden sind und sich positiv auf die Lern- und Entwicklungsmöglichkeiten im Rahmen der Arbeitsaufgabe auswirken.[78]

Da sich die Unternehmensführungsaufgaben bereits ohne den Einsatz von Führungsinformationssystemen durch ein hohes Maß an Ganzheitlichkeit, Anforderungsvielfalt, sozialen Interaktionsmöglichkeiten und Autonomie auszeichnen, ist für die Gestaltung derartiger Systeme von zentraler Bedeutung, daß die dadurch entstehenden Arbeitsaufgaben - vor allem für den Unternehmensführer - keine neuen Einschränkungen mit sich bringen, sondern - sofern möglich - den Bedürfnissen und Qualifikationen des Benutzers besser entsprechen und zur Entfaltung seiner Persönlichkeit beitragen. Es liegt die Vermutung nahe, daß sich die Motivation des Unternehmensführers zur längeren selbständigen Benutzung eines Führungsinformationssystems daneben durch den gezielten Einsatz von Komplexität entscheidend erhöhen läßt.[79]

Darüber hinaus müssen bei der Gestaltung der Arbeitstätigkeiten und -aufgaben die interindividuellen Unterschiede seitens der Aufgabenträger berücksichtigt werden. Dies kann durch eine differentielle und dynamische Arbeitsgestaltung erreicht werden.[80] Das heißt, jeder Arbeitende sollte einerseits zu einem bestimmten Zeitpunkt aus verschiedenen angebotenen Arbeitsstrukturen die ihm persönlich am geeignetsten erscheinende auswählen können. Andererseits sollte die Möglichkeit bestehen, die angebotenen Arbeitsstrukturen im Zeitablauf zu verändern, um sie den zeitlichen Veränderungen der persönlichen Präferenzen anpassen zu können.[81]

3.6 Gestaltungsfelder und -ebenen

Im Zusammenhang mit dem Aufbau interaktiver DV-Systeme werden in der Arbeitswissenschaft im wesentlichen folgende Gestaltungsfelder unterschieden: Arbeitsaufgabe und -organisation - hierunter fällt vor allem die Funktionsverteilung zwischen den Menschen (horizontal und vertikal), zwischen Menschen und Computern sowie Arbeitszeitregelungen -, Arbeitsmittel, Arbeitsumgebung und -platz, Mensch-Computer-Interaktion und Ausbildung (vergleiche Abbildung 10).[82]

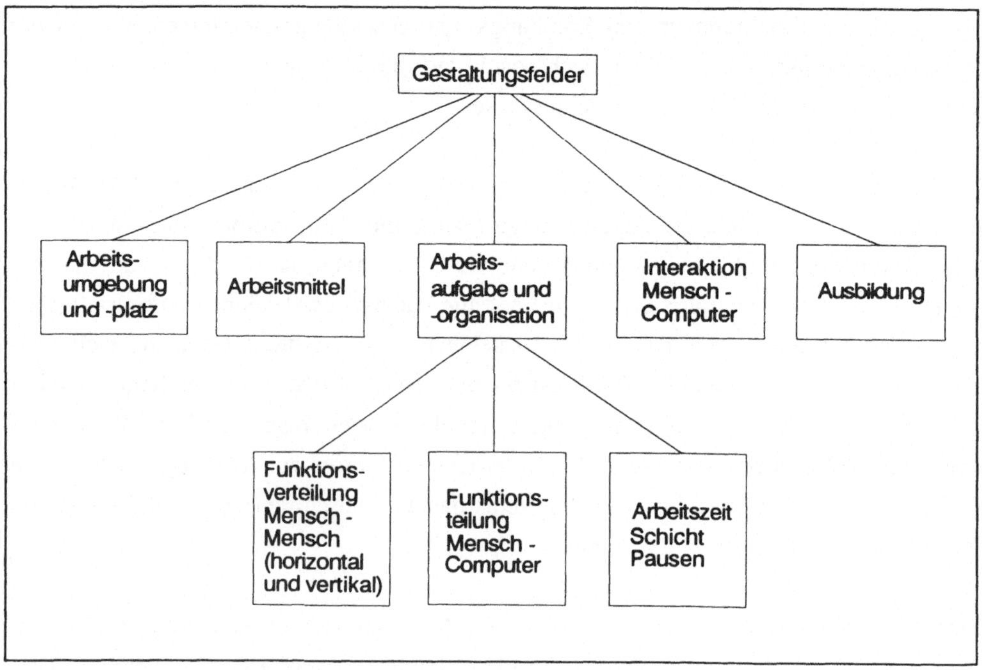

Abbildung 10: Gestaltungsfelder interaktiver DV-Systeme[83]

Bei der Konzeption eines jeden interaktiven DV-Systems sind Entscheidungen über die konkrete Ausgestaltung der einzelnen Gestaltungsfelder zu treffen. Eine Neuentwicklung oder Veränderung bestehender Systeme beinhaltet somit stets die Möglichkeit, nicht nur die Arbeitsaufgaben, sondern auch die Arbeitsorganisation an veränderte Benutzereigenschaften anzupassen. Dies sollte, aufgrund seiner eher technikorientierten Sichtweise, nicht allein dem Systementwickler überlassen bleiben. Die Ursachen für die menschliche Belastung beim Computereinsatz im Büro- und Verwaltungsbereich liegen heute vorrangig in der Formalisierung und Automatisierung von Arbeitsabläufen sowie in der Zerstückelung von ehemals ganzheitlichen Tätigkeiten; die Gestaltung der Mensch-Computer-Interaktionen spielt im Verhältnis dazu eher eine untergeordnete Rolle. Auch "ein für den Benutzer leicht handhabbarer Dialog zur Bewältigung einer Arbeitsaufgabe kann nicht darüber hinwegtäuschen, daß bei der Verteilung der Arbeit unter den Menschen schon für den Einzelnen sinnentleerte Teiltätigkeiten abfallen".[84]

Ein anthropozentrisches Vorgehen bei der Gestaltung interaktiver DV-Systeme allgemein und von Führungsinformationssystemen im besonderen setzt voraus, daß zuallererst die Gesamtaufgaben der Unternehmung unter Berücksichtigung der verfolgten Unternehmensziele in Teilaufgaben unterteilt werden, die sich auf die am Arbeitsprozeß zu beteiligenden Menschen verteilen lassen. Sind die von jedem einzelnen Menschen in einer Unternehmung zu bewältigenden Aufgaben bestimmt und beschrieben, können die Arbeitsabläufe zwischen den Menschen geplant werden. Erst im Anschluß daran sollten die Arbeitsmittel der einzelnen Aufgabenträger bestimmt werden. Hierunter fällt auch die Festlegung der Aufgabenverteilung zwischen dem eventuell in Frage kommenden Arbeitsmittel DV-System und dem Menschen. Dabei sind die Potentiale der vorhandenen Informationstechnologie zu berücksichtigen. Zuletzt kann über die konkrete Ausgestaltung des Arbeitsmittels DV-System einschließlich des Arbeitsplatzes und der Arbeitsumgebung sowie der Benutzungsregeln entschieden werden (vergleiche Abbildung 11).

Veränderungen auf dem Gebiet der Informationstechnologie oder in der Einstellung beziehungsweise dem Verhalten des Unternehmensführers im Zeitablauf bilden stets einen Anlaß, Änderungen am DV-System in Betracht zu ziehen. Hiervon werden in den meisten Fällen die beiden letzten Gestaltungsebenen betroffen sein, beispielsweise bei der Veränderung der Aufgabenverteilung auf die einzelnen Arbeitsmittel oder Änderungen der Benutzerpräferenzen bezüglich der Interaktionsformen.[85]

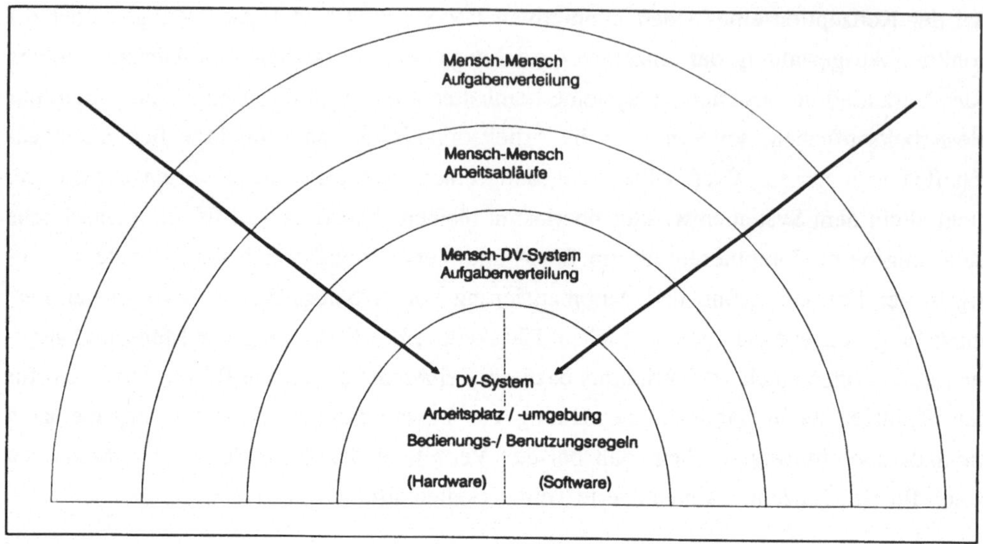

Abbildung 11: Gestaltungsebenen interaktiver DV-Systeme[86]

Nachdem im zweiten Kapitel die Unternehmensführungsaufgaben ausführlich diskutiert wurden, sind im folgenden vierten Kapitel die organisatorischen Rahmenbedingungen von Führungsinformationssystemen zu untersuchen, bevor im fünften Kapitel das detaillierte Konzept eines Führungsinformationssystems abgeleitet werden kann.

4 Organisatorischer Kontext von Führungsinformationssystemen

4.1 Unternehmensführer

4.1.1 Grundlegende Zusammenhänge

Zur Arbeitsumgebung des Unternehmensführers gehören allgemein die mit ihm direkt oder indirekt in Beziehung stehenden Menschen und Arbeitsmittel. Dabei kann einerseits ein bestimmtes Arbeitsmittel ausschließlich einer Person oder einer Gruppe von Personen zugeordnet sein und andererseits eine einzelne Person ein oder mehrere Arbeitsmittel zur Bewältigung der ihr übertragenen Aufgaben benötigen (vergleiche Abbildung 12).

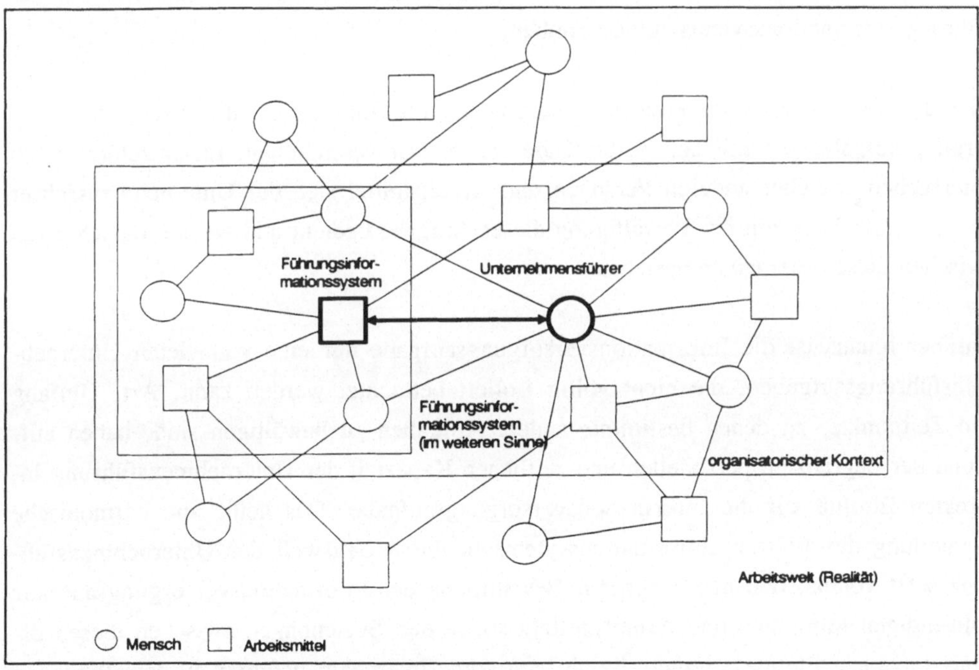

Abbildung 12: Arbeitsumgebung des Unternehmensführers

Das Führungsinformationssystem im weiteren Sinne besteht, aufgrund der Komplexität der Informationsversorgungsaufgabe, aus einer Menge von Arbeitsmitteln und Menschen, zwischen denen bestimmte Beziehungen bestehen. Mit einem Arbeitsmittel läßt sich regelmäßig nur die vorbedachte, geplante Informationsnachfrage der Unternehmensführung befriedigen. Unvorhergesehene Informationswünsche bedürfen hingegen der Unterstützung durch den Menschen, sei es direkt, indem die Informationen von Menschen beschafft und mitgeteilt werden oder indirekt, indem von ihnen das Informationsangebot des Arbeitsmittels angepaßt wird. Das eigentliche Führungsinformationssystem stellt eines von vielen Arbeitsmitteln des Unternehmensführers dar, das bei entsprechender Arbeitsteilung gegebenenfalls auch von anderen Personen benutzbar sein muß.

Die Berücksichtigung aller Restriktionen, die sich aus der Einbettung des Führungsinformationssystems in die Arbeitswelt des Unternehmensführers ergeben, ist in der Regel aufgrund der großen Anzahl der übrigen beteiligten Menschen und Arbeitsmittel mit ihren unterschiedlichen Verbindungen untereinander nicht möglich. Das heißt, daß zunächst versucht werden muß, den relevanten Ausschnitt aus der realen Arbeitswelt des Unternehmensführers zu isolieren und abzugrenzen, den organisatorischen Kontext des Führungsinformationssytems zu beschreiben.

Hierzu bedarf es der gedanklichen Isolierung der im Hinblick auf die Informationsversorgungsaufgabe wesentlichen Tatbestände von den unwesentlichen. Im einzelnen ist zu untersuchen, welcher anderen Personen und Arbeitsmittel sich der Unternehmensführer im Zusammenhang mit der Bewältigung dieser Aufgabe bedient und welche Beziehungen zwischen diesen Elementen bestehen.

Darüber hinaus ist die Informationsversorgungsaufgabe nur eine von vielen Unternehmensführungsaufgaben, die nicht völlig isoliert betrachtet werden kann. Art, Umfang und Zeitpunkte, zu denen bestimmte andere Aufgaben zu bewältigen sind, haben aufgrund der begrenzten personellen und zeitlichen Kapazität der Unternehmensführung indirekten Einfluß auf die Informationsversorgungsaufgabe. Das heißt, die harmonische Einbindung des Führungsinformationssytems in die Arbeitswelt der Unternehmensführung setzt voraus, daß neben den zur Bewältigung der Informationsversorgungsaufgabe notwendigen Menschen und Arbeitsmitteln sowie den Beziehungen zwischen diesen organisatorischen Elementen auch die übrigen vom Unternehmensführer zu bewältigenden Aufgaben berücksichtigt werden.

4.1.2 Arbeitsumgebung

4.1.2.1 Personen

Die Art und Anzahl der mit der Informationsversorgung der Unternehmensführung in Beziehung stehenden Personen richtet sich nach (1) der Komplexität der Informationsversorgungsaufgabe,(2) den übrigen am Entscheidungsprozeß beteiligten Personen und (3) den DV-Kenntnissen des Unternehmensführers.

(1) **Komplexität der Informationsversorgungsaufgabe**

Zur Analyse der Büroaufgaben im Hinblick auf die Unterstützung oder Substitution durch Informationstechnologien werden von Beckurtz/Reichwald[1] nach dem Grad der Formalisier- und Routinisierbarkeit beispielsweise drei Typen von Informationsverarbeitungsaufgaben unterschieden (vergleiche Tabelle 3): Während der Aufgabentyp 3 (Routinefall) für Teile der Sachbearbeitungs- und Unterstützungsaufgaben und Typ 2 (sachbezogener Fall) für Teile der Fach- und Sachbearbeitungsaufgaben repräsentativ ist, entprechen weite Teile der Fachaufgaben sowie die Führungsaufgaben in der Regel dem Typ 1 (Einzelfall).[2]

Merkmale der Aufgabenerfüllung / Aufgabentyp	Problemstellung (Komplexität, Planbarkeit)	Informationsbedarf	Kooperationspartner	Assistenzbedarf
Büroarbeit vom Typ 1 Einzelfall (nicht formalisierbar)	hohe Komplexität, niedrige Planbarkeit	unbestimmt	wechselnd, nicht festgelegt	sehr hoch
Büroarbeit vom Typ 2 sachbezogener Fall (teilweise formalisierbar)	mittlere Komplexität, mittlere Planbarkeit	problemabhängig, (un)bestimmt	wechselnd, festgelegt	hoch
Büroarbeit vom Typ 3 Routinefall	niedrige Komplexität hohe Planbarkeit	bestimmt	gleichbleibend, festgelegt	niedrig

Tabelle 3: Typen von Informationsverarbeitungsaufgaben[3]

Das heißt, aufgrund der hohen Komplexität und relativ niedrigen Planbarkeit der Problemstellung ist der Informationsbedarf von Führungskräften im wesentlichen unbestimmt. Von betroffenen Unternehmensführern wird dieses Argument zum Teil ins Feld geführt, um die Entwicklung von Führungsinformationssystemen von vornherein als ein sinnloses Unterfangen zu bezeichnen und entsprechende Vorhaben zu unterbinden. Dabei wird jedoch außer acht gelassen, daß auch die Unternehmensführung mit regelmäßig wiederkehrenden Aufgaben betraut ist, für die sich Informationsbedarfe im voraus bestimmen und computergestützt darbieten lassen, insbesondere die zur Kontrolle des betrieblichen Geschehens notwendigen Informationen. Unstrittig ist hingegen, daß die Unternehmensführungsaufgaben mit einem sehr hohen Assistenzbedarf verbunden sind.

Das Führungsinformationssystem muß die intensive Kooperation zwischen der Unternehmensführung und ihren unterstützenden Einheiten im Zusammenhang mit der Informationsversorgung berücksichtigen. Selbst wenn neueren Forschungsansätzen, wie etwa dem Leitprojekt Assistenzcomputer der GMD,[4] in absehbarer Zeit Erfolg beschienen sein sollte, ist die Ersetzung menschlicher Assistenzkäfte durch DV-Systeme ein nicht unproblematisches und in seiner idealistischen Zielsetzung von vornherein zur Erfolglosigkeit bestimmtes Unterfangen.[5]

(2) Am Entscheidungsprozeß beteiligte Personen

Es ist zu unterscheiden, ob Informationen nur für Einzel- oder auch für Gruppenentscheidungen benötigt werden. Da grundsätzlich nicht ausgeschlossen werden kann, daß die vom Führungsinformationssystem zur Verfügung gestellten Informationen auch Grundlage für Gruppenentscheidungen sein können, müssen die gegebenfalls einzubeziehenden übrigen Unternehmensführer von vornherein mit berücksichtigt werden.

(3) DV-Kenntnisse des Unternehmensführers

Für sich betrachtet, wird der Umfang operativer DV-Kenntnisse bei der Unternehmensführung vielleicht zunehmen. Aufgrund der rasanten Entwicklung der Informationstechnologie und der Ausrichtung der Unternehmensführung auf das gesamtbetriebliche Geschehen ist jedoch zu erwarten, daß es auch zukünftig im Verhältnis zu Assistenzkräften eher gering sein wird. Von Assistenzkräften wird auf diesem Gebiet zwar tendenziell ein höherer Ausbildungsstand erwartet werden können, der sie befähigen sollte, kleinere Änderungen des Führungsinformationssystems vorzunehmen; größere Systemanpassungen werden dagegen auch in Zukunft im wesentlichen Systemspezialisten vorbehalten bleiben.

Im Gegensatz zu den gegebenenfalls mit einzubeziehenden übrigen Unternehmensführern ist es durchaus üblich, bestimmte Teilaufgaben von Assistenzkräften oder Systementwicklern auch von unternehmensexternen Beratern durchführen zu lassen, zum Beispiel aufgrund fehlender personeller Kapazitäten oder entsprechendem know how in kleineren

Unternehmungen. Die Arbeitsweise dieser Personen unterscheidet sich jedoch im Hinblick auf die in dieser Arbeit untersuchten Sachverhalte grundsätzlich nicht von der Arbeitsweise unternehmensinterner Personen, so daß dieser Tatbestand im folgenden außer acht gelassen werden kann.

4.1.2.2 Arbeitsmittel

Die klassische Arbeitsumgebung der Unternehmensführung für die Versorgung mit regelmäßig wiederkehrenden Informationen ist das Büro.[6] Dort stehen neben dem eigentlichen Schreibgerät - Stiften in verschiedenen Variationen - und geeigneten Medien (z. B. Papier oder Folie) am Arbeitsplatz vor allem die typischen Arbeitsmittel einer Büroumgebung, wie zum Beispiel Eingangs- und Ausgangskorb, Terminkalender, Taschenrechner, Diktiergerät oder Telefon[7] zur Verfügung. Dabei kann es sich entweder um herkömmliche Gegenstände und Geräte oder um Funktionen beziehungsweise Bestandteile eines DV-Systems[8] handeln.[9]

Im Gegensatz zu Arbeitsplätzen von Mitarbeitern niedrigerer Ebenen der Unterehmenshierarchie hat sich der Computer[10] am Schreibtisch des Unternehmensführers zwar noch nicht durchgesetzt,[11] es wird jedoch von einer steigenden Tendenz ausgegangen: Während im Jahre 1985 bei einer in der Schweiz durchgeführten empirischen Untersuchung nur 10 Prozent der befragten Führungskräfte angaben, einen Computer persönlich zu nutzen,[12] waren es bei einer ähnlichen Befragung von 1493 Führungskräften in der Bundesrepublik Deutschland im Jahre 1988 nahezu 29 Prozent.[13]

Ein weiteres Ergebnis der letztgenannten Untersuchung war, daß die persönliche Nutzung durch Führungskräfte unter anderem von ihrem Lebensalter und der Unternehmensgröße abhängt. Während 55 Prozent der Führungskräfte bis 40 Jahre angaben, selbst einen Computer zu nutzen, betrug der Anteil bei Führungskräften über 60 Jahre nur 10 Prozent, wobei die positive Grundeinstellung gegenüber der DV-Technik[14] über alle Altersgruppen nahezu konstant war.[15] Daneben ist, im Gegensatz zur gesamtbetrieblichen Computernutzung, in kleineren und mittleren Unternehmen[16] der Anteil der Führungskräfte der obersten Unternehmenshierarchieebene, die persönlich einen Computer nutzen, höher als bei größeren Unternehmen.[17] Es liegt die Vermutung nahe, daß die

Gründe hierfür zum einen in der Ausbildung liegen, die bei jüngeren Führungskräften im Vergleich zu ihren älteren Kollegen eher DV-orientiert war und zum anderen in der - im Vergleich zu ihren Kollegen in größeren Unternehmungen - geringeren Ausstattung von Führungskräften kleinerer und mittlerer Unternehmungen mit Assistenzkräften zu suchen sind.

Bei der Interpretation von Ergebnissen dieser oder vergleichbarer Untersuchungen ist jedoch zu beachten, daß einerseits die Datenerhebungen aufgrund der hervorgehobenen Position der Unternehmensführer in der Unternehmung mehr auf schriftlichen oder mündlichen Äußerungen der Führungskräfte als auf Beobachtungen durch Dritte beruhen und somit große Fehler aufweisen können. Andererseits sind die Beweggründe für die persönliche Nutzung des Computers aus dem Verhalten der Führungskräfte nicht ableitbar. So wird beispielsweise berichtet, daß einzelne Unternehmensführer einen Computer am Arbeitsplatz haben oder bestimmte DV-Systeme benutzen, vor allem um betroffene Mitarbeiter zu motivieren, sie anzuhalten, diesen Techniken aufgeschlossen gegenüberzustehen, weniger zur Unterstützung eigener informationsverarbeitender oder kommunikativer Tätigkeiten.

Die herkömmliche Bearbeitung von Papier und ähnlichen Medien erfolgt mit Hilfe von Stiften, die mit der Hand nach bestimmten Verfahrensregeln bewegt werden. Die übrigen Geräte werden über wenige geeignete Schalter oder numerische Tastaturen bedient. Während früher lediglich beim relativ seltenen Einsatz von Schreibmaschinen oder darauf aufbauenden Kommunikationsdiensten, wie etwa Telex, von Führungskräften alphanumerische Tastaturen zu bedienen waren, ist sie, erweitert um spezielle Funktions- und Verarbeitungstasten, heute bei der Bedienung von Computern noch vorherrschend.[18]

Im Gegensatz zur Bedienung von Stiften und numerischen Tastaturen (z. B. beim Taschenrechner), die mittlerweile Bestandteil jeder Schulausbildung von Führungskräften und somit eine Selbstverständlichkeit ist, hat sich die Bedienung komplizierterer, alphanumerischer Tastaturen bei Führungskräften der obersten Ebene der Unternehmenshierarchie bisher nicht durchgesetzt. Zum Teil wird in diesem Zusammenhang darauf verwiesen, daß sie aufgrund mangelnder Übung die Tastaturen nicht flüssig bedienen können oder eine generelle Abneigung aufgrund möglicher Assoziationen zu niederen Schreibkrafttätigkeiten haben.[19] Es sind jedoch neben diesen verständlichen psychologischen Barrieren durchaus betriebswirtschaftliche Gründe für die Abneigung denkbar. So ist die Texterfassung etwa aus der Sicht von Führungskräften mit Hilfe von Diktiergeräten in der Regel mit weniger Zeitaufwand verbunden als die Eingabe des Textes mit Hilfe einer Schreibmaschinentastatur, auch wenn sie flüssig bedient werden kann. Sofern oberstes Ziel die Minimierung des Zeitaufwandes der Führungskräfte für solche Tätigkeiten ist, um Freiräume für die Erledigung wichtigerer Aufgaben zu erlangen, ist dies ein ökonomisch sinnvolles Vorgehen.

Neben der harmonischen Einbindung des Führungsinformationssystems in die bestehende Arbeitsumgebung des Unternehmensführers durch die Entwicklung geeigneter Ein- und Ausgabemedien ist darüber hinaus zu berücksichtigen, daß sein Büro zu einem nicht unerheblichen Teil repräsentativen Zwecken dient. Während es zum Beispiel beim Computer für einen Sachbearbeiterplatz bisher hauptsächlich auf die ergonomische Gestaltung derjenigen Seite ankam, die dem Benutzer zugewandt ist und über die er bedient wird, darf das Gesamtsystem Führungscomputer[20] weder durch das äußere Erscheinungsbild noch durch die Geräuschentwicklung den Gesamteindruck eines Repräsentationsraumes stören. "Optik und Größe eines Führungscomputers sollten seinem Standort und der Identität von Unternehmen und Unternehmer entsprechen."[21] Lösungsansätze reichen in diesem Zusammenhang von der Versenkbarkeit herkömmlicher Computer in Büromöbeln (z. B. dem Schreibtisch) über die Herstellung räumlich unabhängiger Computer mit repräsentativem Erscheinungsbild[22] (z. B. mit "edlen" Hölzern verkleidet) bis zu neuen Raumaufteilungskonzepten, etwa der Unterteilung des Arbeitsraumes in Arbeits-, Informations-, Kommunikations- und Repräsentationseinheiten[23].

Die Bedeutung des psychologischen Moments der Differenzierung von Arbeitsmitteln läßt sich an der Gestaltungsqualität und -vielfalt herkömmlicher Schreibgeräte erkennen. Hiernach ist es durchaus nachvollziehbar, wenn dem Computer aufgrund der optischen Dominanz seines voluminösen Gehäuses das Instrument Goldfüllfeder aus psychologisch-optischen Gründen vorgezogen wird. Im Design des Führungscomputers sollten sowohl die technische Funktionalität als auch die optische Attraktivität zum Ausdruck kommen. Räumlich unabhängige und optisch attraktive Führungscomputer können die traditionellen Arbeitsordner mit Plan- und Alternativrechnungsmodellen durchaus wirksam und besser ersetzen.[24]

4.1.3 Beziehungszusammenhänge

Im folgenden ist zu untersuchen, welche relevanten Beziehungen zwischen den einzelnen Elementen der Arbeitsumgebung des Unternehmensführers im Hinblick auf die Informationsversorgung bestehen. Im Vordergrund stehen dabei die Beziehungen des Unternehmensführers und des Führungsinformationssystems zu den anderen einzubeziehenden Unternehmensführern, den Assistenzkräften, den Systementwicklern und der übrigen Umwelt (vergleiche Abbildung 13).

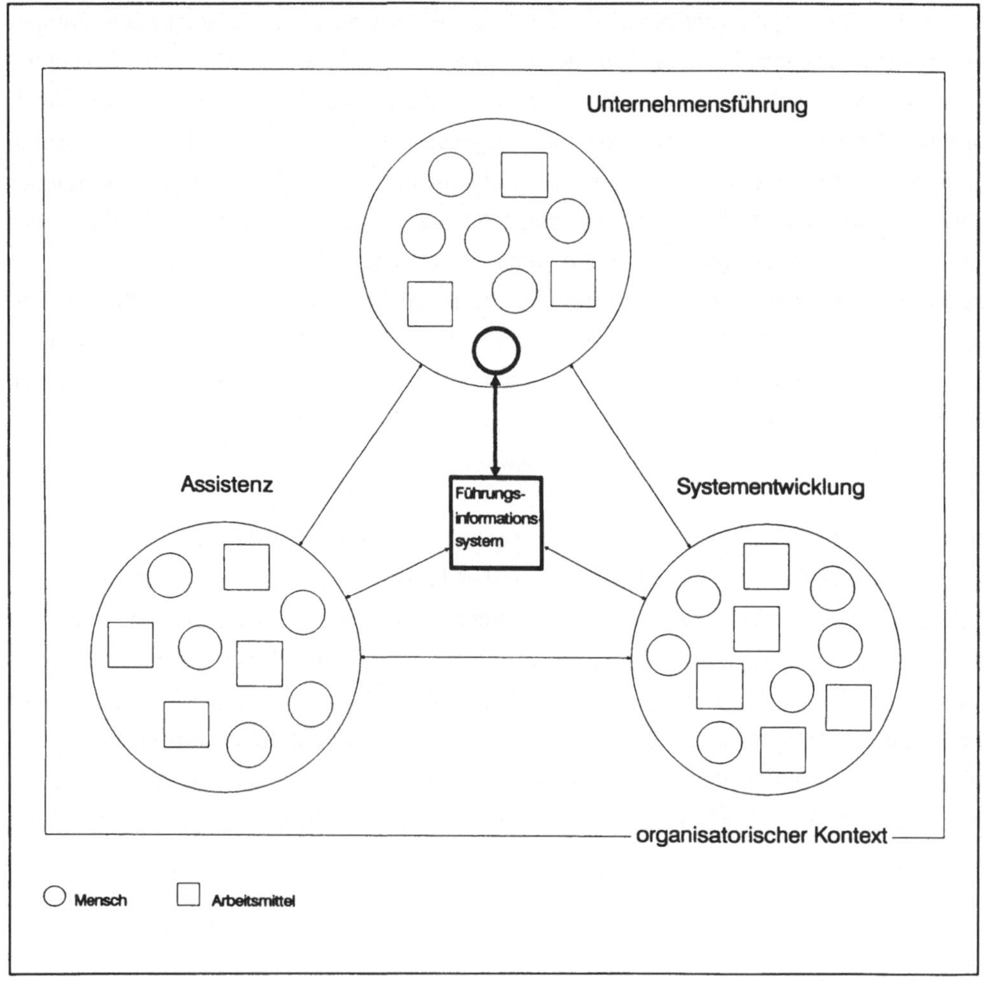

Abbildung 13: Beziehungszusammenhänge von Unternehmensführer und Führungsinformationssystem

4.1.3.1 Unternehmensführer

Fragt der Unternehmensführer vom Führungsinformationssystem Informationen ab, die zwar prinzipiell in dem Informationsangebot eines DV-Systems enthalten sein könnten,[25] aber zum Zeitpunkt der Informationsnachfrage nicht enthalten sind, so wird er sich in der Regel an die zuständigen Assistenzkräfte oder Systementwickler wenden. Seine Personalentscheidung wird dabei davon abhängen, ob es sich um eine kleinere Änderung handelt, die von Assistenzkräften zu bewältigen sein sollte, da sie in der Regel schneller verfügbar sind, oder eine größere Änderung, die recht aufwendig ist beziehungsweise mehr DV-Kenntnisse verlangt als von Assistenzkräften erwartet werden können.

Darüber hinaus ist denkbar, daß es sich um persönliche Informationen handelt, von denen keine weiteren Personen, seien es Assistenzkräfte, Systementwickler oder andere Kollegen, Kenntnis bekommen sollen. In diesem Fall muß der Unternehmensführer selbst die gewünschten Informationen in das Informationsangebot einstellen. Das heißt, das Führungsinformationssystem ist so zu gestalten, daß auch der Unternehmensführer neue Informationen oder Informationsbeziehungen eingeben, verändern oder löschen kann.

Konnte die Informationsnachfrage vom Führungsinformationssystem zufriedenstellend beantwortet werden, kann es sich ergeben, daß - nach einer gegebenfalls noch durchgeführten kurzen Analyse - gewisse Informationszusammenhänge näher untersucht oder für interne Berichte[26] beziehungsweise externe Präsentationen[27] aufzubereiten sind. Falls dazu andere Arbeitsmittel einzusetzten sind, die vom Unternehmensführer nicht bedient werden können beziehungsweise die er in diesem Moment nicht selbst bedienen möchte (z. B. weil ihm andere Aufgaben in diesem Moment wichtiger erscheinen) oder weil zusätzliche Informationen erst noch beschafft werden müssen, so sollte das Führungsinformationssystem die Möglichkeit vorsehen, die dargestellten Informationen einschließlich der gegebenfalls bisher bereits durchgeführten Analyse oder bestimmte Ausschnitte hiervon Assistenzkräften zu übermitteln - bei Bedarf auch kommentiert (z. B. Arbeitsanweisungen zur Weiterbearbeitung der übermittelten Informationen).

Um den notwendigen Kommentierungsaufwand seitens des Unternehmensführers möglichst gering zu halten, sollte das Führungsinformationssystem auch von den betreffenden Assistenzkräften bedient werden können, sei es durch entsprechende Zugriffsrechte auf das System des Unternehmensführers oder durch den Aufbau eines Spiegelsystems an den Arbeitsplätzen der Assistenzkräfte. Dies würde die Assistenzkräfte in die Lage versetzen, das Zustandekommen bestimmter Informationskonstellationen aus dem Zusammenhang des Führungsinformationssystems nachzuvollziehen. Sie hätten eine umfassende Grundlage für ihre weiteren Recherchen. Im übrigen könnte hiermit der gegebenenfalls allein aus der ungenauen Aufgabenstellung resultierende Abstimmungsaufwand seitens der Assistenzkräfte reduziert werden.

Die Übergabe von Informationen an Assistenzkräfte oder Unternehmensführer ist nicht an das elektronische Medium gebunden. So sollte es möglich sein, die gegebenfalls um Kommentare ergänzten Informationen auf Papier zu dokumentieren und auf diese Weise weiterzuleiten. Ist das Führungsinformationssystem mit DV-Systemen der Empfänger verbunden, muß auch die Möglichkeit gegeben sein, die Informationen direkt auf elektronischem Wege weiterzuleiten. Das System sollte diese Kooperationsmöglichkeiten vorhalten. Es ist damit jedoch für den Unternehmensführer nicht der Zwang verbunden, bisherige persönliche Kommunikation aufgrund der vorhandenen elektronischen Verbindung der DV-Systeme auch durch elektronische Sprachübermittlung[28] oder gar schriftliche Kommunikation - etwa in Form der elektronischen Post[29] - zu ersetzen.

Unabhängig von der konkreten Realisierung der Arbeitsübergabe vom Unternehmensführer an seine Assistenzkräfte sollte sichergestellt sein, daß mögliche Änderungen und Ergänzungen der zusammengestellten und übermittelten Informationen auch unmittelbar, ohne weitere DV-technische Manipulationen, durchgeführt werden können. In der Regel wird hierzu eine bloße Kopie des vom Unternehmensführer erstellten Bildschirminhaltes oder einzelnen Teilbereichen nicht genügen.

Aufgrund der im Vergleich zu Unternehmensführern tendenziell höheren DV-Kenntnisse bei Assistenzkräften werden sie für die von ihnen durchzuführende Weiterbearbeitung, über die Funktionen des Führungsinformationssystems hinaus, auch Funktionen anderer DV-Systeme einsetzen, wie zum Beispiel Planungssprachen[30] oder Programme zur Gestaltung von Präsentationsunterlagen. Hierzu bedarf es möglichst unkomplizierter technischer Schnittstellen des Führungsinformationssystems zu anderen Systemen, insbesondere bezüglich der Informationsübergabe.

Die Rückgabe von Arbeitsergebnissen der Assistenzkräfte an die Unternehmensführung hat keinen direkten Einfluß auf die Gestaltung des Führungsinformationssystems. Den Assistenzkräften sollte die Möglichkeit gegeben sein, ohne größeren Aufwand die auf elektronischen Medien bereits zur Verfügung stehenden Ergebnisse kommentiert an die Unternehmensführung weiterzuleiten. Diese Funktion könnte aber beispielsweise von einem parallel zum Führungsinformationssystem installierten Kommunikationssystem übernommen werden. Selbst wenn das Ergebnis der Recherchen durch die Assistenzkräfte sein sollte, daß bestimmte Änderungen in dem Führungsinformationssystem vorzunehmen wären, kann davon ausgegangen werden, daß dies nicht ohne vorherige Abstimmung mit dem Unternehmensführer geschehen darf.

Vor dem Hintergrund der Ergebnisse empirischer Untersuchungen, die die große Bedeutung der persönlichen Kommunikation für Unternehmensführer hervorheben,[31] ist zu vermuten, daß gerade die Rückgabe von Arbeitsergebnissen von Assistenzkräften an den Unternehmensführer häufig durch direkte persönliche Kommunikation geschehen wird. Insbesondere Ergebnisse detaillierterer Analysen von Assistenzkräften lassen sich so mit geringerem Zeitaufwand vermitteln und bei eventuellen Nachfragen ad hoc mit kommentierenden Bemerkungen versehen.[32]

Neben der intensiven Zusammenarbeit zwischen Unternehmensführern und ihren Assistenzkräften besteht die Möglichkeit, daß bestimmte, vom Führungsinformationssystem aufbereitete Informationen oder Informationsgesamtheiten nachrichtlich oder als Grundlage von Gruppenentscheidungen an andere Unternehmensführer weitergeleitet werden sollen. Auch hierbei ergibt sich möglicherweise der Wunsch, die weiterzuleitenden Informationen mit Kommentaren zu versehen und in andere DV-Syteme zur Weiterbearbeitung zu übernehmen.

Da sich aus den Mensch-Computer-Interaktionen zum Teil Anhaltspunkte für erforderliche Anpassungsmaßnahmen der Benutzerschnittstelle oder des Informationsangebotes gewinnen lassen, sollte das System entsprechende Funktionen zur Protokollierung und Identifikation dieser Systemzustände enthalten. Umständliche oder sich wiederholende, fehlerhafte Benutzereingaben deuten zum Beispiel auf Mängel in der Benutzerschnittstelle hin, während wiederholt geäußerte Informationsnachfragen, die vom System unbeantwortet bleiben, auf Lücken im Informationsangebot aufmerksam machen. Sofern bestimmte Informationen über einen längeren Zeitraum nicht nachgefragt werden, ist zu überprüfen, ob sie nicht aus dem Informationsangebot gelöscht werden können.[33] Mit Hilfe der Protokollfunktion wäre der Systementwickler in der Lage, entsprechende Systemänderungen vorzunehmen, ohne den Unternehmensführer zu befragen. Die herausgehobene und ansonsten eventuell unantastbare Stellung des Unternehmensführers im Unternehmen könnte in der Praxis jedoch zum Scheitern dieses Ansatzes führen.

Vor dem Hintergrund der Tatsache, daß neben dem Unternehmensführer in der Regel Assistenzkräfte, Systementwickler und gegebenfalls auch Kollegen mit dem Führungsinformationssystem eines bestimmten Unternehmensführers arbeiten, ist grundsätzlich sicherzustellen, daß jedem nur diejenigen Informationen zugänglich sind, die vom betroffenen Unternehmensführer als solche gekennzeichnet wurden.

Im Vergleich zur Informationsversorgung durch Menschen erwecken die von einem DV-System dargebotenen Informationen eher den Anschein, daß sie die Realität exakt wiedergeben. Dies wird durch den indirekten Zwang eines solchen Systems zur Speicherung quantifizierter, exakter Informationen verstärkt. Bei der Konzeption eines Führungsinformationssystems sollte dies zumindest dazu führen, daß zu jeder gespeicherten Information und zu jedem Informationszusammenhang bemerkt werden kann und wird, warum wer wann welche Informationen erfaßt hat. Nur so hat der Informationsempfänger einen Anhaltspunkt für den Wahrheitsgehalt und kann sich bei Unklarheiten an den Verantwortlichen wenden.

4.1.3.2 Führungsinformationssystem

Ist der Informationsbedarf des Unternehmensführers zu einem bestimmten Zeitpunkt erhoben und die zukünftige Informationsnachfrage prognostiziert, muß, darauf aufbauend, das zukünftige Informationsangebot geplant werden. Das heißt, es sind einerseits Art, Menge und Güte der vom Führungsinformationssystem zur Verfügung zu stellenden Informationen festzulegen. Andererseits müssen geeignete unternehmensinterne und -externe Informationsquellen ausgewählt und die Details der Informationsübernahme bestimmt werden. Daran anschließend kann der Informationsgenerator des Führungsinformationssystems vom Systementwickler auf das betreffende Informationsobjekt ausgerichtet werden.

Sind die betreffenden Informationsquellen direkt dem Führungsinformationssystem zugänglich, läßt sich der Zugriff automatisieren. Die vom Informationsgenerator erzeugten

Informationen sollten in diesem Falle direkt über eine entsprechende Datenschnittstelle in das Führungsinformationssystem übernommen werden können. Gleichwohl kann es im Einzelfall (z. B. bei geringen Informationsmengen) unter Wirtschaftlichkeitsaspekten durchaus günstiger sein, auch die bereits auf Computern verfügbaren Informationen manuell in das Führungsinformationssystem zu übernehmen - eine Aufgabe, die aufgrund der Komplexität und der existenziellen Bedeutung für die Unternehmung und damit gegebenenfalls einhergehenden Vertraulichkeit der Informationen in der Regel den Assistenzkräften übertragen wird.

4.1.4 Tätigkeiten

Neben den Anforderungen, die sich aus der Gesamtheit der mit der Informationsversorgungsaufgabe der Unternehmensführung beschäftigten Menschen und Arbeitsmittel ableiten lassen, ist darüber hinaus zu berücksichtigen, welche Restriktionen sich aus dem Zusammenhang mit den übrigen Aufgaben der Unternehmensführung ergeben. Im Gegensatz zu der analytisch-funktionsorientierten Vorgehensweise[34] der Ableitung der Unternehmensführungsaufgaben im zweiten Kapitel ist mit den Vertretern des handlungsorientierten Ansatzes zu untersuchen, welche Tätigkeiten der Unternehmensführer in der Praxis ausübt.[35]

Die hierzu verwendeten Erhebungsmethoden lassen sich grundsätzlich in zwei Hauptgruppen einteilen:[36]

(1) **Selbstbeobachtung/Tagebuchmethode**: Eine repräsentative Auswahl von Unternehmensführern trägt Inhalt, Ort, Dauer und Teilnehmer aller ihrer Aktivitäten über einen längeren Zeitraum in standardisierte Formblätter (Tagebücher) ein.[37]

(2) **Fremdbeobachtung und Interview**: Eine repräsentative Auswahl von Unternehmensführern wird entweder zu zufälligen Zeitpunkten oder über einen längeren Zeitraum bei der Arbeit beobachtet (stichprobenartige oder laufende Beobachtung) und anschließend über die zum Teil nur unstrukturiert aufgezeichneten Aktivitäten befragt.[38]

Aufgrund der laufenden Beobachtung (über 25 Tage) von fünf Top Managern[39] in fünf amerikanischen Unternehmungen kommt Mintzberg[40] zu dem Ergebnis, daß sich ihre

Arbeit anhand von zehn beobachtbaren Rollen beschreiben läßt (vergleiche Abbildung 14).[41]

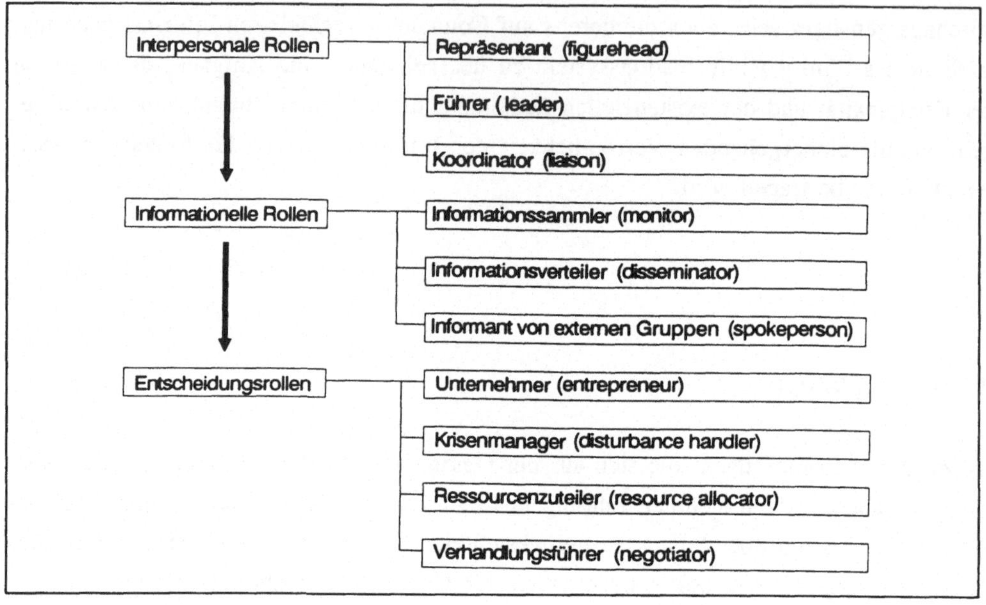

Abbildung 14: Managerrollen nach Mintzberg[42]

Wichtigstes Ergebnis dieser Untersuchungen war die Erkenntnis, daß in der Realität stärker kommunikative, interpersonale Aktivitäten feststellbar sind, als die mehr sachbezogenen Funktionsbeschreibungen des Managements in der Literatur vermuten lassen. Die Aktivitäten der Unternehmensführung sind kurz, abwechslungsreich und stark fragmentiert. Etwa die Hälfte der Aktivitäten dauert weniger als neun Minuten; nur zehn Prozent dauern länger als eine Stunde, wobei sie eindeutig die mündliche direkte Kommunikation bevorzugen.[43]

Die Replikation der Untersuchung Mintzbergs durch Kurke/Aldrich[44] hat zehn Jahre später trotz unterschiedlicher Größe, Branche und Region der untersuchten Unternehmungen die Befunde von Mintzberg bestätigt. So berichteten sie etwa, daß der Anteil der Aktivitäten, die weniger als neun Minuten dauern, im Durchschnitt bei 63 Prozent liegt, im Bankenbereich beobachteten sie gar 80 Prozent. Länger als eine Stunde dauerten hingegen im Durchschnitt nur fünf Prozent - im Bankbereich ein Prozent - der Aktivitäten.

Eine Gegenüberstellung der wesentlichen Ergebnisse beider Untersuchungen findet sich in der Tabelle 4.

Tätigkeiten / Studie		Mintzberg	Kurke/Aldrich
Schreibtischarbeit	durchschnittl. Dauer [in Minuten]	15	12
	Zeitanteil [in Prozent]	22	26
Telefonate	durchschnittl. Dauer [in Minuten]	6	4
	Zeitanteil [in Prozent]	6	8
geplante Besprechungen	durchschnittl. Dauer [in Minuten]	68	65
	Zeitanteil [in Prozent]	59	50
ungeplante Besprechungen	durchschnittl. Dauer [in Minuten]	12	8
	Zeitanteil [in Prozent]	10	12
Besuche	durchschnittl. Dauer [in Minuten]	11	11
	Zeitanteil [in Prozent]	3	3

Tabelle 4: Unternehmensführungstätigkeiten nach Mintzberg und Kurke/Aldrich[45]

Auch die von Reichwald/u. a. im Jahre 1984 in der Bundesrepublik Deutschland durchgeführten empirischen Untersuchungen bestätigen weitgehend die Ergebnisse von Mintzberg. Darüber hinaus zeigte sich, daß Ad-hoc-Aufgaben 20% bis 40% der Gesamtarbeitszeit eines Managers in Anspruch nehmen. Dieser relativ hohe Anteil an ungeplanten kurzfristigen Tätigkeiten führt zu häufigen Unterbrechungen, was nur kurzzyklische Arbeitsakte erlaubt und von den Betroffenenen als besonders belastend empfunden wurde. Darunter leidet die notwendige, intensive Schreibtischarbeit, die lediglich 10% bis 30% der Managertätigkeit ausmacht.[46]

Die Befunde dürfen jedoch nicht darüber hinwegtäuschen, daß die empirischen Untersuchungen lediglich die äußeren Bedingungen festhalten können, unter denen Unternehmensführer ihre Ziele und Aufgaben verfolgen. Ihre mentalen Prozesse sind nicht beobachtbar. "Die Tatsache, daß viel telefoniert und konferiert wird, sagt noch nichts über die dahinterliegenden Intentionen aus."[47] So hat beispielsweise auch die Verbesserung der Informationsversorgung des Unternehmensführers durch ein Führungsinformationssystem Einfluß auf die Inhalte von Telefonaten und Besprechungen, der sich an den jeweiligen Zeitanteilen nicht ablesen läßt.[48]

Im Hinblick auf das zu konzipierende Führungsinformationssystem lassen sich hieraus im wesentlichen Anforderungen an (1) die Benutzerschnittstelle und (2) das Antwortzeitverhalten ableiten.

(1) **Benutzerschnittstelle**
Die Schnittstelle des Führungsinformationssystems zum Unternehmensführer ist so zu gestalten, daß er sich auch nach längeren Pausen, die sich über Tage oder Wochen hinziehen können, schnell wieder im System zurechtfindet. Es muß der Arbeitsweise des Unternehmensführers so gut angepaßt sein, daß kein beziehungsweise nur ein äußerst geringes Schulungswissen notwendig ist. Die Einfachheit der Handhabung des Führungsinformationssystems darf jedoch nicht durch die Vereinfachung der Systemfunktionen herbeigeführt werden, da die Arbeit mit dem Führungssystem auch nach längerer Benutzung für den Unternehmensführer noch reizvoll sein muß. Der Unternehmensführer soll vom System angeregt werden, Informationen nachzufragen und Informationszusammenhänge neu zu erkennen sowie zu lernen, sie zu verstehen und nicht dazu verleitet werden, "wie eine 'Kontrollperson' auf einer Schaltbühne aufmerksam [zu] dösen."[49]

Die Zustände, in denen sich das Führungsinformationssystem befindet, sind dem Unternehmensführer bei Bedarf ausführlich zu dokumentieren, damit er sich nach einer erfolgten Unterbrechung wieder möglichst schnell in dem System zurechtfindet. Hierzu gehört neben der Erläuterung der momentanen Situation auch die Dokumentation der bisher absolvierten Arbeitsschritte, die zu dem betreffenden Systemzustand führten.

(2) **Antwortzeitverhalten**
Die Antwortzeiten des Führungsinformationssystems auf Anfragen des Unternehmensführers sollten tendenziell kürzer sein als bei vergleichbaren Anfragen anderer Benutzer,[50] da die für die Arbeit mit dem Führungsinformationssystem zur Verfügung stehende Zeit relativ kurz und die Wahrscheinlichkeit einer Unterbrechung während der Arbeit hoch ist.

Während das Antwortzeitverhalten der DV-Systeme, denen sich der Unternehmensführer persönlich bedient, in Abhängigkeit von der Komplexität seiner Anfrage von Fall zu Fall stärker variieren kann, ist aufgrund der schnell wechselnden Aufgabenstellungen und der zur Bewältigung erforderlichen unterschiedlichen Funktionen wichtig, daß die Bedienung des Führungsinformationssystems mit der Bedienung etwaiger anderer DV-Systeme[51] harmoniert. Daneben sollten im Führungsinformationssystem auch Funktionen vorgehalten werden, die zwar nicht unmittelbar zur Bewältigung der Informationsversorgungsaufgabe notwendig sind, aber der Erledigung von Aufgaben dienen, die der Informationsversorgungsaufgabe im allgemeinen direkt zeitlich nachgelagert sind. Es lassen sich somit zum Teil zeitaufwendige Aufrufe anderer DV-Systeme vermeiden, die nur für kurze Anschlußarbeiten benötigt werden.

4.2 Informationsbasis

4.2.1 Informationsgenerierung, -vermittlung und -angebot

Art, Menge und Qualität der Informationen, die mit Hilfe eines DV-Systems der Unternehmensführung direkt dargeboten werden können, sind durch die Informationsgeneratoren (Sender der Informationen), die Unternehmensführung selbst (Empfänger der Informationen) und den zur Informationsübertragung gewählten Kanal[52] begrenzt. Handelt es sich bei dem Informationsgenerator um einen Menschen,[53] besteht, aufgrund der grundsätzlich übereinstimmenden Wahrnehmungsstrukturen bei Informationssender und -empfänger, die größte Aussicht auf eine möglichst störungsfreie Kommunikation.[54]

Die Wahrnehmung der Realität basiert beim Menschen auf seinen verschiedenen Sinnen oder Modalitäten der Empfindung. Für jeden Sinn besitzt der Mensch spezialisierte Sinnesorgane,[55] durch die er Zugang zu seiner Umwelt hat. Die Sinnesorgane werden durch eine Gruppe physikalischer Energie oder Reizung in physiologische Aktivität versetzt (vergleiche Abbildung 15). Deren folgende Erregung oder Reaktion ermöglicht es, das Vorhandensein der physikalischen Energie festzustellen und zum Teil sogar verschiedene Reizstufen zu unterscheiden.[56]

Es wird jedoch nicht alles, was sich den Sinnesorganen darbietet, auch wahrgenommen.[57] Die aufgenommenen Sinnesinformationen oder Zeichen[58] werden nach der Informationstheorie der Wahrnehmung[59] im Verlauf eines einzelnen Wahrnehmungsprozessses ausgewählt, integriert, verglichen, geprüft, aussortiert und wieder ausgegeben oder führen über entsprechende Reaktionen des Menschen, die sich in seinem Verhalten ausdrükken, zur Veränderung der Realität. Der komplexe Vorgang menschlicher Wahrnehmung beruht hiernach auf einer ständigen Wiederholung derartiger informationsverarbeitender Prozesse. Jeder einzelne Wahrnehmungsakt "ist eine Konstruktion oder Schöpfung der

Realität, welche auf allen relevanten, gegenwärtigen und vergangenen, dem Organismus zugänglichen Informationen basiert."[60] Das heißt, der Mensch entwickelt, vor dem Hintergrund des bereits vorhandenen Wissens über die Realität, eine Vorstellung von dem betrachteten Realitätsausschnitt.[61] Das Wissen ist zum einen Grundlage der Planung und Steuerung des menschlichen Verhaltens, zum anderen verändert das Verhalten die Umwelt und somit auch die Informationen, die den menschlichen Sinnen später zugänglich sind[62] (vergleiche Abbildung 15).[63]

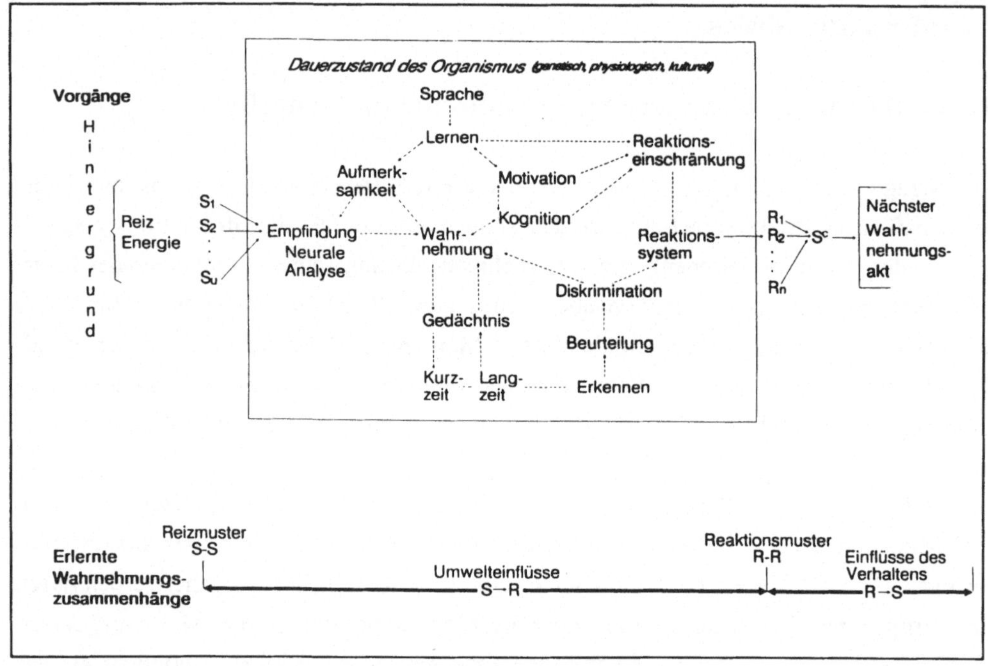

Abbildung 15: Schemadarstellung des menschlichen Wahrnehmungsvorgangs[64]

Die Wahrnehmung wird somit "zu einem *mittelbaren* Prozeß organisierter Schlußfolgerungen über die 'reale' Welt der Zeit, des Raumes, der Objekte und Ereignisse, der auf wesentlich mehr basiert als dem einfachen Reizinput."[65] Sie erfolgt nicht allein datengetrieben[66], sondern wird maßgeblich durch die verschiedenen Prozesse der Empfindung, der Aufmerksamkeit, des Gedächtnisses, des Lernens usw. geprägt, die sehr eng und dynamisch[67] miteinander verknüpft sind.[68]

Die vom Menschen wahrgenommenen Sachverhalte sind zum Zwecke der Informationsübermittlung in die Zeichen einer Sprache zu übertragen, die sich dem Empfänger übermitteln lassen und von ihm auch verstanden werden können. Ein bestimmter Sachverhalt läßt sich dabei in der Regel mit unterschiedlichen Sprachen und Zeichen vermitteln. Sie unterscheiden sich jedoch im Hinblick auf ihre Eignung zum Teil sehr stark. Im Zusammenhang mit der Entwicklung eines Führungsinformationssystems werden Art und Menge der verwendbaren Sprachen und Zeichen zum einen durch die Anforderungen seitens der Benutzer und zum anderen durch die gewählte Technologie bestimmt.

Bei der Vermittlung von Informationen über betriebliche Sachverhalte an die Unternehmensführung kommt den Zeichen der gesprochenen und geschriebenen Sprache sowie grafischen Darstellungen eine herausragende Stellung zu. Aufgrund der betrieblichen Praxis und der zur Überbrückung größerer räumlicher Distanzen verfügbaren Übertragungsmedien wird in der betriebswirtschaftlichen Literatur häufig ausschließlich auf diese drei Zeichenklassen eingegangen.[69]

Nach dem heutigen Stand der Informationstechnologie lassen sich ausschließlich Informationen, die aus visuellen oder auditiven Zeichen zusammengesetzt sind, in DV-Systemen abbilden.[70] Eine über die reine Eingabe, Aufbewahrung und Ausgabe hinausgehende umfangreichere Verarbeitung ist nur mit Informationen möglich, die in rein quantitativer Form vorliegen. Seit längerer Zeit existieren langfristig angelegte Grundlagenforschungsprojekte in unterschiedlichsten Wissenschaftsdisziplinen, die sich mit der Erkennung optischer und akustischer Zeichen befassen. Von einer Interpretation dieser Zeichen, die mit den menschlichen Fähigkeiten vergleichbar wäre,[71] sind sie jedoch noch weit entfernt. Auf absehbare Zeit werden für den kommerziellen Einsatz lediglich DV-Systeme zur Verfügung stehen, die Informationen in Zahlenform weiterverarbeiten können.[72]

Das Informationsangebot eines Führungsinformationssystems kann sich folglich nur zusammensetzen aus den unmittelbar erfaßten sprachlichen und grafischen Informationen auf der einen Seite sowie den Informationen, die durch Anwendung geeigneter Analyse-, Diagnose- und Prognosemethoden aus Zahleninformationen generiert wurden, auf der anderen Seite. Es bleibt zu untersuchen, welche Auswirkungen diese systemtechnischen Restriktionen auf die Einsatzfähigkeit von Führungsinformationssystemen haben.

4.2.2 Kennzahlen als Informationsträger

Sowohl in der betriebswirtschaftlichen Literatur als auch in programmatischen Äußerungen von Praktikern wird häufig die Bedeutung von Zahleninformationen, den sogenannten Kennzahlen, für die Repräsentation betrieblicher Sachverhalte hervorgehoben. So wird zum einen auf Kennzahlen und Kennzahlensysteme als integrativer Bestandteil eines jeden modernen Informationssystems hingewiesen,[73] zum anderen bieten die existierenden betrieblichen Informationssysteme bereits heute Kennzahlen in großer Anzahl und unterschiedlichster Ausgestaltung an. Daneben wird die Praxis mit einer Flut von Veröffentlichungen konfrontiert, die Vorschläge für den Aufbau und die Ausgestaltung unternehmensindividueller Checklisten, Kennzahlenkataloge, Prüflisten oder ähnliches enthalten.[74]

Trotz der ihnen sowohl seitens der Theorie als auch seitens der Praxis beigemessenen hohen Bedeutung ist die Literatur jedoch weniger durch eine theoretische Grundlegung als vielmehr durch instrumentelle Einzelentwicklungen (z. B. Systematisierungen und Optimierungsmodelle) geprägt,[75] "die dem (vermeintlichen?) Wunsch des Praktikers nachzukommen versuchen, das gesamte Betriebsgeschehen in einer oder einigen wenigen Zahlen auszudrücken."[76]

4.2.2.1 Kennzahlenbegriff und -arten

Während zu Beginn der Kennzahlendiskussion im deutschsprachigen Raum Kennzahlen zunächst lediglich als Hilfsmittel zur Beurteilung der Wirtschaftlichkeit beziehungsweise finanziellen Sicherheit eines Betriebes eingesetzt wurden,[77] erweiterte sich der Anwendungsbereich im folgenden durch Orientierung an den Informationsaufgaben. Kennzahlen wurden als Informationen definiert, die Sachverhalte und Tatbestände in einer Ziffer relevant und knapp ausdrücken können.[78] Seit Mitte der 70er Jahre besteht über die Elemente beziehungsweise die Intention einer Kennzahl in der Literatur weitgehend Einigkeit:[79] Kennzahlen werden als jene Zahlen betrachtet, die quantitativ erfaßbare Sachverhalte in konzentrierter Form erfassen.[80]

Lediglich bezüglich der quantitativen Kennzahlenstruktur weichen die Auffassungen heute noch stärker voneinander ab: Während eine Autorengruppe, in einer engen Fassung, ausschließlich Verhältniszahlen[81] als Kennzahlen akzeptiert,[82] gestehen die übrigen, in einer weiteren Fassung, auch Absolutzahlen[83] die Kennzahleneigenschaft zu. Es erscheint plausibel, daß der Informationsgehalt einer Verhältniszahl im Vergleich zur Absolutzahl nicht allein deswegen höher einzuschätzen ist, weil sie sich aus zwei Absolutzahlen zusammensetzt. Es sind Fragestellungen denkbar, bei denen es zweckmäßiger ist, eine Absolutzahl zur Beurteilung heranzuziehen, ganz abgesehen von der Tatsache, daß es sich bei einigen allgemein anerkannten und als wichtig eingestuften Kennzahlen, wie zum Beipiel Cash Flow, Bilanzsumme und Working Capital, um Absolutzahlen handelt.

Während in der angloamerikanischen Literatur die enge Fassung der Kennzahlendefinition vorherrscht, überwiegt insbesondere in der aktuellen deutschsprachigen Kennzahlenliteratur die weite Fassung.[84] Im Rahmen dieser Arbeit wird ebenfalls von der weiten Fassung der Kennzahlendefinition ausgegangen:

> Kennzahlen sind Zahlen, die zu einem bestimmten Zeitpunkt in bezug auf das Erkenntnisziel des Subjektes relevant sind, und zwar unabhängig von ihrer quantitativen Struktur.[85]

Zur Bildung von Kennzahlenarten werden in der Literatur viele, zum Teil sehr unterschiedliche, Klassifikationsansätze diskutiert.[86] Staehle unterscheidet Kennzahlen zum Beispiel nach der unterstützten Unternehmensführungsaufgabe in Kennzahlen zur Analyse des Betriebes, zur Planung des Betriebsgeschehens, zur Steuerung des Betriebsablaufs und zur Kontrolle der Betriebsergebnisse.[87] Schott teilt hingegen Kennzahlen nach ihrem Zeitbezug in zeitpunktbezogene, intervallbezogene und kontinuierliche Kennzahlen ein.[88] Andere wiederum unterscheiden Kennzahlenarten nach den dahinterstehenden Zahlenarten.[89]

Die Untergliederung der Zahlenarten ist in der Literatur weitgehend einheitlich (vergleiche Abbildung 16).[90] Unter Berücksichtigung des zeitlichen Aspektes lassen sich Absolutzahlen zum Beispiel in Bestands- und Bewegungszahlen einteilen. Als Bestandsmassen werden hierbei solche Massen verstanden, deren Elemente eine bestimmte Dauer haben, das heißt, es werden zu einem bestimmten Zeitpunkt Gesamtheiten von gleichzeitig nebeneinander bestehenden Fällen ermittelt. Im Gegensatz hierzu sind die Elemente einer Bewegungsmasse Ereignisse, also einem festen Zeitpunkt zugeordnet, das heißt, Gesamtheiten von zeitlich nacheinander folgenden Ereignissen oder Handlungen. Eine zeitliche Abgrenzung läßt sich dabei durch Festlegung eines Zeitraumes erreichen. Sowohl aus Bestands- als auch aus Bewegungszahlen lassen sich Verhältniszahlen bilden. In Abhängigkeit von ihrem Erscheinen innerhalb des Quotienten stellen sie entweder die Beobachtungszahl oder die Bezugszahl dar.[91]

Verhältniszahlen wiederum lassen sich unterscheiden in Gliederungs-, Beziehungs- und Indexzahlen. Eine Gliederungszahl entsteht durch das Inbeziehungssetzen einer Teilgröße zu der entsprechenden übergeordneten Gesamtgröße, zum Beispiel Barvermögen in Beziehung zum Gesamtvermögen. Beziehungszahlen entstehen hingegen durch das Inbeziehungsetzen verschiedenartiger, aber sachlich sinnvoll in Verbindung stehender Maßzahlen gleichen Ranges, das heißt, ohne daß sie in einem Unterordnungsverhältnis zueinander stehen (z. B. Fertigungslöhne in Beziehung zu Fertigungsstunden). Wird eine Bewegungsmasse auf die zugehörige Bestandsmasse bezogen, wird sie auch als Verursachungszahl bezeichnet. Andernfalls handelt es sich um eine Entsprechungszahl.

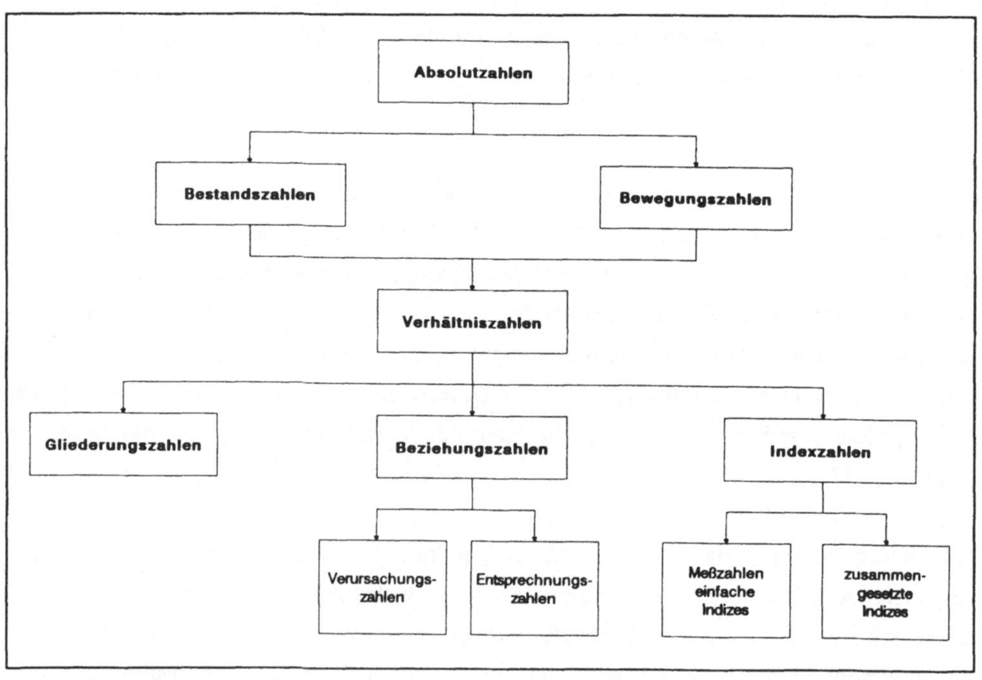

Abbildung 16: Zahlenarten

Im Gegensatz zu Gliederungs- und Beziehungszahlen, bei denen Zeitpunkt beziehungsweise Zeitraum der Erhebung identisch sein müssen, entstehen Indexzahlen durch das Inbeziehungssetzen gleichartiger und gleichrangiger Maßzahlen mit unterschiedlichen Erhebungszeitpunkten beziehungsweise -räumen, zum Beispiel der Preis eines bestimmten Produktes zum Zeitpunkt t_0 in Beziehung zum Preis zum Zeitpunkt t_1. Beschreiben die zugehörigen Maßzahlen einen realen Sachverhalt, so werden sie als Meßzahlen oder einfache Indizes bezeichnet. Bei der Abbildung fiktiver Zustände mit Hilfe von Maßzahlen hingegen wird von Indexzahlen oder zusammengesetzten Indizes gesprochen.[92]

4.2.2.2 Kennzahlenbildung

Die Kennzahlenbildung umfaßt das methodische Problem der zweckadäquaten Konstruktion von Kennzahlen sowie die Erhebung und Verarbeitung von Informationen zu Kennzahlen.[93]

Der Einsatz von Kennzahlen zur Befriedigung der Informationsnachfrage einer bestimmten Person bezüglich eines spezifischen Objektes setzt zum einen voraus, daß der Sachverhalt quantifizierbar ist, zum anderen muß durch die ermittelte rein quantitative, gegebenenfalls darüber hinaus auch relativierbare[94] Größe vorläufig oder endgültig die Informationsnachfrage befriedigt werden können.[95] Eine Erscheinung wird dabei als quantifizierbar bezeichnet, wenn sie durch Angabe einer bestimmten Anzahl von Elementen für eine Fragestellung hinreichend gekennzeichnet ist.[96]

Es kommt folglich darauf an, auf welche Elemente sich das Untersuchungsobjekt zurückführen läßt, ob eine vollständige Erfassung dieser Einheiten möglich ist und ob das Wissen um die Anzahl der Elemente dem Untersuchungszweck dient.[97] So gibt es Fragen, die fast ausschließlich mit Hilfe von Kennzahlen beantwortet werden können, zum Beispiel die Frage nach der Höhe des Marktanteils einer Unternehmung. Daneben sind aber auch Fragen denkbar, deren Lösung durch die Verwendung von Kennzahlen erleichtert, aber nicht vollendet werden kann, beispielsweise die Frage nach der Kreditwürdigkeit einer Unternehmung. Hier lassen sich gewisse Teilaspekte durch die Bildung von Kennzahlen veranschaulichen (z. B. Verschuldung, Gewinn- und Umsatzentwicklung), die Kreditwürdigkeit kann jedoch durch keine einzelne Kennzahl eindeutig quantifiziert werden.[98] Um Kennzahlen sinnvoll einzusetzen, sind aus dem jeweiligen Untersuchungsobjekt diejenigen Teilfragen abzuleiten, die quantifizierbar sind.

Während das Untersuchungsobjekt den sachlichen Inhalt einer Kennzahl bestimmt, ist die formale Struktur der Kennzahl durch die spezifische Fragestellung gegeben (vergleiche Abbildung 17).[99]

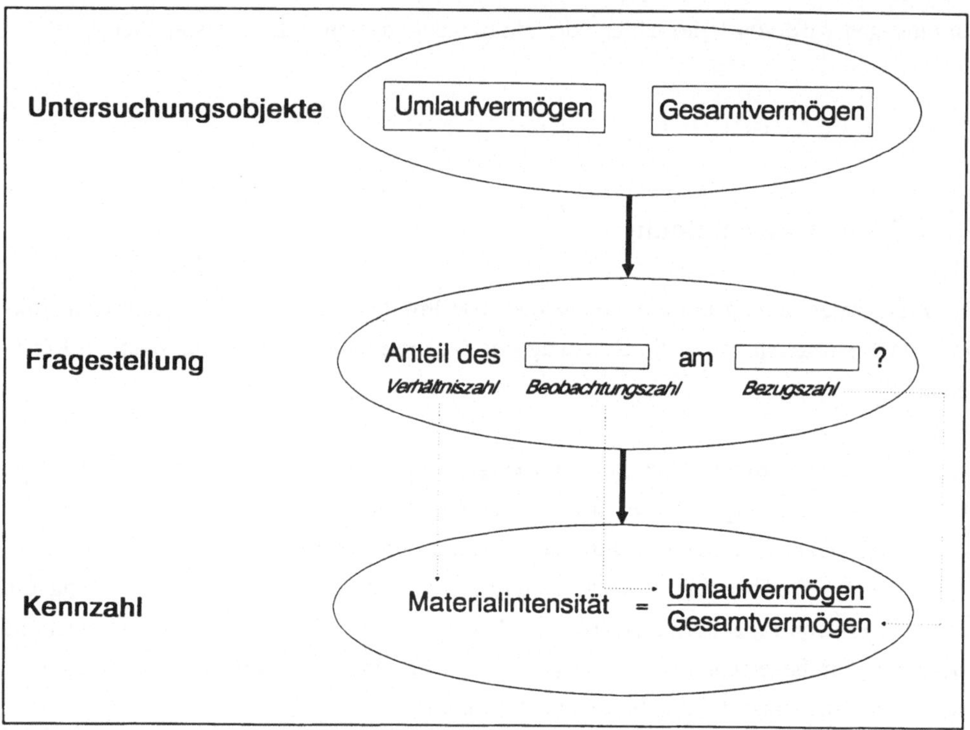

Abbildung 17: Beispiel zur Kennzahlenbildung[100]

Sind die betreffenden Kennzahlen nach Inhalt und Struktur bestimmt, stellt sich das Problem der Datenerhebung, und zwar insbesondere die Frage nach den Datenquellen sowie den Erhebungsunterlagen und -vorschriften. Die Quellen lassen sich nach der Herkunft der Daten unterteilen in unternehmensinterne und -externe Quellen sowie nach der Erhebungsart in primäre und sekundäre Quellen (vergleiche Abbildung 18).[101]

Die in Bezug auf die Kennzahlenerhebung wichtigste und zugleich unternehmensinterne Informationsquelle ist das betriebliche Rechnungswesen.[102] Es läßt sich "als zielorientiertes Informationssystem zur quantitativen (mengen- und wertmäßigen) Beschreibung, Planung, Steuerung und Kontrolle von Beständen und Bewegungen an Gütern und Schulden in Unternehmungen auffassen."[103] Das heißt, die Informationen des betrieblichen Rechnungswesens beziehen sich zum großen Teil auf das Untersuchungsobjekt sowie die Aufgaben der Unternehmensführung und liegen bereits in quantifizierter Form vor. Sie sind lediglich noch zu übernehmen und zu verarbeiten; der gegebenenfalls sonst sehr aufwendige Transformationsvorgang entfällt hier gänzlich.

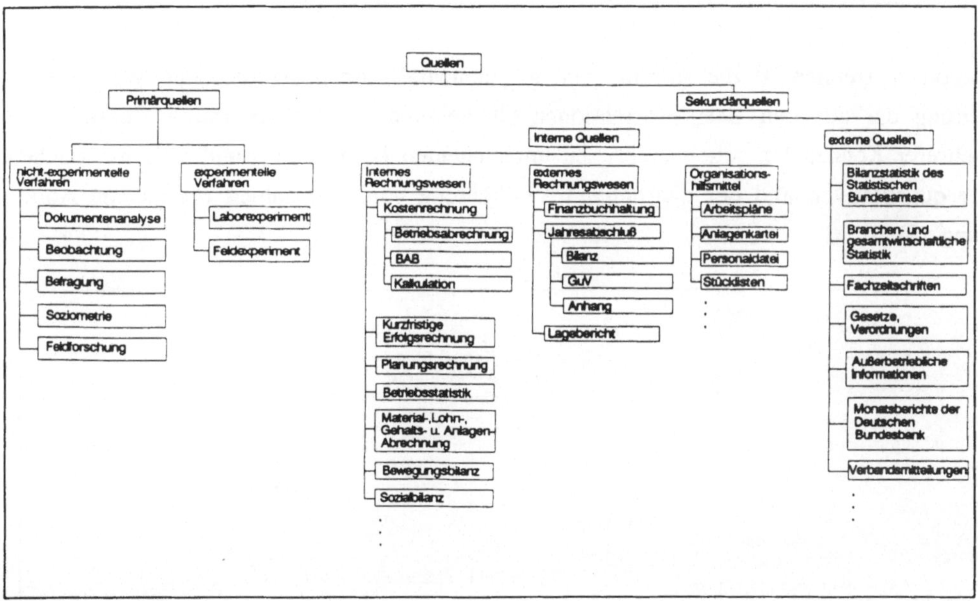

Abbildung 18: Quellen für die Kennzahlenerhebung[104]

Bezüglich unternehmensexterner Quellen wird in der Literatur insbesondere auf Statistiken privater und öffentlicher Institutionen sowie Fachzeitschriften, Gesetze und Verordnungen hingewiesen.[105] Neben den unternehmensinternen Informationen stehen heute auch große Teile der unternehmensexternen Informationen in DV-Systemen oder auf computerlesbaren Medien (z. B. Magnetband und Diskette) zur Übernahme in ein Führungsinformationssystem zur Verfügung.[106]

Falls das Informationsmaterial aus Sekundärquellen in Bezug auf die Informationsnachfrage unzureichend sein sollte, muß ersatzweise oder ergänzend eine Primärerhebung der betreffenden Informationen durchgeführt werden.[107] Hierbei ist aufgrund der im Vergleich zur Sekundärerhebung zum Teil viel höheren Kosten jedoch auf jeden Fall eine genauere Analyse der Kosten- und Nutzeneffekte in Betracht zu ziehen.[108]

Sind die adäquaten Informationsquellen bestimmt und die Informationen selbst erhoben, müssen sie zuerst in Kennzahlen transferiert werden. Während in der Literatur heute noch manuelle Verfahren (z. B. Strichlisten oder Legeverfahren) vorherrschen,[109] gibt es nahezu kein DV-System, das für den von ihm abgedeckten Aufgabenbereich nicht entsprechende Kennzahlen - explizit oder in Form sogenannter Statistiken - anbietet.[110]

Davon zu trennen ist die anschließend gegebenenfalls noch erforderliche Weiterverarbeitung der aus den Basisinformationen abgeleiteten Kennzahlen durch Verknüpfung mehrerer Kennzahlen miteinander. Zu unterscheiden ist hierbei grundsätzlich zwischen der quantitativen und der qualitativen Verdichtung von Kennzahlen (vergleiche Abbildung 19).[111]

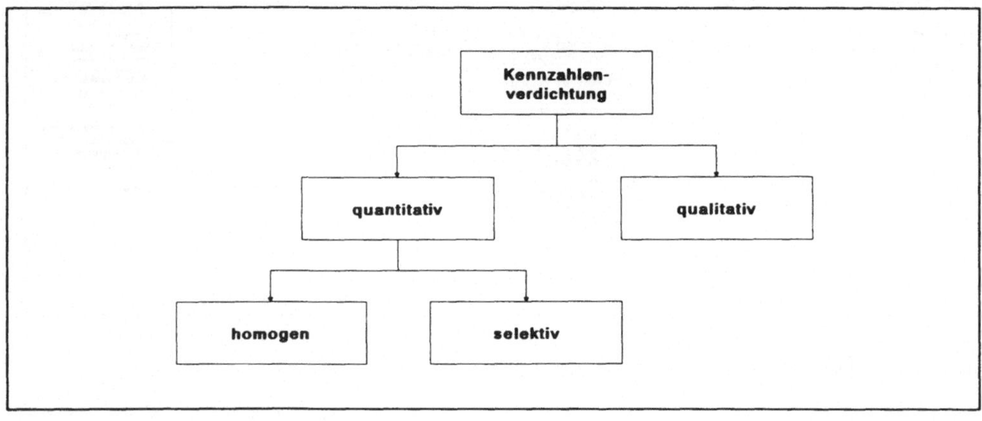

Abbildung 19: Kennzahlenverdichtung

In der Literatur werden überwiegend zwei Verfahren zur quantitativen Verdichtung[112] unterschieden:[113] Die homogene Verdichtung, bei der gleichartige Elemente durch additive Verknüpfung der Einzelinformationen zusammengefaßt werden (z. B. die Addition der Aktivposten der Bilanz zur Bilanzsumme) und die selektive Verdichtung, bei der mehrdimensionale Einzelinformationen, die nur in einem Teil ihrer Merkmale übereinstimmen, aggregiert werden (z. B. die Zusammenfassung von Produkten zu Produktgruppen unter dem Gesichtspunkt ihres Anteils am Gesamtumsatz).

Während bei homogenen Verdichtungsprozessen durch die Aggregation einzelner Merkmalsausprägungen zu einer Gesamtgröße lediglich detaillierte Einzelinformationen verlorengehen, gehen bei selektiven Verdichtungsprozessen darüber hinaus ganze Merkmale unter. Hierbei ist jedoch zu bedenken, daß bei schwach ausgeprägten und schwer bestimmbaren Verbundenheitsbeziehungen zwischen Kennzahlen auf höherer Ebene diese erst durch die Aggregation adäquat abgebildet werden können.

Darüber hinaus besteht grundsätzlich die Gefahr, daß durch ein zu stark ausgeprägtes Vereinfachungsbedürfnis seitens der Anwender die Komplexität des Untersuchungsobjektes zu stark reduziert wird. "Bei einer extensiven Simulation von Entscheidungssituationen können hier 'richtige' Merkmalsausprägungen von Kennzahlen zu 'falschen' Schlüssen über Ursachen und Wirkungen von Entscheidungen führen, da die hinter der aggregierten Kennzahl stehenden detaillierten und möglicherweise aussagekräftigeren Informationen nicht bekannt sind."[114]

Von den quantitativen Verdichtungsprozessen abzugrenzen sind die qualitativen Verdichtungsprozesse, bei denen das Verdichtungsergebnis die Merkmalsausprägungen der Elemente charakterisiert. Dies geschieht beispielsweise durch die Bildung von Lage- und Streuungsparametern, Korrelationskoeffizienten und Punktwerten (z. B. der durchschnittliche Lager- oder Forderungsbestand). Durch die mit der qualitativen Verdichtung einhergehende Nivellierung aller relevanten Einzelinformationen ist der Informationsverlust größer als bei der selektiven Verdichtung.

4.2.2.3 Kennzahlensystem

Die geordnete Gesamtheit von zwei oder mehr Kennzahlen, zwischen denen sachlogische oder rechentechnische Beziehungen bestehen oder hergestellt werden können, wird als Kennzahlensystem bezeichnet. Allgemeines Ziel der Kennzahlensystembildung ist die möglichst ausgewogene und vollständige Erfassung des betreffenden Betrachtungsgegenstandes.[115] Im Rahmen dieser Arbeit ist die Erfassung der für die Unternehmensführung relevanten betriebswirtschaftlichen Sachzusammenhänge Ziel der Kennzahlenbildung.

In Abhängigkeit davon, ob die Kennzahlenbeziehungen sachlogischer oder rechentechnischer Art sind, wird in der Literatur zwischen Ordnungs-, Rechen- und Mischsystemen unterschieden.[116] Während das Managerial Control Concept von Tucker[117] das klassische Beispiel eines reinen Ordnungssystems ist und im System of Financial Control von Du Pont[118], dem wohl bekanntesten und ältesten Kennzahlensystem, nur rechentechnische Kennzahlenbeziehungen zugelassen werden, beinhaltet das im deutschsprachigen Raum weit verbreitete ZVEI-Kennzahlensystem[119] sowohl sachlogische als auch rechentechnische Kennzahlenbeziehungen.

Im Gegensatz zu Ordnungssystemen, die Kennzahlen verschiedenen Gruppen zuteilen (z. B. den Unternehmensführungsaufgaben), um bestimmte Aspekte der Unternehmung durch ein sogenanntes Kennzahlenbündel von mehreren Seiten zu erfassen, beruhen Rechensysteme auf der rechnerischen Zerlegung der einzelnen Kennzahlen. Ausgehend von einer Spitzenkennzahl, sollen so stufenweise die ursächlichen Zusammenhänge und ihre Wirkungen sichtbar gemacht werden (vergleiche Abbildung 20).[120]

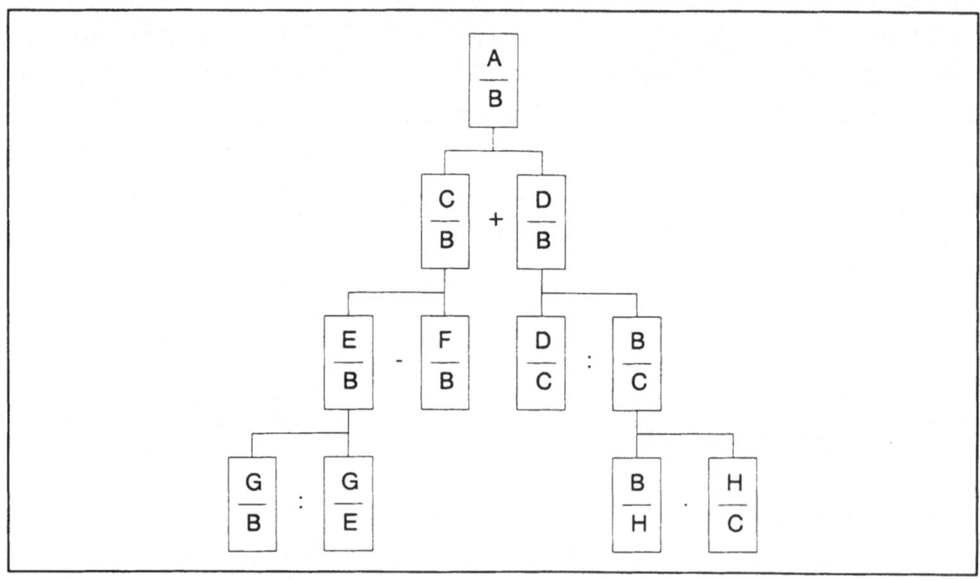

Abbildung 20: Beispiel eines Rechensystems[121]

Wie aus diesem Beispiel hervorgeht, sind für die rechnerische Zerlegung einer Verhältniszahl[122] grundsätzlich vier verschiedene Möglichkeiten denkbar:

(1) **Zerlegung der Beobachtungszahl durch Gliederung**: Stellt die Beobachtungszahl die Summe oder Differenz aus anderen Zahlen dar, so läßt sie sich in die betreffenden Zahlen zerlegen, z. B. Zerlegung der Kennzahl *(Kosten / Umsatz)* in *(Personalkosten / Umsatz)* + *(Übrige Kosten / Umsatz)* oder *(Ergebnis / Kapital)* in *(Umsatz / Kapital)* - *(Kosten / Kapital)*.

(2) **Einführung einer neuen Bezugszahl**: Für die Zerlegung der Kennzahl *(Ergebnis / Kapital)* wird z. B. die Größe *Umsatz* als neue Bezugszahl eingeführt: *(Ergebnis / Kapital)* = *(Ergebnis / Umsatz)* / *(Kapital / Umsatz)*.

(3) **Einführung einer neuen Beobachtungszahl**: Für die Zerlegung der Kennzahl *(Eigenkapital / Anlagevermögen)* wird z. B. die Größe *Innenfinanzierungskapital* als neue Beobachtungszahl eingeführt: *(Eigenkapital / Anlagevermögen)* = *(Innenfinanzierungskapital / Anlagevermögen)* / *(Innenfinanzierungskapital / Eigenkapital)*.

(4) **Einführung einer neuen Zahl als Beobachtungs- und Bezugszahl**: Für die Zerlegung der Kennzahl *(Personalkosten / Beschäftigte)* wird z. B. die Größe *Wertschöpfung* als neue Beobachtungs- und Bezugszahl herangezogen: *(Personalkosten / Beschäftigte)* = *(Personalkosten / Wertschöpfung)* * *(Wertschöpfung / Beschäftigte)*.

4.2.2.4 Grenzen und Probleme

Da im Zusammenhang mit Führungsinformationssystemen (im weiteren Sinne) allgemein auf die außerordentlich hohe Bedeutung quantitativer Informationen hingewiesen wird[123] und DV-Systeme zur Verarbeitung quantitativer Informationen in großem Umfang einsetzbar sind, besteht die Gefahr, daß die damit verbundenen Grenzen und Probleme gar nicht oder nur unzureichend reflektiert werden.[124] Vor dem Hintergrund der großen Bedeutung von Führungsinformationssystemen für die Informationsversorgung der Unternehmensführung und der zum Teil weitreichenden Konsequenzen darauf basierender Entscheidungen für das Unternehmen erscheint dieses Vorgehen unvertretbar.

Bevor im folgenden Kapitel das Konzept der Benutzerschnittstelle eines Führungsinformationssystems detailliert entwickelt wird, soll deshalb nachdrücklich auf die Grenzen und Probleme im Zusammenhang mit der Quantifizierung allgemein sowie der Bildung, Verarbeitung und Anwendung von Kennzahlen im besonderen hingewiesen werden. Sowohl bei der Konzeption, Entwicklung und Gestaltung als auch beim Einsatz von Führungsinformationssystemen sollten folgende Punkte berücksichtigt werden:

(1) Es gibt zwar eine Reihe denkbarer komplexer Tatbestände, die sich mit Hilfe von Kennzahlen kurz und prägnant darstellen lassen und so einen Beitrag zur Lösung von Entscheidungsproblemen der Unternehmensführung leisten können, in der betrieblichen Praxis werden zum Teil jedoch bewußt oder unbewußt Kennzahlen gebildet, obwohl sich das Untersuchungsobjekt ganz oder teilweise der Quantifizierung entzieht. Selbst wenn das Untersuchungsobjekt vollständig quantifizierbar ist, können die gebildeten Kennzahlen inhaltlich oder formal falsch konstruiert sein.[125]

(2) Sowohl die Vorbereitung als auch die Durchführung der Erhebung des Datenmaterials kann mit Fehlern behaftet sein, zum Beispiel durch Fehler in der Modellbildung und dem daraus resultierenden Forschungsdesign. Weitere Fehlerquellen ergeben sich durch unzureichende Abgrenzung des Untersuchungsobjektes oder fehlerhafte Auswahl des Erhebungsverfahrens, Erhebungslücken, ungeeignete Erhebungsunterlagen oder erhobene fehlerhafte Daten.[126]

(3) Die Kennzahlenverarbeitung selbst kann aufgrund von Rechenfehlern, der Verwendung ungeeigneter mathematisch-statistischer Verfahren, software- oder hardwarebedingten Fehlern oder ungeeigneten Verdichtungsmethoden mit Fehlern behaftet sein.[127]

(4) Kennzahlen werden zumeist auf der Basis von Vergangenheitsdaten ermittelt. Aufgrund der zum Teil erforderlichen größeren Zeitspanne zwischen der Erhebung des erforderlichen Datenmaterials und der vollständig gebildeten Kennzahl kann sie richtig ermittelt, aber, im Hinblick auf den aktuellen Informationswunsch des Unternehmensführers, zugleich falsch sein, wenn sie im Zeitpunkt ihrer Verwendung bereits überholt ist.[128]

(5) Darüber hinaus werden Kennzahlen oft zu zwischenbetrieblichen Vergleichen herangezogen, obwohl die Betriebe oder Zahlen nicht miteinander vergleichbar sind.[129]

(6) Der Umfang von Kennzahlensystemen hat entscheidenden Einfluß auf die Praktikabilität.[130] Sowohl seitens der Theorie als auch seitens der Praxis wird eine Beschränkung auf wenige aussagekräftige Kennzahlen gefordert und vor einer oft zu beobachtenden Kennzahleninflation gewarnt.[131]

(7) Die Verwendung von Kennzahlen ist abhängig von individuellen Vorbehalten[132] sowie der fachlichen Qualifikation der Anwender.[133] Hinzu kommt, daß der Einsatz von

Kennzahlen als Vorgabeinformation bei fehlender Motivation der Mitarbeiter zur Vernachlässigung anderer Ziele und Aufgaben führen kann, da lediglich die formale Erfüllung der Norm angestrebt wird.[134]

(8) Im Vergleich zu Absolutzahlen ergeben sich bei Verhältniszahlen Schwierigkeiten bei der Interpretation von Veränderungen. Ohne zusätzliche Informationen ist es nicht ersichtlich, ob ausschließlich Veränderungen der Beobachtungs- oder Bezugszahl die Veränderung hervorgerufen haben oder die Ursache in Veränderungen beider Zahlen zu suchen ist.[135]

(9) Die schnelle Bereitstellung der gewünschten Informationen durch ein Führungsinformationssystem kann beim Benutzer ein Gefühl des Zeitdrucks hervorrufen,[136] so daß er sich quasi gezwungen sieht, die bereitgestellten Informationen auch entsprechend zügig, im Hinblick auf die zu treffenden Entscheidungen, zu verarbeiten. Die im Vergleich zur manuellen Informationsaufbereitung eingesparte Zeit könnte zwar auch für eine längere Zeit der kritischen Reflexion von Informationsgrundlage, -verknüpfungsvorschriften und -darstellung genutzt werden, durch den Aufforderungscharakter des Bildschirmgerätes (z. B. das Blinken des Cursors) kann jedoch ein "Sog" entstehen, mit dem Computer in Konkurrenz zu treten.[137]

Eine angemessene Beachtung dieser Problemfelder setzt voraus, daß Führungsinformationssysteme nicht nur als aktive Informationssysteme im Sinne einer Nachfrageaktivierung konzipiert werden, sondern dem Benutzer nach Möglichkeit an den entsprechenden Stellen auch Hinweise auf mögliche Problemfelder und Fehlerquellen im Zusammenhang mit den verwendeten Kennzahlen geben.

4.2.3 Kennzahlen als Informationsangebot

Aufgrund der besonderen Bedeutung von Kennzahlen als Informationsträger liegt es nahe, bei der Gestaltung von Führungsinformationssystemen die unterschiedlichen Verwendungsmöglichkeiten von Kennzahlen zur Bewältigung von Unternehmensführungsaufgaben von vornherein entsprechend zu berücksichtigen, um in diesem Rahmen eine möglichst umfassende Unterstützung des Unternehmensführers gewährleisten zu können.

Während die Verwaltung, insbesondere das Wiederauffinden visueller, sprachlicher oder grafischer Informationen in DV-Systemen, Gegenstand des Forschungsgebietes Information Retrieval[138] ist, finden sich in Theorie und Praxis bisher nur vereinzelte, isolierte Ansätze zur Berücksichtigung der allgemeinen betriebswirtschaftlichen Anforderungen beim Aufbau eines Kennzahlenangebotes im Rahmen eines DV-Systems.[139]

Da sich im Zusammenhang mit Führungsinformationssystemen keine neuen oder besonderen Anforderungen an Information Retrieval-Systeme ergeben, kann auf die Ergebnisse dieses Forschungsgebietes zurückgegriffen werden. Die Informationen sind lediglich in einer Art und Weise auf computerlesbaren Medien auszulagern, daß sie bei Bedarf dem Benutzer wieder gezeigt werden können. Dieses sogenannte Dokumenten-Retrieval erfolgt im allgemeinen mit Hilfe ausgezeichneter Beschreibungswörter, die den Dokumentationseinheiten eines Dokumentes vor der Speicherung manuell oder automatisch zugeordnet werden.[140] Im Vordergrund der Gestaltung des Informationsangebotes von Führungsinformationssystemen stehen hingegen Kennzahlen und Kennzahlensysteme, da sie in der Lage sind, die Unternehmensführung bei ihren Aufgaben in besonderer Weise zu unterstützen.

Vorausgesetzt, die Informationen in Form von Kennzahlen bilden den gewünschten Realitätsausschnitt adäquat ab, stellt sich die Frage, welche weiteren Verarbeitungsschritte mit ihnen durchführbar sein sollten, um Informationen über Beziehungszusammenhänge einzelner Kennzahlen sowie Kennzahlenentwicklungen im Zeitablauf zu erhalten. Darauf aufbauend, lassen sich die erforderlichen Kennzahldimensionen ableiten.

4.2.3.1 Aufgaben

Grundsätzlich ist die Frage, ob sich bestimmte Sachverhalte in konzentrierter Form mit Hilfe von Kennzahlen erfassen lassen, unabhängig von konkreten Aufgabenzusammenhängen, das heißt Aufgabenstellungen oder Aufgabenträgern, aus denen entsprechende Informationsbedarfe hervorgegangen sind. Kennzahlen können der Unternehmensführung allgemein zur Quantifizierung der Informationen für ihre unterschiedlichen Entscheidungsprobleme dienen.[141] So lassen sich auf der Grundlage des Entscheidungsprozesses drei charakteristische Funktionen von Kennzahlen unterscheiden: die Planungsfunktion in der Planungsphase, die Vorgabe- oder Koordinationsfunktion in der Realisationsphase und schließlich die Kontrollfunktion in der Kontrollphase.[142]

Grundlage einer jeden Planung ist die übersichtliche und klare Wiedergabe der gesamten Entscheidungssituation. Mit Hilfe von Kennzahlen lassen sich nahezu alle Elemente eines Planungsproblems quantifizieren sowie kalkulieren und tragen somit zur Rationalisierung des Planungsprozesses bei. "Eine erfolgreiche Planung verlangt in erster Linie eindeutige, meßbare und damit überprüfbare Ziele."[143] Eine Reihe von Unternehmenszielen lassen sich zwar nicht direkt mit Kennzahlen abbilden. Hierfür können jedoch zumeist Ersatzkriterien bestimmt werden, die sich in Kennzahlen ausdrücken lassen, beispielsweise Einkommensziele durch Gewinn- und Rentabilitätsziffern, Sicherheitsziele durch Kapitalstruktur- oder Liquiditätsziffern sowie Wachstumsziele durch Zuwachsraten für Umsatz oder Vermögen.[144]

In ein Planungsmodell[145] eingeführt, beschreiben derartige Kennzahlen in ihrer Gesamtheit den zu verwirklichenden zukünftigen Sollzustand der Unternehmung im Planungszeitpunkt. Vor diesem Hintergrund sind von der Unternehmensführung die geeigneten Mittel zur Erreichung des in der Zukunft Gewollten festzulegen. Dazu bedarf es Informationen über den möglichen Mitteleinsatz, die zukünftigen Ereignisse und die zu erwartenden Umweltsituationen. Die Unternehmensführung muß sich einen Überblick über diese Fakten verschaffen und eine Vorstellung über gegenwärtige und zukünftige Istzustände gewinnen. Kennzahlen lassen sich hier einsetzen, um das Informationsmaterial zu straffen und das Entscheidungsfeld global abzubilden. Im einzelnen trägt die Kennzahlenbildung dazu bei, die Lösungsmöglichkeiten zu präzisieren sowie vergleichbar zu machen und sie so in eine Rangordnung zu bringen. Ergebnis der Planungsphase ist die Auswahl einer Lösungsalternative, die den Unternehmenszielen am besten Rechnung trägt.[146]

In der sich anschließenden Realisationsphase ist der von der Unternehmensführung favorisierte Plan zu konkretisieren und im allgemeinen über eine Hierarchie von Entscheidungs- und Ausführungsinstanzen umzusetzen, das heißt zu realisieren.[147] Von besonderer Bedeutung für die Unternehmensführung sind in diesem Zusammenhang die rationale Koordination und Steuerung der Vorgänge in den organisatorischen Teilbereichen. Die einzelnen Aufgabenträger benötigen hingegen geeignete Orientierungshilfen, wenn ihre Verhaltensweisen den Unternehmenszielen Rechnung tragen sollen.[148]

Sowohl seitens der Theorie als auch der Praxis wird hierzu der Aufbau eines Kennzahlensystems gefordert, das die wesentlichen Aspekte der betrieblichen Organisationsstruktur adäquat abbildet und nach Möglichkeit die Gestalt einer Kennzahlenhierarchie annimmt. Während die so entwickelten Kennzahlen aus der Sicht der Unternehmensführung Zielvorgaben beziehungsweise Subkriterien für unternehmerische Oberziele darstellen, handelt es sich aus der Sicht untergeordneter Instanzen um quantitative Normen, deren Einhaltung die Voraussetzung zur Erfüllung übergeordneter Zielsetzungen bildet (vergleiche Abbildung 21).[149]

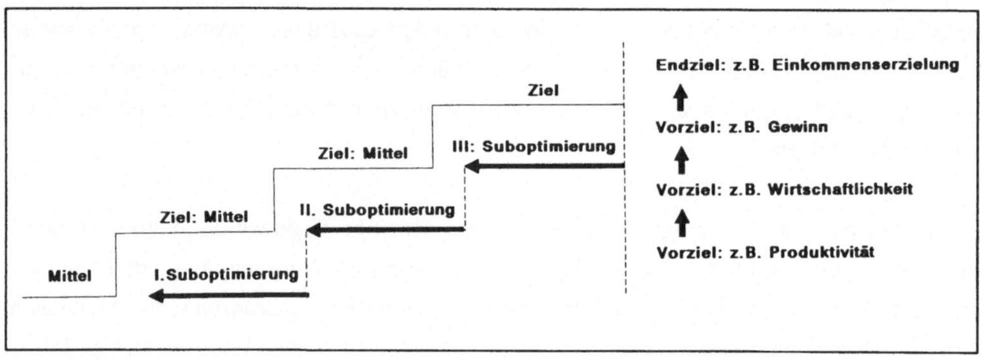

Abbildung 21: Prinzip der Suboptimierung[150]

Hieraus lassen sich zwei Grundanforderungen ableiten:[151] Im Rahmen eines Kennzahlensystems müssen die einzelnen Kennzahlen zum einen als Kriterium der Suboptimierung in einem echten Mittel-Zweck-Verhältnis zu den Oberzielen der Unternehmung stehen[152] und zum anderen operationale Handlungsziele[153] für die Aufgabenträger zum Inhalt haben.[154]

Dem Vollzugshandeln folgt in der Kontrollphase der Vergleich der Vollzugsergebnisse mit den Planzielen. Dabei kann der Istzustand mehr oder weniger vom Sollzustand abweichen, sei es, weil die vorausgesagten Zukunftslagen nicht eingetreten sind, weil die Beziehungen zwischen den einzelnen Tatbeständen im Planungsmodell, in Bezug auf die konkrete Situation fehlerhaft abgebildet wurden oder weil Fehler im Rahmen der Realisierungsphase aufgetreten sind. Die Soll-Ist-Abweichungen zeigen Störungen im Unternehmensgeschehen an und lösen als Revisionsinformationen Anpassungsmaßnahmen, das heißt neue Planungsprozesse, seitens der verantwortlichen Organisationseinheiten aus.[155]

Sowohl zur Formulierung als auch zur Analyse derartiger Abweichungen sind Kennzahlen in besonderer Weise geeignet. Sofern sowohl der realisierte Ist-Zustand als auch der Soll-Zustand der Unternehmung durch Kennzahlen abgebildet wurde, läßt sich die Abweichung sogar messen.

In diesem Zusammenhang sind zwei Aspekte hervorzuheben: Die Kontrollfunktion der Kennzahlen bezieht sich aus der Sicht der Unternehmensführung zunächst auf den Gesamtbereich der Unternehmung. Die hierbei verwendeten Gesamtbereichs- oder Globalkennzahlen, wie beispielsweise Gewinn- oder Rentabilitätskontrollziffern, geben grobe Abweichungssignale, die grundlegende Fehlentwicklungen des Unternehmensgeschehens anzeigen. Bei der isolierten Beurteilung einzelner Kennzahlen der obersten Hierarchieebene eines Kennzahlensystems besteht jedoch die Gefahr, daß gegebenfalls existenzgefährdende starke Abweichungen zwischen anderen Kennzahlen niedrigerer Hierarchieebenen nicht erkannt werden. Sei es, weil mehrere entgegengerichtete Abweichungen von Kennzahlen niedrigerer Hierarchieebenen sich bei der Berechnung der Kennzahlen höherer Hierarchieebenen ganz oder zu einem gewissen Teil ausgleichen oder weil diese Abweichungen in den Kennzahlen höherer Hierarchieebenen von vornherein gar nicht berücksichtigt werden (z. B., wenn es sich nicht um reine Rechensysteme handelt). Voraussetzung für die erfolgreiche Suche nach Abweichungsursachen ist demnach eine aggregierte und zugleich differenzierte Kennzahlenbildung.

Vor dem Hintergrund der Tatsache, daß sich einerseits nicht alle Abweichungen in einem Kennzahlensystem erfassen und zugleich analysieren lassen und andererseits das Hauptinteresse der Unternehmensführung im Aufdecken von Abweichungen, die grundlegende Fehlentwicklungen des Unternehmens anzeigen, liegt, ergibt sich eine weitere Anforderung an ein aktives Führungsinformationssystem: Bei der Durchführung von Abweichungsanalysen ist der Benutzer auf bedeutsame Abweichungen zwischen Ist-und Soll-Kennzahlen von seiten des Systems aktiv hinzuweisen, sofern er sich mit diesen Abweichungen nicht gerade aktuell beschäftigt.

Dies setzt voraus, daß die Bedeutung aller Kennzahlenabweichungen dem System bekannt sind, zum Beispiel durch die Definition bestimmter, in ihrer Bedeutung abgestufter Bereiche, bezogen auf den Sollzustand. So könnten zum Beispiel nur Abweichungen von Ist-Kennzahlen ab einer bestimmten Höhe (z. B. Abweichungen der Ist- von der Soll-Kennzahl um mehr als 20 Prozent in die eine oder andere Richtung) systemseitig als bedeutsam erkannt und dem Benutzer entsprechend mitgeteilt werden.

Vor dem Hintergrund der im Vergleich zu früheren Jahren heute sehr viel instabileren Rahmenbedingungen für die wirtschaftliche Betätigung von Unternehmungen bleibt die retrospektive Ausrichtung dieser kontrollorientierten Ansätze trotz einer aufgrund des hohen Computerunterstützungsgrades möglichen, beschleunigten Informationsgenerierung ein Problem. Informationen über die Entwicklung der Unternehmung können grundsätzlich erst nachträglich zur Verfügung gestellt werden, was sowohl die Gefahren- als auch die Chancenerkennung verzögert.[156]

Eine weitsichtige Unternehmensführung verlangt mehr denn je in die Zukunft gerichtete, das heißt prognostische Informationen mit ausreichendem zeitlichem Vorlauf. Aufbauend auf der Planung, dem herkömmlichen in die Zukunft gerichteten Instrument der Unternehmensführung, besteht die Aufgabe betrieblicher Früherkennung[157] darin, "die Gültigkeit der Pläne durch Beobachtung der maßgeblichen internen und externen Planungsparameter im Zeitablauf abzusichern bzw. im Falle von Veränderungen der Parameter umgehend Informationen über Richtung und Ausmaß der sich dadurch ergebenden Verschiebungen in den betrieblichen Planungsgrößen"[158] zu erhalten.

Je nach Untersuchungsgegenstand lassen sich Kennzahlen bilden, die zur Früherkennung geeignet sind[159] und mit Hilfe von Zeitreihenverfahren[160] für einzelne Kennzahlen beziehungsweise von kausalen Verfahren[161] für mehrere voneinander abhängige Kennzahlen positive wie negative Unternehmensentwicklungen prognostizieren.[162] Sie eröffnen der Unternehmensführung die Möglichkeit, gegebenfalls frühzeitig korrigierend einzugreifen.[163]

4.2.3.2 Dimensionen

Vor dem Hintergrund der Kennzahleneigenschaften auf der einen Seite und den zu unterstützenden Unternehmensführungsaufgaben auf der anderen Seite lassen sich acht Dimensionen ableiten, die zur Charakterisierung und Identifizierung jeder einzelnen Kennzahl im Rahmen eines Führungsinformationssystems notwendig sind (vergleiche Abbildung 22).

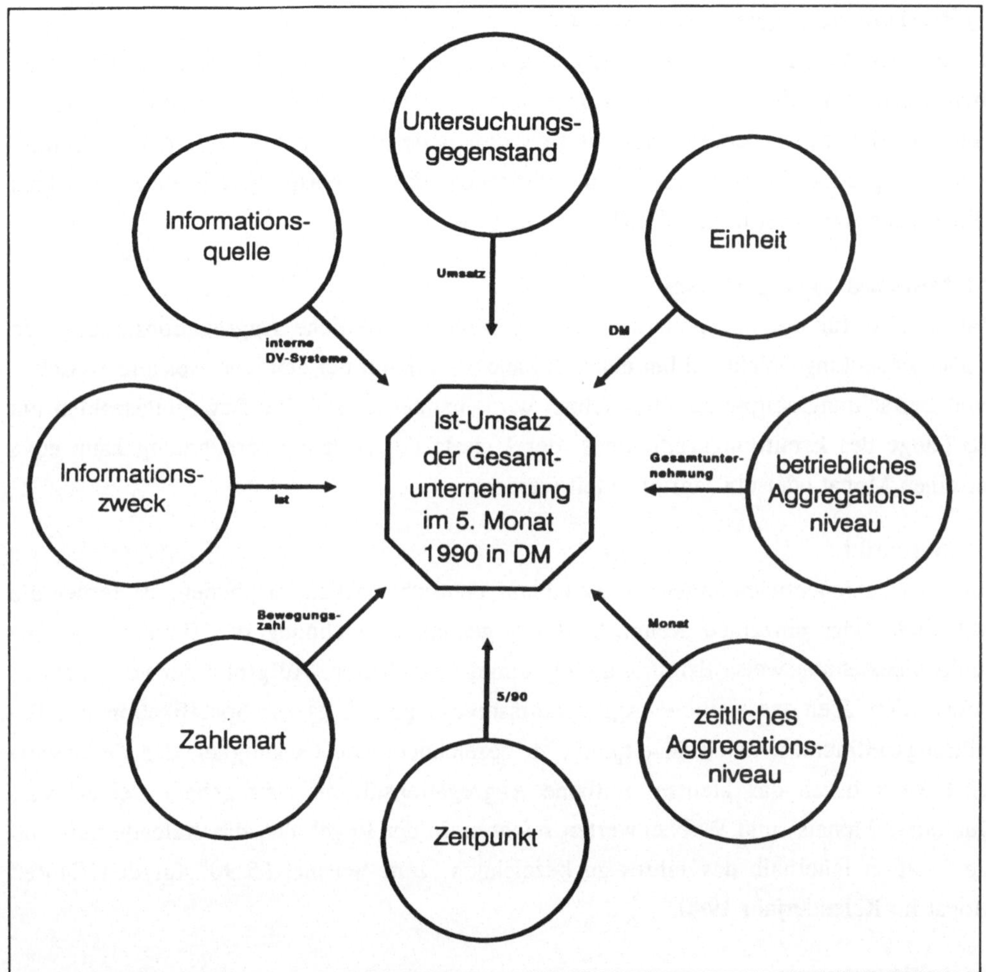

Abbildung 22: Dimensionen einer Kennzahl

(1) **Untersuchungsgegenstand**:

Zuallererst ist der betrachtete, zu quantifizierende Sachverhalt zu kennzeichnen, auf den sich die einzelne Zahl bezieht, beispielsweise der Umsatz, der in einem Unternehmen erzielt wurde oder erzielt werden soll.

(2) **Einheit**:

Mit dem Untersuchungsgegenstand eng verbunden ist die Einheit der Kennzahl, zum Beispiel die Frage, ob der genannte Umsatz in bestimmten Mengen- oder Geldeinheiten zu erfassen ist beziehungsweise erfaßt wurde.

(3) **Betriebliches Aggregationsniveau**:
Da ein bestimmter Untersuchungsgegenstand in den unterschiedlichsten Verdichtungsebenen erfaßbar sein kann, muß darüber hinaus das betriebliche Aggregationsniveau genauer bezeichnet werden. So kann es sich zum Beispiel um den Umsatz der Gesamtunternehmung oder einer anderen organisatorischen Einheit, beispielsweise einer einzelnen Filiale oder eines bestimmten Produktes, handeln.

(4) **Zeitliches Aggregationsniveau**:
Daneben ist für die Interpretation der Kennzahl das zeitliche Aggregationsniveau von großer Bedeutung. Während bei einer Bestandszahl damit der zeitliche Abstand zwischen zwei Betrachtungszeitpunkten bezeichnet wird, handelt es sich bei Bewegungszahlen um die Länge des Ermittlungszeitraumes; der Umsatz der Gesamtunternehmung kann etwa für einen Monat oder ein Jahr ermittelt werden.

(5) **Zeitpunkt**:
Um Kennzahlenentwicklungen im Zeitablauf deutlich machen zu können, ist ferner die Aktualität jeder einzelnen Kennzahl durch genaue Bezeichnung des Betrachtungszeitpunktes beziehungsweise Ermittlungszeitraumes festzuhalten. Aufgrund der vorliegenden Information über das zeitliche Aggregationsniveau genügt es zur Spezifikation des Ermittlungszeitraumes, den Endzeitpunkt zu bezeichnen. Die Genauigkeit der Zeitangabe wird dabei durch das kleinste zeitliche Aggregationsniveau vorgegeben. Bei Jahres-, Quartals-, Monats- und Wochenwerten reicht es in der Regel aus, das Kalenderjahr und die Position innerhalb des Jahres zu bezeichnen, zum Beispiel "5/90" für den fünften Monat im Kalenderjahr 1990.

(6) **Zahlenart**:
Um Zusammenhänge zwischen Bestands- und Bewegungsdaten systemseitig aufdecken zu können, muß daneben die betreffende Zahlenart festgehalten werden. Bei Bewegungsdaten lassen sich für ein bestimmtes zeitliches Aggregationsniveau Zugänge, Abgänge und Veränderungen unterscheiden.

(7) **Informationszweck**:
Aufgrund der oben bereits ausführlich erläuterten besonderen Eignung computergestützter Führungsinformationssysteme zur Kontrolle des betrieblichen Geschehens ist ferner zu unterscheiden, ob es sich um die Repräsentation eines Ist-, Soll- beziehungsweise Prognosezustandes handelt oder um Kennzahlen, die zur Identifizierung des Abweichungsgrades eines Sollzustandes von dem betreffenden Istzustand benötigt werden. In

Abhängigkeit von dem konkreten Informationszweck lassen sich zu einem bestimmten Zeitpunkt so die jeweils benötigten Kennzahlen zusammenhängend aufbereiten.

(8) **Informationsquelle**:
Neben der eindeutigen Beschreibung des Istzustandes sowie der von der gesamten Unternehmensführung festgelegten Plan-, Prognose- und Abweichungszustände, werden in der Regel im Rahmen der Planung, insbesondere zur Früherkennung, verschiedene Szenarien des betrieblichen Geschehens durchgespielt. Dabei werden einzelne Kennzahlen verändert, um die zeitpunkt- und zeitraumbezogenen Auswirkungen auf die übrigen Kennzahlen zu ergründen.

Um die hieraus resultierenden unterschiedlichen Kennzahlenkonstellationen festhalten zu können, ohne den allgemeingültigen Zustand verändern zu müssen, sind die Informationsquellen der jeweiligen Kennzahlenkonstellationen festzuhalten, zum Beispiel, auf welches Szenario eine bestimmte Plankennzahl zurückgeht oder ob sich eine Istkennzahl unmittelbar aus den unternehmensinternen DV-Systemen ergibt, und wer für die betreffende Kennzahl verantwortlich ist.

Die beschriebene inhaltliche Grundstruktur des Kennzahlen-Informationsangebotes eines Führungsinformationssystems bildet die Grundlage für die im sechsten Kapitel dokumentierte Entwicklung und Gestaltung des Pilotsystems. Entsprechend der anthropozentrischen Vorgehensweise soll im folgenden fünften Kapitel jedoch zunächst die Benutzerschnittstelle konzipiert werden.

5 Konzept der Benutzerschnittstelle von Führungsinformationssystemen

5.1 Grundlagen

5.1.1 Begriff

Der Begriff Benutzerschnittstelle[1] wird in Verbindung mit interaktiven DV-Systemen in den letzten Jahren zunehmend verwendet, um die besonderen Anforderungen an solche Systeme aus der Sicht des Benutzers hervorzuheben beziehungsweise ihnen gerecht zu werden. Oft wird der Begriff in Literatur und Praxis jedoch benutzt, ohne ihn explizit zu definieren, oder die vorgenommene Präzisierung bleibt unzureichend.[2]

Im Bereich der Informatik wird der technikorientierte Begriff Schnittstelle allgemein benutzt, um den technischen oder symbolischen Übergabepunkt zwischen Systemen zu bezeichnen,[3] zum Beispiel die physikalische Verbindung zwischen einem Bildschirm und einem Computer in Form einer konkreten, sichtbaren Leitung oder die logische Verbindung einzelner Softwarekomponenten durch ihre Zugehörigkeit zu einem Gesamtsystem.[4] Voraussetzung für einen kontrollierten Informationsaustausch ist, daß die Regelungen über den Schnittstellenaufbau sowie den Ablauf des Austausches beim Sender und Empfänger gleichermaßen bekannt sind.

Auch der Informationsaustausch zwischen Mensch und Computer bedarf entsprechender Übergabepunkte und Vorschriften. Die Übertragung des technischen Begriffs Schnittstelle auf das Verhältnis zwischen Mensch und Computer erscheint zwar aufgrund der damit verbundenen Assoziationen - der Mensch als ein dem Computer vergleichbares, gleichrangiges System - fragwürdig;[5] sie ist jedoch aus der eher technikorientierten Sicht der Systementwicklung zu verstehen: Gemeint ist mit der Benutzerschnittstelle im allgemeinen nicht die Schnittstelle auf der Seite des Benutzers, sondern die dem Benutzer zugewandte Systemschnittstelle. In diesem Sinne scheint die Verwendung des technikorientierten Begriffs Schnittstelle durchaus sinnvoll. So läßt sich deutlich machen, daß es sich bei den Interaktionen zwischen Mensch und Computer keinesfalls um Vorgänge handelt, die mit zwischenmenschlicher Kommunikation vergleichbar sind, sondern lediglich um den Austausch von Informationen durch Übermittlung bestimmter Zeichenfolgen in Form von physischen Signalen.[6]

Aus der Sicht der Systementwicklung läßt sich die Benutzerschnittstelle definieren als die Menge der technischen und symbolischen Übergabepunkte zwischen Benutzer und DV-System, die aus den vom Menschen bedienbaren und wahrnehmbaren Aspekten der Ein- und Ausgabemedien eines interaktiven DV-Systems bestehen. Dieser Vorstellung entspricht auch die zum Teil in Theorie und Praxis anzutreffende Bezeichnung Benutzeroberfläche, womit in der Regel die vom Benutzer bedienbaren und wahrnehmbaren Aspekte eines interaktiven DV-Systems gemeint sind.

Aufbauend auf den oben beschriebenen Grundlagen des menschlichen Wahrnehmungsvorganges,[7] läßt sich das Problemfeld der Benutzerschnittstelle weiter präzisieren. Die zu einem bestimmten Zeitpunkt vom Benutzer an den Eingabemedien des DV-Systems durchgeführten Handlungen beziehungsweise Aktionen werden dort in physikalische Signale umgesetzt und, sofern sie über einen bestimmten Zeitraum gewisse Schwellenwerte erreichen, als Benutzeraktionen erkannt. Die Eingabemedien stellen sozusagen den Zugang des DV-Systems zum Benutzer dar analog zu den menschlichen Sinnesorganen, die die Basis für die Beobachtung der den Menschen umgebenden Realität bilden. Ergebnis der sich gegebenenfalls anschließenden Verarbeitung im DV-System könnten unter anderem Aktionen des Systems auf seinen Ausgabemedien sein, die vom Benutzer mit Hilfe seiner Sinnesorgane wahrnehmbar sein sollten und ihn nach Verarbeitung dieser Eindrücke wiederum zu neuen Aktionen an den Eingabemedien des Systems veranlassen könnten (vergleiche Abbildung 23).

Aufgabe des Entwicklers interaktiver DV-Systeme ist es, neben den eigentlichen inhaltlichen Funktionen (z. B. der Bereitstellung eines bestimmten Informationsangebotes) geeignete Ein- und Ausgabemedien sowie entsprechende Ein- und Ausgabesysteme zu entwickeln, die für die Erkennung und Interpretation der Benutzeraktionen sowie die Generierung und Ausgabe der Systemaktionen verantwortlich sind. Das heißt, es müssen die systemseitigen Voraussetzungen für Mensch-Computer-Interaktionen geschaffen werden, um die bereitgestellte Systemfunktionalität dem Benutzer zugänglich zu machen.

Während es aus der Sicht des Benutzers durchaus sinnvoll sein kann, die Benutzungseigenschaften eines interaktiven DV-Systems als Benutzerschnittstelle zu bezeichnen, liegt das weitaus größte Problem der Systementwicklung in der Gestaltung derjenigen Komponenten eines interaktiven DV-Systems, die für die Abwicklung der Interaktionen zwischen Mensch und Computer systemseitig verantwortlich sind. Die menschlichen Interaktionsfähigkeiten bilden dabei den Rahmen der Entwicklung, im späteren Umgang mit dem fertiggestellten System liegen die Restriktionen der Interaktionsmöglichkeiten in der - im Vergleich zu den menschlichen Fähigkeiten - relativ starken Beschränktheit der verantwortlichen Systemkomponenten. Die sich dem Benutzer an der Systemoberfläche zeigenden Benutzungseigenschaften haben ihren Ursprung vor allem in systeminternen Komponenten des interaktiven DV-Systems.

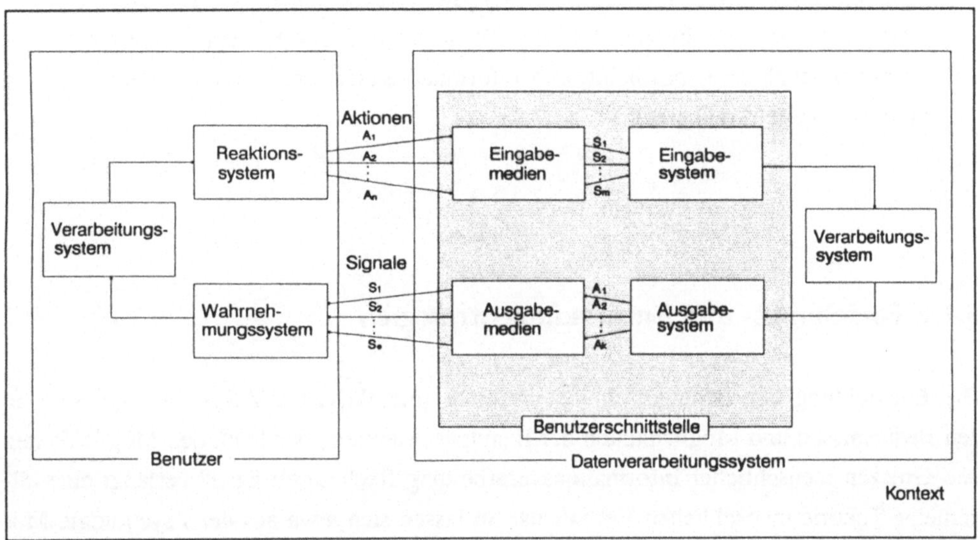

Abbildung 23: Schemadarstellung der Mensch-Computer-Interaktion

Zweckmäßigerweise wird der Systementwickler versucht sein, diese vom Gesamtsystem relativ unabhängigen Softwarekomponenten auch voneinander unabhängig zu gestalten oder gar anwendungsunabhängige Benutzerschnittstellen[8] zu entwickeln.[9] Im Rahmen dieser Arbeit ist die konkrete softwaretechnische Realisierung für die Definition des Begriffs Benutzerschnittstelle jedoch unerheblich. Im Vordergrund steht hier, entsprechend der anthropozentrischen Vorgehensweise, die Entwicklung einer Benutzerschnittstelle gemäß den Anforderungen des Benutzers unter Berücksichtigung der technischen Potentiale und Restriktionen und nicht die Realisierung bestimmter hard- oder softwaretechnischer Konzepte. Das heißt, im Vordergrund stehen die logischen Softwarekomponenten eines interaktiven DV-Systems, die für die Interaktionen zwischen Mensch und Computer verantwortlich sind.

Da zentrales Anliegen dieser Arbeit die Konzeption, Entwicklung und Gestaltung eines Führungsinformationssystems in Form eines interaktiven DV-Systems ist, wird im folgenden die umfassendere Begriffsdefinition zugrunde gelegt:

> Als Benutzerschnittstelle wird die Gesamtheit der physischen und logischen Komponenten eines interaktiven DV-Systems bezeichnet, die für die Abwicklung von Interaktionen zwischen Benutzer und DV-System systemseitig verantwortlich sind, das heißt, den Informationsaustausch zwischen Benutzer und DV-System realisieren.

5.1.2 Forschungs- und Entwicklungsstrategien

Die Entwicklung der Benutzerschnittstelle eines interaktiven DV-Systems, die sich an den Bedürfnissen und Möglichkeiten der Benutzer orientiert, das heißt den Möglichkeiten und Grenzen menschlicher Informationsverarbeitung Rechnung trägt,[10] verlangt eine allgemeine Theorie menschlichen Verhaltens. So lassen sich etwa aus der Psychologie Modelle der Mensch-Computer-Interaktion ableiten, indem das Arbeiten mit interaktiven DV-Systemen als Gegenstandsbereich des menschlichen Verhaltens gewählt wird und die allgemeinen Aussagen der Theorien zur menschlichen Informationsverarbeitung darauf bezogen werden. Softwareergonomisches Wissen über die Gestaltung der Benutzerschnittstelle kann darüber hinaus auch in Form bereichsspezifischer Theorien und Entwurfsprinzipien oder praktischen Expertenwissens erfahrener Systementwickler und Benutzer vorliegen, die auf bestimmten Modellen der Mensch-Computer-Interaktion aufbauen (vergleiche Abbildung 24).[11]

Die auf der Grundlage des jeweils vorhandenen Wissens formulierten prädiktiven Modelle bilden den Ausgangspunkt für die Ableitung von Vorhersagen in Form von Arbeitshypothesen, die einer Überprüfung unterzogen werden können und sollten. In Abhängigkeit von dem zugrundeliegenden Wissen kann die Überprüfung in Form von experimentellen Laboruntersuchungen, Feld- oder Fallstudien erfolgen.[12] Während experimentelle Laboruntersuchungen hauptsächlich der Überprüfung detaillierter Vorhersagen prädiktiver Modelle dienen,[13] lassen sich Vorhersagen bereichsspezifischer Theorien eher in Feldstudien[14] überprüfen.[15] Das Praxiswissen von Experten resultiert hingegen oft aus

Fallstudien, die nicht verallgemeinerbar sind, aber zur Generierung von Hypothesen durchaus ihre Berechtigung haben.[16]

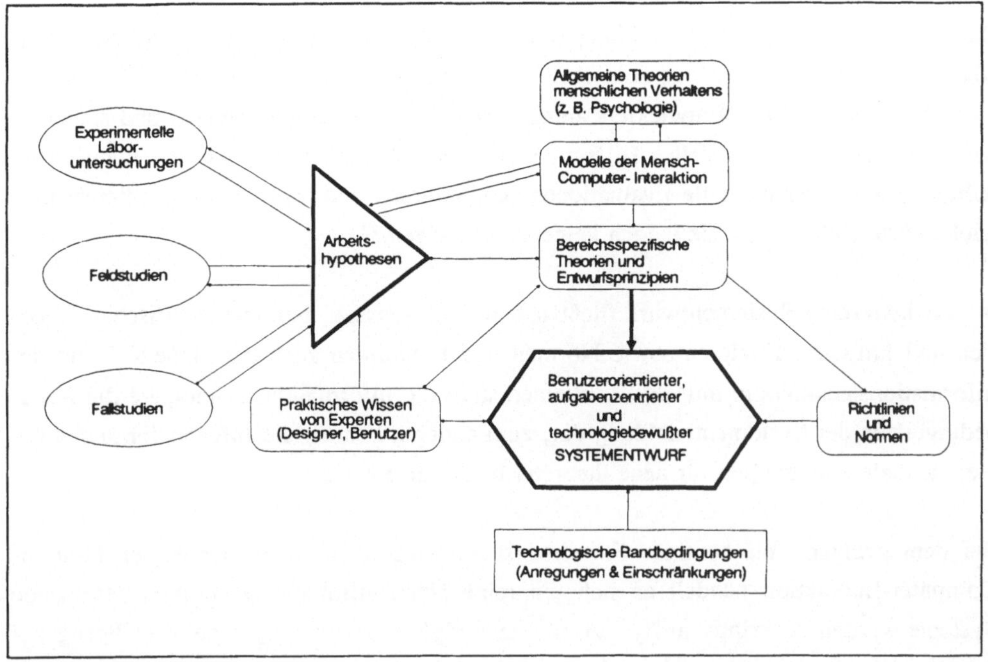

Abbildung 24: Forschungsstrategien und -methoden im Bereich der Software-Ergonomie[17]

Es ist offensichtlich, daß die Entwicklung der Benutzerschnittstelle in besonderem Maße ein iterativer Prozeß ist,[18] der dadurch entsteht, daß die verschiedenen Arbeitshypothesen mit prototypischen Benutzerschnittstellen getestet werden. Die erzielten Untersuchungsergebnisse führen dann wiederum zu Modifikationen auf den verschiedenen Beschreibungsebenen und entsprechend angepaßten Arbeitshypothesen, die ihrerseits erneut anhand von prototypischen Benutzerschnittstellen zu überprüfen sind.

Vorausgesetzt, das menschliche Verhalten zwischen den Tests ändert sich nur geringfügig,[19] nimmt dabei nicht nur der Detailliertheitsgrad, sondern auch die Anpassungsgenauigkeit des Prototypen an den Benutzer von einem zum anderen Schritt zu. Zu einem gewissen Zeitpunkt geht der Prototyp in die fertige Benutzerschnittstelle über, die ihrerseits im Verlauf der Zeit an das sich verändernde menschliche Verhalten und die technologischen Rahmenbedingungen anzupassen ist. Der Umfang der Anpassungstätigkeiten ist dabei im Vergleich zu den Prototypen innerhalb der Systementwicklungsphase jedoch in der Regel bedeutend geringer.

Das akkumulierte Systementwicklungswissen findet, mit einer gewissen zeitlichen Verzögerung, seinen Niederschlag zum Teil auch in Normen[20] und Richtlinien[21]. Sie können zwar die Kreativität des Entwicklers anregen beziehungsweise unterstützen und stellen in der Praxis ein recht wertvolles Hilfsmittel im Entwicklungsprozeß dar, die Benutzerbeteiligung und experimentelle Evaluationen vor, während und nach dem eigentlichen Entwicklungsprozeß können sie jedoch keinesfalls ersetzen.[22]

In den konkreten Systementwurf fließt neben Praxiswissen, bereichsspezifischen Theorien und Entwurfsprinzipien sowie Normen und Richtlinien auch der aktuelle Stand der Informationstechnologie mit ein. Zum einen stellt die Informationstechnologie die Randbedingungen der Systementwicklung dar, zum anderen können die Informationstechnologiepotentiale Anregungen für neue theoretische Ansätze geben.

Bei dem größten Teil heutiger Forschungsbemühungen auf dem Gebiet der Mensch-Computer-Interaktion handelt es sich um reine Nachlaufforschung. Bereits bestehende Systeme werden deskriptiv analysiert und nachträglich evaluiert, das heißt in Bezug auf ihre Erlernbarkeit und Benutzbarkeit sowie auf die Einhaltung von Normen - soweit vorhanden - untersucht. Nachlaufforschung ist zwar notwendig, um den Entwicklern Rückmeldungen über die von ihnen entwickelten Systeme zu geben, sie ist jedoch der technologischen Entwicklung immer zeitlich nachgelagert. Darüber hinaus fehlt es zur Zeit noch an einem ausreichend gesicherten Katalog von Bewertungskriterien.[23]

Vereinzelt wird versucht, im Rahmen einer Begleitforschung diesen Nachteilen zumindest teilweise zu begegnen. Experten auf dem Gebiet der Mensch-Computer-Interaktion begleiten die Entwicklung des DV-Systems von Anfang an und beraten bei Entscheidungen über die Benutzerschnittstelle. Hier finden sich hauptsächlich deskriptive und evaluative Verfahren auf der Seite der Ergonomen und Psychologen, gepaart mit einem konstruktiven Vorgehen seitens der Systementwickler. Durch den Einsatz von Prototypen, die bereits alle wesentlichen Charakteristika der Benutzerschnittstelle zeigen, ohne daß die Funktionen des DV-Systems bereits realisiert sind, ist es bereits zu einem relativ frühen Zeitpunkt im Entwicklungszyklus möglich, Experimente durchzuführen und gegebenenfalls notwendige Änderungen mit geringem, vertretbarem Aufwand zu erreichen.[24]

Ergänzt werden sollte die Begleitforschung durch den Ansatz der Vorlaufforschung. Insbesondere auf der Grundlage von Erkenntnissen der kognitiven Psychologie und der Arbeitswissenschaft über die Art und Weise, wie Menschen ihre Arbeitsaufgaben und Problemstellungen in einer bestimmten Arbeitsumgebung bearbeiten und lösen, entwirft sie Vorgaben für die zu entwickelnden DV-Systeme. Damit sind in der Regel auch Entwicklungsziele für Informationstechnologien verbunden.[25] "Diesen Vorgaben sollten Analysen zugrundeliegen, die sich zwar an den Eigenschaften menschlicher Informationsverarbeitung orientieren, sie aber nicht in ihren Beschränkungen simulieren."[26]

Da Gegenstand dieser Arbeit unter anderem die Entwicklung des Konstruktivmodells eines Führungsinformationssystems ist, ist das Teilmodell der Benutzerschnittstelle zum Bereich der prädiktiv und konstruktiv ausgerichteten Vorlaufforschung zu zählen.[27] Die sich anschließende prototypische Realisierung wesentlicher Aspekte der Benutzerschnittstelle im Rahmen dieser Arbeit kann und sollte Ausgangspunkt für eine darauf aufbauende Begleitforschung sein, um die konzipierte Benutzerschnittstelle weiterzuentwickeln.

5.2 Modell der Mensch-Computer-Interaktion

5.2.1 Ansätze in der Literatur

Nahezu alle in der wissenschaftlichen Literatur diskutierten Modelle zur Gestaltung der Benutzerschnittstelle konzentrieren sich, von den technischen Möglichkeiten ausgehend, auf die Gestaltung der Interaktionen zwischen Mensch und Computer. Wechselwirkungen, die durch Verbindungen der Benutzerschnittstelle zu anderen Komponenten des DV-Systems sowie durch die organisatorische Einbettung des gesamten DV-Systems in die Arbeitswelt entstehen, werden nur in wenigen Beiträgen ausschnittweise betrachtet.[28]

In Abhängigkeit von dem zugrundeliegenden Computerbild lassen sich im wesentlichen zwei Modellgruppen unterscheiden: Zum einen Modelle, die den Computer als Medium in einem technisch vermittelten Kommunikationsprozeß begreifen und zum anderen Modelle, die den Computer als Werkzeug auffassen, mit dessen Hilfe der Mensch seine Aufgaben bewältigt beziehungsweise bestimmte Problemstellungen löst. Die hieraus ableitbaren allgemeinen Gestaltungsziele sind im Hinblick auf die konkrete Realisierung der

Benutzerschnittstelle weiter zu spezifizieren. In diesem Zusammenhang werden in der Literatur unterschiedliche Schichtenmodelle vorgeschlagen.

5.2.1.1 Kommunikationsmedium und Werkzeug

Die Auffassung des Computers als Kommunikationsmedium oder als Medium für einen streng organisierbaren Informationsfluß wurde schon sehr früh von Petri vertreten.[29] Kupka/Maaß/Oberquelle haben dieses Computerbild als eine der ersten in die wissenschaftliche Diskussion um die Gestaltung der Mensch-Computer-Interaktion eingeführt.[30] Als Vorbild dient die zwischenmenschliche Kommunikation. Auf der Grundlage von Analysen der Bedeutung kommunikativer Grundprinzipien für die Mensch-Computer-Interaktion erörtert Maaß[31], inwieweit allgemein kommunikatives Verhalten an den Computer delegiert werden kann. Der Computer übernimmt dabei die Rolle eines virtuellen Kommunikationspartners mit formalem Kommunikationsverhalten.[32]

Die allgemeineren Modelle betrachten heute den Computer als Medium in einem technisch vermittelten Kommunikationsprozeß unter Computerbenutzern oder zwischen Systementwicklern und Benutzern[33] (vergleiche Abbildung 25).[34]

Hervorgehoben werden in diesem Zusammenhang vor allem die sich gegenüber herkömmlichen Medien eröffnenden neuen Kommunikationsqualitäten:[35]

(1) Die Speicherfähigkeit von Computern hat zur Folge, daß der Kommunikationsprozeß nicht nur bei gleichzeitiger Präsenz der Kommunikationspartner am Computer stattfinden kann.

(2) Von den Kommunikationspartnern oder Dritten in das DV-System eingebrachte Verarbeitungsvorschriften können dazu benutzt werden, die auszutauschenden Informationen zu verändern.

(3) Übermitteln mehrere Kommunikationspartner bestimmte Informationsausschnitte an einen Adressaten, können spezielle Verarbeitungsvorschriften in das DV-System eingebracht werden, so daß dem Adressaten die einzelnen Informationen zusammengefaßt vermittelt werden.

(4) Darüber hinaus können die softwarebestimmten Eigenschaften des Mediums selbst verändert werden.

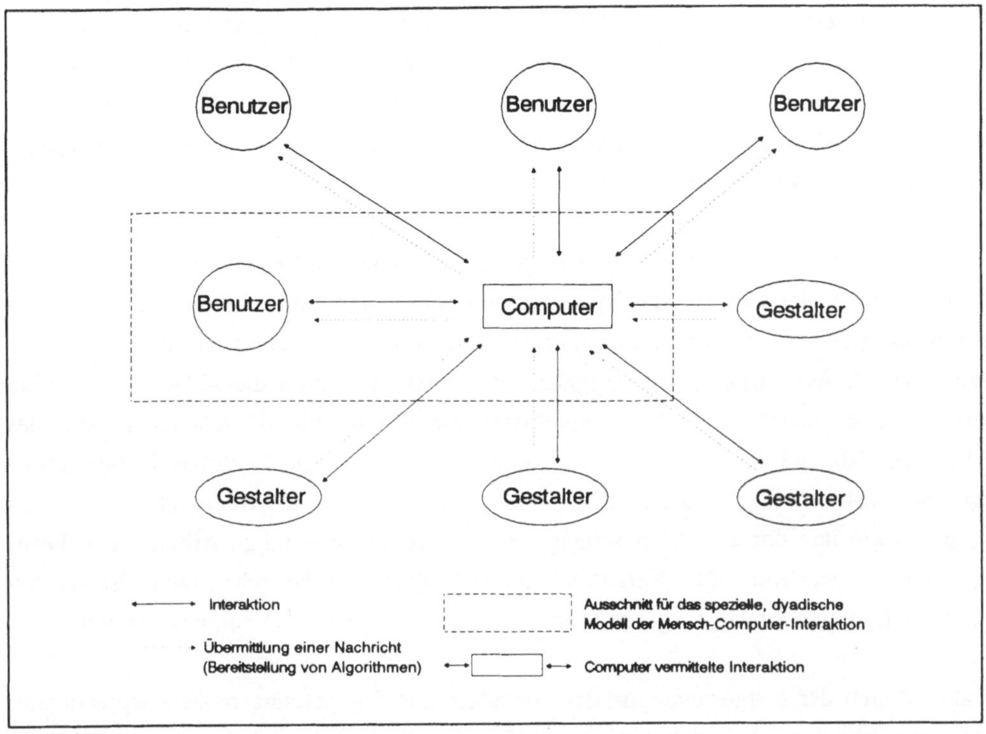

Abbildung 25: Computer als Kommunikationsmedium[36]

Über die Auswirkungen computermediierter Kommunikation auf Organisationen, insbesondere auf die Arbeitsabläufe, das Kommunikations- und Sozialverhalten, die Kommunikationsinhalte sowie den Entscheidungsfindungs- und Problemlösungsprozeß liegen bisher nur vereinzelte Untersuchungsergebnisse vor.[37] Sie geben jedoch Anlaß, sich mit den vermeintlich positiven Kommunikationsqualitäten im Einzelfall kritisch auseinanderzusetzen und auch die möglichen negativen Auswirkungen genau zu analysieren. So ließ sich etwa zeigen, daß durch den Wegfall zeitlicher und räumlicher Barrieren der Handlungskontext für den einzelnen Kommunikationspartner so umfangreich und kompliziert werden kann, daß für ihn die Gefahr besteht, den Überblick über die Vielfalt der Teilnehmer und Kommunikationsstrukturen zu verlieren beziehungsweise seine Aufmerksamkeit auf einen zu kleinen Ausschnitt zu begrenzen.[38]

Die meisten Forschungsansätze gehen von einem speziellen Modell der Mensch-Computer-Interaktion aus, indem sie nur die Dyade Benutzer-Computer betrachten (vergleiche Abbildung 25). Die so erreichte Komplexitätsreduktion bietet den Vorteil, daß sich die

Benutzerschnittstelle nur an der Situation orientieren muß, in der sich der Benutzer wahrnimmt. Sie ist notwendig, um sich dem Problemfeld der Mensch-Computer-Interaktion zu nähern, kann jedoch im Einzelfall zu unangemessenen Vorstellungen führen, etwa der Betrachtung des Prozesses der Computerbenutzung als Kommunikation zweier Menschen im persönlichen Gespräch.[39]

Dieses spezielle Modell der Mensch-Computer-Interaktion bildet auch die Grundlage für die Auffassung, der Umgang des Menschen mit dem Computer komme einer Werkzeugbenutzung gleich.[40] Der Computer wird in diesem Zusammenhang als Hilfsmittel des Benutzers zur Bewältigung von Aufgaben betrachtet, die durch die Arbeitsorganisation bestimmt und zunächst vom Computereinsatz unabhängig sind. Durch den Einsatz des Werkzeugs läßt sich die Aufgabe von dem damit betrauten Aufgabenträger besser bewältigen als vorher.[41] Das bedeutet auch, daß das Werkzeug vom Arbeitenden beherrscht werden sollte und der zur Beherrschung des Werkzeugs notwendige Arbeits- und Lernaufwand in einem sinnvollen Verhältnis zu den Verbesserungen stehen muß, die der Arbeitende durch die Anwendung des Werkzeugs bei der Aufgabenerledigung erreicht.[42]

Während sich der erstgenannte Ansatz vor allem zur Entwicklung natürlichsprachlicher Mensch-Computer-Schnittstellen eignet,[43] läßt sich die Benutzerschnittstelle beim Werkzeugansatz zwar mit Hilfe arbeitspsychologischer Methoden analysieren, es stellt sich jedoch das Problem, den Gegenstand zu erfassen und zu beschreiben, auf den die Softwarewerkzeuge einwirken. Die Werkzeugperspektive ist auf Bereiche, in denen traditionell Werkzeuge zum Einsatz kommen, wie zum Beispiel im Handwerk oder teilweise im Büro (z. B. Textverarbeitung), beschränkt. Für Kommunikationsdienste (z. B. elektronische Post) gibt die Werkzeugperspektive wenig Anhaltspunkte. Hier ist die Auffassung des Computers als Medium geeigneter.

Fischer[44] versucht in seinem Forschungsansatz beide Ansätze zu integrieren, indem er einerseits den Computer als Kommunikationspartner und andererseits als konviviales Werkzeug[45] auffaßt. Während sich dadurch die Flexibilität gegenüber den Problemen der Mensch-Computer-Interaktion erhöht, wird jedoch gleichzeitig eine klare theoretische Fundierung der Gestaltungsperspektiven erschwert.

Im Rahmen sogenannter Problemlösungsmodelle wird darüber hinaus versucht, die gesamte Situation der Mensch-Computer-Interaktion in Beziehung zur Aufgabe des Benutzers zu stellen.[46] Nach Streitz ist im Rahmen der Mensch-Computer-Interaktion grundsätzlich zwischen zwei Hauptproblemen zu unterscheiden:[47]

(1) Dem **Sachproblem**, der eigentlichen inhaltlichen Anforderung, zum Beispiel dem Auftrag an einen Konstrukteur zur Entwicklung eines bestimmten technischen Produktes und

(2) dem **Interaktionsproblem**, das durch den Einsatz des Computers als Arbeitsmittel entsteht, zum Beispiel der Benutzung eines bestimmten CAD-Systems zur Erstellung der entsprechenden Ausführungsunterlagen (Zeichnungen, Stücklisten und Anweisungen) für das herzustellende Produkt.

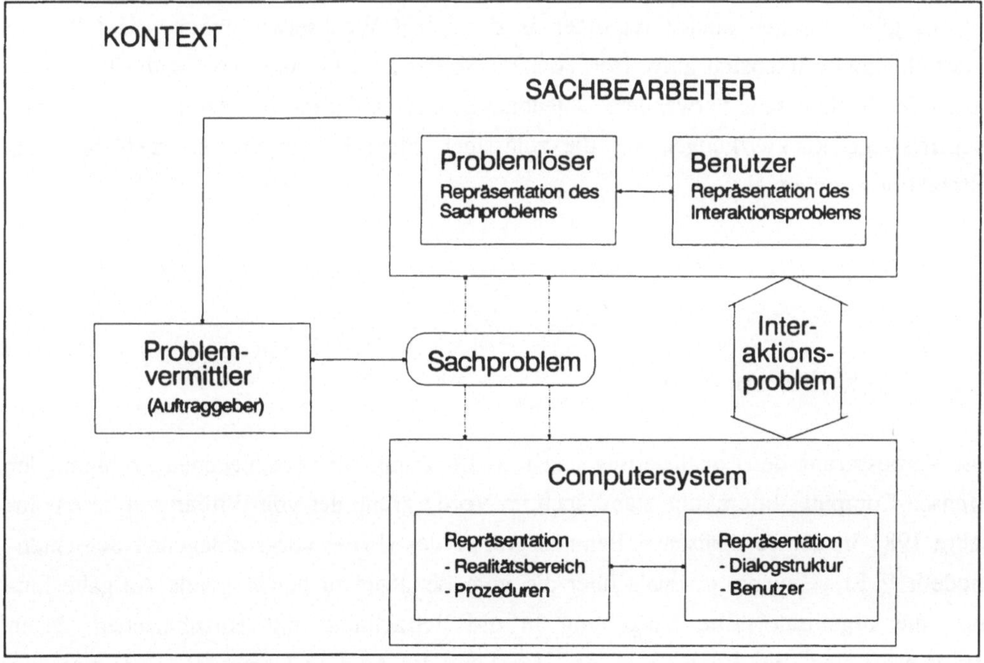

Abbildung 26: Problemlösungsmodell nach Streitz[48]

Das Sachproblem läßt sich nicht auf direktem Wege mit dem im Computer repräsentierten Wissen lösen, sondern erst nach Überwindung des durch den Computereinsatz zusätzlich auftretenden Interaktionsproblems. Dazu muß der Konstrukteur neben der Rolle des Sachproblemlösers auch die Rolle eines Computerbenutzers übernehmen (vergleiche Abbildung 26). Dies erfordert seitens des Benutzers eine adäquate Repräsentation der das Interaktionsproblem betreffenden Systemkomponenten, das sogenannte mentale Modell des Benutzers. Den Repräsentationen auf der Sachbearbeiterseite stehen korrespondierende Repräsentationen auf der Computerseite gegenüber, das sogenannte konzeptuelle

Modell des DV-Systems, das vom Systementwickler festgelegt wird.[49] Ziel einer benutzerfreundlichen oder auch benutzerorientierten Gestaltung der Mensch-Computer-Schnittstelle ist hiernach die Minimierung des Interaktionsproblems für den Benutzer. Streitz spricht in diesem Zusammenhang auch von der "kognitiven Kompatibilität"[50] zwischen Mensch und Computer.

Aufgrund der vorgenommenen Differenzierung lassen sich Mängel bei der Bewältigung von Sachproblemen mit Hilfe interaktiver DV-Systeme zwar besser lokalisieren und beschreiben, die Trennung zwischen Sach- und Interaktionsproblem ist jedoch nicht absolut. Es gibt zwischen beiden Aspekten in der Regel Wechselwirkungen, die fallweise unterschiedliche Intensität aufweisen können. So hat zum Beispiel das für die Repräsentation des Sachwissens verwendete Datenbankkonzept aufgrund der damit vorgegebenen Zugriffswege Rückwirkungen auf die zulässigen Mensch-Computer-Interaktionen, das Interaktionsproblem.[51]

5.2.1.2 Schichtenmodelle

Die Verbesserung der Lokalisierung und Klassifizierung der verschiedenen Probleme der Mensch-Computer-Interaktion stand auch im Vordergrund des von Williamson bereits im Jahre 1981 in der europäischen Benutzergruppe der IFIP[52] vorgeschlagenen Schichtenmodells.[53] Er versuchte erstmals über die vom Benutzer zu bewältigende Aufgabe hinaus, die organisatorische Umgebung in die Betrachtung mit einzubeziehen. Nach Williamson sind, bei Betrachtung des Problems der Mensch-Computer-Interaktion aus der Sicht des Benutzers, grundsätzlich vier verschiedene Umgebungen zu unterscheiden (vergleiche Abbildung 27):

(1) **Organizational environment**: Die Organisationsumgebung ist durch die organisatorischen Regelungen, in die der Benutzer eingebunden ist, bestimmt. Hierunter versteht Williamson vor allem die Verbindungen zu anderen am Arbeitsprozeß beteiligten Mitarbeitern, die ablauforganisatorischen Regelungen und die Verbindungen zu anderen technischen Systemen.

(2) **Terminal environment**: Die Ein-und Ausgabeumgebung beschreibt die gegenständliche Wahrnehmung, die der Benutzer vom DV-System hat. Sie hängt einerseits von den verwendeten Ein- und Ausgabeeinheiten und andererseits von den Leistungsmöglichkeiten des Systems zur Nutzung dieser Ein-

heiten ab (z. B. bei der Darstellung von Graphik, ob es sich um einen zeichen- oder bildpunktorientierten Bildschirm handelt).

(3) **Session environment**: Im Rahmen der "Sitzungsumgebung" werden die während einer Sitzung des Benutzers gültigen personenspezifischen Interaktions- oder Dialogformen festgelegt (z. B. ob der Benutzer eher menü- oder kommandoorientiert[54] mit dem DV-System arbeiten möchte). Der Übersetzung Dzidas[55] folgend, wird sie im Rahmen dieser Arbeit als Dialogumgebung beziehungsweise -schnittstelle bezeichnet.

(4) **Functional environment**: Die Funktionsumgebung umfaßt alle dem einzelnen Benutzer zugänglichen Informationen und die zur Manipulation dieser Informationen verfügbaren Funktionen. Hierzu gehören sowohl allgemeine Standardfunktionen (z. B. Löschen oder Kopieren) als auch vom jeweiligen Anwenderfall abhängige Funktionen (z. B. die Überprüfung eines Textes im Rahmen eines Textverarbeitungsprogramms durch eine Rechtschreibhilfe).

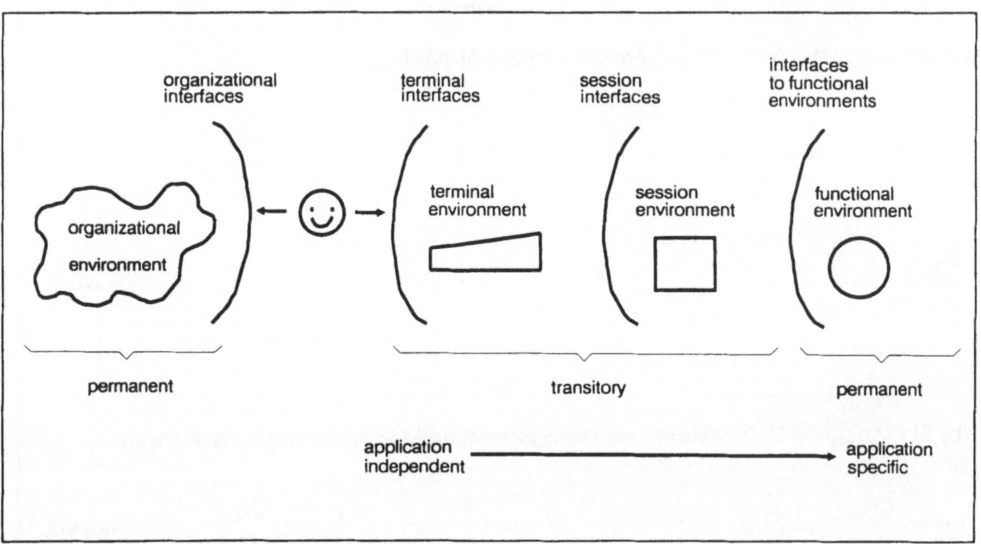

Abbildung 27: IFIP-Modell nach Williamson[56]

Die Benutzerschnittstelle setzt sich hiernach aus vier verschiedenen Schnittstellen zusammen. Trotz einiger Abhängigkeiten zwischen den einzelnen Umgebungen[57] lassen sich die betreffenden Schnittstellen mit Hilfe dieses Schichtenmodells recht gut voneinander isoliert beschreiben. Dies hat den Vorteil, daß die spezifischen Gestaltungsaspekte der einzelnen Schnittstellen relativ unabhängig voneinander beschrieben werden können. Darüber hinaus lassen sich entsprechend detaillierte Vorschriften für die Bewertung der einzelnen Schnittstellen ableiten.[58] Diese Gründe waren letztlich auch ausschlaggebend dafür, daß das IFIP-Modell die aktuelle Grundlage der Normungsbemühungen im Bereich der Benutzerschnittstelle bildet.[59]

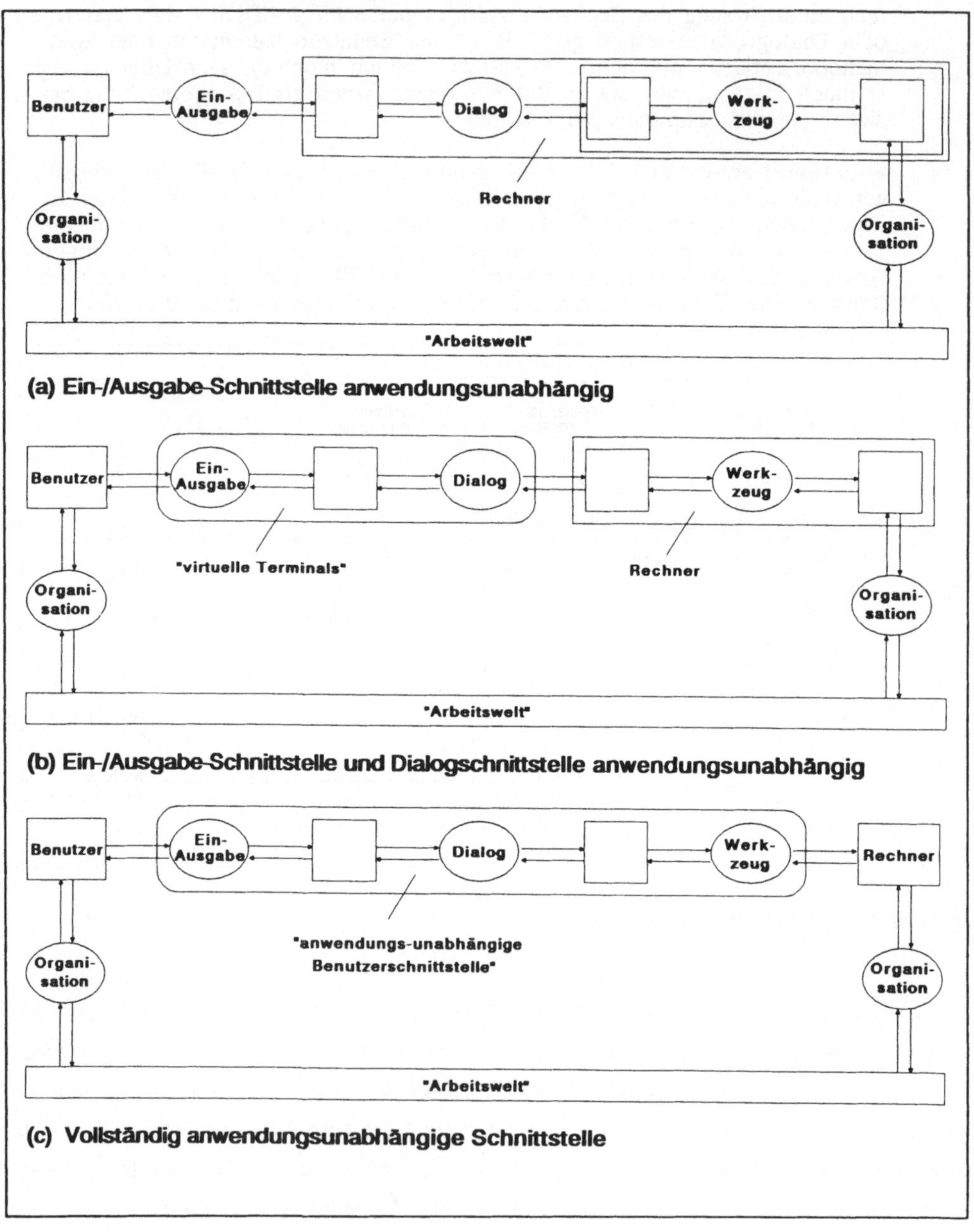

Abbildung 28: IFIP-Modell nach Dzida[60]

Für den betrachteten Aspekt der Mensch-Computer-Interaktion geht Williamson davon aus, daß Organisations- und Funktionsumgebung aus der Sicht des Benutzers konstant sind, das heißt, von ihm nicht direkt verändert werden können. Ein- und Ausgabeumgebung sowie Dialogumgebung sollten sich hingegen vom Benutzer variieren lassen.

Im Hinblick auf eine Standardisierung von Benutzerschnittstellen in der Weise, daß ein Benutzer einheitliche Schnittstellen für verschiedene von ihm auf einem Computer benutzte Anwendungsprogramme hat, unterstreicht er in diesem Zusammenhang ferner den unterschiedlichen Grad der Unabhängigkeit der einzelnen Umgebungen von speziellen Anwendungsprogrammen.[61] Die stärkste Unabhängigkeit weist die Ein- und Ausgabeumgebung auf. Im Vergleich hierzu ist die Dialogumgebung bereits etwas abhängiger von der betreffenden Anwendung. Die Funktionsumgebung weist hingegen die größte Anwendungsabhängigkeit auf.

Die Entwicklung anwendungsunabhängiger Benutzerschnittstellen[62] stand im Vordergrund der Darstellung des IFIP-Modells von Dzida[63]. Dazu erweitert er das von Williamson vorgeschlagene Modell, indem er drei verschiedene Stufen anwendungsunabhängiger Benutzerschnittstellen explizit darstellt. Zum anderen verwendet er nicht den Begriff Funktion, sondern Werkzeug. Während Williamson offensichtlich bei einem Softwarewerkzeug (z. B. einer Routine zum Kopieren von Dateien) den Interaktionsaspekt (Mit welchen Benutzeraktionen wird das Werkzeug aktiviert?) von dem Funktionsaspekt (Was bewirkt das Werkzeug?) trennen wollte, liegt das erklärte Ziel Dzidas vielmehr in der Entwicklung und Bereitstellung standardisierter Werkzeuge (vergleiche Abbildung 28).

Im Vordergrund des von Bullinger[64] entwickelten Schichtenmodells stand ebenfalls die Gestaltung anwendungsunabhängiger Benutzerschnittstellen, jedoch mit Hilfe sogenannter User Interface Management Systeme[65]. In Anlehnung an das ISO-Referenzmodell für offene Systeme[66] unterscheidet er bei der Mensch-Computer-Interaktion vier Schichten (Protokollebenen im Sinne des ISO-Referenzmodells), die sich an Begriffsbildungen der Kommunikationstheorie orientieren (vergleiche Abbildung 29).

Die "erfolgreiche Kommunikation zwischen Mensch und Rechner bei der Bearbeitung einer Aufgabe setzt voraus, daß auf allen Ebenen kompatible Strukturen hinsichtlich der Aufgaben und Dialogrepräsentation vorliegen."[67] Eine physikalische Verbindung zwischen Mensch und Computer besteht lediglich in Form der Ein- und Ausgabeschnittstelle.[68] Die über diese Schnittstelle dem Ein- und Ausgabesystem übermittelten Benutzereingaben werden in eine geräteunabhängige, funktionale Repräsentation transformiert und über die Dialogschnittstelle dem Dialogsystem übergeben. Nach einer Syntaxanalyse stellt das Dialogsystem der Werkzeugschnittstelle die Eingangsparameter für die verschiedenen Softwarewerkzeuge zur Verfügung. Sie repräsentieren aus der Sicht des Benutzers wiederum die gesamte Funktionalität des betreffenden DV-Systems. Schließlich wird aus der Werkzeugrepäsentation eine werkzeugunabhängige Repräsentation der Aufgabenlösungen aufgebaut und in Form eines Anwendungsmodells übergeben, welches seinerseits die eigentliche Abarbeitung anstößt.[69]

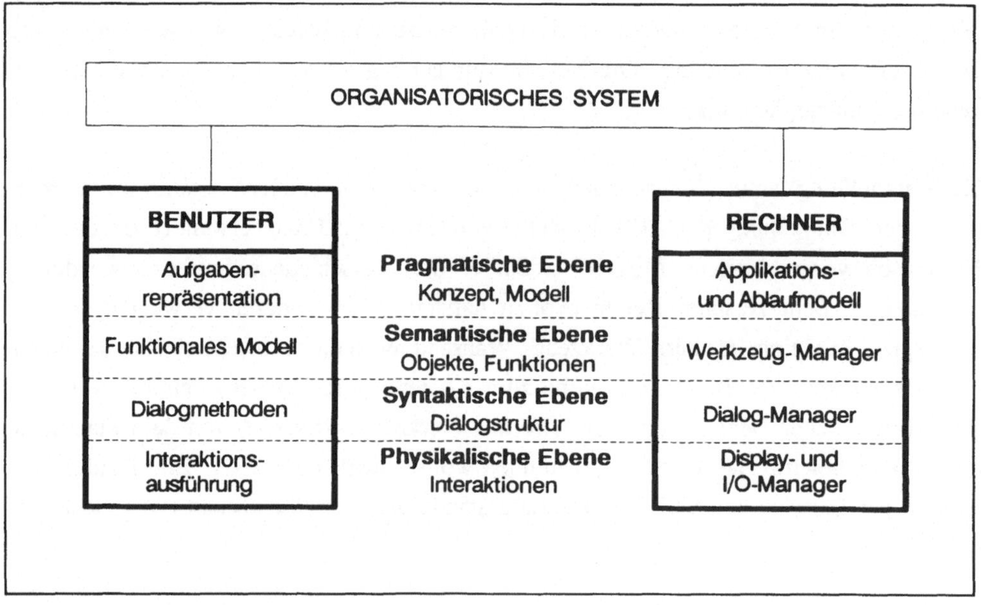

Abbildung 29: Schichtenmodell nach Bullinger[70]

5.2.1.3 Diskussion der Ansätze

Sowohl Williamson als auch später Dzida und Bullinger ziehen in ihre grundsätzlichen Überlegungen die organisatorischen Rahmenbedingungen des zu entwickelnden DV-Systems mit ein. Dzida erweitert Williamsons Modell sogar explizit, um die Rückwirkungen der übrigen am Arbeitsprozeß beteiligten Personen und Arbeitsmittel auf das DV-System berücksichtigen zu können. Auf die detaillierte Ausgestaltung der Organisationsumgebung wird jedoch weder in den eigentlichen Modelldarstellungen noch in der Diskussion über Kriterien zur Bewertung von Benutzerschnittstellen oder die Ableitung von Vorgehensweisen zur Gestaltung dialogorientierter DV-Systeme[71] näher eingegangen. Zum Teil wird sie sogar explizit aus den weiteren Betrachtungen ausgeschlossen,[72] obwohl die außerordentlich große Bedeutung der Organisationsumgebung für den Erfolg oder Mißerfolg einer computergestützten Aufgabenbewältigung von den meisten Autoren durchaus gesehen wird.[73]

Diese Diskrepanz ergibt sich zwangsläufig aus dem Ziel der Entwicklung anwendungsunabhängiger Benutzerschnittstellen. Die menschlichen Aufgaben sowie die Aufgaben und Aufgabenträger eines DV-Systems und die Wechselwirkungen zwischen diesen Komponenten sind im Zeitablauf so vielfältig, daß sich hieraus eben kein allgemeingültiges Modell ableiten beziehungsweise eine einheitliche Benutzerschnittstelle konzipieren läßt. So entwickeln die Autoren aus der - im Vergleich zur benutzerorientierten Sicht recht überschaubaren - systemorientierten Sicht heraus statische, streng hierarchisch aufgebaute Benutzerschnittstellenmodelle.

Der anthropozentrischen Betrachtungsweise folgend, bildet die Grundlage dieser Arbeit jedoch ein dynamisches, benutzerorientiertes, aufgabenzentriertes und technologiebewußtes Modell der Schnittstelle zwischen einem Benutzer[74] und dem ihm zugeordneten DV-System. Im Vordergrund stehen der Benutzer in seinem organisatorischen Kontext sowie die von ihm zu bewältigenden Aufgaben, nicht etwa die technisch möglichen oder sinnvollen Systemfunktionen. Gleichwohl geht der Stand der Informationstechnologie nicht nur in Form von Restriktionen bezüglich der technischen Realisierung, sondern auch in Form von Anregungen für Möglichkeiten der Aufgabenverteilung zwischen Mensch und Computer in das DV-Systemkonzept mit ein.

Bei der Bewältigung einzelner Teilaufgaben mit Hilfe eines DV-Systems werden zur differenzierten Analyse der Mensch-Computer-Interaktionen die verschiedenen Gestaltungsebenen betrieblicher DV-Systeme miteinbezogen. Insofern stellt dieses Ebenenmodell der Benutzerschnittstelle eine Weiterentwicklung bisheriger Modelle dar. Die gedankliche Basis bildet dabei eine Symbiose der vorgestellten Problemlösungsmodelle auf der einen sowie der Schichtenmodelle auf der anderen Seite unter Einbeziehung des organisatorischen Kontextes.

5.2.2 Ebenenmodell

Ausgehend von einer bestehenden Unternehmung mit einer spezifischen betrieblichen Organisationsstruktur, sind die in den Arbeitsprozeß einbezogenen Menschen zu einem bestimmten Zeitpunkt aufgrund vorher durchgeführter Aufgabenanalysen und -synthesen[75] einzelnen Stellen zugeordnet. Der Arbeitsbereich einer jeden Person ist somit durch eine bestimmte Anzahl von Aufgaben definiert, die als Teilaufgaben aus der Gesamtaufgabe der Unternehmung abgeleitet wurden. Neben den Fähigkeiten und Begrenzungen der einzelnen Personen fließen hierbei in der Regel unter anderem auch die allgemeinen Informationstechnologiepotentiale in die Betrachtung mit ein,[76] wobei die Personen und Techniken bereits konkret im Unternehmen vorhanden sein können oder es sich um abstrakte, noch zu suchende beziehungsweise einzubeziehende Personen und Techniken handeln kann.[77]

Jede Aufgabe läßt sich grundsätzlich, unabhängig von der Betrachtungsebene, durch qualitative Dimensionen beschreiben: Sie ist ein Verrichtungsvorgang, der auf die Zustands- oder Lageänderung eines Objektes (personell, materiell oder immateriell) in Raum und Zeit abzielt.[78] Entgegen der traditionellen Auffassung der betriebswirtschaftlichen Organisationslehre, die nur von Menschen verantwortlich zu erfüllende Leistungen als Aufgaben anerkennt und Sachmittel lediglich als Hilfsmittel menschlicher Aufgabenerfüllung betrachtet,[79] werden im folgenden auch Sachmittel als potentielle Aufgabenträger zugelassen. Aufgrund der fortschreitenden technischen Entwicklung existieren heute technische Systeme, insbesondere DV-Systeme, die immer umfangreichere und kompliziertere Aufgaben von personellen Aufgabenträgern übernehmen, das heißt weitgehend selbsttätig durchführen können.[80]

In Abhängigkeit von den Freiheitsgraden, die dem einzelnen menschlichen Aufgabenträger in bezug auf die Bewältigung der ihm übertragenen Aufgaben und die hierfür einsetzbaren Personen und Arbeitsmittel eingeräumt werden,[81] stellt sich dem Aufgabenträger das Problem, in einer erneuten Aufgabenanalyse und -synthese aus den ihm übertragenen Aufgaben Teilaufgaben zu isolieren und, sofern er sie nicht selbst bewältigt, geeigneten Aufgabenträgern zuzuordnen sowie gegebenfalls auch entsprechende organisatorische Vorgaben in bezug auf die Aufgabenbewältigung zu machen.

Bereits bei der Abgrenzung und Formulierung einzelner Aufgaben sowie vor allem bei der folgenden Aufspaltung in Teilaufgaben und der Verteilung der Teilaufgaben auf geeignete Aufgabenträger geht die Erfahrung des Aufgabenträgers, die er bei der Bewältigung ähnlicher oder anderer Aufgaben in der Vergangenheit gewonnen hat, mehr oder weniger bewußt in die Betrachtung mit ein.[82] Dies gilt insbesondere auch für die Isolierung von Teilaufgaben, die von einem menschlichen Aufgabenträger mit Hilfe eines DV-Systems erledigt oder gar vollständig einem DV-System übertragen werden sollen.

In bezug auf das zu modellierende DV-System lassen sich zwei Hauptgruppen menschlicher Aufgabenträger voneinander abgrenzen, die grundsätzlich unterschiedliche Aufgaben im Zusammenhang mit DV-Systemen bewältigen: Die Benutzer des DV-Systems, für die die Lösung des Sachproblems mit Hilfe des DV-Systems im Vordergrund steht, auf der einen Seite und auf der anderen Seite die Systementwickler, deren Aufgabe darin besteht, die DV-Systeme so zu konzipieren, daß sie die vom Benutzer an sie herangetragenen Sachprobleme auch adäquat lösen können. Beide haben von den insgesamt der Unternehmung zur Aufgabenbewältigung zur Verfügung stehenden Menschen und Arbeitsmitteln eine begrenzte Anzahl zur Bewältigung ihrer speziellen Aufgaben zur Verfügung (vergleiche Abbildung 30).

Ist es dem Benutzer gelungen, eine bestimmte Aufgabe, die durch ein DV-System bewältigt werden kann und soll, zu isolieren, ergibt sich aus seiner Sicht das Problem, diese Aufgabe dem DV-System adäquat zu beschreiben und zur Bearbeitung zu übergeben.[83] Voraussetzung hierfür ist, daß sich der Benutzer eine Vorstellung von der Funktionsweise des DV-Systems macht. Das Systemmodell des Benutzers wird dabei wesentlich durch seine Erfahrungen im Umgang mit dem betreffenden oder ähnlichen Systemen in der Vergangenheit und durch seine Erwartungen bezüglich der Leistungspotentiale des Systems, basierend auf Erkenntnissen, die aus anderen Zusammenhängen gewonnen wurden, geprägt.

Vor dem Hintergrund der vom DV-System zu bewältigenden Aufgaben ist der Benutzer auf der Konzeptebene in der Regel gezwungen, die noch relativ umfangreiche DV-Aufgabe in mehrere Teilaufgaben zu untergliedern und die zeitliche Reihenfolge ihrer Bearbeitung festzulegen, so daß eine inhaltlich konsistente Bearbeitung der gesamten Aufgabe gewährleistet ist.[84] Da sich die Entwicklung komplexerer Aufgabenmodelle in der Regel über einen längeren Zeitraum erstreckt, können hierdurch wieder verschiedenartige Rückwirkungen auf die Definition der vom DV-System zu bewältigenden Gesamtaufgabe ausgehen. Es ist beispielsweise denkbar, daß der Benutzer zwar ursprünglich eine Aufgabe als DV-Aufgabe erkannt hat, bei der genaueren Analyse der dazu erforderlichen

Teilaufgaben und ihrer Bearbeitungsreihenfolge aber zu der Ansicht gelangt, daß bestimmte Teilaufgaben nur umständlich oder gar nicht durch das DV-System lösbar sind. So kann es sich ergeben, daß im Verlauf der Bildung des DV-Aufgabenmodells die angestrebte Bearbeitung der gesamten Aufgabe durch das DV-System wieder in Frage gestellt wird.

Sofern dem Benutzer bereits im Verlauf des Modellbildungsprozesses Verarbeitungskapazitäten zur Verfügung stehen, wird er versucht sein, sie nicht ungenutzt zu lassen, sondern bestimmte Teilaufgaben schon vor Fertigstellung des gesamten DV-Aufgabenmodells an das DV-System zu übergeben. Während der Benutzer das Aufgabenmodell noch vervollständigt, könnte das DV-System zeitlich parallel schon Teilaufgaben lösen, so daß die Bearbeitung der Gesamtaufgabe entsprechend beschleunigt würde. Voraussetzung hierfür ist, daß sich im Verlauf der Fertigstellung des Aufgabenmodells keine Änderungen bezüglich der isolierten Teilaufgaben und ihrer Verarbeitungsreihenfolge ergeben.

Die Übergabe von Teilaufgaben an das DV-System bedarf einer detaillierten Planung seitens des Benutzers. Vor dem Hintergrund seiner Erfahrungen und Erwartungen bezüglich der Aktivierung entsprechender Aufgabenlösungsprozesse beim DV-System muß er sich eine adäquate Aufgabenformulierung überlegen. Dazu gehört auch die Reihenfolgeplanung für die an den verfügbaren Eingabemedien erforderlichen Aktionen.

Die aus der Dialogplanung resultierenden Benutzeraktionen am Eingabemedium des DV-Systems müssen systemseitig erkannt und im Hinblick auf die zu bewältigende Teilaufgabe analysiert werden. Aus den Eingabeaktionen des Benutzers kann das DV-System jedoch nur auf die von ihm gewünschte Teilaufgabe schließen, wenn die Vorstellungen des Benutzers bezüglich der Formulierung und Übergabe der Problemstellung an das DV-System der Systemrealität weitestgehend entsprechen.

Die vom DV-System erkannte Aufgabe wird anschließend systemseitig gegebenenfalls in weitere Teilaufgaben zerlegt, um eine technisch effiziente Aufgabenlösung zu erreichen. Weder Inhalt oder Menge der einzelnen Systemteilaufgaben noch die Reihenfolge ihrer Bearbeitung müssen dabei den vom Benutzer ursprünglich abgeleiteten DV-Teilaufgaben entsprechen beziehungsweise dem Benutzer bekannt sein.[85] Die korrekte Ausführung der vom Benutzer aktivierten Systemfunktion ist eine von vielen Aufgaben der Systementwicklung. Ihr obliegt es, mit den verfügbaren Menschen und Arbeitsmitteln das DV-System so zu konstruieren, daß die Teilaufgabe entsprechend den Benutzererwartungen bearbeitet wird.

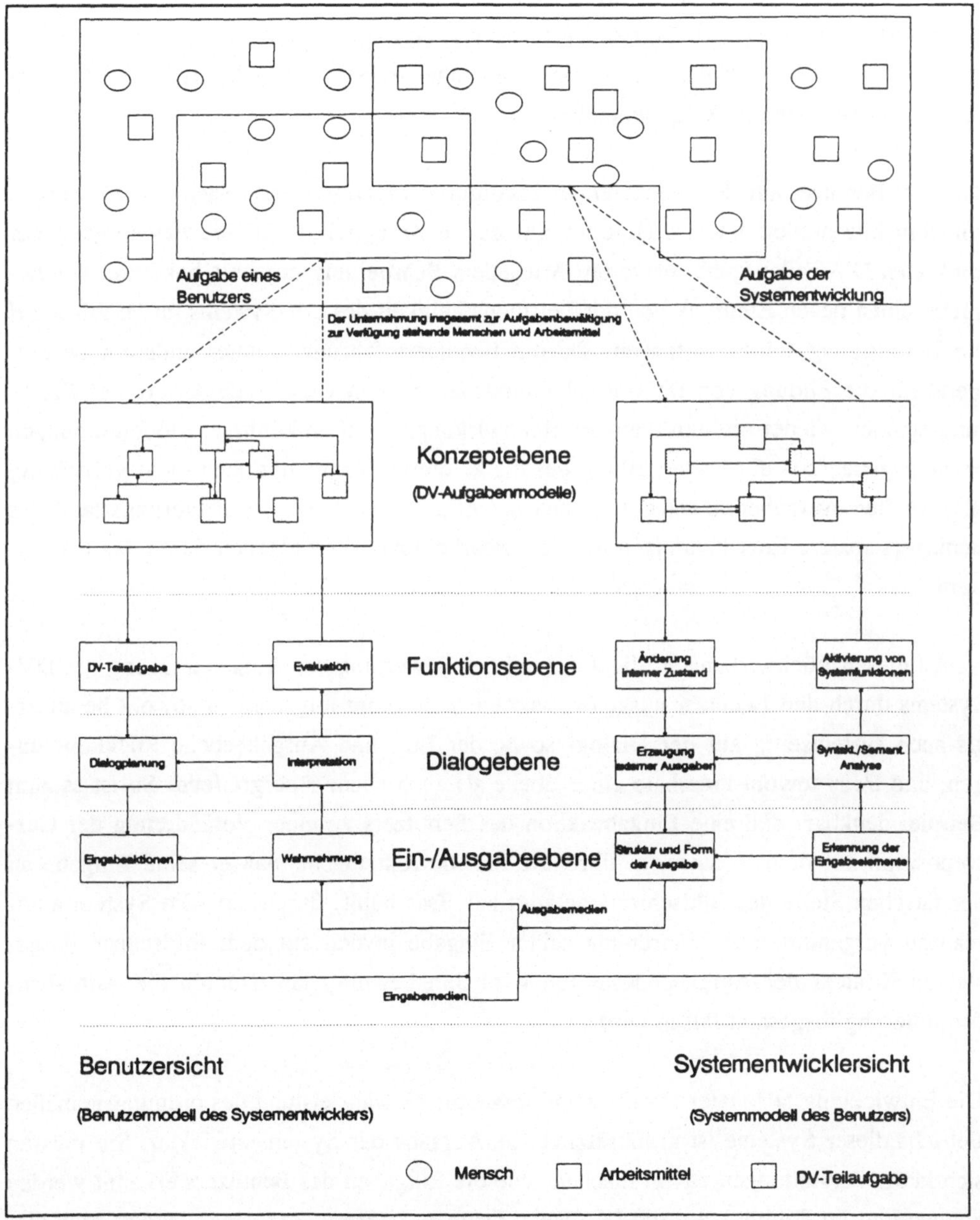

Abbildung 30: Ebenenmodell der Mensch-Computer-Interaktion

Die durch die Ausführung einer Systemfunktion verursachten Veränderungen systeminterner Zustände sind vom DV-System in externe Ausgaben umzuwandeln, um den Benutzer über das Ergebnis der Aufgabenbearbeitung zu informieren. Die benutzerorientierte Aufbereitung systeminterner Zustandsveränderungen bedarf neben einer inhaltlichen Aufbereitung auch der Erzeugung einer angemessenen Ausgabestruktur und -form auf den entsprechenden Ausgabemedien.

Die vom Benutzer auf dem betreffenden Medium wahrgenommenen Sachverhalte werden von ihm interpretiert und im Hinblick auf das ursprüngliche Ziel, die Bewältigung der konkreten DV-Teilaufgabe, bewertet. Mit jedem Bearbeitungsergebnis bekommt der Benutzer einen neuen Eindruck von der Leistungsfähigkeit des DV-Systems im Hinblick auf die Bewältigung seiner Aufgaben. Da die Benutzererfahrungen unter anderem bestimmend für die Bildung von DV-Aufgabenmodellen sind, hat die Veränderung des Erfahrungsstandes wiederum unmittelbare Rückwirkungen auf zukünftige Modellbildungen sowie gegebenfalls die Fertigstellung des bis zu diesem Zeitpunkt noch nicht vollständig entwickelten Aufgabenmodells. Daneben beeinflußt der veränderte Erfahrungsstand des Benutzers spätere Entscheidungen über die Bearbeitung von Aufgaben durch das DV-System.

Neben diesen Rückwirkungen, die aufgrund der Bewertung der Aufgabenlösung des DV-Systems durch den Benutzer ausgelöst wurden, gibt es im allgemeinen sowohl benutzer- als auch systemseitig auf der Dialog- sowie der Ein- und Ausgabeebene Rückkopplungen, und zwar sowohl innerhalb einer Ebene als auch ebenenübergreifend. So ist es zum Beispiel denkbar, daß eine Eingabeaktion des Benutzers zu einer Veränderung der Cursorposition auf dem Bildschirm führt, die ihm bewußt macht, daß er seine Eingabe an der falschen Stelle des Bildschirms getätigt hat. Das heißt, durch die vom System automatisch vorgenommene Einordnung seiner Eingabe in den auf dem Bildschirm dargestellten Kontext der Aufgabendefinition wird ihm bewußt, daß dadurch die Aufgabenformulierung insgesamt falsch wird.

Die Entwicklung adäquater DV-Systeme sowie die Gewährleistung des ordnungsgemäßen Betriebs dieser Systeme ist grundsätzlich die Aufgabe der Systementwickler. Sie müssen sich klare Vorstellungen davon machen, wie die Eingaben des Benutzers erkannt werden können und im Hinblick auf die DV-Teilaufgabe zu interpretieren sind. Jedoch auch dieses sogenannte Benutzermodell des Systementwicklers ist nicht statisch. Es verändert sich aufgrund des sich verändernden Erfahrungsstandes des Systementwicklers fortwährend.

Im Extremfall können zeitgleiche Veränderungen vom Systemmodell des Benutzers und vom Benutzermodell seitens des Systementwicklers sich in ihren Auswirkungen gegenseitig neutralisieren.

So ist es zum Beispiel denkbar, daß der Benutzer ursprünglich bei der Definition einer bestimmten DV-Teilaufgabe eine Formulierung gewählt hat, die vom System nicht so analysiert wurde, wie er es erwartet hatte. Nach gegebenenfalls mehrmaligen erfolglosen Eingaben versucht der Benutzer zu einem späteren Zeitpunkt vielleicht, die Formulierung abzuändern. Gleichzeitig könnte der Systementwickler aus der dokumentierten mehrmaligen erfolglosen Eingabe der gleichen Formulierung bei einer anstehenden Veränderung des DV-Systems schließen, daß vom System nicht der richtige Aufgabenlösungsprozeß angestoßen wurde, woraufhin der Entwickler das System dahingehend abändert, daß bei der nächsten entsprechenden Formulierung vielleicht die vom Benutzer ursprünglich erwartete Systemfunktion angestoßen wird. Der Benutzer versucht jedoch aufgrund der vorherigen Mißerfolge eine neue veränderte Formulierung der gleichen Aufgabe, die zwar nach dem alten Systemzustand vielleicht richtig gewesen wäre und zum Erfolg geführt hätte, aufgrund der zwischenzeitlichen Veränderung des DV-Systems nun jedoch erneut zu einem Mißerfolg führt. Nach einer gewissen Zeit wird der Benutzer versuchen, die Aufgabe durch Rückgriff auf andere ihm zur Verfügung stehende Arbeitsmittel und Menschen zu bewältigen.[86]

Hieraus wird deutlich, daß die Einsatzfähigkeit eines DV-Systems entscheidend davon abhängt, das System so zu konzipieren, daß die vom Benutzer an das DV-System übergebenen Teilaufgaben auch von ihm bewältigt werden können und sowohl die Formulierung als auch die Übergabe der Aufgabe an das DV-System vom Benutzer korrekt aus der Aufgabe und seinem organisatorischen Kontext deduzierbar sind. System- und Benutzermodell müssen sich auf der Funktions-, Dialog- sowie Ein- und Ausgabeebene in allen wesentlichen Komponenten entsprechen. Eine Übereinstimmung auf der konzeptuellen Ebene ist nicht notwendig und im Hinblick auf die unterschiedlichen Zielsetzungen vom Benutzer auf der einen und dem Systementwickler auf der anderen Seite auch nicht wünschenswert. So kann die effiziente Bewältigung einer vom Benutzer definierten Aufgabe eine Unterteilung in DV-Aufgaben notwendig machen, die vom Benutzer aufgrund seiner fehlenden DV-Kenntnisse nicht nachvollziehbar wäre und deren Verständnis nicht zur besseren Bewältigung zukünftiger Benutzeraufgaben führen muß.

Vor dem Hintergrund der in den vorangegangenen Kapiteln bereits untersuchten Informationsversorgungsproblematik der Unternehmensführung und der organisatorischen Rahmenbedingungen eines Führungsinformationssystems auf der einen Seite sowie den Potentialen von Führungsinformationssystemen auf der anderen Seite sind im folgenden die einzelnen DV-Teilaufgaben, die von Führungsinformationssystemen übernommen werden können, aus der Sicht des Benutzers zu präzisieren. Leitgedanke sollte hierbei stets sein, daß es sich bei den Informationsversorgungsaufgaben, die durch ein Führungsinformationssystem bewältigt werden, vorrangig um solche handelt, die alternativ durch Assistenzkräfte zu bearbeiten sind.[87] Die harmonische Einbindung eines Führungsinformationssystems in die Arbeitswelt der Unternehmensführung setzt voraus, daß die Beziehungen zwischen Unternehmensführung und Assistenzkräften die Grundlage des Systemkonzeptes bilden.

Im Anschluß an die Darlegung der einzelnen Systemfunktionen lassen sich für die vom Benutzer aktivierbaren Funktionen darauf aufbauend adäquate Dialoge, Ein- und Ausgabeaktionen sowie Medien ableiten. Dabei ist das akkumulierte Wissen von Psychologen, Arbeitswissenschaftlern sowie erfahrenen Systementwicklern und Benutzern zu berücksichtigen, das seinen Niederschlag in entsprechenden Normen und Richtlinien gefunden hat. Da in der Regel jedoch nur Wissen, das als verallgemeinerbar gilt, mit zum Teil größeren zeitlichen Verzögerungen übernommen wird, können sie nur allgemeine Hinweise für die Realisierung konkreter DV-Systeme geben.[88]

5.3 Konzept- und Funktionsebene

Zur Erfüllung der zentralen Aufgabe eines Führungsinformationssystems - die Befriedigung regelmäßig wiederkehrender und vorausplanbarer Informationsnachfragen seitens der Unternehmensführung einerseits sowie die Aktivierung der Informationsnachfrage im Rahmen des Informationsbedarfs andererseits - bedarf es im wesentlichen der folgenden sechs Funktionskomplexe: Informationsabfrage und -angebot, Informationsanalyse und -diagnose, Prognose und Planung, Informationsarchiv und -übergabe, Informationsverwaltung sowie Anpassung des DV-Systems (vergleiche Abbildung 31).

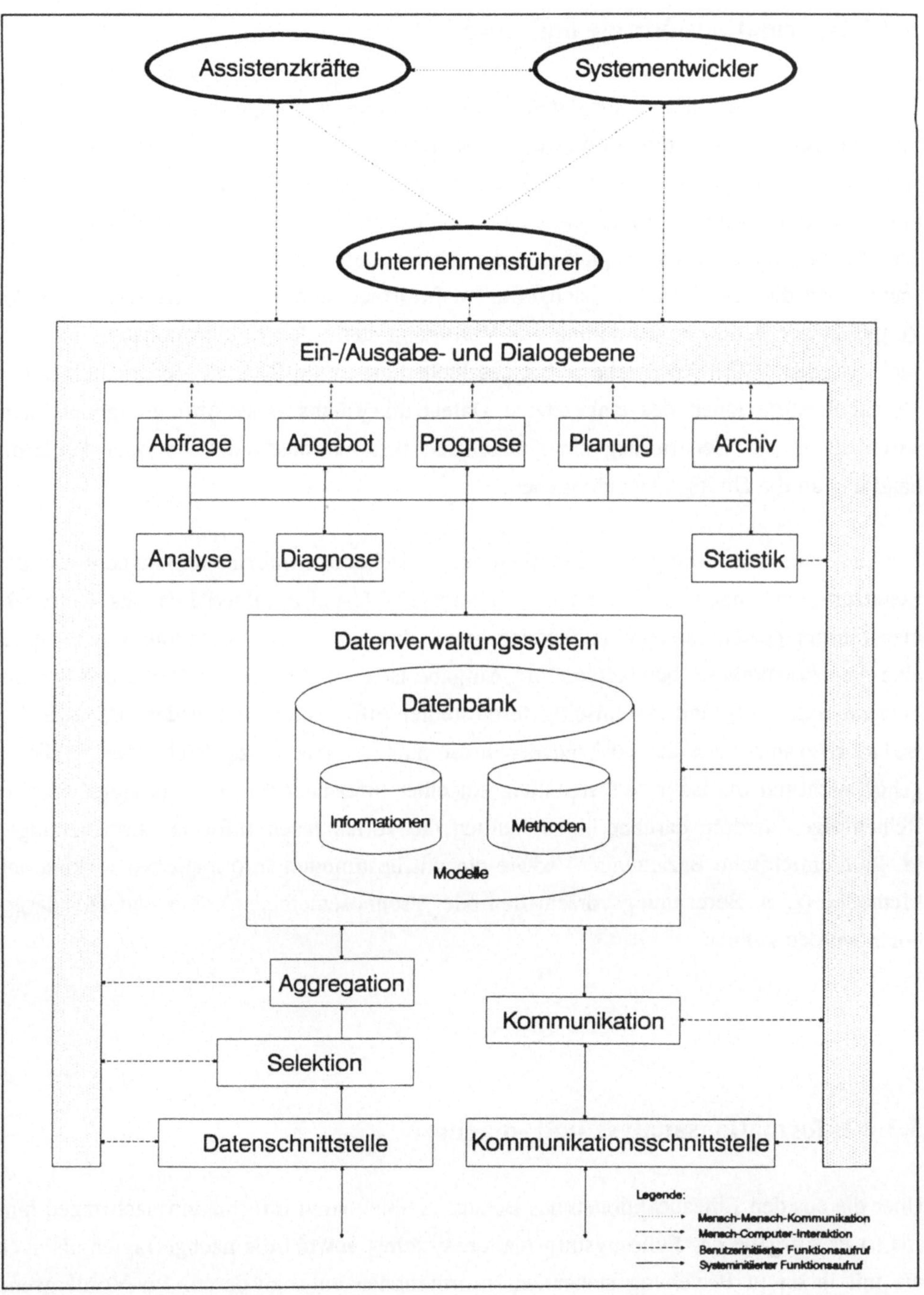

Abbildung 31: Funktionale Komponenten eines Führungsinformationssystems

5.3.1 Informationsabfrage und -angebot

Im Vordergrund der Betrachtung steht die Informationsnachfrage des Unternehmensführers, die von ihm über die zur Verfügung stehenden Eingabemedien an das Führungsinformationssystem gerichtet wird, direkt oder indirekt unter Zuhilfenahme von Assistenzkräften beziehungsweise Systementwicklern.[89] Die zentrale Funktion eines Führungsinformationssystems besteht folglich aus der Abfragekomponente. Sie hat dafür Sorge zu tragen, daß die vom Benutzer nachgefragten Informationen in der Datenbank - dem im Zeitpunkt der Benutzeranforderung zur Verfügung stehenden Informationsangebot - gesucht werden.[90] Die Recherche selbst geschieht unter Zuhilfenahme bestimmter Datenverwaltungsfunktionen des eingesetzten Datenbanksystems. Das Abfrageergebnis wird anschließend zur Generierung einer adäquaten Informationsdarstellung oder Fehlerbehandlung an die Dialogebene übergeben.

Um einerseits Unstimmigkeiten zwischen dem bestehenden Informationsangebot und den Benutzervorstellungen ausräumen und andererseits Nachfrageaktivitäten des Unternehmensführers gezielt anregen zu können, muß das Führungsinformationssystem ferner eine Angebotsfunktion beinhalten. Ihre Aufgabe ist es, entweder auf Verlangen des Benutzers[91] oder aufgrund systemseitig festgestellter Informationslücken dem Benutzer bei Bedarf relevante Teile des vorhandenen Informationsangebotes zu erschließen.[92] Hierzu gehört nicht nur die isolierte Darstellung einzelner Informationen, etwa in alphabetischer Reihenfolge, sondern darüber hinaus sollten die vorhandenen Informationsbeziehungen (z. B. hierarchische Beziehungen) sowie die mit bestimmten Informationen verknüpften Methoden (z. B. Berechnungsvorschriften oder Prognosemethoden) dem Benutzer dargeboten werden können.

5.3.2 Informationsanalyse und -diagnose

Über die aus den Eingabeaktionen des Benutzers ableitbaren Informationsnachfragen hinaus ist es Aufgabe des Führungsinformationssystems, sowohl die nachgefragten als auch die mit ihnen in Beziehung stehenden Informationen zu analysieren. Im Vordergrund steht dabei die Analyse von Abweichungen zwischen Soll- und Ist-Informationen. In Abhängigkeit von den vorab vom Benutzer festgelegten Kontroll- und Warnbereichen läßt sich systemseitig die Bedeutung erkennen, die der Benutzer bestimmten Abweichungshöhen im Zeitpunkt der Bereichsdefinition beigemessen hat.[93] Dies bietet zum einen die Grundlage für die betreffenden Komponenten der Dialogebene, die Abweichungen nachgefragter Informationen entsprechend ihrer Bedeutung auf dem Ausgabemedium angemessen hervorzuheben. Zum anderen könnten seitens des Führungsinformationssystems mehr oder weniger stark hervorgehobene Meldungen den Benutzer auf Abweichungen hinweisen, die zu diesem Zeitpunkt zwar nicht auf dem Ausgabemedium dargestellt werden, aber mit den dargestellten Informationen in Beziehung stehen. Sollten sich etwa starke Soll-Ist-Abweichungen bei Informationen niedrigerer Hierarchieebenen, die nicht unmittelbar nachgefragt wurden, auf höheren Hierarchieebenen ausgleichen, so kann der Benutzer seitens des Führungsinformationssystems auf diese bedeutenden Abweichungen aufmerksam gemacht werden.

Vor allem beim Auftreten unvorhergesehener Abweichungen zwischen Soll- und Istzustand ist es darüber hinaus Aufgabe der Diagnosefunktion, den Benutzer soweit möglich bei der Suche nach den Abweichungsursachen zu unterstützen. Das Führungsinformationssystem kann dabei jedoch nur Erklärungen generieren, die vorher vom Benutzer selbst entweder in Form von Rechen- oder Regelvorschriften[94] direkt oder indirekt im System abgelegt wurden. Entsprechend handelt es sich bei den Erklärungen seitens des Führungsinformationssystems um das Aufdecken rechentechnischer oder regelartiger Zusammenhänge.[95] Aus der Tatsache, daß der Unternehmensführer im Rahmen der zeitlich vorgelagerten Informationsbedarfsanalyse bereits alle möglichen Erklärungen des Führungsinformationssystems festgelegt haben muß, läßt sich jedoch nicht folgern, daß die systemseitig generierbaren Erklärungen im allgemeinen überflüssig sind. Aufgrund der Informationsfülle werden dem Benutzer in der Regel nicht zu jedem Zeitpunkt alle möglichen Erklärungszusammenhänge bewußt sein, so daß allein die Fähigkeit eines DV-Systems, Erklärungen nahezu unbegrenzte Zeit ohne Informationsverlust aufbewahren und bei Bedarf wieder auffinden zu können, durchaus eine sinnvolle Hilfe für den Unternehmensführer darstellt.

5.3.3 Prognose und Planung

Um betriebliche Früherkennung zu ermöglichen, muß ein Führungsinformationssystem über die Informationsanalyse- und -diagnosefunktion hinaus eine Prognosefunktion beinhalten. Da bestimmte Prognosemethoden einzelnen Informationen benutzerseitig zwar fest zugeordnet sein können, dies aber keine unabdingbare Voraussetzung für die Prognose sein sollte, ist es Aufgabe der Prognosefunktion neben der eigentlichen Durchführung von Prognosen, bei Bedarf auch Informationszusammenhänge zu analysieren, um dem Benutzer Vorschläge für adäquate Prognosemethoden und Parametereinstellungen (z. B. den Prognosehorizont) zu machen. Diese Teilfunktion kann darüber hinaus benutzt werden, um den Benutzer - sofern gewünscht - auf mögliche Fehlerquellen einzelner Prognosemethoden beziehungsweise Parameterkonstellationen hinzuweisen, die von ihm bestimmten Informationen zugeordnet wurden.[96]

Die Kontrolle des betrieblichen Geschehens als Hauptanwendungsgebiet eines Führungsinformationssystems ist, sofern Abweichungen des Ist-Zustandes vom Soll-Zustand aufgedeckt werden, Ausgangspunkt für weitere Informationsnachfragen, um die Abweichungsursachen zu ergründen. Die Ursachen können in fehlerhaften Einschätzungen der Zukunftslagen und in Fehlern des zugrundegelegten Planungsmodells liegen.

Sind die Zukunftslagen richtig vorhergesagt worden, muß das zugrundeliegende Planungsmodell mit Fehlern behaftet sein. In der Regel stellt dies einen Anlaß für den Unternehmensführer dar, Korrekturen am Planungsmodell in Erwägung zu ziehen. Sofern die betreffenden Informationszusammenhänge vorab im Führungsinformationssystem selbst definiert wurden, muß es dem Unternehmensführer möglich sein, die entsprechenden Modelländerungen sofort im Führungsinformationssystem durchzuführen, um sich die neu entstandene Situation im Anschluß daran in der gleichen Systemumgebung darstellen lassen zu können - eine Voraussetzung für die Vergleichbarkeit verschiedener Situationen.

Da jedes Unternehmensmodell[97] im allgemeinen ungewollt mit mehr oder weniger Fehlern behaftet ist, sind die vorzunehmenden Modelländerungen in der Regel nicht von vornherein klar und lassen sich auch nicht in einem geschlossenen Ansatz mathematisch exakt bestimmen. Einen Lösungsansatz bieten hier heuristische[98] Verfahren.[99] Sie bestehen aus "bestimmten Vorgehensregeln zur Lösungsfindung, die hinsichtlich des angestrebten Zieles und unter Berücksichtigung der Problemstruktur als sinnvoll, zweckmäßig und erfolgversprechend erscheinen, aber nicht immer die optimale Lösung hervorbringen."[100] Ausgangspunkt der Entwicklung eines heuristischen Verfahrens ist der kreative Gedanke, die spontane Eingebung. So werden etwa auf der Grundlage sogenannter "What if?"-[101] und "How to do to achieve?"-Fragestellungen[102] verschiedene Szenarien durchgespielt, bis ein zufriedenstellendes Ergebnis erreicht wird. Der Benutzer hat so die Möglichkeit, sich Schritt für Schritt eine Vorstellung von den zugrundeliegenden Informationszusammenhängen zu machen.[103]

5.3.4 Informationsarchiv und -übergabe

Neben diesen unmittelbar mit den Informationsnachfrageaktivitäten zusammenhängenden Funktionen muß ein Führungsinformationssystem darüber hinaus eine Funktion vorhalten, die es dem Unternehmensführer ermöglicht, einzelne Arbeitszustände und -abläufe herkömmlich auf Papier oder auf computerlesbaren Speichermedien zu dokumentieren. Sei es, um einzelne Arbeitszustände (z. B. Grafiken) für unternehmensinterne oder -externe Präsentationen zu verwenden, Arbeitszustände und gegebenfalls -abläufe für spätere Vergleiche aufzubewahren, sie als Grundlage für darauf aufbauende Aufgaben von Assistenzkräften (z. B. die eingehendere Untersuchung aufgedeckter Soll-Ist-Abweichungen) festzuhalten oder als Entscheidungsunterlage den übrigen am Entscheidungsprozeß zu beteiligenden Unternehmenführern zukommen zu lassen. Da es einerseits dem Unternehmensführer nicht zuzumuten ist, sich zu jedem Zeitpunkt zu überlegen, ob eine bestimmte Arbeitssituation zu dokumentieren ist, und andererseits zu dem betreffenden Zeitpunkt die zukünftige Relevanz dieser Situation ihm nicht bekannt sein kann, müssen die Arbeitszustände und -abläufe automatisch systemintern dokumentiert werden, um einzelne Teile vom Unternehmensführer bei Bedarf zusammenstellen zu lassen.[104]

Dies entspricht in vollem Umfang der gewohnten Arbeitsweise des Unternehmensführers ohne Einsatz eines DV-Systems, bei der alle nicht explizit vernichteten Unterlagen wieder zugreifbar sind. Die Möglichkeiten im Rahmen eines Führungsinformationssystems gehen jedoch darüber hinaus. Während die Rekonstruktion von Arbeitsabläufen bei der herkömmlichen Arbeitsweise recht zeitaufwendig und fehleranfällig ist,[105] lassen sie sich mit Hilfe des DV-Systems schnell und exakt wiederherstellen.

Während zu Präsentationszwecken Kopien einzelner Bildschirminhalte genügen, kommt es bei der Übergabe von Arbeitsunterlagen an Assistenzkräfte vor allem darauf an, daß die Informationen, die zu den betreffenden Bildschirmdarstellungen geführt haben, von den Assistenzkräften weiterbearbeitet werden können. Die einzelnen Darstellungen lassen sich mit Hilfe der entsprechenden Komponenten der Dialogebene jederzeit wiederholen, die ursächlichen Informationsnachfragen und das daraufhin zur Verfügung gestellte Informationsangebot blieben ansonsten jedoch einer weiteren Bearbeitung verschlossen.

Neben der eigentlichen Dokumentation der betreffenden Arbeitssituation benötigen die Assistenzkräfte jedoch noch detailliertere Arbeitsanweisungen, um ihre Aufgaben zu erfüllen, insbesondere die konkrete Problemstellung, den geplanten zeitlichen Aufwand, die zur Aufgabenbewältigung einzusetzenden Personen und Arbeitsmittel sowie die Terminrestriktionen (z. B. den Termin der Berichterstattung), die mit dieser Aufgabe verbunden sind. Die Einsatzfähigkeit des Führungsinformationssystems hängt hierbei entscheidend davon ab, wie schnell und einfach die Dokumentationen um die fehlenden Arbeitsanweisungen zu ergänzen sind.

Sofern sowohl die Dokumentationen von Arbeitszuständen und -abläufen als auch die Arbeitsanweisungen auf computerlesbaren Medien zur Verfügung stehen und der Computer des Unternehmensführers mit den Computern der betreffenden Assistenzkräfte vernetzt ist, kann die Arbeitsübergabe auch über die sogenannte Kommunikationsschnittstelle auf elektronischem Wege erfolgen.[106] Mit Hilfe der Kommunikationsfunktion soll es dem Unternehmensführer möglich sein, die Empfänger zusammenzustellen und die Dringlichkeit der zu übermittelnden Arbeitsaufgaben festzulegen. So ist es auf der Seite des Empfängers möglich, systemseitig die Dringlichkeit der ankommenden unterschiedlichen Meldungen zu erkennen und den Benutzer gegebenenfalls mit entsprechendem Nachdruck darauf hinzuweisen.

5.3.5 Informationsverwaltung

Die Grundlage jeder Informationsnachfrage und damit verbundener Funktionen ist das im Zeitpunkt der Nachfrage seitens des Führungsinformationssystems zur Verfügung stehende Informationsangebot. Eine wesentliche Funktion besteht folglich in der Verwaltung des Informationsangebotes. Sofern die Übernahme von Informationen aus der Informationsbasis nicht manuell erfolgt, bedarf es einer Selektionsfunktion, deren Aufgabe es ist, die jeweils gewünschten Informationen hinsichtlich Art, Menge und Qualität aus der Informationsbasis zu selektieren und über die Datenschnittstelle automatisch in das Datenverwaltungssystem zu übernehmen. Um Inkonsistenzen im Informationsangebot des Führungsdatenbanksystems zu vermeiden, sollte der Anstoß der Selektionsfunktion vom Führungsinformationssystem aus geschehen.[107] Nur so kann gewährleistet werden, daß die übernommenen Informationen auch systemseitig korrekt weiterverarbeitet werden.

Die Datenschnittstelle dient jedoch nicht nur der automatisierten Übernahme von Informationen aus anderen DV-Systemen. Da die Unternehmensführungsaufgaben sich nicht auf die Informationsnachfrage beschränken, muß es darüber hinaus auf einfache Art und Weise möglich sein, Informationen aus dem Führungsinformationssystem in andere DV-Systeme zur spezifischen Weiterbearbeitung zu übernehmen, beispielsweise in ein zusätzlich vorhandenes computergestütztes Planungssystem[108] zur Gesamtunternehmensplanung.

Falls erforderlich, sind die selektierten beziehungsweise manuell eingegebenen Informationen zu weiteren Informationen zu aggregieren. Die Basisinformationen können dabei als zusätzliche Informationen erhalten bleiben oder im Verdichtungsprozeß untergehen. Sowohl die Datenschnittstelle als auch die Selektions- und Aggregationsfunktion bezüglich der zugrundegelegten Selektions- und Aggregationskriterien müssen bei Bedarf vom Benutzer einstellbar und jederzeit veränderbar sein.

Da in der Datenbank eines Führungsinformationssystems nicht nur die eigentlichen Informationen enthalten sind, sondern darüber hinaus auch Methoden und Modelle benötigt werden, muß systemseitig ferner gewährleistet sein, daß auch die Methoden und Modelle von den verschiedenen Benutzern jederzeit eingebbar, änderbar und löschbar sind.

Aufgrund der zum Teil hohen Anzahl unterschiedlicher Benutzer eines Führungsinformationssystems muß das Datenverwaltungssystem darüber hinaus gewährleisten, daß die Benutzer nur in dem Umfang der ihnen ausdrücklich vom betreffenden Unternehmensführer eingeräumten Rechte auf Datenbankinhalte zugreifen beziehungsweise Manipulationen vornehmen können. Die vor allem zum Zwecke der Arbeitsübergabe notwendige automatische Dokumentation von Arbeitszuständen und -abläufen im Zusammenhang mit dem Führungsinformationssystem ermöglicht es darüber hinaus, die von den einzelnen Benutzern durchgeführten Arbeiten nachträglich zu verfolgen, vorausgesetzt, der betreffende Benutzer hat sich beim Aufruf dem System gegenüber korrekt identifiziert.

Sowohl die Verfügbarkeit von Führungsinformationen auf Computern als auch die Dokumentation von Arbeitszuständen und -abläufen stellt, für sich genommen, im Vergleich zur herkömmlichen Arbeitsweise mit Stift und Papier sowie Kommunikation via Telefon oder gar Elektronischer Post, noch keine wesentliche Verschlechterung der Datensicherheit dar. Führungsinformationssysteme lassen sich ähnlich räumlich und elektronisch sichern wie die herkömmlichen Medien.[109]

5.3.6 Systemanpassung

Vor allem, um den Systementwickler bei der ständigen Anpassung des Führungsinformationssystems an die sich im Zeitablauf ändernden Rahmenbedingungen zu unterstützen, sollte das Führungsinformationssystem ferner eine sogenannte Statistikfunktion beinhalten. Ihre Aufgabe besteht darin, die Interaktionen des Benutzers zu protokollieren und im Hinblick auf Anhaltspunkte für Schwachstellen in der Benutzerschnittstelle oder in dem Datenverwaltungssystem zu analysieren.

Daneben sollte die Funktion auch Assistenzkräften oder Unternehmensführern im täglichen Umgang mit dem System Hinweise zur Vereinfachung von wiederkehrenden umständlichen Interaktionsfolgen oder Veränderungsmöglichkeiten der Benutzerschnittstelle geben. Falls der Unternehmensführer zum Beispiel wiederholt mehrere Aktionen ausführt, um ein bestimmtes Ziel zu erreichen, etwa eine bestimmte Informationsnachfrage an das DV-System abzusetzen, das auch mit einer einzelnen Interaktion erreicht werden könnte, kann das Führungsinformationssystem nach einer bestimmten Anzahl von Interaktionsfolgen im laufenden Betrieb einen entsprechenden Hinweis geben.[110] Um sicherzustellen, daß die Benutzer nicht ungewollt durch entsprechende Hinweise in ihrer Arbeit gestört werden, müssen Art, Umfang und Zeitpunkt der Meldungen benutzerseitig jederzeit leicht einstellbar und variierbar sein.

5.4 Dialogebene

Im Gegensatz zur Ableitung von Arbeitsaufgaben, die sich durch relativ kontextfreie, elementaristische, starre und selbstbezogene Automatismen schneller und besser als durch menschliche Routinen erledigen lassen und somit gut auf maschinelle Aufgabenträger übertragbar sind,[111] findet sich für den Bereich der Dialoggestaltung sowohl in der Literatur als auch auf allgemeinen und fachspezifischen Kongressen bereits eine umfangreiche Diskussion möglicher Gestaltungsziele.[112]

5.4.1 Gestaltungsziele

Ausgehend von den oben diskutierten Zielen anthropozentrischer Gestaltung computergestützter Arbeitstätigkeiten,[113] lassen sich im wesentlichen sieben Kriterien zur benutzer- und aufgabenorientierten Gestaltung der Dialogebene ableiten.[114] Sie sind zwar zum Teil voneinander abhängig,[115] müssen aber nicht in unmittelbarem Konflikt zueinander stehen.[116] Der Dialog[117] sollte hiernach folgenden Kriterien gerecht werden:[118] Transparenz, Konsistenz, Toleranz, Kompatibilität, Unterstützung, Flexibilität und Individualisierbarkeit sowie Partizipation.[119]

(1) **Transparenz**[120]

Das System sollte für den Benutzer jederzeit durchschaubar sein, und zwar sowohl bezüglich der Systemleistungen (statische Transparenz) als auch bezüglich des Dialogablaufs (dynamische Transparenz). Die Durchschaubarkeit des Systems ist Voraussetzung für die Bildung eines adäquaten Dialogmodells seitens des Benutzers. Erreicht wird dies insbesondere durch:[121]

(a) einen klar strukturierten Dialogaufbau und -ablauf,

(b) ein klar dokumentiertes Funktionsangebot,

(c) präzise Systemzustandserklärungen,

(d) eindeutige Rück- und Fehlermeldungen sowie

(e) eine geeignete Unterstützung des Benutzers.

So sollte der Benutzer zum Beispiel jederzeit erkennen können, ob ein eingegebener Befehl vom System gerade bearbeitet wird oder ob es auf weitere Eingaben des Benutzers wartet. Bei längeren Bearbeitungsvorgängen sollte das System dem Benutzer entsprechende Zwischenzustandsmeldungen geben.[122]

(2) **Konsistenz**[123]
Das Dialogverhalten des DV-Systems sollte zum einen den ursprünglichen Erwartungen des Benutzers entsprechen, die insbesondere durch seine Erfahrungen mit den betreffenden oder anderen Arbeitsabläufen - mit oder ohne Computer - geprägt sind und zum anderen im Verlauf des Dialogs einheitlich und in sich schlüssig sein. Das heißt, das Systemverhalten sollte für den Benutzer zu jedem Zeitpunkt vorhersehbar und berechenbar sein, damit er sich möglichst leicht und schnell ein adäquates Dialogmodell ableiten kann. Voraussetzung hierfür ist insbesondere eine adäquate Berücksichtigung

(a) der Vorerfahrung des Benutzers und des Anwendungsbereiches sowie
(b) der Erkenntnisse über die Grundprinzipien des menschlichen Kommunikations- und Problemlösungsverhaltens.

Das Anwortverhalten und die Antwortzeiten des Systems sollten beispielsweise vom Benutzer stets kalkulierbar sein. Das heißt, ähnliche Benutzeraktionen sollten nicht nur vergleichbare Ausführungen bewirken, sondern auch in gleicher Zeit vom System beantwortet werden.[124] "Wichtiger als kurze Antworten sind regelmäßige und damit kalkulierbare Intervalle."[125]

(3) **Toleranz**[126]
Das System sollte gegenüber Eingriffen des Benutzers in den Dialogablauf sowie Eingabefehlern tolerant sein. Spätestens nach einer gewissen Gewöhnungsphase ist das Dialogverhalten des Benutzers zunehmend durch Spontaneität geprägt, was in der Regel zum einen mit experimentellem Vorgehen bei der Aufgabenbewältigung und zum anderen mit sehr häufigen Tippfehlern sowie syntaktisch oder semantisch falschen Eingaben verbunden ist.[127]

So sollte der Benutzer beispielsweise jederzeit einen Bearbeitungsvorgang des Systems unterbrechen, seine Eingaben nachträglich ändern und den Bearbeitungsvorgang in veränderter Form wieder aufnehmen beziehungsweise fortsetzen können, sei es, weil er Eingabefehler entdeckt oder sich seine Zielsetzung geändert hat.[128] Sofern syntaktische oder semantische Eingabefehler vom System erkennbar sind, sollten sie auch klar diagnostiziert werden und dürfen - vor allem bei syntaktisch korrekten, aber semantisch falschen Eingaben - nicht ohne ausdrückliche Bestätigung durch den Benutzer vorgenommen werden.[129]

Ausgeführte Verarbeitungsschritte sollten ihrerseits bei Bedarf vom Benutzer rückgängig gemacht werden können.[130] Gerade bei der Arbeit mit interaktiven DV-Systemen ist der Benutzer in der Regel versucht, die betreffende Teilaufgabe vor Übergabe an das System nicht vollständig zu durchdenken, sondern erst im Verlauf der Problemlösung über das weitere Vorgehen zu entscheiden. Dadurch entstehen leicht sackgassenähnliche Situationen, aus denen der Benutzer sonst nicht oder nur mit zum Teil erheblichem Aufwand (z. B. Abbruch und Wiederholung größerer Teile des Dialogablaufs) herausfindet.[131]

(4) **Kompatibilität**

Das DV-System ist so zu konzipieren, daß es die kognitiven Fähigkeiten[132] des Benutzers berücksichtigt.[133] Neben der Erleichterung der Erlernbarkeit des Systemverhaltens durch Berücksichtigung der Lern- und Denkfähigkeiten des Benutzers wird in diesem Zusammenhang besonders auf die Restriktionen des menschlichen Gedächtnisses hingewiesen.[134] In Bezug auf die Dauer der Aufbewahrung von Informationen und ihre Abrufbarkeit läßt sich das menschliche Gedächtnis unterteilen in:[135]

(a) Den **sensorischen Informationsspeicher**, in dem die sensorischen Informationen nur solange aufrecht erhalten werden, wie sie für das Wahrnehmen, Erinnern, Urteilen usw. benötigt werden,[136]

(b) das **Kurzzeitgedächtnis**, in dem eine begrenzte, relativ geringe Menge Information[137] kurzzeitig, etwa 30 Sekunden lang, gespeichert wird und schnell abrufbar ist; danach zerfällt diese Gedächnisspur wieder, sofern die Zeitspanne nicht durch aktives Repetieren des Materials erweitert wurde, und

(c) das **Langzeitgedächtnis**, in dem die Bedeutung aller vom Kurzeitgedächtnis jemals übertragenen Informationen[138] über einen nahezu unbegrenzten Zeitraum erhalten bleiben, allerdings aufgrund der Informationsfülle[139] zum Teil nur äußerst schwer abrufbar sind. Zu unterscheiden ist in diesem Zusammenhang zwischen der **freien Wiedergabe** und dem **Wiedererkennen** von Information, wobei die freie Wiedergabe ungleich schwieriger ist.[140]

Die geringste zusätzliche Beanspruchung der kognitiven Fähigkeiten des Benutzers durch den Einsatz eines DV-Systems entsteht zum einen durch die harmonische Einbindung des Systems in die bestehende Arbeitsumgebung und zum anderen durch eine angemessene Gestaltung des DV-Systems. So sollten etwa die gewählte Darstellung und die Sprache an den Gepflogenheiten und Kenntnissen des spezifischen Benutzerkreises orientiert sein[141] sowie die Komplexität der Dialogumgebung möglichst gering gehalten werden.[142]

Darstellungskompatibilität läßt sich zum Beipiel erreichen, wenn bei der Wahl von Darstellungsformen für Einzelinformationen oder Informationsgesamtheiten, sofern möglich, auf Übereinstimmung mit entsprechenden gedruckten Vorlagen oder Unterlagen geachtet wird und eher mit Fachbegriffen als mit DV-spezifischen Begriffen[143] gearbeitet werden kann.[144]

(5) **Unterstützung**
Zur Unterstützung der Arbeit des Benutzers mit dem Datenberarbeitungssystem sollten ihm bei Bedarf Informationen über Dialoginhalte, -strukturen oder -abläufe in angemessener Art, Qualität und Menge vom System zur Verfügung gestellt werden.[145] Dies läßt sich insbesondere durch das Zurverfügungstellen von Planungs- und Ausführungshilfen für den Dialog und Informationen zur Vertiefung oder Fortsetzung des aktuellen Problemlösungsprozesses erreichen.[146]

Grundsatz der Unterstützung sollte sein, "daß der Benutzer soviel an Information und Hilfestellung bekommen kann, wie er wünscht - und nicht etwa genau so viel bekommt, wie er nach dem Urteil von Experten zu benötigen scheint."[147] Dazu gehört auch, daß das System auf die Wiederholung einer Benutzeranfrage im gleichen Kontext nicht lediglich mit einer Wiederholung der Antwort beziehungsweise Erklärung reagiert. Die Wiederholung der Frage zeigt, daß die vom System gebotene Unterstützung den Benutzer nicht befriedigt hat.[148]

(6) **Flexibilität** und **Individualisierbarkeit**[149]
Im Sinne des Konzeptes der differentiellen und dynamischen Arbeitsgestaltung[150] muß der Dialog jederzeit an die individuellen Benutzerbedürfnisse anpaßbar sein. So sollte das DV-System dem Benutzer beispielsweise möglichst große Freiheitsgrade bei der Gestaltung des Dialogablaufs bieten.[151] Nur so lassen sich persönliche Präferenzen bei der Aufgabenbewältigung bezüglich bestimmter Arbeitsreihenfolgen adäquat berücksichtigen, eine wichtige Voraussetzung zur Beanspruchungsoptimierung, Streßprävention und Persönlichkeitsförderlichkeit.[152]

Laboruntersuchungen belegen zum Beispiel, daß selbst Versuchspartner mit annähernd gleichem Kenntnis- und Erfahrungsstand sowie gleicher Aufgabenstellung zu Beginn des Versuchs mit zunehmender Erfahrung im Umgang mit einem DV-System, deutlich voneinander abweichende Präferenzen bezüglich des Dialogs entwickeln.[153] So kommen neben anderen etwa Paetau/Pieper zu dem Schluß, daß es keinen Grund gibt, "nach einer im System zu verankernden, scheinbar objektiven *optimalen* Dialoggestaltung zu suchen."[154] Vielmehr läßt sich die Effizienz computerunterstützter Arbeitsabläufe vor allem durch die Entwicklung adaptierbarer, das heißt durch den einzelnen Benutzer selbst anpaßbarer und erweiterbarer Dialoge erhöhen.[155]

(7) **Partizipation**[156]
Voraussetzung für die Entwicklung eines benutzer- und aufgabenorientierten Dialogs ist ferner die Einbeziehung der zukünftigen Benutzer in den Entwicklungsprozeß[157] vor allem in die frühen Entwicklungsphasen, in denen das Konzept entwickelt wird und weniger in den Phasen, in denen der Anteil der programmtechnischen Realisierung überwiegt. Empirische Untersuchungen belegen, daß Benutzer, die die Möglichkeit der Partizipation bei der Entwicklung und Einführung eines neuen Arbeitssystems hatten,[158] dieses später auch eindeutig positiver beurteilen.[159]

Bevor auf der Grundlage dieser Gestaltungsziele im folgenden das Dialogmodell des Unternehmensführers aus den Aufgaben konkret abgeleitet werden kann, sind zunächst die unterschiedlichen Gestaltungsmöglichkeiten in Bezug auf die Dialogebene zu skizzieren. In diesem Zusammenhang ist insbesondere zu untersuchen, wie Systemfunktionen vom Benutzer grundsätzlich aktivierbar sein können, das heißt, welche Dialogformen[160] denkbar sind. Die konkrete Übergabe von Zeichen mittels Benutzeraktionen an den Eingabemedien und die systemseitige Erkennung von Eingabeaktionen auf der einen Seite sowie die Ausgabe von Systemmeldungen und die benutzerseitige Wahrnehmung der Zeichen über die Ausgabemedien auf der anderen Seite sind Gegenstand der sich hieran anschließenden Auseinandersetzung mit den Gestaltungsaspekten der Ein- und Ausgabeebene.

5.4.2 Dialogformen

Auf der Grundlage des vorgestellten Ebenenmodells der Mensch-Computer-Interaktion[161] wird mit dem Begriff Dialogform allgemein die Art und Weise der Interaktion zwischen Mensch und Computer bezeichnet. Sie ist bestimmt durch die Eigenschaften der Produktion und Aufnahme von Informationen, die zwischen Mensch und Computer ausgetauscht werden.[162]

Aufgrund der Komplexität der Mensch-Computer-Interaktion und der unterschiedlichen Erkenntnisinteressen der betroffenen Wissenschaftsdisziplinen existiert in der Literatur eine Vielzahl von Systematisierungskriterien und entsprechenden Klassifikationsansätzen für Dialogformen.[163] Im Rahmen dieser Arbeit wird im wesentlichen der praxisorientierten Einteilung von Shneiderman gefolgt, der als einer der ersten die wesentlichen Gemeinsamkeiten und Unterschiede der existierenden Dialogformen beschrieben hat. Hiernach sind Command Languages[164], Menu Selection Systems und Direct Manipulation zu unterscheiden.[165]

5.4.2.1 Interaktionssprachen

Da Computer heute ausschließlich symbolisch manipuliert werden und die Sprache allgemein das wesentlichste Medium symbolischer Manipulation unter Menschen ist, läßt sich im Prinzip auch jede Art der Interaktion mit Computern als Sprache auffassen, die durch eine bestimmte Syntax, Semantik sowie kommunikative Eigenschaften beschrieben ist. Das Spezifische der Sprachen im Gegensatz zu anderen Arten symbolischen Handelns, wie beispielsweise das Zeigen auf ein Objekt, ist ein vorgegebenes, begrenztes Vokabular, eine verbindliche Syntax sowie größtenteils vorgegebene Bedeutungen[166]. Sofern der Benutzende selbst Ausdrücke formulieren und komplexere Ausdrücke aus einfacheren bilden kann, statt sie aus Vorgegebenem auszuwählen, handelt es sich um eine Interaktionssprache (im engeren Sinne)[167]. Bei den übrigen Dialogformen finden die Interaktionen grundsätzlich in einem vorgegebenen Rahmen statt und sind so in ihrer Flexibilität von vornherein stärker eingeschränkt.[168]

Die effiziente Aktivierung der gewünschten Systemfunktionen mit Hilfe einer Interaktionssprache ist grundsätzlich nur möglich, wenn der Benutzer das dafür benötigte Vokabular einschließlich der betreffenden Syntax und Semantik beherrscht. Das Spektrum möglicher Ausprägungen von Interaktionssprachen reicht von Kommandosprachen über Abfragesprachen bis hin zu Programmiersprachen, die sich im Hinblick auf die Verteilung der Bedeutungen auf Syntax und Vokabular sowie den Grad der Anpassung von Syntax und Vokabular an die Benutzergewohnheiten und -interessen voneinander unterscheiden.[169]

Bei Kommandosprachen sind die Bedeutungen vor allem im Vokabular festgelegt. Die Mächtigkeit der Sprache hängt wesentlich von dem Umfang der verfügbaren Kommandos ab. Zur näheren Bestimmung des Geltungsbereiches eines Kommandos sind in der Regel Zusatzinformationen in Form von Parametern vorgesehen. Aufgrund der festgelegten Syntax lassen sich Kommandos und einzelne Parameterarten voneinander unterscheiden. Die Bedeutung eines Wortes ergibt sich letztlich aus dem Wort selbst und aus seiner relativen Position gegenüber den anderen Wörtern innerhalb des betreffenden Ausdrucks.[170]

Hieraus wird ersichtlich, daß bei komplizierteren Anwendungen die vom Benutzer zu beherrschenden Vokabularien recht umfangreich werden können. Um die Lernbarkeit der Sprache zu erhöhen, werden deshalb möglichst sprechende und kurze Namen für Kommandos und Parameter gewählt.[171] Die Reduktion der Anzahl von Kommandos durch das Zusammenfassen mehrerer einfacher Kommandos zu einem komplexeren Kommando läßt sich in der Regel nur über eine höhere Anzahl von Parametern realisieren, so daß sich der Benutzer die Syntax der zusätzlichen Parameter merken muß. Sofern nicht nur die Parameternamen, sondern auch ihre jeweiligen Positionen von Kommando zu Kommando variieren, ist die Sprache für den Benutzer in der Regel schwerer zu handhaben als in der Ausgangssituation. Andererseits sollten möglichst wenig Wörter für das System reserviert sein, um den Benutzer sowenig wie möglich in seiner Wortwahl einzuschränken. So geht es bei der Entwicklung von Kommandosprachen stets darum, ein sinnvolles Gleichgewicht zwischen der Größe des Vokabulars auf der einen und der syntaktischen Komplexität auf der anderen Seite zu finden.[172]

Sofern die Kommandosprache dazu eingesetzt werden soll, die Benutzenden bei Arbeiten zu unterstützen, die sie vorher bereits ohne Computerunterstützung erledigt haben, ist es im allgemeinen sinnvoll, das Vokabular aus der alten Umgebung - soweit möglich - zu übernehmen. Bei neuen Aufgaben ist es jedoch zumeist nicht angeraten, lange nach Analogien für DV-System-spezifische Konzepte zu suchen, wie etwa die Tatsache, daß man sich beim System an- und abmelden muß. Es ist im allgemeinen selbstverständlich, daß neue Aufgaben auch mit neuen Begriffen verbunden sind, die erst erlernt werden müssen.[173]

Unabhängig von dem Bekannheitsgrad einzelner Begriffe für den Benutzer, muß er sich in jedem Fall mit der speziellen Bedeutung dieser Begriffe im Rahmen der konkreten Anwendung vertraut machen. Die Begriffe sind möglichst so zu wählen, daß es dem Benutzer erleichtert wird, sich ein adäquates Systemmodell zu bilden. Nur eine korrekte Vorstellung seitens des Benutzers über die relevanten Vorgänge im Computer ermöglicht ihm die Wahl des geeigneten Kommandos und läßt ihm die Rückmeldungen des Systems plausibel erscheinen. Falsche Vorstellungen führen beim Benutzer zu Mißverständnissen, Verwirrungen und Frustrationen.[174]

Um die Handhabbarkeit der Sprache durch den Benutzer in jedem Fall zu gewährleisten, sind Kommandosprachen in der Regel auf eine bestimmte Anzahl von parametrisierten Kommandos für ein begrenztes Anwendungsgebiet beschränkt, wie zum Beispiel das Formatieren von Texten oder die Kommunikation mit Betriebssystemen.[175]

Zum Abruf von Informationen aus einem Datenbanksystem haben sich spezielle Interaktionssprachen, die sogenannten Abfragesprachen, herausgebildet. Zu unterscheiden ist in diesem Zusammenhang zwischen deskriptiven und prozeduralen Abfragesprachen. Der Benutzer einer deskriptiven Abfragesprache muß lediglich die gesuchten Informationen und deren logische Organisation im Datenbanksystem beschreiben. Bei prozeduralen Abfragesprachen ist er hingegen darüber hinaus gezwungen, die notwendigen Prozesse zum Auffinden der Informationen im Datenbanksystem zu beschreiben,[176] das heißt, er muß neben der logischen die physische Organisation der Informationen im Datenbanksystem kennen.[177]

Auch die Verwendung deskriptiver Abfragesprachen, wie zum Beispiel Structured Query Language (SQL)[178], ist jedoch für den Benutzer mit Problemen behaftet. Die logische Organisation der Informationen im Datenbanksystem bildet den Rahmen, in dem sich der Benutzer bewegen kann, das heißt, die Formulierung der Abfrage ist nur innerhalb der Restriktionen des zugrundeliegenden Konzeptes möglich (vergleiche Abbildung 32). Der Benutzer muß nicht nur die Bedeutungen der verfügbaren Kommandos und ihre möglichen Parameterkonstellationen kennen, deren Umfang in heutigen Abfragesprachen recht gering ist. Er muß darüber hinaus auch das zugrundeliegende logische Konzept beherrschen, bei SQL etwa die Zusammenfassung bestimmter Informationen als Relationen, die in Tabellenstrukturen zur Verfügung stehen. Die Anlehnung an Wörter aus der natürlichen Sprache bei der Bezeichnung von Kommandos führt zwar zu einer leichteren Erlernbarkeit der Sprache, die Bedeutungen stimmen aufgrund des unterschiedlichen konzeptionellen Rahmens jedoch in der Regel nicht mehr mit ihren ursprünglichen Bedeutungen überein.[179]

Trotz einer zum Teil recht heftig geführten Grundsatzdiskussion über das Für und Wider des Einsatzes der natürlichen Sprache als Interaktionssprache[180] wird vor dem Hintergrund dieses Problemfeldes seit einigen Jahren versucht, die natürliche Sprache selbst als Abfragesprache verfügbar zu machen. Heute liegen erste Untersuchungsergebnisse vor,[181] die zeigen, daß die natürliche Sprache als Abfragesprache durchaus mit Vorteilen verbunden ist, jedoch vor hochgespannten Erwartungen, wie etwa der Hoffnung, daß durch die Verwendung der natürlichen Sprache kein Lernaufwand mehr entstehen würde, zu warnen ist.[182] In absehbarer Zeit wird bei der Verwendung der natürlichen Sprache als Interaktionssprache aufgrund der zur Verfügung stehenden Informationstechnologie noch mit gravierenden syntaktischen und semantischen Restriktionen zu rechnen sein.[183]

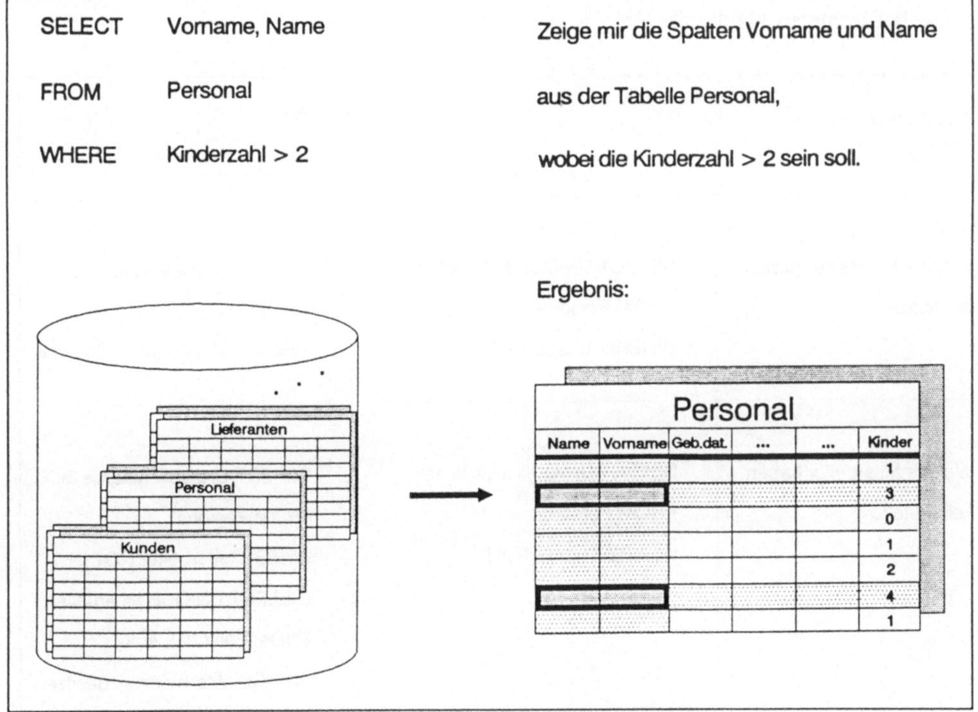

Abbildung 32: Beispiel einer SQL-Abfrage[184]

So kommt etwa Zoeppritz[185] zu dem Ergebnis, daß mit der natürlichen Sprache eine sehr komplexe Abfragesprache zur Verfügung steht, so daß Abfragen, im Vergleich zu formalen Sprachen, eher kürzer sind (vergleiche Abbildung 33). Die Restriktionen der natürlichen Sprache als Abfragesprache werden vom Benutzer durchaus akzeptiert, syntaktische Restriktionen sind jedoch vom Benutzer schwerer erlernbar und sollten nach Möglichkeit vermieden werden. Bei der Eingabe natürlicher Sprache via Tastatur konnte nicht beobachtet werden, daß die Eingaben, wie zum Teil vermutet, häufig ungrammatisch sind. Benutzer setzen jedoch beim Umgang mit DV-Systemen eine andere Pragmatik voraus, so daß vor allzu direkter Übertragung von Ergebnissen aus dem menschlichen Kommunikationsverhalten gewarnt werden muß. Andererseits sind Benutzer durchaus in der Lage, ihrem Informationswunsch entsprechende Abfragen zu formulieren. Sie sind sich in der Regel ihres Sprachgebrauchs sicher, aber bereit, den Restriktionen des Systems entgegenzukommen.[186] "So scheinen selbst bei einem System mit beschränkten Fähigkeiten mit seinem in der Erprobungsphase oft instabilen Verhalten und den oft wenig benutzerfreundlichen Fehlermeldungen die erhofften Vorteile sich eher zu bestätigen als die befürchteten Nachteile."[187]

natürlichsprachliche Abfrage	SQL-Abfrage	
	eine Tabelle	zwei Tabellen
Welche Mitarbeiter haben ein Auto?	SELECT UNIQUE Mitarbeiter FROM Personal WHERE Auto IS NOT NULL	SELECT UNIQUE Mitarbeiter FROM Personal, Auto WHERE Mitarbeiter = Besitzer
Welche Mitarbeiter haben kein Auto?	SELECT UNIQUE Mitarbeiter FROM Personal WHERE Auto IS NULL	SELECT UNIQUE Mitarbeiter FROM Personal WHERE Mitarbeiter NOT IN (SELECT UNIQUE Mitarbeiter FROM Personal, Auto WHERE Mitarbeiter = Besitzer)

Abbildung 33: Beispielhafter Vergleich natürlichsprachlicher Informationsabfragen mit SQL-Abfragen[188]

Die Grundlage aller Kommando- und Abfragesprachen bilden die sogenannten Programmiersprachen. "In ihnen wird ein gewünschtes Ergebnis als Folge derjenigen Aktionen, Bedingungen, Verzweigungen usw. beschrieben, die zum Erreichen des Resultats nötig sind."[189] Während niedrigere Programmiersprachen sich an den notwendigen Abfolgen von Maschinenzuständen orientieren, werden in höheren Programmiersprachen einzelne Maschineninstruktionen zu Oberbegriffen zusammengefaßt, die sich mehr an den vom Benutzer gewünschten Aktionen orientieren. Vor der eigentlichen Ausführung sind die Befehle höherer Programmiersprachen in die jeweilige Maschinensprache zu übersetzen. Im Gegensatz zu Kommando- und Abfragesprachen, bei denen im allgemeinen nicht über das einzelne Kommando beziehungsweise die konkrete Frage hinaus geplant werden muß, sind Benutzer von Programmiersprachen in der Regel gezwungen, alle möglichen Systemzustände und die jeweils gewünschten Reaktionen des Programms detailliert vorauszuplanen.[190]

5.4.2.2 Menüauswahltechniken

Im Gegensatz zu Interaktionssprachen, in denen der Benutzende selbst Ausdrücke formulieren und komplexere Ausdrücke aus einfacheren bilden kann, hat der Benutzer von Menüauswahltechniken lediglich die Möglichkeit, die in einer vom DV-System erstellten und für den Benutzer sichtbaren Liste (Menü) angebotenen Objekte oder Kommandos, sogenannte Items, unter Einhaltung bestimmter Regeln[191] auszuwählen[192] (vergleiche Abbildung 34).[193]

Dies stellt zum einen eine weitere Einengung der Interaktionsmöglichkeiten des Benutzers dar. Während er sich bei der Verwendung von Interaktionssprachen jedoch Informationen über Kommandonamen und -syntax merken und bei Bedarf aus dem Gedächtnis abrufen, das heißt frei wiedergeben, muß, braucht er sie bei Verwendung der Menüauswahltechnik anhand der gewählten Bezeichnungen in den betreffenden Listen nur wiederzuerkennen und auszuwählen, was in der Regel einfacher ist.[194] So sind Menüauswahltechniken im Vergleich zu Interaktionssprachen aus der Sicht des Benutzers zum anderen im allgemeinen mit einem geringeren Lernaufwand, geringerer Gedächtnisbelastung und weniger Eingabeaktionen[195] verbunden. Entsprechend eignen sich Menüauswahltechniken besonders für ungeübte und gelegentliche Benutzer, für die die Einschränkung der Flexibilität ohne Belang ist.

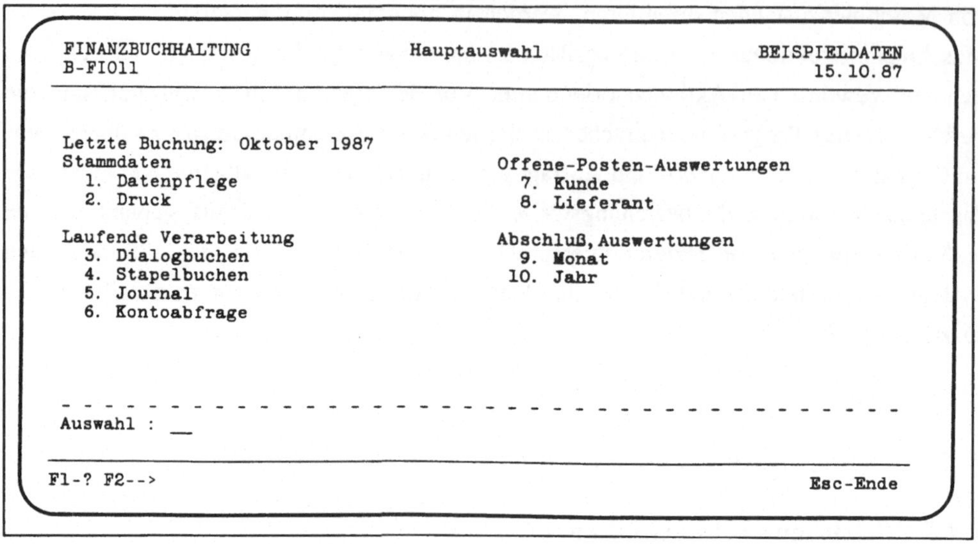

```
FINANZBUCHHALTUNG                 Hauptauswahl                  BEISPIELDATEN
B-FI011                                                              15.10.87

Letzte Buchung: Oktober 1987
Stammdaten                              Offene-Posten-Auswertungen
  1. Datenpflege                          7. Kunde
  2. Druck                                8. Lieferant

Laufende Verarbeitung                   Abschluß, Auswertungen
  3. Dialogbuchen                         9. Monat
  4. Stapelbuchen                        10. Jahr
  5. Journal
  6. Kontoabfrage

- - - - - - - - - - - - - - - - - - - - - - - - - - - - - - - - - - - - -
Auswahl : __

F1-? F2-->                                                       Esc-Ende
```

Abbildung 34: Beispiel eines Menüs[196]

Die Listen verschiedener Menüauswahlsysteme unterscheiden sich im Hinblick auf[197]

(1) die **Zahl der Items:**[198] Während *binäre* Menüs lediglich zwei Wahlmöglichkeiten umfassen, kann der Benutzer bei *mehrfachen* Menüs aus einer Menge von drei oder mehr Items wählen,

(2) die **Zahl der Bildschirmseiten**: Wird das Menü auf mehr als einer Bildschirmseite dargestellt, handelt es sich um ein sogenanntes *erweitertes* Menü,

(3) die **Zahl der gleichzeitig möglichen Wahlen**: Aus einem *Mehrfachwahl*-Menü kann der Benutzer gleichzeitig mehr als ein Item auswählen,

(4) die **Sichtbarkeit der Items**: Sofern ein Menü nicht erst nach einer bestimmten Benutzeraktion sichtbar wird, sondern ständig auf dem Bildschirm gezeigt wird, handelt es sich um ein sogenanntes *permanentes* Menü,[199] und

(5) die **Informationsdarstellung**: Häufig werden die Items sprachlich beschrieben, was einer *digitalen* Informationsübermittlung entspricht; viele Sachverhalte lassen sich jedoch durch Analogien, wie etwa Bilder oder Farbe, auch *analog* beschreiben.

Nicht allein aufgrund der begrenzten Darstellungskapazitäten verfügbarer Ausgabemedien, sondern vor allem aufgrund der Beschränkungen durch die kognitiven Fähigkeiten des Menschen, insbesondere die relativ geringe Kapazität des menschlichen Kurzzeitgedächtnisses, läßt sich die Dialogebene eines komplexeren DV-Systems im allgemeinen nicht mit einer einzelnen Liste von Objekten beziehungsweise Kommandos realisieren. In der Regel müssen mehrere Listen erstellt werden, die in einer bestimmten Art und Weise miteinander in Beziehung stehen.

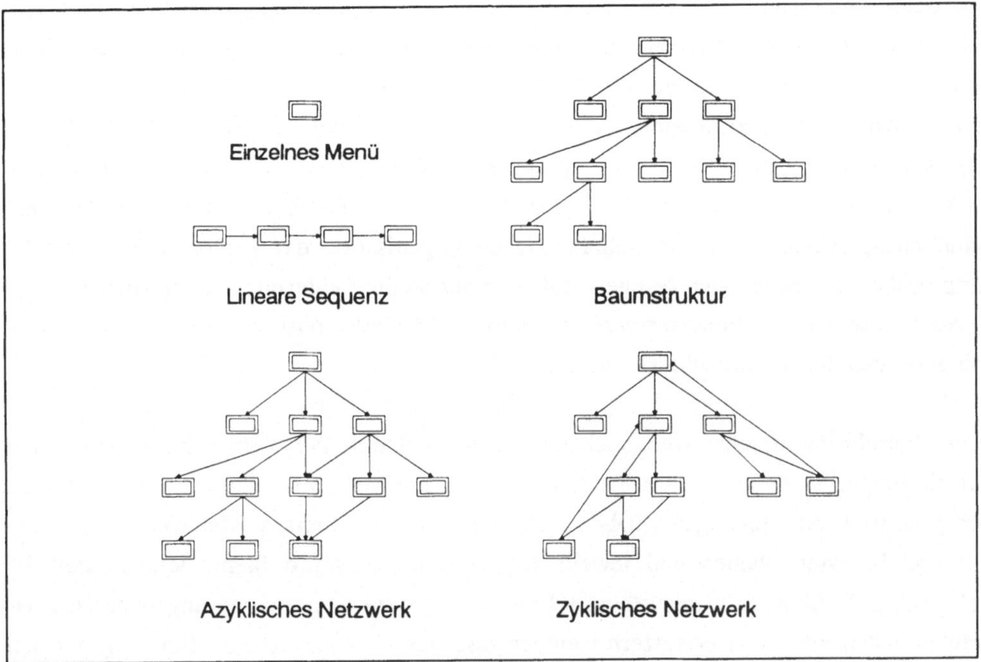

Abbildung 35: Organisationsstrukturen von Menüauswahlsystemen[200]

Anhand der konkreten Listenstruktur lassen sich Menüauswahlsysteme in vier Gruppen unterteilen (vergleiche Abbildung 35):[201] In Systeme mit

(1) einem **einzelnen Menü**: Es wird dem Benutzer nur einmal eine Itemliste angeboten, aus der er wählen kann,

(2) einer **linearen Menüsequenz**: Der Benutzer durchläuft, unabhängig von seiner in den einzelnen Listen getroffenen Auswahl, stets eine vordefinierte Menüfolge,

(3) einer **Baumstruktur**: Die Listen werden streng hierarchisch angeordnet,[202] so daß der Benutzer in Abhängigkeit von seiner Auswahl aus einer bestimmten Liste die entsprechende Liste der nächsten, tiefergelegenen Ebene angeboten bekommt,[203] und

(4) einem **Netzwerk**: Basierend auf einer Baumstruktur, werden dem Benutzer zusätzliche Übergänge zwischen einzelnen Listen angeboten.[204] Während bei **azyklischen** Netzwerken nur Verbindungen zwischen verschiedenen Zweigen erlaubt sind, bestehen bei **zyklischen** Netzwerken darüber hinaus Rück-

sprungmöglichkeiten zu übergeordneten beziehungsweise vorausgegangenen Menüs.

Vor dem Hintergrund der mit Hilfe des jeweiligen DV-Systems zu bewältigenden Arbeitsaufgabe beinhalten sowohl die Zusammenstellung und Strukturierung der einzelnen Listen als auch die Festlegung der Zusammenhänge zwischen den verschiedenen Listen eine aufbau- und ablauforganisatorische Strukturierung der Arbeitsaufgabe.[205] Hierin liegt ein weiterer großer Vorteil für Anfänger.[206] Wichtigstes Ziel des Entwurfsprozesses muß hiernach die Entwicklung einer den Aufgaben des Benutzers entsprechenden verständlichen, erinnerbaren und gebräuchlichen Organisation der Dialogstruktur sein.[207] Empirische Untersuchungen belegen, daß sich nur so die Fehlerraten sowie Auswahl und Lernzeiten seitens der Benutzer verringern lassen.[208] Dieser positive Effekt verstärkt sich mit zunehmender Menüstrukturkomplexität.[209]

Eine Vielzahl empirischer Untersuchungen von Menüauswahlsystemen konzentriert sich auf die Frage, Systeme welcher Breite und Tiefe vom Menschen allgemein am besten zu bedienen sind. Am günstigsten haben sich im allgemeinen breitere Menüauswahlsysteme mit drei bis vier Ebenen und jeweils bis zu acht Items pro Menü herausgestellt.[210] Schmale, tiefe Menüauswahlsysteme führen hingegen zu langsameren ungenaueren Auswahlen und werden von Benutzern weniger geschätzt.[211] Dies steht im Einklang mit den Ergebnissen über die Kapazität des menschlichen Kurzzeitgedächtnisses und die Abrufbarkeit von Informationen aus dem Langzeitgedächtnis.[212] Der Vorteil breiterer Menüauswahlsysteme liegt in einer besseren Orientierung des Benutzers: Sind für den Benutzer gleichzeitig mehr Items sichtbar, gewinnt er eine bessere Übersicht und Entscheidungshilfe, indem er die einzelnen Möglichkeiten ohne größere Gedächtnisbelastung unmittelbar gegeneinander abwägen kann.[213] Es liegt die Vermutung nahe, daß dieser Effekt am deutlichsten bei ungeübten Benutzern auftritt.[214]

Neben einer geringeren Flexibilität sind Menüauswahltechniken aufgrund des komplizierteren Bildaufbaus in der Regel auch mit längeren Interaktionszyklen verbunden, die für den Anfänger vielleicht noch unerheblich sein mögen, sich beim Benutzer im fortgeschrittenen Übungsstadium jedoch negativ bemerkbar machen können, vor allem bei langen Antwortzeiten des Computers, verbunden mit längeren Menüsequenzen, die zur Bearbeitung einer bestimmten Aufgabe notwendig sind.[215] Bei relativ langen Bildaufbau- und Antwortzeiten des Computers sind Interaktionssprachen gegebenfalls vorzuziehen.[216] Die Navigation in umfangreicheren Menüauswahlsystemen läßt sich - auch für den geübten Benutzer - durch geeignete Maßnahmen so gestalten, daß nicht zu lange Bearbeitungszeiten für einzelne Aufgaben entstehen.[217]

Zur Erfassung, Veränderung und Anzeige häufig vorkommender Informationsgesamtheiten gleicher Struktur, wie beispielsweise der Personendaten aller Mitarbeiter einer Unternehmung mit Nachname, Vorname, Adresse, Geburtsdatum usw. oder die Erfassung von Buchungssätzen mit Belegnummer, Kontonummer, Kontobezeichnung usw., ist die Tastatureingabe in besonderer Weise geeignet.[218] Ähnlich wie bei herkömmlichen Papierformularen zur Erfassung größerer Datenmengen gleicher Struktur wird hierfür der Bildschirm im wesentlichen in überschreibbare Felder (zur Eingabe oder Veränderung der Daten) und entsprechende nicht überschreibbare Feldbenennungen (zur Kennzeichnung und Erläuterung der Inhalte überschreibbarer Felder), aufgeteilt (vergleiche Abbildung 36).[219] Diese sogenannte Maskentechnik[220] stellt eine besondere Form der Menüauswahltechnik dar, in der die Tastatur als kontinuierliches Einzel-Menü aufgefaßt werden kann, über das in einer sehr schnellen zeitlichen Abfolge Mehrfachauswahlen getroffen werden.[221]

```
FINANZBUCHHALTUNG                  Dialogbuchen                    BEISPIELDATEN
B-FI300                            Eingabe Buchung                      15.10.87

 Buchung für:  Oktober 1987                          freie Buchungen:    272
   Beleg   Datum       Soll   Haben          Betrag  ST  Zahlung          Skonto


                 Nummer    Datum
 Beleg         : 318       151087

 Konto Soll    : 8300      Erlöse Handelswaren 7 % MWSt    Saldo:      71.357,07 H

 Konto Haben   : 70002     Hutter Medien                   Saldo:     109.681,40 H

 Betrag        : 4200,80                     Steuerschl.   : M07      274,82  7,00 %
 Buchungstext  :                             Fremdbeleg    : HM-87-9801
 Zahlungsbed.  : S03
 Fällig        : 141187 / 30                 Skonto        : 3,00   / 291087 / 14

 F1-? F2--> F3-Feld rück  F4-1.Feld     F5-Neueingabe F6-Bildfreig.  Esc-Ende
```

Abbildung 36: Beispiel einer Bildschirmmaske[222]

Die große Bedeutung der Verarbeitung häufig wiederkehrender Informationsgesamtheiten gleicher Struktur mit Hilfe von konventionellen DV-Systemen und die besondere Eignung der Maskentechnik[223] haben unter anderem dazu geführt, daß sie noch heute die vorherrschende Dialogform im industriellen Bereich darstellt.[224] Entsprechend finden sich in diesem Bereich detaillierte Vorschriften zur ergonomischen Gestaltung derartiger Dialogsysteme,[225] zum Teil basierend auf empirischen Untersuchungen, die mittlerweile auch Eingang in die Normierungsbemühungen des Deutschen Instituts für Normung e. V. gefunden haben.[226]

5.4.2.3 Direkte Manipulation

Zur Beschreibung einer Gruppe neuartiger Benutzerschnittstellenkonzepte, die zu Beginn der achtziger Jahre mit der Entwicklung einer neuen Klasse von Arbeitsplatzrechnern[227] auftauchten,[228] prägte Shneiderman den Begriff Direkte Manipulation.[229] Aufbauend auf der Sichtweise der objektorientierten Programmierung[230] und den bekannten Techniken bei Grafiksystemen,[231] wurden dem Benutzer erstmals vertraute Gegenstände und Anwendungen der Bürowelt auf dem Bildschirm in grafischer Weise dargestellt,[232] die er mit Hilfe eines Zeigeinstruments selektieren und anschließend, ähnlich ihrer Gegenstücke im gewohnten Arbeitsumfeld, manipulieren konnte (vergleiche Abbildung 37).[233]

In der Literatur existieren eine Vielzahl von Definitionsansätzen und eine umfangreiche Diskussion über direkt manipulative Benutzerschnittstellen.[234] Nach Shneiderman[235] ist Direkte Manipulation ein Sammelbegriff für Benutzerschnittstellen, die folgende Charakteristika aufweisen:

(1) **permanente Sichtbarkeit** der für den Benutzer relevanten **Objekte** und **Aktionen** auf dem Bildschirm,[236]

(2) **einfache physische Aktionen**, wie zum Beispiel das Bewegen eines Zeigeinstrumentes oder die Betätigung einer Funktionstaste anstelle von syntaktisch komplexen Eingaben und

(3) **schnelle, inkrementelle, umkehrbare Einzelaktionen**, deren **Auswirkungen** auf das betrachtete Objekt **sofort sichtbar** sind (WYSIWYG-Prinzip)[237].

Aufgrund der Objektorientierung wird ein Großteil der Systemfunktionalität bereits über die Veränderung der Attribute von Objekten erreicht, wie beispielsweise die Änderung der Attribute Schriftgröße oder -art für ein Textobjekt. Die Anzahl der Operationen, die der Benutzer zur Bedienung des DV-Systems beherrschen muß, können dadurch, im

Vergleich zu den übrigen Dialogformen, relativ gering gehalten werden.[238] Darüber hinaus lassen sich Operationen isolieren, die auf eine größere Anzahl unterschiedlicher Objekte des Systems in der gleichen Art und Weise anwendbar sind,[239] etwa eine einheitliche Lösch- oder Kopieroperation für Dokumente, Textstücke und Grafikobjekte.[240]

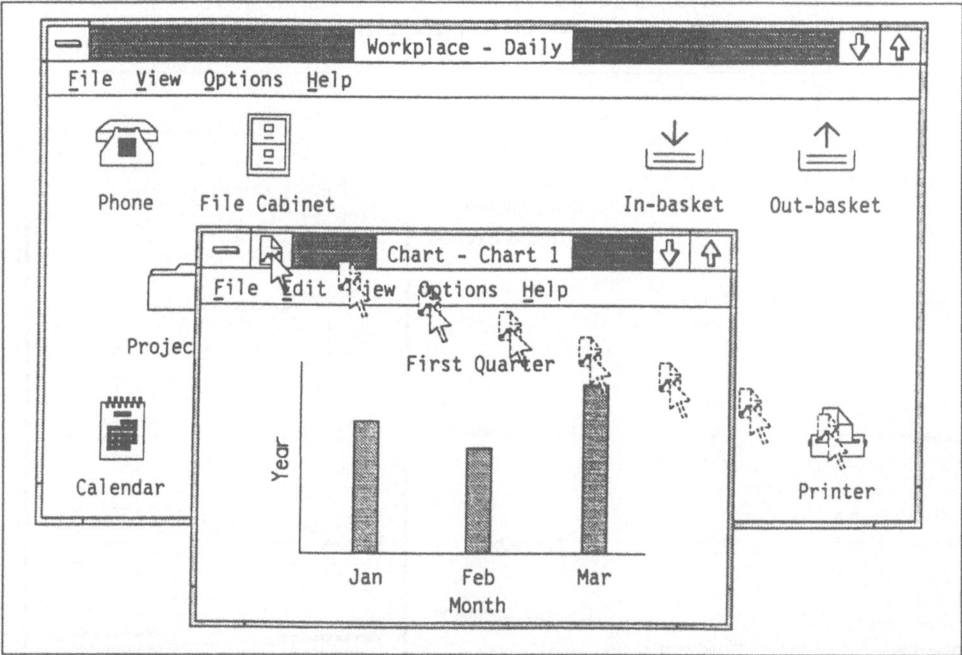

Abbildung 37: Beispiel einer Benutzerschnittstelle nach dem Prinzip der Direkten Manipulation[241]

Vor dem Hintergrund des oben entwickelten Ebenenmodells der Mensch-Computer-Interaktion[242] lassen sich die Eigenschaften direkt manipulativer Benutzerschnittstellen in Anlehnung an Ilg/Ziegler[243] weiter präzisieren. Hierzu wird unterschieden in manipulative und direkte Systeme. Manipulative Systeme lassen sich wie folgt charakterisieren (vergleiche Abbildung 38):

(1) **Repräsentation**: Alle innerhalb eines Arbeits- beziehungsweise Interaktionskontextes zur Verfügung stehenden Systemfunktionen sind in Form von Objekten, Attributen und Aktionen auf dem Ausgabemedium für den Benutzer permanent sichtbar und selektierbar,[244] das heißt, sie repräsentieren aktive interne Systemzustände. Die Art der Repräsentation, das heißt die Frage, ob etwa ein bestimmtes Element durch Worte oder Piktogramme dargestellt wird, ist hiervon grundsätzlich unabhängig.[245]

(2) **Referenzierung**: Alle auf dem Ausgabemedium dargestellten Objekte und Funktionen lassen sich vom Benutzer durch Zeigeoperationen unmittelbar ansprechen, nicht etwa indirekt durch die Angabe von Bezeichnungen.

(3) Hohe **Interaktivität**: Das System reagiert auf jede Benutzeraktion mit einer sofortigen Rückmeldung, sei es lediglich die Anzeige des vom Benutzer selektierten Objektes, eine Fehlermeldung aufgrund der syntaktischen oder semantischen Analyse einer bestimmten Sequenz von Benutzeraktionen oder das Ergebnis einer ausgeführten umfangreicheren Systemfunktion.

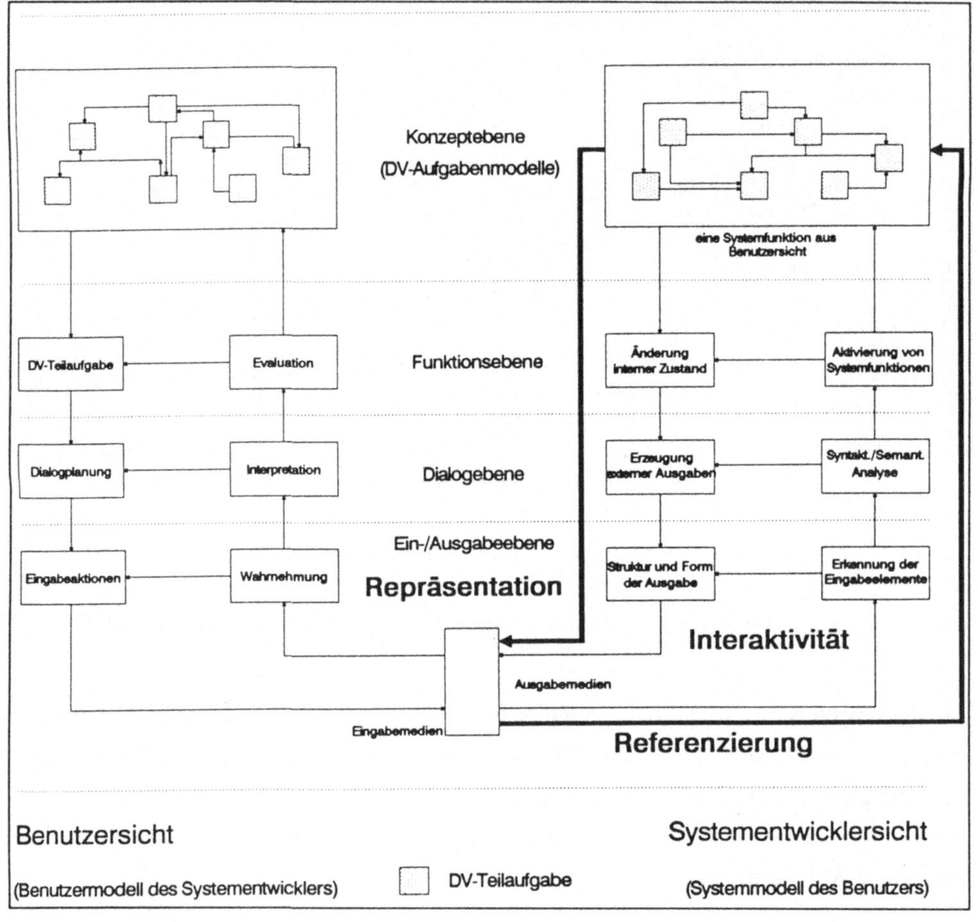

Abbildung 38: Repräsentation, Referenzierung und Interaktivität als Grunddimensionen manipulativer Benutzerschnittstellen

Sofern die Benutzerschnittstelle eines DV-Systems allen drei Anforderungen genügt, handelt es sich um ein manipulatives System, genauer: die manipulative Benutzerschnittstelle des Systems. Wesentliches Unterscheidungsmerkmal zu Menüauswahlsystemen ist hiernach lediglich das Konzept der Objektorientierung, das heißt, das Zurverfügungstellen der Aufgabenbewältigungspotentiale des DV-Systems in Form von Objekten, Attributen und Operationen. In Menüauswahlsystemen werden ebenfalls die innerhalb eines Interaktionskontextes zur Verfügung stehenden Systemfunktionen in Form von Listen explizit auf dem Bildschirm dargestellt; allerdings werden sie bei komplexeren Systemen nicht alle zu jedem Zeitpunkt dargestellt, sondern können vom Benutzer in einer bestimmten Reihenfolge sichtbar gemacht werden.[246] Menüauswahlsysteme, bei denen die Listenelemente über Zeigeoperationen selektierbar sowie aktivierbar sind[247] und dem Benutzer nach jeder Einzelaktion eine entsprechende Rückmeldung geben[248], wären hiernach auch als manipulative Systeme einzustufen.

Als direkte Systeme werden hingegen solche Systeme bezeichnet, die den Vorstellungen und Erwartungen des Benutzers vollends entsprechen. Die Frage, ob es sich im konkreten Fall um ein direktes System handelt, kann somit nur unter Berücksichtigung der mentalen Konzepte, Intentionen und Pläne des Benutzers bestimmt werden.[249] In Analogie zu der WYSIWYG-Philosophie des Star-Systems ließe sich auch der Leitspruch kreieren: "What You See Is Your Mental Model of the Office"[250]. Da sich das idealistische Ziel der Entwicklung einer direkten Benutzerschnittstelle aufgrund der sich im Zeitablauf verändernden Benutzererwartungen über einen längeren Zeitraum im allgemeinen nicht oder nur für einzelne Benutzer erreichen läßt, definieren Ilg/Ziegler Direktheit als "ein Maß für die Angepaßtheit der implementierten Benutzerschnittstelle an die jeweiligen Vorstellungen und Erwartungen des Benutzers"[251].

In Abhängigkeit von der Ebene der Mensch-Computer-Interaktion, auf der sie zu beobachten ist, lassen sich drei Arten der Direktheit unterscheiden (vergleiche Abbildung 39):[252]

(1) **Inhaltliche Direktheit** auf der Funktionsebene: Ein System ist als inhaltlich direkt zu bezeichnen, wenn der Benutzer alle von ihm isolierten DV-Aufgaben in der erwarteten Art und Weise vom System bewältigen lassen kann.

(2) **Operationale Direktheit** auf der Dialogebene: Operationale Direktheit liegt vor, wenn der Benutzer die DV-Aufgaben in der Art und Weise dem System zur Bearbeitung übergeben kann, wie es seinen Vorstellungen entspricht. Das heißt, die zur Übergabe der Aufgaben an das DV-System notwendigen Handlungs- beziehungsweise Aktionsfolgen müssen sowohl in zeitlicher als auch in syntaktischer Hinsicht den Erwartungen des Benutzers entsprechen.[253]

(3) **Formale Direktheit** auf der Ein-/Ausgabeebene: Formale Direktheit setzt einerseits voraus, daß die Eingabemedien den Bedürfnissen des Benutzers angepaßt sind, so daß sie leicht und fehlerfrei bedient werden können; anderer-

seits sollen die Elemente auf den Ausgabemedien vom Benutzer schnell und fehlerfrei wahrnehmbar sein. Piktogramme können, bei geeigneter Konstruktion, der verbalen Informationsdarstellung stark überlegen sein,[254] sind jedoch nicht grundsätzlich als konstituierendes Merkmal formal direkter Benutzerschnittstellen zu betrachten.[255] Es sind durchaus Situationen denkbar, in denen die verbale Informationsdarstellung eher den Erwartungen einzelner Benutzer bei der Bearbeitung bestimmter Aufgaben entspricht.

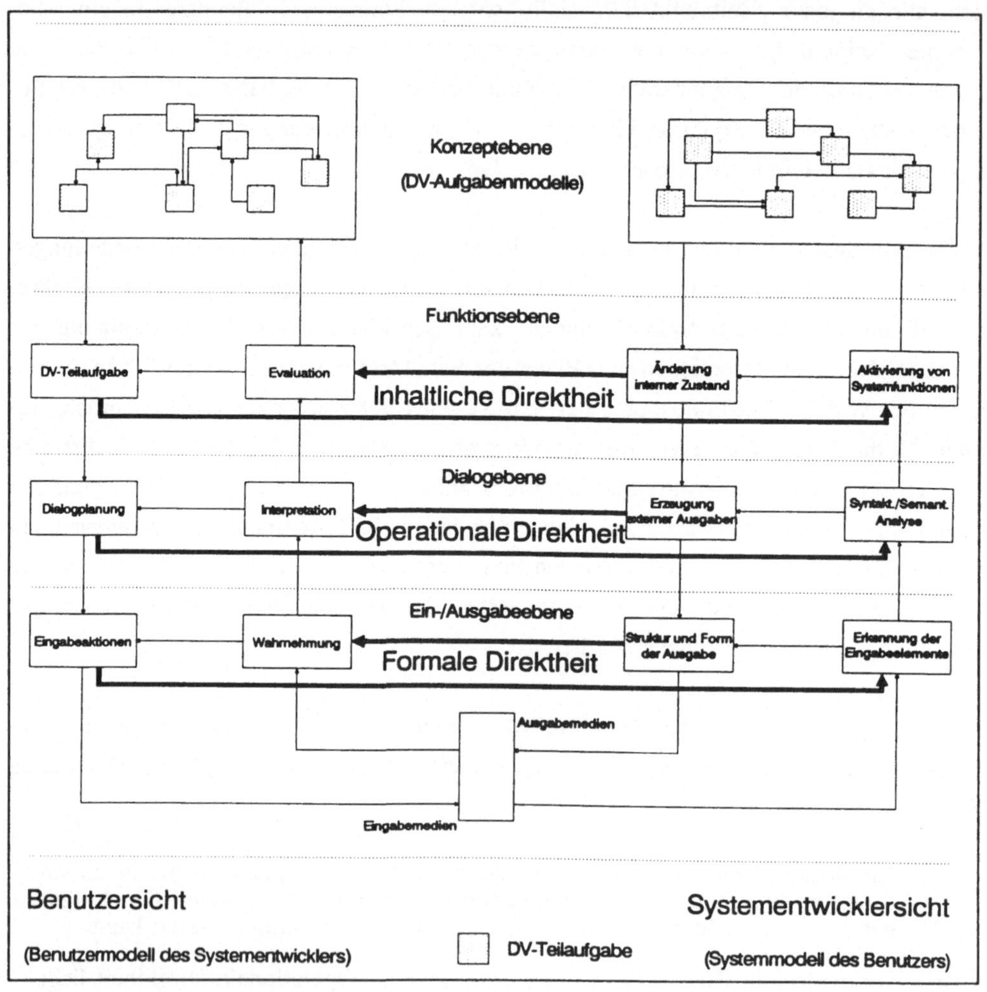

Abbildung 39: Inhaltliche, operationale und formale Direktheit als Grunddimensionen direkter Benutzerschnittstellen

Die Forderung nach direkten Systemen stellt somit lediglich eine Konkretisierung der oben diskutierten Ziele anthropozentrischer Gestaltung[256] im Hinblick auf die Systemkomponenten der Funktions-, Dialog- sowie Ein- und Ausgabeebene dar. Inhaltliche, operationale und syntaktische Direktheit sind nicht ausschließlich mit manipulativen Systemen erreichbar, bei denen DV-Aufgaben durch die Selektion bestimmter Objekte und Attribute oder Aktivierung entsprechender Funktionen angestoßen werden. Sie können auch bei Systemen gegeben sein, die auf der Eingabe komplexerer Kommandosequenzen via Tastatur oder Auswahl einzelner Menüelemente via Zeigeinstrument beruhen. So resümieren selbst Ilg/Ziegler - wenn auch nur bezogen auf Direkte Manipulation - : "Was dem Anfänger direkt erscheint, kann u. U. für die komplexeren Aufgaben und Handlungspläne des Experten nicht angepaßt sein."[257]

Folglich wäre es präziser, Interaktionssprachen, funktionsorientierte Menüauswahlsysteme und objektorientierte Manipulationssysteme, die, in Abhängigkeit von dem einzelnen Benutzer, unterschiedliche Direktheitsgrade aufweisen, als Dialogformen zu unterscheiden. Um Mißverständnisse zu vermeiden, soll im folgenden im Zusammenhang mit Literaturstellen weiterhin der von Shneiderman geprägte Begriff Direkte Manipulation verwendet werden.

Benutzerschnittstellen nach dem Prinzip der Direkten Manipulation wird in den nächsten Jahren allgemein eine wachsende Bedeutung vorausgesagt,[258] zum Teil wird Direkte Manipulation sogar als alleinige Möglichkeit zur Entwicklung benutzerfreundlicher Benutzerschnittstellen angesehen. Nach Shneiderman sind direkt manipulative Benutzerschnittstellen insbesondere mit den folgenden Vorteilen verbunden:[259]

(1) Anfänger können die grundlegenden Funktionen schnell erlernen.

(2) Experten können schnell ein umfangreiches Aufgabenspektrum bearbeiten, vor allem durch die Möglichkeit, neue komplexere Funktionen zu definieren und Systemeigenschaften entsprechend zu verändern.

(3) Für den gelegentlichen Benutzer sind die Interaktionsmöglichkeiten leicht zu behalten.

(4) Fehlermeldungen sind kaum nötig.

(5) Der Benutzer erkennt durch die Rückmeldungen des Systems sehr schnell, ob seine Handlung zum gewünschten Ziel führt, so daß er gegebenenfalls leicht seine Handlungsrichtung korrigieren kann.

(6) Etwaige Ängste seitens des Benutzers[260] verringern sich im Verlauf der Systemnutzung aufgrund der leicht verständlichen Benutzerschnittstelle sowie der leichten Reversibilität jeder einzelnen Benutzeraktion.

(7) Die Benutzer gewinnen im Umgang mit dem System zunehmend Selbstvertrauen, da sie die alleinigen Initiatoren von Systemaktivitäten sind - sie haben das Gefühl der Kontrolle[261] - und die Systemreaktionen vorhersehen können.

Einzelne Ergebnisse empirischer Untersuchungen scheinen diese Thesen zum Teil zu bestätigen. So stellen Fähnrich/Ziegler in ihrer Studie fest, daß Gruppen mit unterschiedlichen DV-Kenntnissen nahezu gleich gut mit dem untersuchten direkt manipulativen System zurechtkamen und die Leistungen der Anfängergruppe nicht wesentlich schlechter als die von erfahrenen Benutzern waren.[262]

5.4.2.4 Diskussion der Dialogformen

Entgegen den bereits seit längerer Zeit existierenden Forschungsbemühungen in den Bereichen Interaktionssprachen und Menüauswahlsysteme liegen bislang über Systeme der Direkten Manipulation nur vereinzelte Ergebnisse empirischer Untersuchungen vor,[263] die aufgrund unterschiedlicher Definitionsansätze und organisatorischer Rahmenbedingungen nicht oder nur schwer miteinander vergleichbar sind und zum Teil zu scheinbar gegensätzlichen Ergebnissen führen.[264] Bereits die erste vergleichende Untersuchung von Whiteside/u. a.[265], in der zwei direkt manipulative Benutzerschnittstellen mit Menüsystemen und kommandosprachlichen Systemen mit und ohne Hilfesystem verglichen wurden, ergab, daß sich keine generellen Vorteile von direkt manipulativen Systemen erkennen lassen. Vielmehr hielten sie fest, daß es

(1) große Unterschiede in der Erlernbarkeit und Benutzbarkeit der Systeme gibt, und zwar auch zwischen direkt manipulativen Systemen,

(2) kein *trade-off* zwischen leichtem Erlernen und Benutzen feststellbar ist und

(3) keine Abhängigkeit zwischen Leistung oder Präferenz auf der einen und der Art der Benutzerschnittstelle auf der anderen Seite besteht - von größerer Bedeutung ist die Detailgestaltung des jeweiligen Systems.

Darüber hinaus fanden sie spezielle Probleme bei den untersuchten direkt manipulativen Systemen:

(1) Die Rückmeldungen des Systems waren oft unverständlich oder wurden von den Benutzern nicht verstanden beziehungsweise erkannt.

(2) Es traten Inkonsistenzen bei der Eingabesyntax auf, vor allem die Syntax für Mausoperationen war - entgegen den Erwartungen - schwierig und komplex und führte zu Fehlern.[266]

(3) Hilfemeldungen waren oft ungeeignet, irreführend oder verwirrend.

(4) Die Versuchspersonen verwendeten oft falsche Positionierungsstrategien.

All diese Ergebnisse beziehen sich jedoch grundsätzlich nur auf die konkreten untersuchten Systeme, die nach dem entwickelten Klassifikationsansatz weder als manipulative noch als direkte Benutzerschnittstellen einzustufen sind. Ein unbefriedigend implementiertes direkt manipulatives System ist nicht notwendigerweise ein Argument gegen die zugrundeliegenden Prinzipien der Objektorientierung. Hier besteht zur Zeit noch ein großes Forschungsdefizit; die systematische Analyse objektorientierter manipulativer Benutzerschnittstellen, insbesondere im Hinblick auf die Eignung des Konzeptes der Objektorientierung für die Bewältigung betrieblicher Aufgaben, steht noch aus.

Im Einzelfall ist aus den Fähigkeiten des Benutzers, seinen Wünschen und Bedürfnissen sowie den Arbeitsaufgaben, die von ihm mit Hilfe eines DV-Systems erledigt werden sollen, unter Berücksichtigung der organisatorischen Rahmenbedingungen eine direkte Benutzerschnittstelle zu entwickeln; ob dies mit Hilfe einer Interaktionssprache, eines objektorientierten manipulativen Systems oder eines funktionsorientierten Menüauswahlsystems geschehen soll, hängt von dem jeweiligen Einzelfall ab. So wäre im Zweifel auf der Grundlage gesicherter psychologischer Erkenntnisse genau zu untersuchen, wie sich einzelne Sachverhalte - aus der Sicht des Benutzers - am besten repräsentieren und referenzieren oder ansprechen lassen.

Vor dem Hintergrund der Tatsache, daß zum einen DV-Systeme in der Regel nicht nur für ein Individuum entwickelt werden und sich zum anderen die Benutzererwartungen im Zeitablauf ändern können, kommt der Entwicklung einer flexiblen Benutzerschnittstelle besondere Bedeutung zu. Die Flexibilität trägt dabei nicht nur zur Anpassung der Benutzerschnittstelle, sondern darüber hinaus entscheidend dazu bei, dem Benutzer die Kontrolle über die Systemnutzung zu gewähren, indem er Ziel und Ausführung seiner Handlungen bestimmen kann.[267] Das heißt, der Benutzer muß die Möglichkeit haben, Teilaufgaben selbständig zu definieren, deren Bearbeitungsreihenfolge festzulegen sowie die Art und Weise der Übergabe zu bestimmen. "Selbst assoziative Gedankensprünge sollten durch Sprungmöglichkeiten im Dialog realisierbar sein."[268] Ergebnisse empirischer Untersuchungen belegen, daß sich damit die Motivation verbessern, die Leistung sowohl in quantitativer als auch in qualitativer Hinsicht (Kreativität, Innovation) steigern und eine höhere Arbeitszufriedenheit erreichen läßt.[269]

Die Flexibilität der Benutzerschnittstelle kann grundsätzlich durch Vielfältigkeit und Individualisierung erreicht werden:[270]

(1) **Vielfältigkeit**: Der Benutzer kann sich an jedem Interaktionspunkt zwischen den vom System alternativ angebotenen Möglichkeiten ad hoc entscheiden.[271]

(2) **Individualisierung**: Durch bestimmte Maßnahmen seitens des Benutzers (adaptierbare Benutzerschnittstelle) oder des Systems (adaptive Benutzerschnittstelle) werden Systemveränderungen vorgenommen, die bis zur nächsten Individualisierungmaßnahme die Systemeigenschaften eindeutig festschreiben.

Die Dialogebene einer Benutzerschnittstelle ist etwa vielfältig, wenn der Benutzer alle Systemfunktionen grundsätzlich über Menüauswahl oder Kommandoeingabe anstoßen kann. Im Rahmen der Individualisierung müßte das System hingegen in einer expliziten Anpassungsmaßnahme von der einen auf die andere Dialogform umgestellt werden. Nach erfolgter Umstellung ist der Benutzer bis zur nächsten Anpassungsmaßnahme auf die Verwendung der vorher gewählten Dialogform beschränkt. Aufgrund fehlender technischer Vorschläge und empirisch begründeter Vergleichsergebnisse lassen sich die Gestaltungsmöglichkeiten der individualisierten Systemnutzung jedoch - im Gegensatz zur vielfältigen Systemnutzung -[272] noch nicht abschätzen.[273]

Während sich die Gestaltung der Funktionsebene einer Benutzerschnittstelle im wesentlichen aus der Aufgabenstellung ableiten läßt und die Ein-/Ausgabeebene von den wahrnehmungspsychologischen Erkenntnissen, die unabhängig vom Individuum sind, geprägt ist, sind bei der Gestaltung der Dialogebene die kognitiven Eigenschaften des einzelnen Benutzers dominierend. So liegt es nahe, die Dialogebene in einem dreistufigen Prozeß zu entwickeln:[274]

(1) **Benutzungsprofile**: Zuerst wird auf der Basis von Aufgaben- und Benutzeranalysen eine begrenzte Anzahl von Benutzungsprofilen erstellt, die für bestimmte Benutzungsgruppen geeignete Dialogformen beschreiben.

(2) **Vielfältigkeit**: Interaktionstechniken, die zwar nicht eindeutig gruppenspezifischen Benutzungsprofilen zugeordnet werden können, für einzelne Benutzer aber durchaus von größerer Bedeutung sind, werden im Sinne der Vielfältigkeit permanent zur freien Auswahl angeboten.

(3) **Adaptierbarkeit**: Der Benutzer kann das System im laufenden Betrieb jederzeit durch geeignete Maßnahmen an seine Bedürfnisse anpassen. Dabei sollte

> er systemseitig durch eine Funktion unterstützt werden, die Interaktionspräferenzen, -probleme, -fehler usw. dokumentiert und gegebenenfalls aufgrund von handlungstheoretischen Konzepten klassifiziert sowie Vorschläge für Systemanpassungen generiert. Darüber hinaus sollte dem Benutzer bei der Interpretation und Umsetzung von Interaktionsprotokollen ein Systementwickler zur Seite stehen, der für individuelle Beratung, Anpassungsmaßnahmen sowie Fortschreibung und Differenzierung der Benutzungsprofile zuständig ist.[275]

Wie oben bereits ausführlich diskutiert wurde, lassen sich in Bezug auf das Führungsinformationssystem im wesentlichen drei Benutzer- und Benutzungsgruppen unterscheiden: Unternehmensführer, für die die Bewältigung der Fachaufgabe im Vordergrund steht, die sie dabei unterstützenden Assistenzkräfte sowie die mit der Systementwicklung und laufenden Systemanpassung betrauten Personen. Für den Unternehmensführer scheinen tendenziell eher Menüauswahlsysteme mit Netzwerkstruktur und manipulative Systeme in Frage zu kommen, während Assistenzkräfte zum Teil auch die höhere Flexibilität von Interaktionssprachen benötigen, um zum Beispiel komplexere Planungs- oder Prognoseverfahren effizient anzustoßen (z. B. Kommandosprache) oder eine nicht vorhergesehene Informationsabfrage durchzuführen (z. B. mit einer Abfragesprache), und aufgrund ihrer größeren Übung im Umgang mit dem System auch beherrschen können. Für den Systementwickler steht hingegen ein Höchstmaß an Flexibilität bei der Dialogform im Vordergrund, um jede mögliche Systemanpassung durchführen zu können.

Gleichwohl läßt sich nicht im voraus bestimmen, ob ein Unternehmensführer seine Informationsnachfrage gegenüber dem Führungsinformationssystem in der Art und Weise äußern möchte und würde, wie er es zum Beipiel gegenüber seinen Assistenzkräften in vergleichbaren Fällen bisher getan hat. Wenn er zum Beispiel eine bestimmte Information vorher von seinen Assistenzkräften in einem persönlichen Gespräch angefordert und nicht aus Angebotslisten schriftlich ausgewählt hat, läge es nahe, die Formulierung der Informationsabfrage in natürlicher Sprache vorzusehen, was heute durchaus realisierbar scheint. Zur Aktivierung der Informationsnachfrage ist die gezielte und strukturierte Darstellung bestimmter Ausschnitte des Informationsangebotes in Form von Angebotslisten hingegen durchaus sinnvoll. Sofern von dem Angebot Gebrauch gemacht werden soll, wäre es jedoch umständlich, den Unternehmensführer zu zwingen, seine aus dem Angebot resultierende Informationsnachfrage zu beschreiben. In diesem Fall wäre es für ihn am einfachsten, die gewünschten Informationen aus dem Angebot direkt auszuwählen, zum Beispiel durch eine entsprechende Zeigeoperation.

Im Anschluß an die Diskussion grundsätzlicher Gestaltungsmöglichkeiten bezüglich der Aktivierung verschiedener Systemfunktionen ist im folgenden die Umsetzung der Gestaltungsziele im Hinblick auf den Dialogaufbau und -ablauf eines Führungsinformationssystems näher zu beschreiben.

5.4.3 Dialogaufbau und -ablauf

5.4.3.1 Zustandsdiagramme als Beschreibungsmittel

Zur Spezifikation des Dialogaufbaus und -ablaufs interaktiver DV-Systeme haben sich Zustandsdiagramme[276], deren Semantik durch das Modell eines endlichen Automaten definiert ist,[277] besonders bewährt.[278] Diese Klasse grafischer Beschreibungstechniken[279] basiert auf der Vorstellung, daß interaktive Systeme sequentiell arbeiten und in bestimmten Zuständen Eingaben erwarten; in Abhängigkeit vom Inhalt der Eingaben werden entsprechende interne Aktivitäten angestoßen, die zum Teil mehrere Schritte umfassen können, ohne daß weitere Eingaben nötig wären. Nach Ausführung nimmt das System einen neuen, ergebnisabhängigen Zustand ein und erzeugt entsprechende Ausgaben.[280]

Je nach Abstraktionsgrad lassen sich die Interaktionen zwischen Benutzer und DV-System oder die damit verbundenen Interaktionen zwischen einzelnen Subsystemen - seien es abstrakte funktionale Komponenten oder physische Bauteile - beschreiben,[281] wofür sich spezielle Zustandsdiagrammarten herausgebildet haben.[282] Zur Beschreibung des äußeren, vom Benutzer beobachtbaren Verhaltens interaktiver Systeme sind die von Denert[283] vorgestellten hierarchischen Interaktionsdiagramme in besonderer Weise geeignet (vergleiche Abbildung 40).[284] Sie beruhen auf wenigen einfachen grafischen Beschreibungsmitteln und sind auch für Personen mit keinerlei DV-Kenntnissen leicht verständlich[285] - eine wesentliche Voraussetzung für die Einbeziehung der zukünftigen Benutzer in den Systementwicklungsprozeß.[286] Nach Denert lassen sich interaktive Systeme durch drei Arten von Zuständen beschreiben:[287]

(1) **einfache Zustände**, in denen das System unabhängig von der Umgebung arbeitet,

(2) **Interaktionspunkte**, an denen Eingaben aus der Umgebung erwartet werden, die die weiteren Aktivitäten bestimmen und

(3) **komplexe Zustände**, die sich aus einer bestimmten Menge der beiden erstgenannten Zustände und ihren Zustandsübergängen zusammensetzen.[288]

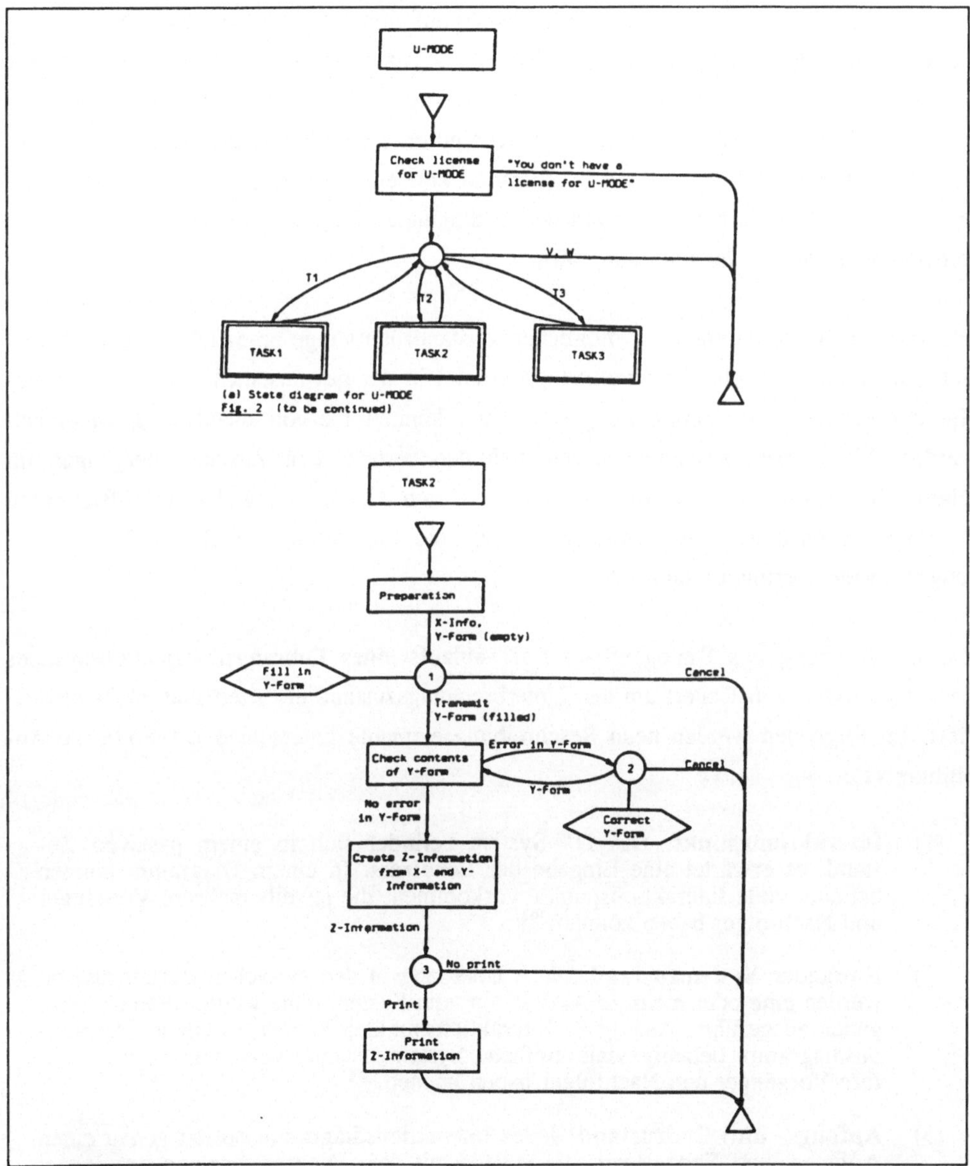

Abbildung 40: Beispiel eines hierarchischen Interaktionsdiagramms nach Denert[289]

Die Beschreibung des interaktiven Systems erfolgt nach dem Prinzip der schrittweisen Verfeinerung (top down), wobei komplexe Zustände jeweils durch eigenständige Interaktionsdiagramme weiter präzisiert werden, bis nur noch Interaktionsdiagramme vorliegen, die einfache Zustände und Interaktionspunkte enthalten. Jedes Interaktionsdiagramm beschreibt die Interaktionsmöglichkeiten auf einer bestimmten Hierarchiestufe der Dialogebene, der sogenannten Dialogschicht[290]. Zustandsübergänge werden durch Pfeile und Ausgaben sowie zulässige Eingaben durch entsprechende Kommentare an den Pfeilen, die auf einen Interaktionspunkt gerichtet sind oder von ihm wegführen, beschrieben. Sowohl einfache als auch komplexe Zustände können Zustandsübergänge zu verschiedenen Folgezuständen haben, die mit den Bedingungen für den jeweiligen Übergang beschriftet sind (vergleiche Abbildung 40).

Die formale Beschreibung aller möglichen Zustandsübergänge eines DV-Systems[291] läßt sich automatisiert in ein Dialograhmenprogramm in der gewünschten Programmiersprache umsetzen.[292] Die Verarbeitungsaktivitäten können hiervon unabhängig entwickelt werden. Sie müssen anschließend lediglich den betreffenden Zustandsübergängen im Dialograhmenprogramm zugeordnet werden. Durch die Trennung der Ablaufsteuerung von den Aktionen wird eine Modularisierung und Flexibilität erreicht, die den Änderungsaufwand verringern kann.[293]

Zur Beschreibung des Dialogaufbaus und -ablaufs eines Führungsinformationssystems wird das Modell von Denert um den Unterbrechungszustand erweitert und leicht modifiziert. Im folgenden werden neun Beschreibungselemente unterschieden (vergleiche Abbildung 41):

(1) **Interaktionspunkt**: Das DV-System befindet sich in einem passiven Zustand, es erwartet eine Eingabe des Benutzers. In einem Diagramm können beliebig viele Interaktionspunkte vorkommen, die jeweils mehrere Vorgänger und Nachfolger haben können.[294]

(2) **Einfacher Systemzustand**: Nach Übergang in den einfachen Systemzustand werden eine oder mehrere Aktivitäten vom System ohne weitere Benutzereingaben ausgeführt. Analog zu Interaktionspunkten können in einem Interaktionsdiagramm beliebig viele einfache Systemzustände vorkommen, die mehrere Vorgänger und Nachfolger haben können.[295]

(3) **Anfangs- und Endzustand**: Jedes Interaktionsdiagramm besitzt genau einen Anfangs- und Endzustand, die jeweils mit dem Diagrammnamen bezeichnet sind. Eine Dialogebene wird durch den Anfangszustand betreten und bei regulärer Beendigung oder Abbruch durch ihren Endzustand verlassen. Entsprechend darf ein Anfangszustand auf der betreffenden Dialogebene keinen Vorgänger und nur einen Nachfolger, ein Endzustand zwar mehrere Vorgänger, aber keinen Nachfolger haben.

(4) **Komplexer Systemzustand**: Jeder komplexe Systemzustand dient zum Aufruf einer untergeordneten Dialogebene, die durch ein separates Interaktionsdiagramm weiter spezifiziert wird. Als Verweis wird er mit dem entsprechenden Diagrammnamen beschriftet. In einem Interaktionsdiagramm können beliebig viele komplexe Systemzustände auftreten, die jeweils mehrere Vorgänger und Nachfolger haben können.[296]

(5) **Unterbrechungszustand**: Der Unterbrechungszustand stellt den Aufruf einer anderen Dialogschicht dar und ist entsprechend zu beschriften. In einem Interaktionsdiagramm können beliebig viele Unterbrechungszustände auftreten.[297]

(6) **Bildschirmausgabe**: Zur Darstellung von Ausgaben auf dem Bildschirm dient ein entsprechend beschriftetes Sechseck. Da es sich hierbei um keinen Zustand handelt, ist es mit den betreffenden Interaktionspunkten über eine **Nachrichtenaustauschbeziehung** verbunden. Sofern die Bildschirmausgabe nicht nur während des jeweiligen Zustandes aktiv, sondern innerhalb einer Dialogschicht permanent sichtbar ist, wird sie isoliert dargestellt.

(7) **Zustandsübergänge**: Die mit Zustandsübergängen verknüpften Aktionen oder Bedingungen sind durch entsprechende Kommentare zu kennzeichnen.

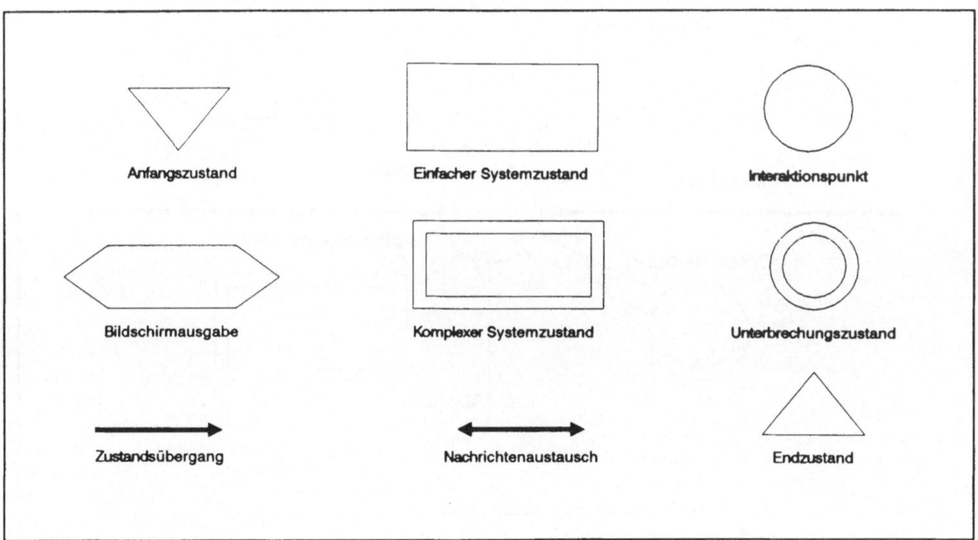

Abbildung 41: Grafische Beschreibungsmittel hierarchischer Interaktionsdiagramme

5.4.3.2 Aktionsmöglichkeiten

Die vom Benutzer zu einem bestimmten Zeitpunkt am DV-System durchführbaren Aktionen lassen sich grundsätzlich in generelle und kontextbezogene Aktionen unterscheiden. Generelle Aktionen sind, im Gegensatz zu kontextbezogenen, unabhängig von den zeitlich vorgelagerten Eingaben des Benutzers und sollten ihm an jedem Interaktionspunkt zur Verfügung stehen (vergleiche Abbildung 42). Um die Übersichtlichkeit zu gewährleisten, werden sie in getrennten Interaktionsdiagrammen dargestellt.

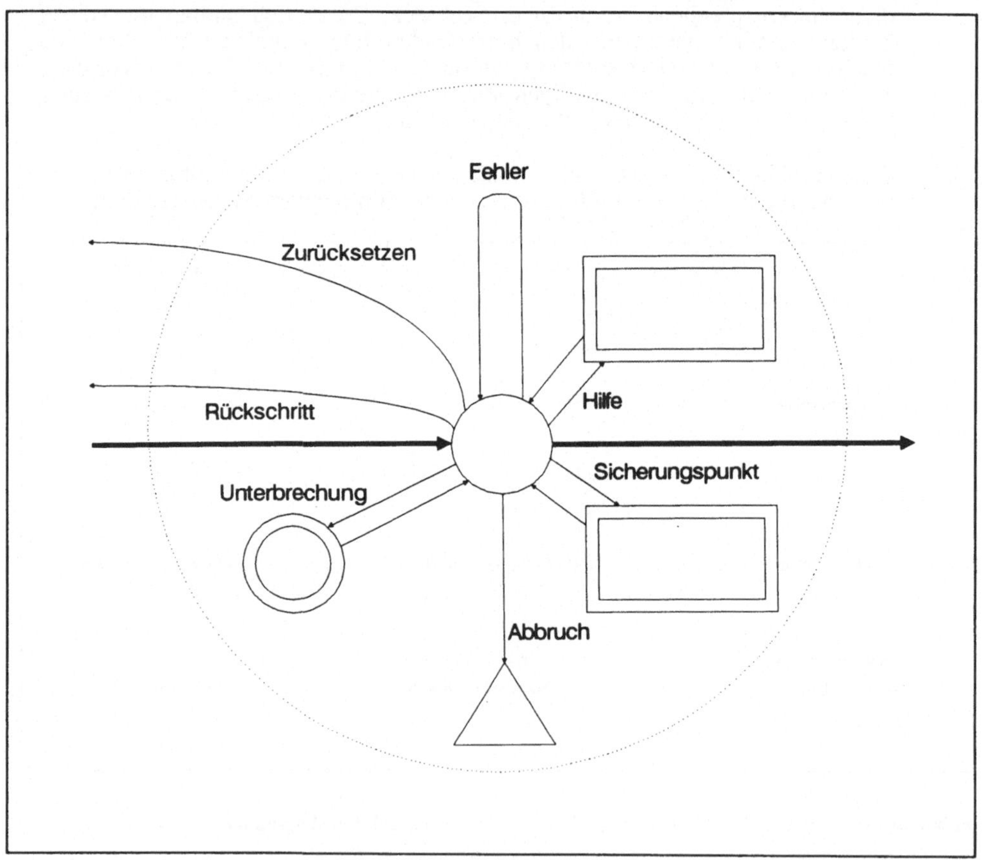

Abbildung 42: Generelle Interaktionsmöglichkeiten[298]

Im Verlauf des Dialog muß der Benutzer zu jedem Zeitpunkt, zu dem Benutzereingaben vorgesehen sind, die Möglichkeit haben, eine der folgenden Aktionen auszuführen beziehungsweise anzustoßen (vergleiche Abbildung 42):

(1) **Hilfe**: Auf Anforderung sollte dem Benutzer jederzeit vom System erläutert werden können, (1) in welchem Zustand er sich befindet, (2) welche Zustandsübergänge er auslösen kann und was sie bewirken, (3) über welchen Zustandsübergang er zu diesem Zustand kam, (4) welche Zustände er wie erreichen kann,[299] (5) in welchem Zustand eine bestimmte Aktion erlaubt ist und wie er dorthin kommt, (6) ob eine bestimmte Aktion im aktuellen Zustand erlaubt ist und (7) wie ein bestimmter komplexer, hierarchischer Zustand aufgebaut ist.[300]

(2) **Sicherungspunkt**: Der Benutzer sollte die Möglichkeit haben, innerhalb einer Dialogschicht einen Sicherungspunkt zu setzen, zu dem er jederzeit in einem Schritt zurückkehren kann. Voraussetzung hierfür ist, daß beim Setzen des Sicherungspunktes nicht nur der aktuelle Zustand, sondern die gesamte Datenumgebung gesichert wird.

(3) **Abbruch**: Durch Abbruch der aktuellen Dialogschicht kann der Benutzer jederzeit zu dem Unterbrechungszustand zurückkehren, von dem diese Schicht aufgerufen wurde.[301] Falls zu keiner übergeordneten Dialogschicht zurückgekehrt werden kann, führt der Abbruch der Dialogschicht zur Beendigung des gesamten Dialogs.

(4) **Unterbrechung**: Der Benutzer hat jederzeit die Möglichkeit, die aktuelle Dialogschicht zeitweilig zu unterbrechen, um den Dialog später an der gleichen Stelle wieder aufzunehmen.

(5) **Rückschritt**: Jeder einzelne Dialogschritt läßt sich vom Benutzer rückgängig machen, das heißt, das System wird auf den zuvor durchlaufenen Interaktionspunkt zurückgesetzt und alle seither ausgeführten Systemaktivitäten werden rückgängig gemacht.

(6) **Zurücksetzen**: Diese Aktion ermöglicht es dem Benutzer, das System jederzeit in einen von ihm definierten Zustand - den Sicherungspunkt - zurückzusetzen.

(7) **Fehler**: Führt der Benutzer eine systemseitig nicht vorgesehene Aktion aus, wird eine entsprechende Fehlermeldung erzeugt und zum gleichen Zustand zurückgekehrt, um ihm die Korrektur seiner Eingabe oder die Ausführung einer anderen Aktion zu ermöglichen, z. B. die Aktivierung der Hilfefunktion.

Um das Führungsinformationssystem aufrufen zu können, muß sich der Benutzer dem System gegenüber zuallererst identifizieren, etwa durch die Eingabe eines Kennwortes über die Tastatur. Nach ordnungsgemäßer Identifikation stehen dem Benutzer diejenigen Systemfunktionen[302] sowie Informationen, Methoden und Modelle zur Verfügung, für die er autorisiert ist.[303] Gleichzeitig ergibt sich damit die Möglichkeit, die Benutzerschnittstelle individuell anzupassen.

Da die Zielsetzung eines Benutzers beim Aufruf des Führungsinformationssystems nicht vorhersehbar ist, müssen - nach erfolgtem Systemaufruf - grundsätzlich alle zulässigen Funktionen aktivierbar sein (vergleiche Abbildung 43).[304] Beim Unternehmensführer kann darüber hinaus im allgemeinen davon ausgegangen werden, daß Anlaß des Systemaufrufs eine konkrete Informationsnachfrage ist, so daß er die Möglichkeit haben sollte, ohne zusätzliche Interaktionen seine Informationsabfrage zu formulieren.[305] Sofern die gewünschten Informationen im Informationsangebot enthalten sind, werden sie adäquat dargestellt. Der Benutzer hat erneut die Möglichkeit, eine Informationsabfrage zu formulieren, eine andere Systemfunktion aufzurufen oder das Führungsinformationssystem zu verlassen.

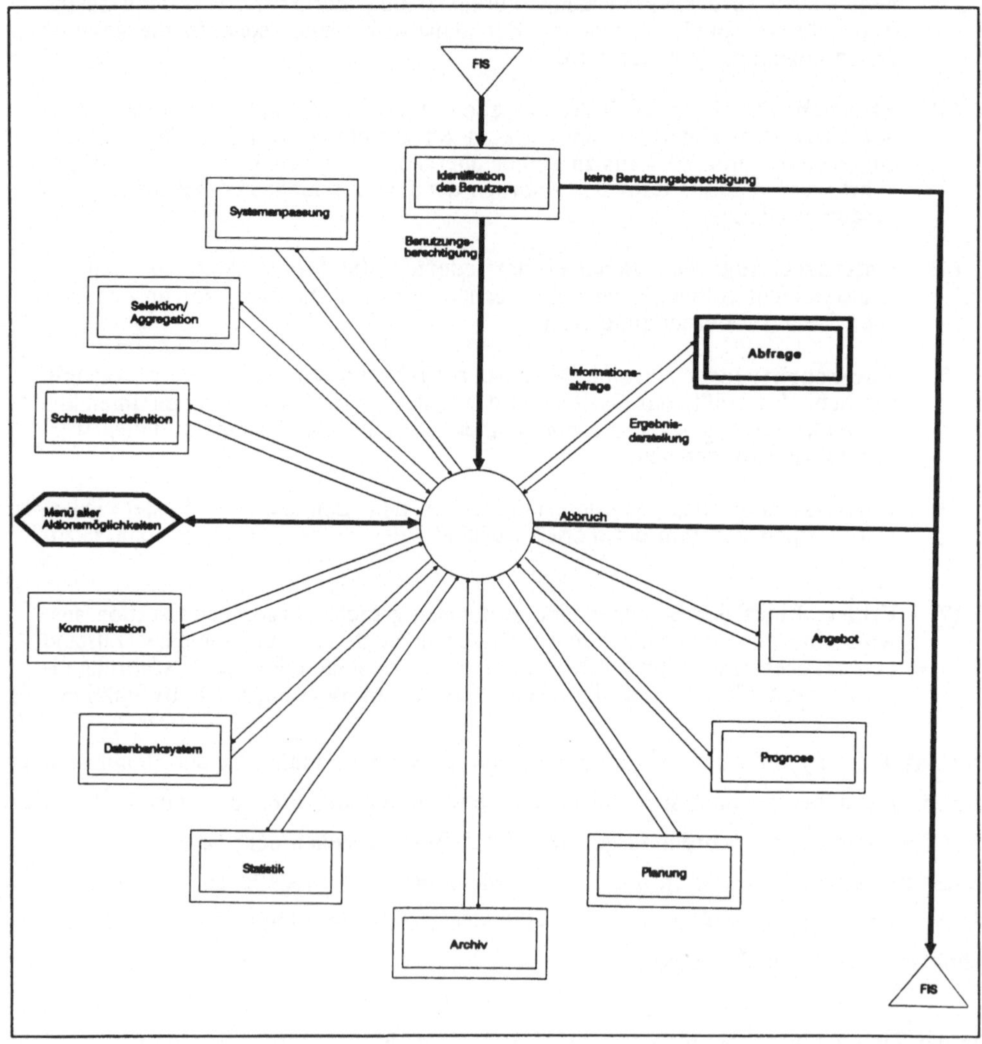

Abbildung 43: Interaktionsdiagramm der obersten Dialogschicht eines Führungsinformationssystems

Auf die ausführliche Darstellung aller Systemfunktionen in Form von hierarchischen Interaktionsdiagrammen soll an dieser Stelle verzichtet werden, da sich allgemeingültige Dialogabläufe eines Führungsinformationssytems - aus Benutzersicht - nur auf einem sehr hohen Abstraktionsniveau darstellen lassen und hier zu keiner über die allgemeine Funktionsbeschreibung in Kapitel 5.3 hinausgehenden Präzisierung führen würden.[306] So sind zum Beispiel die Dialogabläufe von der zugrundeliegenden Dialogform abhängig: Während bei Menüauswahlsystemen sichergestellt wird, daß nur solche Informationen nachgefragt werden, die im Informationsangebot enthalten sind, muß bei natürlichsprachlichen Dialogen eine Vielzahl lexikalischer, syntaktischer und semantischer Fehlerquellen berücksichtigt werden.[307]

5.5 Ein- und Ausgabeebene

Die Grundlage jeglicher Mensch-Computer-Interaktion bilden die menschlichen Aktions- und Wahrnehmungsmöglichkeiten sowie die systemseitig verfügbaren Ein- und Ausgabegeräte. Der Wirkungsbereich des Systementwicklers beschränkt sich auf die Gestaltung benutzeradäquater Ein- und Ausgabemedien sowie der zu ihrer Steuerung notwendigen Softwarekomponenten.[308]

Hierbei ist zu berücksichtigen, daß zum einen für das DV-System aus der Menge möglicher Benutzeraktionen nur diejenigen relevant sind, die an den dafür vorgesehenen Eingabemedien stattfinden und vom System als solche auch erkannt werden. Zum anderen werden Ausgaben des DV-Systems vom Benutzer nur richtig erkannt, wenn sie bezüglich Form, Ort, Inhalt und Zeit den menschlichen Wahrnehmungsfähigkeiten angepaßt sind. Die Anpassung der Geräte an die Eigenschaften und Fähigkeiten der Benutzer scheint jedoch noch nicht hinreichend gelungen zu sein.[309].

5.5.1 Eingabe

Die Bedienbarkeit eines Eingabegerätes hängt entscheidend davon ab, wie im Einzelfall die Benutzermerkmale sowie der Verwendungszweck des Gerätes bei der Art und Weise der Verbindung zwischen Benutzer und Eingabegerät und der daraus resultierenden konkreten Gestaltung des Eingabegerätes berücksichtigt wurden (vergleiche Abbildung 44).[310]

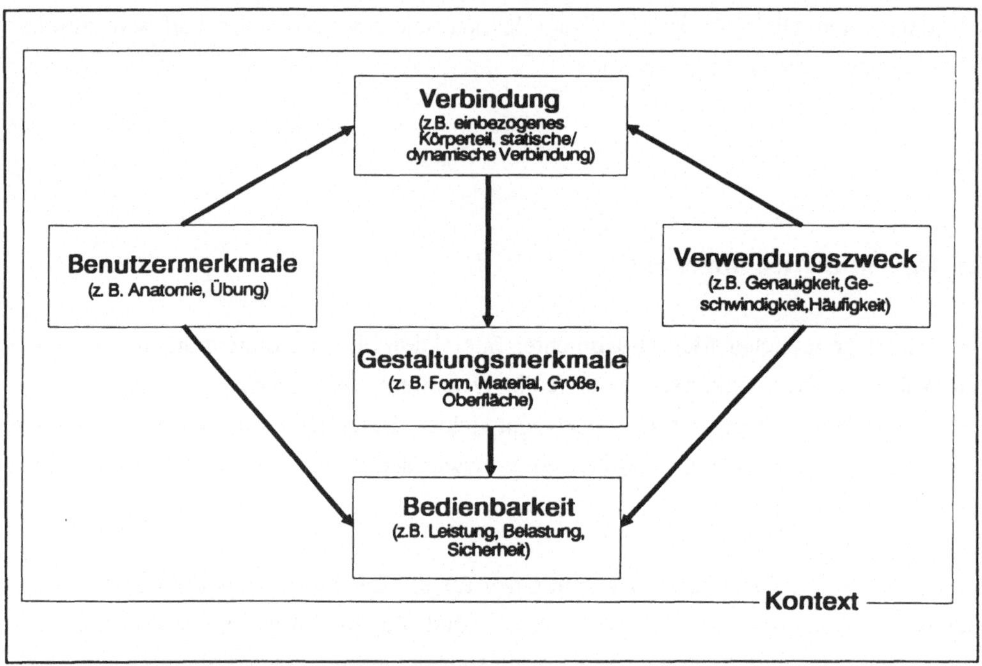

Abbildung 44: Bedienbarkeit von Eingabegeräten[311]

Während Benutzereingaben früher ausschließlich indirekt über gelochte Datenträger erfolgen mußten, zu deren Erstellung separate Eingabegeräte mit schreibmaschinenähnlichen Tastaturen zu bedienen waren,[312] existiert heute eine große Anzahl unterschiedlicher Eingabetechniken.[313] Einen Überblick vermittelt die folgende Abbildung.[314]

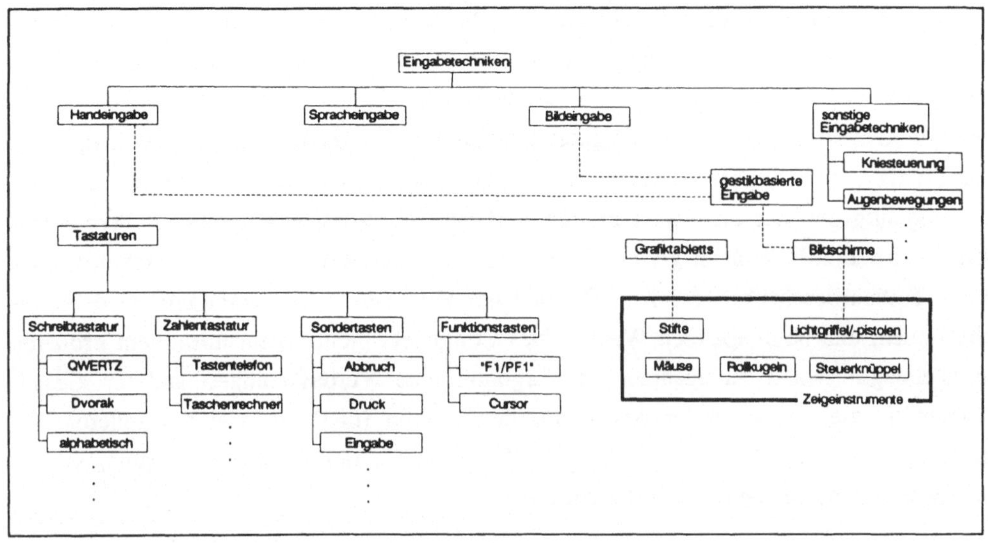

Abbildung 45: Eingabetechniken

5.5.1.1 Tastaturen, Grafiktabletts und Bildschirme

(1) **Tastatur**

Die Tastatur stellt nach wie vor das wichtigste Eingabemedium dar. Sie ist vor allem für die Eingabe von alphanumerischen Zeichenfolgen geeignet. Während der Anfänger ca. einen Tastenanschlag pro Sekunde erreicht, bringt es der Büromitarbeiter im Durchschnitt auf fünf, der Geübte schafft hingegen bis zu 15 Tastenanschlägen pro Sekunde.[315] Sofern sich mit jedem Tastenanschlag, wie bei herkömmlichen Schreibmaschinentastaturen, jeweils nur ein Zeichen eingeben läßt, entspricht dies etwa einer Eingabeleistung von 150 Worten pro Minute.[316]

Die noch heute verwendete und weltweit normierte räumliche Anordnung der Buchstaben, Zahlen und Sonderzeichen innerhalb der Tastatur[317] geht auf den Entwurf der ersten praktikablen mechanischen Schreibmaschine von Sholes im Jahre 1874 zurück. Vorrangiges Gestaltungsziel war damals die Reduktion der Schreibgeschwindigkeit,[318] um das bei mechanischen Tastaturen bis dahin häufig auftretende Klemmen und Verhaken der Typenheber zu verhindern.[319]

Obwohl mit dem Wegfall des mechanischen Problems durch den Einsatz von elektronischen Tastaturen in den zwanziger Jahren eine Vielzahl alternativer Tastenanordnungen entwickelt wurde, die zum Teil eine Erhöhung der Eingabegeschwindigkeit bei gleichzeitiger Reduktion der Fehlerhäufigkeit ermöglichten,[320] setzte sich keine von ihnen in der Praxis durch.[321] Offensichtlich war die Bereitschaft der meisten Benutzer zur Umstellung aufgrund des erreichten großen Verbreitungsgrades herkömmlicher Schreibmaschinentastaturen[322] äußerst gering.[323] Nur der standardisierte Einsatz individuell anpaßbarer Tastaturbeschriftungen, zum Beispiel mit Hilfe von LCD-Anzeigen,[324] könnte sicherstellen, daß beim späteren Wechsel des Computers nicht erneut mit einem größeren Umstellungsaufwand zu rechnen ist. Ergonomische Verbesserungen anderer Gestaltungsmerkmale, wie etwa der Anordnung der Tastatur im Raum oder der äußeren Abmessungen und der Form von einzelnen Tasten sowie der gesamten Tastatur, stießen hingegen seitens der Benutzer auf Akzeptanz.[325]

Die Kompatibilität der Tastenanordnung scheint auch bei der Gestaltung der im allgemeinen neben den Zahlentasten in die Computertastatur integrierten, separaten Zehner-Tastatur im Vordergrund gestanden zu haben. Obwohl zum Beispiel die bei Tastentelefonen gebräuchliche Anordnung gegenüber der Taschenrechneranordnung leichte Vorteile hat,[326] sind die meisten Computertastaturen mit einer Zehner-Tastatur in der bei Taschenrechnern üblichen Anordnung ausgestattet.[327]

Uneinheitlich sind bei den verschiedenen Tastaturen vor allem Größe und Anordnung der übrigen speziellen (Steuerungs-)Tasten einer Computertastatur, wie etwa Abbruch, Druck oder Eingabe. Während die für das Abschicken eines Befehls zu verwendende Eingabetaste mit der für den Beginn einer neuen Zeile bei der Schreibmaschine zuständigen Taste noch vergleichbar ist, fällt eine entsprechende Analogie zwischen Abbruch- oder Drucktaste und einer bestimmten Schreibmaschinentaste schwer.

Neben Schreib- und Zifferntasten verfügen viele Computertastaturen über separate Funktions- und Cursortasten. Mit Hilfe von Funktionstasten, die in der Regel frei programmierbar sind, kann der Benutzer in die Lage versetzt werden, selbst komplexere programmspezifische Funktionen mit einem einzigen Tastendruck auszulösen.[328] Zur Entlastung des Gedächtnisses und der Unterstützung des gelegentlichen Benutzers wird die jeweils aktuelle Funktionstastenbelegung zum Teil mit Hilfe von auswechselbaren (Plastik-)schablonen, LCD-Tasten oder entsprechenden Bildschirmdarstellungen kenntlich gemacht.[329] Die Auswahl von Systemfunktionen mit Hilfe von Funktionstasten entspricht in diesen Fällen einer Menüauswahl. Gleichwohl läßt sich die Verarbeitungsgeschwindigkeit erhöhen beziehungsweise die Fehlerhäufigkeit reduzieren, wenn die Bedeutungen beim Programmwechsel konsistent bleiben, die anwendungssystemspezifische Hilfe etwa immer über die *F1-Taste* aktiviert werden kann.[330]

Cursortasten stellen eine spezielle Klasse von Funktionstasten dar. Mit ihnen kann der Benutzer die Cursorposition auf dem Bildschirm zeichenweise nach links, rechts, oben oder unten verändern. Um größere Bewegungen, wie etwa vom linken zum rechten Bildschirmrand, zu beschleunigen, werden oft zusätzliche Cursortasten angebracht. Am geeignetsten für eine schnelle und fehlerfreie Bedienung, vor allem für ungeübte und gelegentliche Benutzer, ist die natürliche Anordnung der Tasten in Form eines Kreuzes. Für häufige Benutzer ist hingegen die quadratische Anordnung vorteilhafter.[331]

Die zahlreichen Untersuchungen haben jedoch auch gezeigt, daß es nicht die optimale Tastatur für alle möglichen Benutzer gibt. Es ist sehr wohl zu unterscheiden, ob eine geübte Sekretärin blind Texte mit hoher Geschwindigkeit eingibt oder ob ein Gelegenheitsbenutzer, wie etwa der Unternehmensführer, ab und zu Eingaben vornimmt.[332]

Bei der Vielzahl zu berücksichtigender hardwareergonomischer Faktoren darf nicht außer acht gelassen werden, daß auch das äußere Erscheinungsbild der Computertastatur die Zufriedenheit des Benutzers und die Bedienbarkeit der Tastatur beeinflußt. Großformatige Tastaturen mit einer hohen Tastenanzahl vermitteln im allgemeinen einen professionellen und komplexen Eindruck, können aber den ungeübten Benutzer verwirren. Kleine Tastaturen scheinen dagegen auf den ersten Blick nicht sehr leistungsfähig zu sein, für andere Benutzer sind sie hingegen vielleicht gerade aufgrund ihrer Kompaktheit von besonderem Reiz.[333] Insbesondere für die Bedienung von Führungsinformationssystemen durch Führungskräfte der obersten Hierarchieebene wurde beispielsweise von der Execucom Systems Corporation, Austin, Texas, eine kleine kompakte Infrarot-Tastatur entwickelt, die sowohl von den Abmessungen als auch vom äußeren Erscheinungsbild nicht von den im privaten Bereich üblichen Fernbedienungs-Tastaturen für Fernseher, Videorekorder usw. zu unterscheiden ist. Sie umfaßt sowohl eine Buchstaben- und Zahlentastatur als auch Sonder-, Funktions- und Cursortasten. Durch Zweifachbelegung und geringe Tastaturabmessungen werden Tastenanzahl und Tastaturgröße klein gehalten.[334]

(2) **Grafiktablett**

Das Grafiktablett stellt eine Spezialform der Computertastatur dar. Es besteht aus einer glatten Platte, die wie eine Tastatur in der Regel vor dem Bildschirm plaziert wird, zum Teil auch in die Arbeitsfläche oder eine vorhandene Tastatur integriert ist.[335] Positionen des Fingers oder spezieller Zeigeinstrumente auf dem Grafiktablett werden in interne Signale umgesetzt.[336] Bestimmte Positionen lassen sich dabei nicht nur als einzelne Tasten oder Menüelemente, sondern auch als relative Bildschirmpositionen interpretieren und können so zum Beispiel zur schnellen Veränderung der Cursorposition eingesetzt werden. In Abhängigkeit von der technisch möglichen Auflösung besteht für den Benutzer darüber hinaus die Möglichkeit, Freihandzeichnungen oder handschriftliche Texte einzugeben.[337] Der Einsatz von Handschrifterkennungssystemen könnte so zum Beispiel zu einer - im Vergleich zum heute noch üblichen Ausfüllen von Bildschirmformularen mit Hilfe der Tastatur - komfortableren und rationelleren elektronischen Formularbearbeitung im Bürobereich führen.[338]

(3) **Bildschirm**

Durch Berühren beziehungsweise Bewegen des Fingers oder eines entsprechenden Zeigeinstrumentes an einer bestimmten Stelle berührungsempfindlicher Bildschirme[339] lassen sich ebenfalls alle Tastaturfunktionen abbilden, so daß grundsätzlich keine separate Computertastatur mehr benötigt wird. Bei häufiger Anwendung im Zusammenhang mit herkömmlich senkrecht angeordneten Bildschirmen wird die Armmuskulatur jedoch stark belastet, was schnell zu Ermüdungserscheinungen führen kann. Eine waagerechte Integration des Bildschirms in die Schreibtischoberfläche könnte diese Nachteile in Zukunft verhindern.[340] Sofern der Bildschirm gleichzeitig als Ausgabemedium verwendet wird, besteht für den Benutzer darüber hinaus die Möglichkeit, auf die auf dem Bildschirm dargestellten Ausgabeobjekte direkt zu zeigen.[341] Sie eignen sich somit besonders für funktionsorientierte Menüauswahlsysteme oder objektorientierte manipulative Systeme und weniger für den Einsatz von Interaktionssprachen.[342]

5.5.1.2 Zeigeinstrumente

Zum Zeichnen grafischer Elemente sowie zur Texteingabe und zum Auswählen, Positionieren und Bewegen von bestimmten auf dem Bildschirm oder dem Grafiktablett dargestellten Elementen wurde eine Vielzahl unterschiedlicher Zeigeinstrumente entwickelt, die zum Teil alternativ zum Finger eingesetzt werden können. Mit ihnen lassen sich in der Regel zwar höhere Genauigkeiten bei der Aktionsausführung erzielen, ein ständiger Wechsel zwischen Tastatur, Bildschirm oder Tablett und Zeigeinstrument kann sich jedoch leicht nachteilig auf die Geschwindigkeit und Fehlerhäufigkeit bei der Aufgabenbewältigung auswirken. Es wird unterschieden zwischen direkten Zeigeinstrumenten zur absoluten und indirekten Zeigeinstrumenten zur relativen Bildschirmadressierung.[343]

(1) **Lichtgriffel und -pistole**
Mit Hilfe des Lichtgriffels ist es möglich, durch direktes Zeigen auf einen aktiv beleuchteten Bildschirm[344] dargestellte Elemente auszuwählen und mit ihnen bestimmte Aktionen durchzuführen.[345] Ein lichtempfindliches Bauteil an der Spitze des Zeigeinstrumentes ermöglicht jeweils die Bestimmung der aktuellen Bildschirmposition.[346] Die meisten Lichtgriffel enthalten darüber hinaus einen Knopf, mit dem der Benutzer Systemfunktionen anstoßen kann.[347] Nach dem gleichen Prinzip funktionieren die vor allem im Bereich der Computerspiele eingesetzten Lichtpistolen. Sie ermöglichen zwar in der Regel auch aus der Ferne eine absolute Bildschirmadressierung, sind jedoch im Vergleich zum Lichtstift ungenauer.

Um die mit der Bedienung direkter Zeigeinstrumente in der Regel verbundene statische Haltebelastung, die schnell zu Ermüdungserscheinungen führen kann, sowie das ungewollte Verdecken von Bildschirmteilen zu vermeiden, wurden indirekte Zeigeinstrumente entwickelt. Durch Abstützen des Armes bleibt die Hand während der Eingabeaktionen in einer komfortablen Haltung. Die indirekte Positionierung des Cursors auf dem Bildschirm ist jedoch im allgemeinen mit einer höheren kognitiven Belastung sowie Hand-Auge-Koordination verbunden.[348] Die effiziente Bedienung indirekter Zeigeinstrumente bedarf daher, im Gegensatz zu direkten Zeigeinstrumenten, regelmäßig einer gewissen Eingewöhnungszeit.

(2) **Maus**
Die Maus ist das am meisten verbreitete indirekte Zeigeinstrument. Traditionell handelt es sich dabei um einen kleinen Plastikkasten, der unter der Handfläche oder den Fingern auf der Arbeitsplatte hin- und herbewegt wird.[349] Richtung und Geschwindigkeit der Mausbewegungen werden in entsprechende Cursorbewegungen umgesetzt. Gewöhnlich haben sie zusätzlich einen oder mehrere Schalter an der benutzerzugewandten Seite, die zur Aktivierung von Systemfunktionen und zum Bestätigen von Eingaben benutzt werden.[350] Im Gegensatz zu optischen und akustischen Mäusen können mechanische Mäuse nahezu auf jeder ebenen Arbeitsfläche eingesetzt werden, verschmutzen jedoch recht

leicht, was zur fehlerhaften Umsetzung von Bewegungen führen kann. Mit der Maus läßt sich zwar eine hohe Positionierungsgeschwindigkeit erreichen, kleine Elemente sind jedoch schwierig anzusteuern; Grafik- oder Handschrifteingaben sind je nach Geräteausführung nur schlecht oder gar nicht möglich.[351]

(3) **Rollkugel** und **Steuerknüppel**

Die neben der Maus verfügbaren Rollkugeln und Steuerknüppel basieren nicht auf einer Bewegung des Instrumentes auf der Arbeitsplatte, sondern auf der Bewegung einer frei drehbar gelagerten Kugel an einer bestimmten Stelle des Arbeitsplatzes. Während sie bei Rollkugeln direkt mit den Fingerspitzen bewegt werden kann, ist sie bei Steuerknüppeln indirekt über einen daran befestigten Knüppel mit den Fingern beziehungsweise der ganzen Hand zu bewegen. Zur Bedienung beider Zeigeinstrumente wird im Vergleich zur Maus weniger Platz benötigt. Darüber hinaus lassen sie sich in eine vorhandene Tastatur integrieren und sind somit auch für den Einsatz in portablen Computern gut geeignet.[352] Im allgemeinen sind sie jedoch mit Nachteilen im Hinblick auf Positionierungszeit und Fehlerrate verbunden.

Zu den vorgestellten Eingabegeräten finden sich in der Literatur mittlerweile diverse vergleichende Untersuchungen, die etwa den Zeitaufwand und die Präzision der Ausführung bestimmter Eingabeaktionen, die Fehleranfälligkeit der Geräte, deren Eignung im subjektiven Benutzerurteil sowie gerätespezifiche Lernkurven zum Gegenstand haben. Sie führen zum Teil zu widersprüchlichen Ergebnissen und sind aufgrund unterschiedlicher Versuchsbedingungen nur bedingt miteinander vergleichbar.[353] Zu berücksichtigen sind hierbei vor allem auch die sehr unterschiedlichen technischen Ausführungen einzelner Geräte.

Neben hardwareergonomischen Verbesserungen wird versucht, die diskutierten Zeigeinstrumente für die Erfassung dreidimensionaler Bewegungen weiterzuentwickeln, beispielsweise zum Navigieren des Cursors in quasi dreidimensionalen Darstellungen auf herkömmlichen Bildschirmen.[354]

5.5.1.3 Sprach-, Bild- und gestikbasierte Eingabetechniken

Neue Impulse für den betrieblichen Bereich werden vor allem von den zukünftigen Sprach-, Bild- und gestikbasierten Eingabetechniken einerseits und der Integration der unterschiedlichen Eingabemedien an einem Computerarbeitsplatz andererseits erwartet. Vorbild hierfür sind zumeist die menschliche Sinneskanalvielfalt und die damit verbundene Vielschichtigkeit zwischenmenschlicher Kommunikation.[355]

(1) **Spracherkennung**

Die Spracherkennung ist ein äußerst komplexer Vorgang.[356] Spracherkennungssysteme müssen aus der Fülle der zum Teil gleichzeitig eintreffenden akustischen Signale zuerst diejenigen herausfiltern, die zur gesprochenen Sprache des betreffenden Benutzers gehören. Anschließend werden sie digitalisiert, komprimiert und normalisiert. Danach ist es die Aufgabe des eigentlichen Spracherkenners, die Signalketten mit gespeicherten Referenzketten von einzelnen Lauten oder Wörtern zu vergleichen und zu klassifizieren.[357] Wissen über den physikalischen, pragmatischen und linguistischen Kontext des konkreten Benutzers sowie seine Sprachcharakteristika sollen es dem System darüber hinaus ermöglichen, Bedeutungen von Wörtern und Wortketten zu erkennen.[358]

Die meisten verfügbaren Spracherkennungssysteme sind jedoch von diesem idealistischen Ziel noch weit entfernt. Es handelt sich zumeist um Systeme, die einzelne Worte oder Wortketten erkennen und deren Klassifikatoren durch das Vorsprechen eines vordefinierten Wortschatzes aus der Stimme des einzelnen Benutzers gebildet werden.[359] Sie eignen sich vor allem für personenbezogene Benutzerschnittstellen. Sprecherunabhängige Spracherkennungssysteme[360] sind bisher lediglich in der Lage, zehn bis zwanzig Signalketten zu erkennen.[361] Die kontinuierliche Spracherkennung, die zum Beispiel notwendig wäre, um Texte ohne größere Pausen zu diktieren, befindet sich noch im Forschungsstadium.[362] Zunächst könnte die Spracheingabe als additive, optionale Eingabeform zur Steuerung der Benutzerschnittstelle mit 25 bis 50 Wörtern zur Verfügung gestellt werden.[363]

Vor übertriebenen Hoffnungen im Zusammenhang mit betrieblichen Computerarbeitsplätzen im Büro- und Verwaltungsbereich muß jedoch nachdrücklich gewarnt werden. Ergebnisse empirischer Untersuchungen bei Bildschirmarbeitsplätzen zeigen zum Beispiel, daß sich Cursorbewegungen mit Tasten doppelt so schnell durchführen lassen wie mit vergleichbaren gesprochenen Befehlen.[364] Zur Eingabe von Kommandofolgen präferierten ungeübte Schreibkräfte zwar im Gegensatz zu geübten bei Versuchsbeginn noch die Spracheingabe; nach einer gewissen Übung verwendeten jedoch auch die ehemals ungeübten Schreibkräfte die Tastatur, obwohl keine signifikanten Unterschiede in den Bearbeitungszeiten oder Fehlerraten festzustellen waren.[365] So stellt Shneiderman zu Recht fest, daß ein sinnvoller Einsatz der Spracheingabe nur erwartet werden kann, wenn die Hände des Benutzers zur Eingabe nicht zur Verfügung stehen, von ihm während der Eingabe körperliche Mobilität verlangt wird, seine Augen anderweitig beschäftigt sind oder die äußeren Arbeitsbedingungen den Tastaturgebrauch ausschließen.[366]

(2) **Bilderkennung**

Gegenstand des Bereichs der Bilderkennung ist die Entwicklung von Systemen zur zeichenweisen Erkennung handschriftlicher Eingaben, bei denen das Vokabular ähnlich begrenzt ist wie bei der gesprochenen Sprache;[367] die Erkennung komplexerer grafischer Darstellungen befindet sich hingegen noch im Forschungsstadium.[368] Dazu wird die Spur eines Stiftes auf einem geeigneten Eingabemedium, wie zum Beispiel einem Grafiktablett, systemseitig durch fortlaufende Positionsermittlung verfolgt. Aufgabe des eigentlichen Handschrifterkenners ist es dann, die Koordinatensequenzen zu normalisieren und durch Vergleich mit den gespeicherten Sequenzen für die bekannten Zeichen zu klassifizieren.[369]

Ähnlich wie bei der Spracherkennung sind auch hier schreiberabhängige, -adaptierbare und -unabhängige Realisierungen denkbar. Für den praktischen Einsatz stehen bisher lediglich Systeme zur Verfügung, die langsame Blockschrifteingaben erkennen können. Forschungs- und Entwicklungsbemühungen konzentrieren sich auf die schnelle, kontinuierliche Erkennung von Blockschriften; die Eingabe von Handschriften scheint vorerst noch zu komplex zu sein.[370] Betriebliche Anwendungen sind vor allem im Zusammenhang mit positionsbezogenen Texteingaben, wie zum Beispiel dem Ausfüllen von Formularen, denkbar.[371]

(3) **Gestikbasierte Eingabe**

Ziel der sogenannten gestikbasierten Eingabe ist es in diesem Zusammenhang, nicht nur Schreib-, sondern auch Markierbewegungen des Benutzers auf den Ausgabemedien - dem Bildschirm oder Druckerzeugnissen - zu erkennen.[372] Damit wäre es dem Benutzer beispielsweise möglich, einen auf dem Bildschirm dargestellten Text oder eine grafische Darstellung unter Verwendung vereinbarter Korrekturvorschriften[373] unmittelbar am Computer zu korrigieren (vergleiche Abbildung 47).

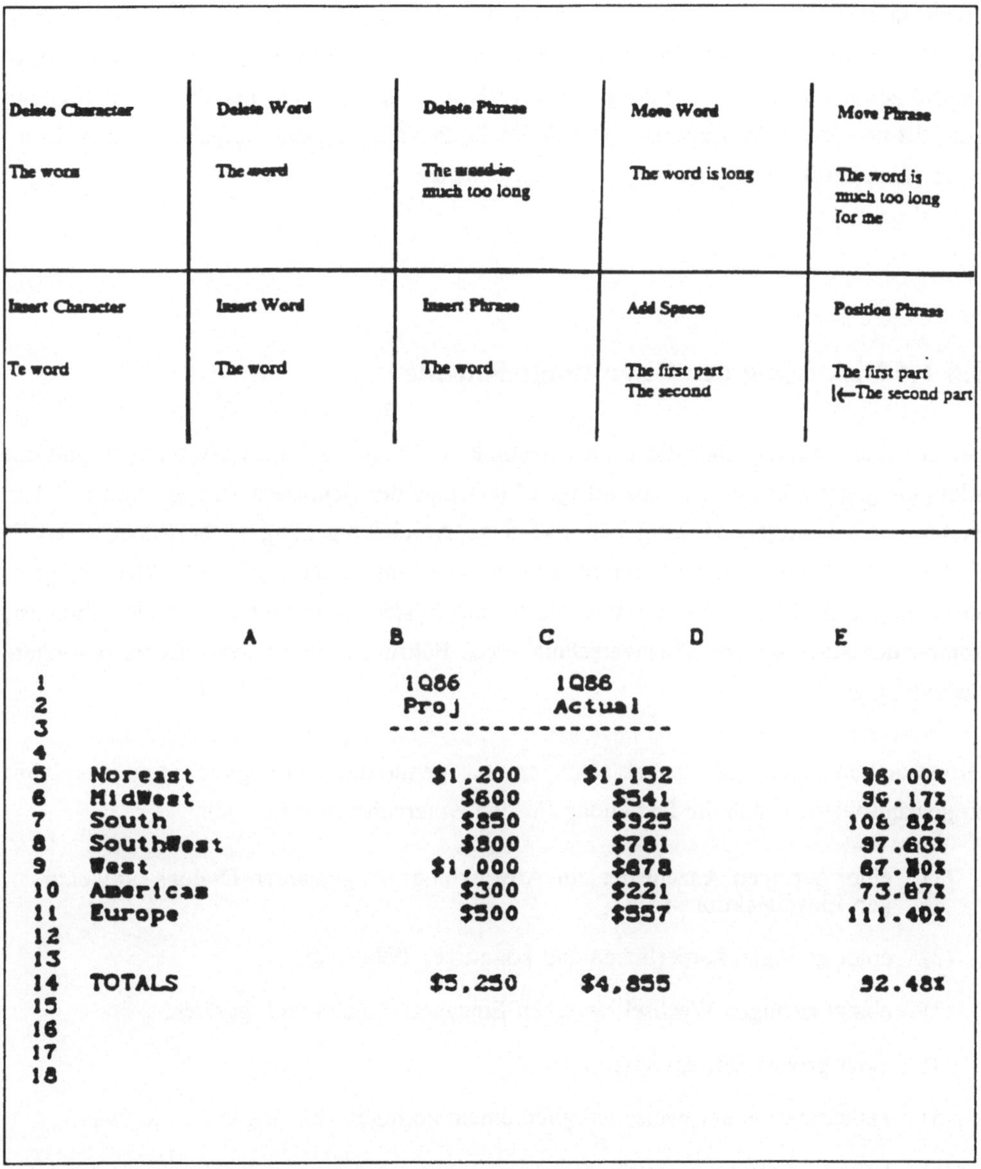

Delete Character	Delete Word	Delete Phrase	Move Word	Move Phrase
The word	The word	The word is much too long	The word is long	The word is much too long for me
Insert Character	**Insert Word**	**Insert Phrase**	**Add Space**	**Position Phrase**
Te word	The word	The word	The first part The second	The first part |←The second part

		A	B	C	D	E
1			1Q86	1Q86		
2			Proj	Actual		
3			----------	----------		
4						
5	Noreast		$1,200	$1,152		96.00%
6	MidWest		$600	$541		90.17%
7	South		$850	$925		108.82%
8	SouthWest		$800	$781		97.63%
9	West		$1,000	$878		87.80%
10	Americas		$300	$221		73.67%
11	Europe		$500	$557		111.40%
12						
13						
14	TOTALS		$5,250	$4,855		92.48%
15						
16						
17						
18						

Abbildung 46: Beispiele zur gestikbasierten Eingabe[374]

Es entfiele die sonst notwendige Übergabe des korrigierten Exemplars an einen Mitarbeiter, der die Korrekturen durchzuführen hat, sowie ein sich bei auftretenden Unklarheiten gegebenenfalls anschließender zeitaufwendiger Abstimmungsaufwand. So könnte das Durchstreichen einer auf dem Bildschirm dargestellten Tabellenspalte oder einzelner

Worte in einem Text etwa zum sofortigen Löschen der betreffenden Elemente führen. Sowohl die Lösch-Kommandoeingabe als auch die Bezeichnung des zu löschenden Elementes geschehen hierbei durch eine einzige Bewegung, die dem Benutzer vom Umgang mit Stift und Papier vertraut ist. Er muß für die Bewältigung der Aufgabe mit dem Computer keine besondere Syntax erlernen oder behalten.

5.5.1.4 Diskussion der Gestaltungselemente

Bei der Entscheidung über die Eingabetechniken für ein konkretes DV-System sind vor allem die gegenwärtigen und zukünftigen Merkmale des Benutzers, die von ihm mit dem System zu bewältigenden Aufgaben und seine Arbeitsumgebung zu berücksichtigen.[375] Während die Ausstattung herkömmlicher Computer mit Tastatur und indirektem Zeigeinstrument (z. B. Maus) für Assistenzkräfte und Systementwickler allgemein üblich ist, kommt der Auswahl der Eingabetechnik eines Führungsinformationssystems besondere Bedeutung zu.

Grundsätzlich sollten die Eingabetechniken und -geräte des Führungsinformationssystems so gewählt werden, daß die Bedienung für den Unternehmensführer mit

(1) einer geringen Anzahl der zur Abwicklung des geplanten Dialogs notwendigen Eingabeaktionen,

(2) einer geringen körperlichen und kognitiven Belastung,

(3) einem geringen Wechsel zwischen Eingabetechniken und -geräten,

(4) einer großen Bewegungsfreiheit,

(5) keinem beziehungsweise lediglich einem geringen einmaligen Lernaufwand,

(6) keiner ständigen Übung und

(7) einer attraktiven äußeren Erscheinung

verbunden ist.

Für den Unternehmensführer scheint die Eingabe mit Hilfe eines direkten Zeigeinstrumentes in Form eines Stiftes am geeignetsten. Auch komplexere, durch entsprechende

Symbole auf dem Bildschirm dargestellte Systemfunktionen sind durch einfache Zeigeoperationen zu aktivieren. Hierzu bedarf es seitens des Unternehmensführers keiner größeren Übung; die kognitive Belastung ist relativ gering. Darüber hinaus lassen sich handschriftliche Notizen oder Kommentare (z. B. Arbeitsanweisungen an Assistenzkräfte) und Veränderungen bestimmter Informationsdarstellungen - mit gestikbasierten Eingabetechniken - wie gewohnt durchführen. Das ungewollte Verdecken von wichtigen Bildschirmausschnitten entfällt bei einer entsprechenden situationsbezogenen Aufteilung des Bildschirms in einen Ausgabe- und einen Eingabeteil - Integration von Bildschirm- und Grafiktablettfunktion.[376] Die indirekte Eingabe über ein zusätzliches Grafiktablett, das nur zeitweise bedient werden muß, ließe sich somit vermeiden.

Um ein problemloses Schreiben und absolute Bewegungsfreiheit auf der Arbeitsoberfläche zu ermöglichen, sollte das Zeigeinstrument jedoch nicht fest mit dem Computer verbunden sein. Am geeignetsten wäre sicherlich die Entwicklung eines "normalen" Schreibgerätes, das nicht nur den herkömmlichen Anforderungen - auch bezüglich des äußeren Erscheinungsbildes - gerecht wird, sondern gleichzeitig als Zeigeinstrument verwendet werden kann.[377] Denkbar wäre etwa die Konstruktion einer Goldfüllfeder, die sich leicht vom Beschreiben von Papier auf die Bildschirmeingabe umstellen läßt und mit einem optisch nicht auffallenden, zusätzlichen Knopf versehen ist, durch den sich zum Beispiel Eingaben bestätigen oder Systemfunktionen aktivieren lassen, ohne die Schreibposition wesentlich verändern zu müssen. Sofern aus technischen Gründen ein spezielles Schreibgerät für Computereingaben verwendet werden muß, sollte auch hier auf das äußere Erscheinungsbild geachtet werden. Eine billig und zerbrechlich anmutende graue "Plastikröhre" wird bei Unternehmensführern kaum Akzeptanz hervorrufen.

Zur Texterfassung scheint die Tastatur auf absehbare Zeit zwar das einzige Medium zu sein; selbst wenn Systeme zur kontinuierlichen Erkennung von Blockschrift verfügbar sein sollten, ist für den ungeübten Benutzer die Eingabe über Tastatur in der Regel schneller. Im Zusammenhang mit der Arbeit an Führungsinformationssystemen stellt sich diese Aufgabe Unternehmensführern jedoch nicht, und es ist zu erwarten, daß für sie auch zukünftig das Diktieren von Texten die schnellste und komfortabelste Eingabetechnik darstellt, sei es direkt mit Hilfe von Spracherkennungssystemen oder indirekt über die Einbeziehung weiterer Mitarbeiter. Während die Tastenanordnung bei der indirekten Eingabe eher auf eine möglichst hohe Eingabegeschwindigkeit ausgelegt sein sollte, ist bei der Bedienung durch Unternehmensführer mehr auf eine hohe Kompatibilität zu den übrigen von ihnen bedienten Geräten zu achten.

Die Arbeit von Assistenzkräften und Systementwicklern im Zusammenhang mit Führungsinformationssystemen ist hingegen eher durch die neue Bearbeitung bekannter Sachverhalte gekennzeichnet. Aufgrund des vorhandenen Fachwissens wird es für sie in der Regel zu umständlich sein, etwa ein zur Durchführung bestimmter nicht vorausgeplanter Abfragen notwendiges, komplizierteres SQL-Kommando über eine Vielzahl von Zeigeoperationen mühsam zusammenzustellen. Die Tastatur scheint auch auf absehbare Zeit das geeignetste Medium zu sein, um ad hoc komplexere Kommandoeingaben zu tätigen.

5.5.2 Ausgabe

Im Gegensatz zu den Eingabetechniken stehen bei der Informationsausgabe betrieblicher DV-Systeme bildhafte Darstellungen im Vordergrund. Akustische und taktile Zeichen werden vor allem parallel zur Unterstützung visueller Informationen eingesetzt,[378] zum Beispiel akustische Warnsignale bei unzulässigen Benutzereingaben oder taktile und akustische Zeichen, um dem Benutzer die erfolgreiche Durchführung eines Tastenanschlages anzuzeigen.[379]

5.5.2.1 Grundlagen visueller Wahrnehmung

Die Frage, ob beziehungsweise wie schnell ein visuelles Zeichen[380] des DV-Systems vom Benutzer erkannt wird, hängt wesentlich von den Eigenschaften des menschlichen Auges ab.[381] Nur in einem sehr kleinen Sehwinkel von ein bis zwei Grad lassen sich Objekte scharf wahrnehmen. Mit zunehmender Entfernung von der Fovea[382] nehmen Sehschärfe und Farbwahrnehmung ab, während sich die Bewegungsempfindlichkeit verstärkt. Um über einen größeren Bereich detaillierte Informationen zu gewinnen, müssen vom Auge nacheinander kleine Bereiche fixiert und zu einem Gesamtbild zusammengefügt werden.[383] Die Aufmerksamkeitsverteilung entspricht dabei typischerweise dem Schriftsehen, so daß Informationen im linken oberen Quadranten des Bildschirms in der Regel früher erkannt werden als entsprechend dargestellte Informationen im rechten unteren Quadranten.[384]

Die Erkennbarkeit von Informationen kann durch die Beachtung der von Wertheimer[385] entwickelten Gestaltgesetze: Gleichartigkeit, Nähe, Geschlossenheit, Symmetrie und gute Form, gesteigert werden.[386] Durch Darstellung der strukturell informationstragenden Punkte einer Figur entsteht beim Betrachter ein figuraler Eindruck, auch wenn bestimmte, redundante Teile weggelassen werden.[387] Darüber hinaus führt eine regelmäßige Anordnung von Informationen zur Ausbildung von Wahrnehmungsgewohnheiten. Sofern weder eine konkrete Erwartung besteht noch die Peripherieinformationen eine ausgeprägte Grobstruktur ergeben, muß das Bild erschöpfend abgesucht werden.[388]

Die Sehqualität wird ferner von der Leuchtdichte, dem Kontrast und der Helligkeit beeinflußt. Zu berücksichtigen sind hierbei neben den eigentlichen Bildschirmzeichen auch die Lichtverhältnisse der Umgebung.[389] Der Farbeindruck entsteht im menschlichen Bewußtsein durch die drei Grundreize Farbtonempfindung[390], -helligkeit und -sättigung,[391] die zwar in jedem Farbzeichen gleichzeitig gegeben sind, aber je nach Bezugssystem verschieden dominant in Erscheinung treten.[392] Zur Darstellung von Informationen auf dem Bildschirm sind die einzelnen Grunddimensionen jedoch trotz der großen Farbvielfalt angebotener Farbbildschirme und der menschlichen Farbwahrnehmungsfähigkeit nur sehr begrenzt einsetzbar.[393] Neben der physiologischen Unterscheidbarkeit ist auch die psychologische Wirkung farbiger Objekte zu berücksichtigen.[394]

Die ergonomische Gestaltung von Bildschirmarbeitsplätzen sowie die adäquate Informationsdarstellung auf dem Bildschirm sind seit längerer Zeit Gegenstand intensiver Forschungsbemühungen. Vor allem im Bereich der Hardwareergonomie kann heute auf eine Vielzahl gesicherter Forschungsergebnisse zurückgegriffen werden, die zum großen Teil bereits Eingang in entsprechende Normen gefunden haben.[395]

5.5.2.2 Kognitive Verarbeitung bildhafter und verbaler Informationen

Aufgrund beobachtbarer Leistungsunterschiede wird im Hinblick auf die weitere kognitive Verarbeitung der durch visuelle Informationen im Auge hervorgerufenen Reize zwischen bildhaften und verbalen Informationen unterschieden. Nach ersten Verarbeitungen auf der Netzhaut werden die perzeptuellen Informationen bezüglich grafischer Merkmale, wie beispielsweise Kontrast, Farbe, Hintergrund, Ecken, Geraden und gebogene Linien, untersucht. Durch Vergleich der festgestellten grafischen Merkmale mit den bereits im Gedächtnis gespeicherten Merkmalen von bekannten grafischen Elementen wird das betreffende Bildelement identifiziert und ist damit einer semantischen Analyse zugänglich.[396]

Nach Craik/Lockhart ist die Tiefe der kognitiven Verarbeitung entscheidend für die "Behaltensleistung".[397] Sie hängt unter anderem von der Einwirkungszeit des Reizes, der Menge des präsentierten Materials, dem Bekanntheitsgrad und der Kompatibilität des Reizes sowie der Bedeutungshaltigkeit des Materials ab. Bildhafte Informationen, zum Beispiel in Form von Piktogrammen oder anderen grafischen Darstellungen, erfahren hiernach im Vergleich zu entsprechenden geschriebenen Informationen eine tiefere Verarbeitung und lassen sich besser über einen längeren Zeitraum behalten.

Empirische Untersuchungen zeigen darüber hinaus, daß Bilder schneller verarbeitet werden als Wörter, was mit einer geringeren kognitiven Belastung erklärt wird. Es liegt die Vermutung nahe, daß bildhafte Informationen der Tiefenstruktur der menschlichen Informationsverarbeitung näher stehen als Worte. Zum Teil wird davon ausgegangen, daß semantische Informationen bilderähnlich sind.[398] Leistungsunterschiede zwischen der kognitiven Verarbeitung bildhafter und verbaler Informationen werden zum Beispiel dadurch erklärt, daß letztere erst in eine entsprechende Bildform umgewandelt werden müssen[399] und Bilder ohne Zwischenspeicherung im Kurzzeitgedächtnis direkt in das Langzeitgedächtnis übergehen können.[400]

Sofern es der darzustellende Sachverhalt, die Dialogform und die zur Verfügung stehenden Eingabetechniken sinnvoll erscheinen lassen, sollten - unter Berücksichtigung dieser gedächtnispsychologischen Erkenntnisse - bildhafte Informationen im Grundsatz entsprechenden verbalen Informationen vorgezogen werden. Durch die Verwendung von Piktogrammen kann insbesondere

(1) die **Speicherkapazität** des Gedächtnisses effektiver ausgenutzt,

(2) die **Aufmerksamkeit** des Benutzers erhöht,

(3) das **Lernen** erleichtert sowie

(4) das **Kurzeitgedächtnis** entlastet werden, womit dem Bewußtsein mehr Raum für Problemlösungsprozesse zur Verfügung steht.[401]

Zur Darstellung betrieblicher Kennzahlen sind grafische Darstellungen im Vergleich zu Formeln oder Tabellen besonders geeignet, insbesondere zur Veranschaulichung von Beziehungen zwischen mehreren betrieblichen Kennzahlen und deren Entwicklung im Zeitablauf. Durch Ausnutzung der Eigenschaften der Ebene lassen sich mit einer grafischen Darstellung Ähnlichkeits-, Ordnungs- oder Proportionalitätsbeziehungen zwischen Informationsgesamtheiten sichtbar machen. Die Gesamtheit der Beziehungen muß dazu in die spontan wahrnehmbaren Eigenschaften des grafischen Bildes übertragen werden.[402] Entsprechende Konstruktionsvorschriften finden sich in zahlreichen Literaturstellen.[403] Die computergestützte Generierung adäquater grafischer Darstellungen ist Gegenstand intensiver Forschungsbemühungen.[404]

Grundsätzlich muß auch hier gelten, daß vom Benutzer zu jedem Zeitpunkt individuell die bildhafte oder verbale Informationsdarstellung aktivierbar sein sollte, um seinen persönlichen Präferenzen gerecht werden zu können und ihn so wenig wie möglich zu belasten. Die Experten-Eingabe individueller, komplexer Kommandosequenzen ließe sich zum Beispiel nur sehr schlecht und umständlich durch eine große Anzahl aufeinander folgender kleiner Einzelmanipulationen bestimmter Bildelemente umsetzen.

5.5.2.3 Ausgabegeräte und -techniken

Zur Ausgabe steht eine Vielzahl indirekter und direkter Geräte und Techniken zur Verfügung.[405] Dem Bildschirm kommt in diesem Zusammenhang besondere Bedeutung zu,[406] da er sich nicht nur gleichzeitig als Eingabegerät eignet, sondern mit seiner Hilfe dem Benutzer über den Erfolg oder Mißerfolg jedes einzelnen Eingabeversuchs sofort eine entsprechende Rückmeldung gegeben werden kann. So wird dem Benutzer etwa bei der Eingabe eines komplexeren Kommandos via Tastatur jedes einzelne systemseitig erkannte Zeichen unmittelbar auf dem Bildschirm angezeigt oder die erfolgreich durchgeführte Zeigeoperation durch Hervorhebung des betreffenden grafischen Elementes auf dem Bildschirm sichtbar gemacht. Das unmittelbare Feedback bei jeder Eingabeaktion nimmt dem Benutzer seine Unsicherheit über die Auswirkungen seiner Aktionen, er wird in die Lage versetzt, bereits in einem sehr frühen Stadium Eingabefehler zu erkennen und gegebenfalls zu korrigieren; bei Aktionen zur Bewegung des Cursors ist das Feedback sogar unerläßlicher Teil des Eingabevorganges. Vor allem bei ungeübteren Benutzern läßt sich durch eine fortlaufende systemseitige Rückkopplung die Transparenz der Benutzerschnittstelle erhöhen.[407]

Computerbildschirme wurden in den letzten Jahren erheblich verbessert.[408] Gleichwohl ist die Bildschirmarbeit - im Vergleich zum herkömmlichen Umgang mit Papier - nach wie vor mit Nachteilen verbunden. So kommt es unter anderem zu Zwangshaltungen, stärkeren Augenbelastungen, Streß sowie bei bestimmten Bildschirmen auch zu Strahlenbelastungen.[409] Darüber hinaus zeigen umfangreiche Untersuchungen, daß das Lesen am Computerbildschirm langsamer ist als das Lesen von Text auf Papier.[410]

Durch softwaregesteuerte Unterteilung großflächiger physischer Bildschirme in mehrere Fenster stehen dem Benutzer quasi mehrere Bildschirme parallel zur Bearbeitung beziehungsweise Kontrolle unterschiedlicher Teilaufgaben zur Verfügung. So könnte beispielsweise ein Sachverhalt in dem einen Fenster in Tabellenform beschrieben sein, während er in dem anderen Fenster in Form einer grafischen Darstellung aufbereitet ist, so daß der Benutzer die Möglichkeit hat, beide Darstellungen zu vergleichen, die eine oder andere näher zu betrachten oder auch einen neuen Bildschirm zu öffnen, um gegebenenfalls einen weiteren Aspekt in einem separaten Fenster detaillierter zu untersuchen. Die Fenster sollten hierfür vom Benutzer jederzeit leicht geöffnet, in ihrer Größe und Lage verändert und auch geschlossen werden können.[411] Bei einer größeren Anzahl von Fenstern sollte der Benutzer ferner systemseitig bei der Fensterverwaltung unterstützt werden, da er sonst leicht die Übersicht über die sich - aufgrund der begrenzten Bildschirmfläche - zum Teil vollständig überlappenden Fenster verlieren kann.[412]

Zur computerunabhängigen Präsentation und Dokumentation bestimmter Sachverhalte steht eine Vielzahl unterschiedlicher Drucker zur Verfügung, die die gewünschten Informationen - gegebenenfalls auch farbig - auf Papier, Folie oder Film ausgeben.[413] Die Sprachgenerierung ist Gegenstand intensivster Forschungsbemühungen.[414] Die taktile Ausgabe findet vor allem zur Vermittlung eines unmittelbaren Feedbacks bei manuellen Eingabeaktionen und sehbehinderten Benutzern Anwendung.[415]

5.5.2.4 Diskussion der Gestaltungselemente

Bildschirme sollten folgende Grundanforderungen erfüllen:

(1) **Bildschirmgröße**: Der Bildschirm sollte möglichst groß sein, das heißt zumindest genügend Platz bieten, um ein bis zwei zu bearbeitende Textseiten und gegebenfalls erforderliche Aktionen beziehungsweise Meldungen anzeigen zu können.

(2) **Flimmerunterdückung**: Bildschirm-Flimmern sollte vom Betrachter nicht wahrgenommen werden.[416] Gould vermutet, daß bei einer Bildwiederholungsfrequenz von 70 Hertz[417] keine Unterschiede mehr zwischen der Lesegeschwindigkeit auf Bildschirmen und auf Papier feststellbar wären.[418]

(3) **Bildaufbaurate**: Der Bildschirminhalt sollte möglichst schnell aufgebaut werden. Wartezeiten von einigen Sekunden für den vollständigen Aufbau des Bildschirminhaltes werden in der Regel als störend empfunden.[419]

(4) **Bewegungswiedergabe**: Abrupte Bewegungen einzelner Bildelemente beziehungsweise ständige Bewegungen des gesamten Bildschirminhaltes sollten vermieden werden.[420]

(5) **Auflösung**: Eine hohe Bildschirmauflösung soll sicherstellen, daß selbst kleine Zeichen vom Betrachter gut erkannt werden können. Unscharfe Darstellungen führen schnell zur Übermüdung der Augen und zur Verringerung der Lesegeschwindigkeit.[421]

(6) **Flacher Bildschirm**: Um Verzerrungen an den Bildschirmrändern zu vermeiden, sollten die Bildchirme möglichst flach sein.

(7) **Fremdlichtreflexion**: Reflexionen auf der Bildschirmoberfläche sind zu vermeiden.

(8) **Kontrast** und **Helligkeit**: Die auf dem Bildschirm dargestellten Elemente sollten vom Hintergrund deutlich abgrenzbar sein. Neben einer Maximierung ist vor allem die individuelle Einstellbarkeit von Bedeutung. Sowohl in der subjektiven Einschätzung als auch für die Lesegeschwindigkeit sind dunkle Zeichen auf hellem Untergrund bei hohem Kontrast am besten.[422]

(9) **Erschütterungstoleranz**: Bewegungen des Bildschirms sollten nicht zu Verzerrungen führen.

(10) **Portabilität**: Bildschirmgewicht und -abmessungen sollten eine leichte Portabilität sicherstellen.

(11) **Farbe**: Der Bildschirm sollte bei Bedarf die Darstellung einer angemessenen Farbpalette ermöglichen.[423]

Die verfügbaren Bildschirmtechniken erfüllen diese Anforderungen sehr unterschiedlich: So zeichnet sich der an festinstallierten betrieblichen Computerarbeitsplätzen im allgemeinen eingesetzte Kathodenstrahl-Bildschirm zum Beispiel durch geringe Kosten, eine umfangreiche Farbpalette (einschließlich Schwarz-Weiß-Darstellung), starken Bildkontrast, Negativ-/Positivdarstellung, hohe Auflösung und Größe aus, ist aber aufgrund von starker Erschütterungsempfindlichkeit, hohem Gewicht und großem Energiebedarf nicht zum Einsatz in portablen Computern geeignet. LCD-Anzeigen sind hingegen klein und leicht, unempfindlich, sehr flach und haben einen geringen Energiebedarf, der Akkubetrieb ermöglicht, die Darstellungsqualität ist jedoch im Vergleich zu Kathodenstrahl-Bildschirmen so gering, daß sie kaum an festen Computerarbeitsplätzen eingesetzt werden.[424]

Neben den üblichen Beurteilungskriterien wie Kaufpreis und Betriebskosten ist bei der Auswahl eines Druckers für den Unternehmensführer insbesondere auf eine hohe Darstellungsqualität[425] und Druckgeschwindigkeit sowie eine äußerst geringe Geräuschentwicklung zu achten. Denn es kann nicht, wie zum Teil vermutet, davon ausgegangen werden, daß der Drucker im allgemeinen in einem separaten Raum untergebracht ist. Der Unternehmensführer wird grundsätzlich nur in Ausnahmefällen eine Druckausgabe selbst anstoßen, um etwa eine bestimmte Arbeitssituation computerunabhängig zu dokumentieren, die keiner weiteren Person im Unternehmen zugänglich sein soll; dann muß er aber auch die unmittelbare Kontrolle über die Entstehung des Ergebnisses haben und darf nicht durch zusätzliche Wege belastet werden. Hier bietet sich zum Beispiel die Integration des Druckers in vorhandene Büromöbel an.

Zur schnellen Dokumentation umfangreicherer Datenbestände kommt nur die Speicherung auf maschinenlesbaren Medien in Frage, die leicht aus dem Gerät entfernt und transportiert werden können.

5.5.3 Integration von Ein- und Ausgabegeräten

In bezug auf die Integration der Ein- und Ausgabegeräte eines Führungsinformationssystems am Arbeitsplatz des Unternehmensführers wurden vereinzelt recht konkrete Vorschläge gemacht. Sie reichen von dem Einsatz vorhandener tragbarer Computer, die bequem in einer größeren Aktentasche Platz haben,[426] bis zur Entwicklung völlig neuartiger Managerarbeitsplätze[427]. Während der erstgenannte Ansatz von dem Stand der Technik als status quo ausgeht und versucht, der geforderten Unabhängigkeit des Führungscomputers in besonderer Weise Rechnung zu tragen, steht beim letztgenannten Ansatz die Entwicklung von Ein- und Ausgabegeräten im Vordergrund, die an die Arbeitsweise des Unternehmensführers stärker angepaßt sind, als dies heute der Fall ist und sein kann.

Beide Ansätze müssen jedoch keine Gegensätze darstellen. Wenn sich der Unternehmensführer am Arbeitsplatz befindet, sollte er sich aller Vorzüge technischer Neuerungen bedienen können. Sofern er den Arbeitsplatz voraussichtlich für einen längeren Zeitraum verläßt, könnte die automatisierte Übernahme bestimmter Informationen in einen tragbaren Computer durchaus sinnvoll sein, um auch auf Reisen die Möglichkeit zu haben, bestimmte wichtige Arbeiten mit dem System durchzuführen. Hierbei steht dann weniger die ergonomische Gestaltung des Gesamtsystems im Vordergrund als die Entwicklung eines robusten Gerätes, das sich auch unter widrigen Bedingungen, etwa in einem fahrenden Auto, noch gut bedienen läßt. Analog sollte die Möglichkeit bestehen, Informationen bei der Rückkehr an den Arbeitsplatz schnell automatisiert auf das Arbeitsplatzsystem zu übertragen.

Bei der Entwicklung des Bildschirms für das Arbeitsplatzsystem sollte berücksichtigt werden, daß sich die zum Teil vorgeschlagene feste Integration in die vorhandene Arbeitsfläche[428] bei der Durchführung der übrigen papierorientierten Arbeiten negativ auswirken könnte. Ziel sollte die Entwicklung flacher, unabhängiger Bildschirme sein, die sich wie eine Akte ad hoc schnell auf die Arbeitsfläche bringen und von ihr wieder entfernen lassen.

6 Prototypische Realisierung des Pilotsystems eines Führungsinformationssystems

6.1 Projektziel, -aufbau und -ablauf

Zur Konkretisierung und Überprüfung des vorgestellten theoretischen Konzeptes wurde im April 1990 mit der Entwicklung und Gestaltung eines Pilotsystems begonnen.[1] Für den Vorstandvorsitzenden eines konkreten Wirtschaftsunternehmens aus dem Versicherungsbereich sollte auf der Grundlage des bis zu diesem Zeitpunkt entwickelten theoretischen Konzeptes innerhalb eines Jahres der Prototyp eines Pilotsystems aufgebaut werden. Damit sollten zum einen die konkreten Perspektiven eines Führungsinformationssystems für die betreffende Unternehmung stärker sichtbar gemacht werden und sich zum anderen konkretere Anhaltspunkte für den Aufwand, der mit einer vollständigen Realisierung des Pilotsystems verbunden wäre, herauskristallisieren, da auf diesem Gebiet zu dem Zeitpunkt noch keine Erfahrungen vorlagen.

Bisher waren nahezu 20 Personen mit unterschiedlicher Intensität an der Entwicklung beteiligt, sei es im Rahmen von Dissertationen, Diplomarbeiten oder als Wissenschaftliche Hilfskräfte. Hinzu kommt die vor allem in der Anfangsphase der Informationsbedarfsermittlung notwendige Unterstützung durch Mitarbeiter des Versicherungsunternehmens.[2]

Der evolutorischen Vorgehensweise folgend, wurde zum Teil zeitlich parallel zur weiteren Verfeinerung des theoretischen Konzeptes damit begonnen, die funktionalen Komponenten des Führungsinformationssystems zu entwickeln und den Informationsbedarf des Vorstandsvorsitzenden zu ermitteln.[3] Nach einzelnen vorher definierten Arbeitsschritten wurden die Zwischenergebnisse jeweils diskutiert. Das konkretisierte und gegebenfalls korrigierte theoretische Konzept bildete die Grundlage für die sich anschließenden Arbeitsschritte.[4]

6.2 DV-Konfiguration

6.2.1 Autonomie des Führungsinformationssystems

Da das Führungsinformationssystem nicht Selbstzweck, sondern Hilfsmittel zur zielorientierten Informationsversorgung und Optimierung unternehmerischer Entscheidungsprozesse ist, kann es nicht die Aufgabe sein, den Umfang und Ablauf der Informationsversorgung nach den technischen Vorgaben existierender oder geplanter Informationstechnik zu gestalten. Um die technische Ausstattung des Führungsinformationssystems von der konkreten betrieblichen Hard- und Software möglichst unabhängig zu halten, sollte das Führungsinformationssystem auf einem dafür ausgewiesenen Computer eingesetzt werden, so daß es auch unabhängig von zentralen Netzen betrieben werden kann.[5]

Das bedeutet zugleich, daß nicht nur sämtliche funktionalen Komponenten der Benutzerschnittstelle, sondern auch das Datenbanksystem für jeden Unternehmensführer einzeln vorzuhalten ist. Die individuelle Führungsdatenbank kommt daneben der Forderung nach, dem Unternehmensführer die Speicherung und Verwaltung persönlicher Informationen zu ermöglichen.

Dies steht nicht im Widerspruch zu einer ständigen oder zeitweisen bedarfsgerechten Anbindung des Führungscomputers an bestehende Netze, zum Beispiel zur automatisierten Übernahme von Informationen aus den betriebsinternen DV-Systemen beziehungsweise externen Informationsdiensten oder dem elektronischen Informationsaustausch (vergleiche Abbildung 47). Es gewährleistet jedoch, daß bei einer gewünschten Isolierung des Führungscomputers, zum Beispiel aufgrund des Verlassens des festen Arbeitsplatzes anläßlich einer Reise, dies auch sehr schnell und einfach durchgeführt werden kann.

Durch Einführung einer separaten Führungsdatenbank - neben den eher transaktionsorientierten Datenbanken der zentralen DV-Systeme- lassen sich die spezifischen Anforderungen der Unternehmensführung hinsichtlich Informationsart, -umfang, -qualität und -aktualität berücksichtigen. Dieses Konzept ermöglicht ferner besondere Datensicherungsmaßnahmen (z. B. durch eine räumliche Trennung) sowie die zentrale Verwaltung sensibler Führungsinformationen durch besonders autorisierte Mitarbeiter. Hierunter fällt vor allem die manuelle Eingabe von Informationen. In Abhängigkeit von den konkreten betrieblichen Anforderungen wird das Führungsdatenbanksystem entweder auf einem separaten Arbeitsplatzrechner oder als Teil eines Großrechner-Datenbanksystems realisiert werden.

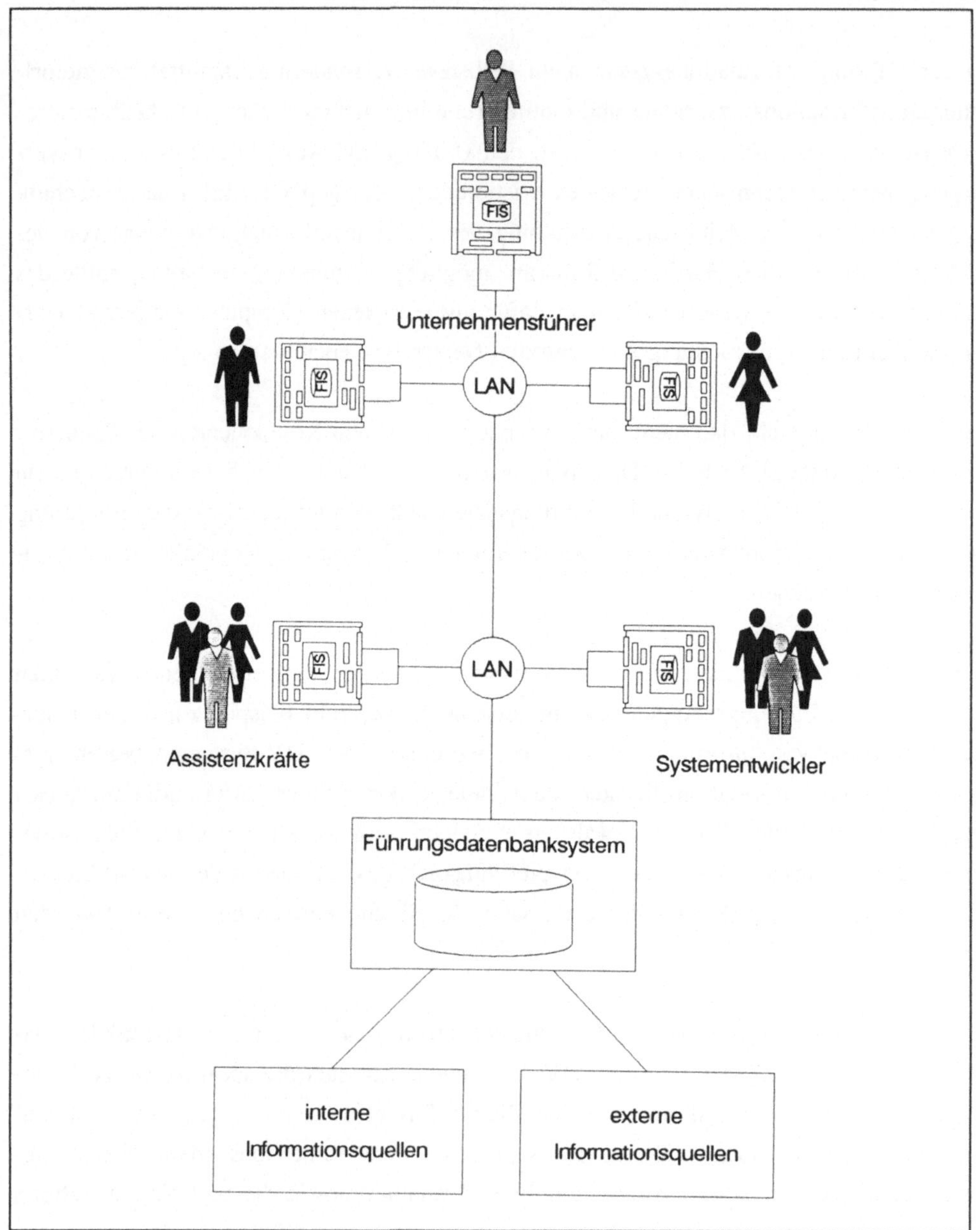

Abbildung 47: DV-Konfiguration eines Führungsinformationssystems

Um die fundierte Weiterbearbeitung bestimmter vom Unternehmensführer erzeugter Arbeitssituationen zu ermöglichen, sollte vorgesehen werden, neben den Systementwicklern auch die Arbeitsplätze der betreffenden Assistenzkräfte mit entsprechenden Spiegelsystemen auszustatten. So könnte der Unternehmensführer bestimmte Arbeitssituationen oder ganze Arbeitsabläufe mit den dazugehörigen Informationen Assistenzkräften zur Bearbeitung übergeben, gegebenenfalls versehen mit entsprechenden Arbeitsanweisungen.

6.2.2 Hardwaretechnische Realisierung

Im Rahmen der prototypischen Realisierung wurde das Führungsinformationssystem zunächst als Einplatzsystem für einen Führungscomputer (Modell PS/2 70) entwickelt, der über BTX automatisiert mit externen Informationen versorgt wird. Das übrige Informationsangebot ist manuell einzugeben. Die Integration unterstützender Einheiten, der Aufbau einer separaten Führungsdatenbank sowie die automatisierte Datenübernahme aus betriebsinternen DV-Systemen sind Gegenstand aktueller beziehungsweise zukünftiger Entwicklungsschritte.

Als Eingabemedien stehen die IBM-Tastatur und eine mechanische Maus (mit zwei Tasten) zur Verfügung, die jeweils durch ein Kabel mit dem Computer verbunden sind. Die Ausgabe erfolgt auf einem hochauflösenden Farbgrafikbildschirm[6]. Zur Dokumentation von Bildschirminhalten auf Papier oder Präsentationsfolie ist ein Farbdrucker vorgesehen.

6.2.3 Softwaretechnische Realisierung

Die softwaretechnische Realisierung basiert auf dem Betriebssystem OS/2.[7] Zum einen ist es Bestandteil des SAA-Konzeptes von IBM, das in Zukunft eine einheitliche Benutzer-, Programmier- und Kommunikationsunterstützung auf verschiedenen Hardware-Architekturen sicherstellen soll (vergleiche Abbildung 48).[8]

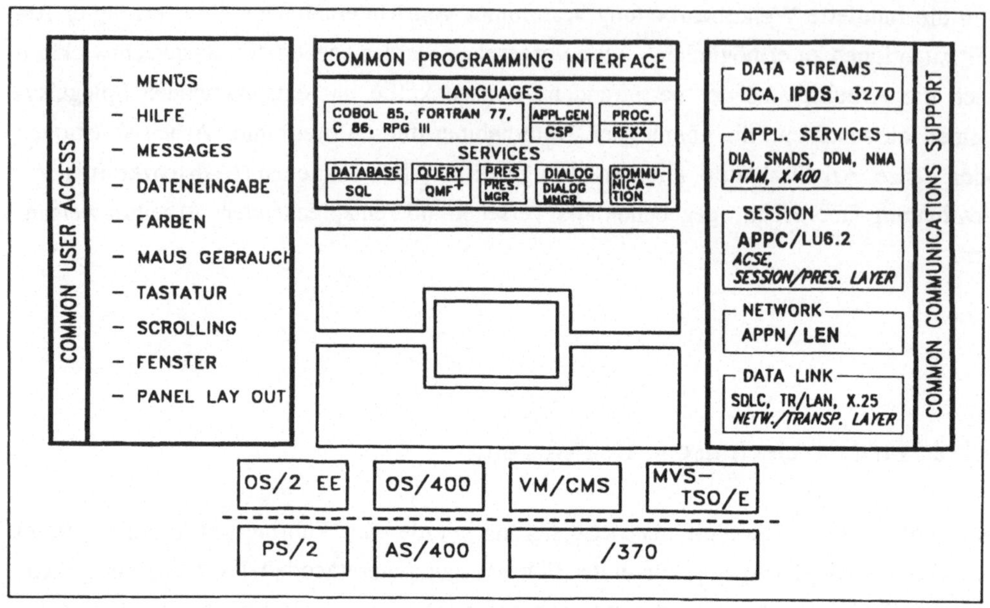

Abbildung 48: SAA - die IBM System-Anwendungsarchitektur[9]

Zum anderen enthält die erweiterte Version des Betriebssystems OS/2 für die Realisierung der drei wesentlichen Funktionskomplexe eines Führungsinformationssystems entsprechende Softwarekomponenten, die vom Entwicklungsstand mit den einzeln verfügbaren Komponenten anderer Betriebssysteme durchaus vergleichbar sind (vergleiche Tabelle 5): Der Presentation Manager für die Programmierung einer fensterorientierten grafischen Ein-/Ausgabeschnittstelle mit Tastatur und Maus,[10] der Database Manager für den Aufbau eines relationalen Führungsdatenbanksystems[11] sowie der Communication Manager für den elektronischen Informationsaustausch[12].

Die bei der Integration einzelner Softwarekomponenten in ein vorhandenes Betriebssystem üblicherweise auftretenden Probleme können so vermieden werden. Durch die Verwendung von Standards wird darüber hinaus sichergestellt, daß das Führungsinformationssystem später mit relativ geringem Aufwand auch für andere Betriebssystem- und Hardwareumgebungen entwickelt werden kann.

Der Kern des Führungsinformationssystems ist in der Programmiersprache C realisiert. Sie weist zum einen eine sehr große Flexibilität auf und ist zum anderen für eine eventuelle Portierung des Systems in eine UNIX-Umgebung vorteilhaft. Zur Analyse natürlichsprachlicher Eingaben und Generierung adäquater Informationsdarstellungen sind einzelne Funktionen in PROLOG programmiert und eingebunden.[13] Auf komplexere Programmierwerkzeuge konnte aufgrund der besonderen Anforderungen an die Benutzerschnittstelle nicht zurückgegriffen werden.[14]

Softwarekomponente \ Betriebssystem			DOS	OS/2	UNIX
Benutzerschnittstelle	Ein-/Ausgaben (fensterorientiert, grafisch)		Graphics Device Interface	Graphics Programming Interface	X-Windows / PostScript Clone
			Microsoft Windows	OS/2 Presentation Manager	OSF/Motif / Open Look Desktop Manager
	Dialoge		Assembler, Fortran, COBOL, Pascal, C	C	C
	Funktionen	konventionell		Assembler, Fortran, COBOL, Pascal	Assembler, Fortran, COBOL, Pascal
		wissensbasiert	PROLOG	PROLOG	PROLOG
Datenbanksystem (relational)			dBase (ORACLE)	OS/2 Database Manager	ORACLE usw.
Kommunikation (Großrechner)			3270-Emulation	OS/2 Communication Manager	TCP-IP

Tabelle 5: Softwaretechnische Rahmenbedingungen[15]

Die einzelnen Führungscomputer sind über ein lokales Netzwerk (in Form eines IBM Token-Ring) miteinander verbunden. Das Führungsdatenbanksystem soll zunächst auf einem Arbeitsplatzcomputer (Modell PS/2 80) realisiert und die Zugriffsverwaltung vom IBM LAN-Server übernommen werden.

6.3 Konzept des Datenbanksystems

6.3.1 Design der Datenbank

Im Zusammenhang mit dem Datenbankdesign werden im allgemeinen vier Phasen unterschieden: die Analyse des Informationsbedarfs sowie die Entwicklung des konzeptionellen, logischen und internen Schemas.[16] Das Ergebnis der Informationsbedarfsanalyse wird in einem sogenannten konzeptionellen Schema sachlogisch beschrieben. In der sich anschließenden logischen Designphase wird das konzeptionelle Schema unter Berücksichtigung der Besonderheiten des konkreten Datenbanksystems verfeinert. Das interne Schema beschreibt hingegen die physikalische Realisierung, die im Rahmen des Projektes durch die Wahl des OS/2 Database Managers als Basissystem bereits vorgegeben war (vergleiche Abbildung 49).

Auf die ausführliche Darstellung der einzelnen Modellierungsschritte soll an dieser Stelle verzichtet werden. Zum einen würde sie den Rahmen dieser Arbeit bei weitem sprengen, zum anderen sind die im Vordergrund dieser Arbeit stehenden betriebswirtschaftlich relevanten Sachverhalte bereits ausführlich beschrieben worden. Einzelne Ausschnitte sind in den begleitenden Diplomarbeiten dokumentiert.[17]

Die durchgeführte Informationsbedarfsanalyse bestätigt die Annahme, daß es beim Aufbau eines Führungsinformationssystems nicht ausreicht - ähnlich eines Kennzahlensystems - alle relevanten Kennzahlen in eine bestimmte hierarchische Struktur zu bringen. Aufgrund der Tatsache, daß der Aussagegehalt beziehungsweise die Bedeutung einer bestimmten Kennzahl in Abhängigkeit von der konkreten Situation variiert, muß es möglich sein, mehrere hierarchische Strukturen zu definieren, wobei eine bestimmte Kennzahl gleichzeitig in verschiedenen Modellen in unterschiedlichen Beziehungszusammenhängen auftauchen kann.

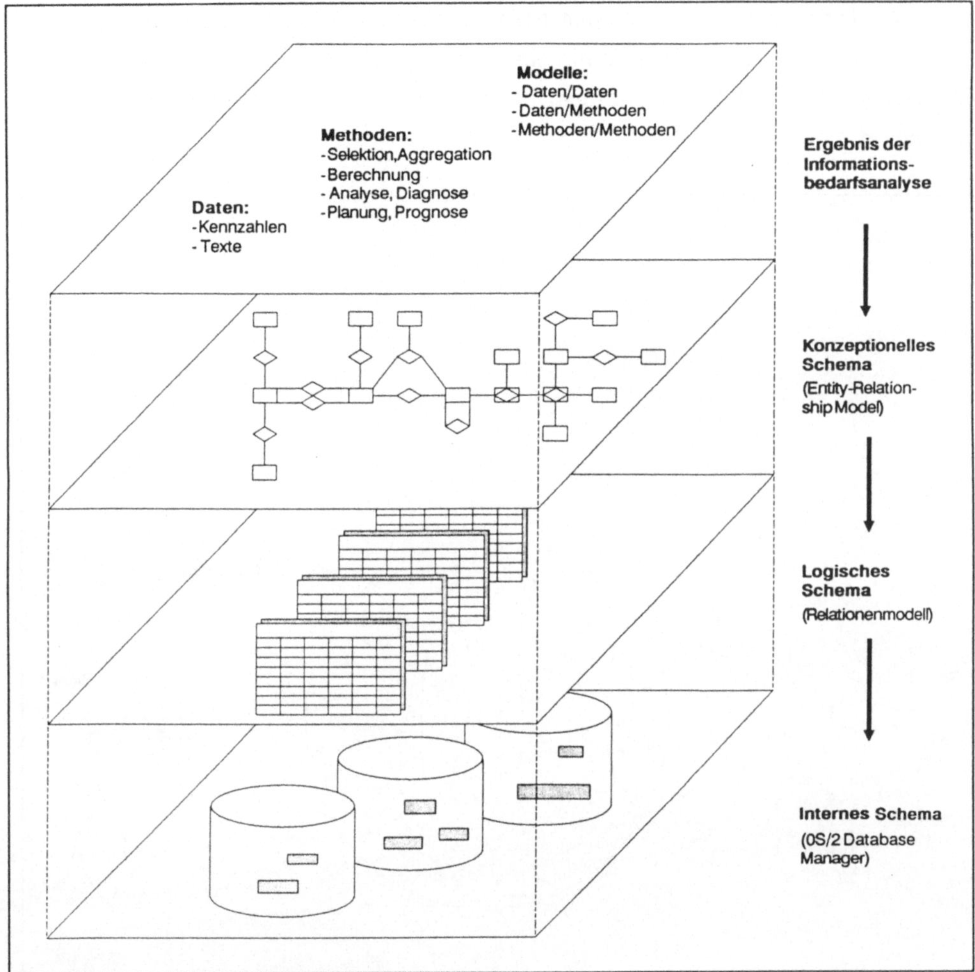

Abbildung 49: Phasenkonzept des Datenbankdesigns

Vor diesem Hintergrund wurde zur flexiblen Erfassung von Kennzahlenmodellen das Sichtenkonzept entwickelt (vergleiche Abbildung 50): In Abhängigkeit von der situationsspezifischen Betrachtungsperspektive, der sogenannten Sicht, erscheint das Informationsangebot unterschiedlich strukturiert. Neben einer aus den vorliegenden Berechnungsvorschriften systemseitig generierbaren hierarchischen Struktur können beliebig viele logische Hierarchien definiert werden. Jede Sicht auf das Informationsangebot ist durch eine bestimmte Anzahl von Kennzahlen, die in einer bestimmten Weise hierarchisch strukturiert sind, gekennzeichnet.

Zum einen kann damit der Forderung nach situationsspezifischen Kennzahlenbedeutungen Rechnung getragen werden, zum anderen besteht die Möglichkeit, sofern die aktuelle Benutzersicht dem System bekannt ist, den Benutzer bei der Informationssuche zu unterstützen.

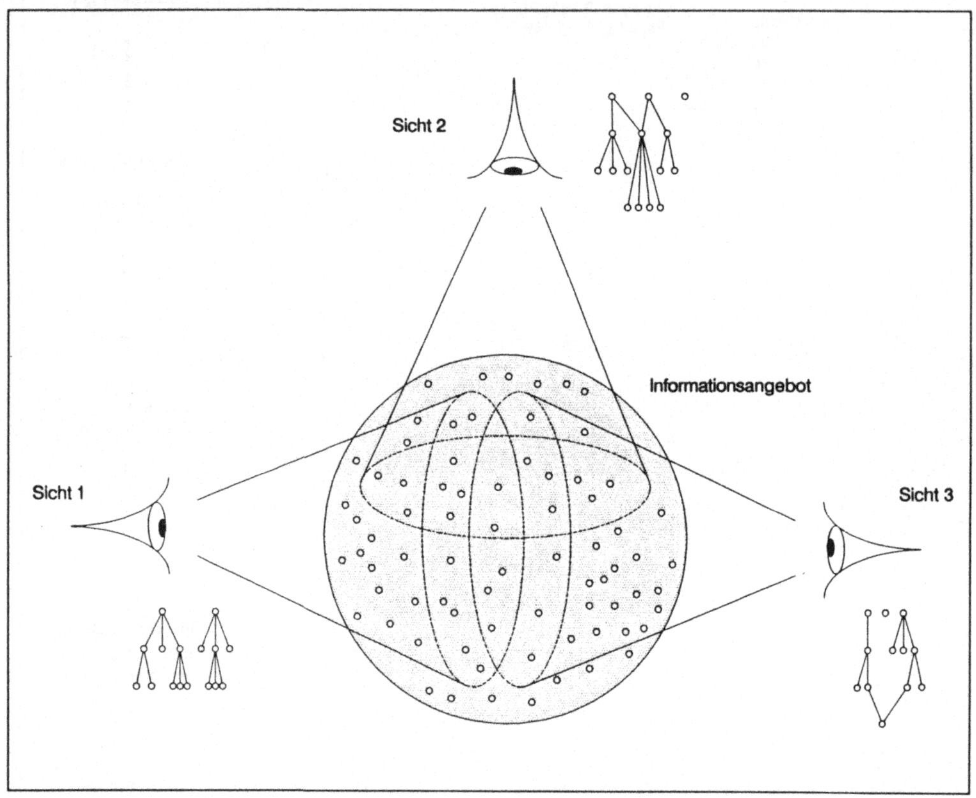

Abbildung 50: Sichtenkonzept[18]

6.3.2 Verwaltungsfunktionen

Zur Verwaltung der Führungsdatenbank werden dem Unternehmensführer im Rahmen des Führungsinformationssystems vor allem Funktionen zur Definition, Änderung und Löschung von Kennzahlen und Sichten sowie zur manuellen Werteingabe angeboten.

Daneben sind Funktionen zur Reorganisation des Datenbestandes nach Änderungen an Kennzahlen oder Sichten enthalten. Die Methoden werden im prototypischen Pilotsystem aufgrund ihrer geringen Anzahl nicht in einer separaten Methodenbank verwaltet, sondern sind als C-Programme zunächst fester Bestandteil des Anwendungsprogramms.[19]

Da im Vordergrund dieser Arbeit die Benutzerschnittstelle eines Führungsinformationssystems steht, soll im folgenden der Ablauf einer Kennzahlen- und Sichtendefinition sowie einer Werteingabe aus der Sicht des Unternehmensführers exemplarisch erläutert werden.[20] Assistenzkräften und Systementwicklern bietet sich aufgrund ihrer DV-Kenntnisse darüber hinaus die Möglichkeit, ohne das Führungsinformationssystem zu verlassen - in einem separaten Fenster - mit Hilfe des Query Managers alle denkbaren Änderungen im Führungsdatenbanksystem vorzunehmen.[21]

Sofern das Führungsinformationssystem aufgerufen ist, kann der Benutzer jederzeit über das permanent sichtbare Menü (Aktionsleiste) am oberen Bildschirmrand die Aktion *Datenbank* auslösen (vergleiche Abbildung 51), entweder über das gleichzeitige Drücken der *ALT*- und *D-Taste*[22] oder über das Bewegen des Cursorsymbols (Pfeil) auf den Begriff Datenbank in der Menüleiste und kurzes Betätigen der linken Maustaste. Daraufhin erscheinen in einem Pull-down-Menü die oben angeführten Auswahlmöglichkeiten, in Gruppen gegliedert - durch Trennstriche optisch abgesetzt - und nach der Benutzungshäufigkeit geordnet; die Benutzungshäufigkeit der Aktionen nimmt von oben nach unten ab. Die dunkel unterlegte Funktion läßt sich jeweils durch Betätigen der *EINGABE-Taste* oder der linken Maustaste anstoßen. Ein Wechsel der aktuell aktivierungsfähigen Funktion kann indirekt durch Bewegen des Cursorsymbols via Cursortasten oder Maus erreicht werden. Nicht anwählbare Aktionen werden mit reduziertem Kontrast dargestellt, bei einem Aktivierungsversuch wird vom DV-System ein Warnton erzeugt.

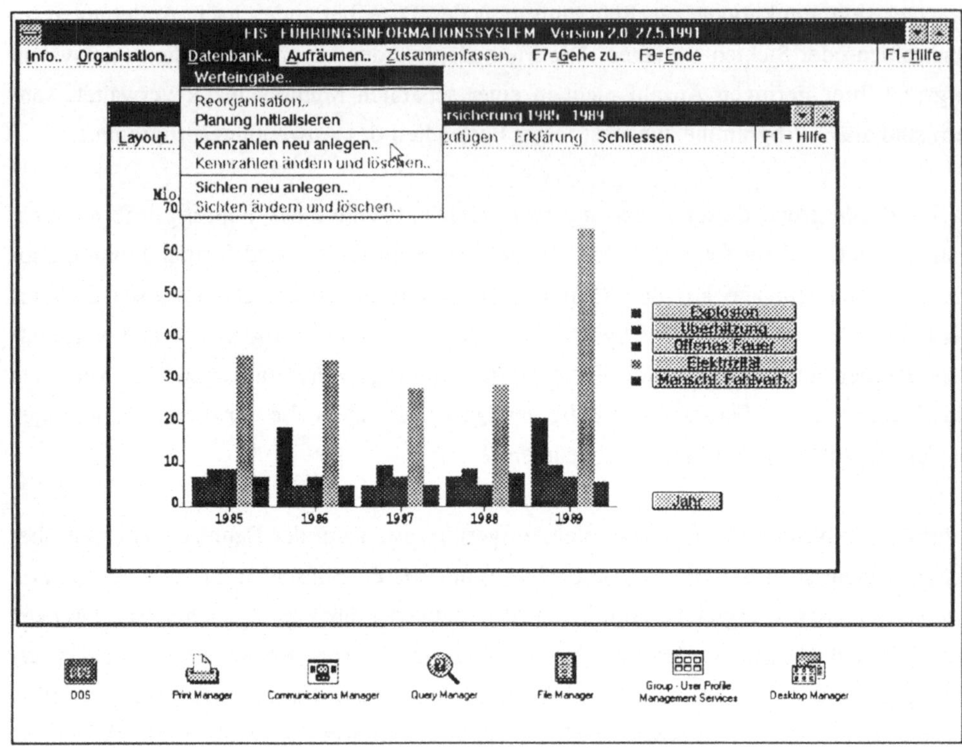

Abbildung 51: Aktivierung der Führungsdatenbank-Verwaltungsfunktionen[23]

(1) Kennzahlendefinition

Nach Anstoß der Kennzahlendefinitions-Funktion werden dem Benutzer die bereits angelegten Untersuchungsgegenstände sowie die betrieblichen und zeitlichen Aggregationsniveaus[24] in Form von alphabetisch sortierten Auswahllisten dargeboten (vergleiche Abbildung 52). Er hat so die Möglichkeit, sich gleich zu Beginn der Kennzahlendefinition einen Überblick über die vorgehaltenen Ausprägungen der drei Kennzahlendimensionen zu verschaffen. Sofern nicht alle Elemente in dem dafür vorgesehenen Ausschnitt dargestellt werden können, besteht für den Benutzer die Möglichkeit, über die am rechten Rand jeder Auswahlliste angebrachte Blätterleiste die dargestellten Elemente zu verschieben.[25]

Während die möglichen zeitlichen Aggregationsniveaus zur Zeit noch systemseitig vorgegeben sind, lassen sich vom Benutzer bereits beliebig viele neue Untersuchungsgegenstände und betriebliche Aggregationsniveaus anlegen. Dazu ist lediglich die entsprechend gekennzeichnete erste Position der jeweiligen Liste zu aktivieren. Der Benutzer erhält dann in einem über die Ausgangssituation gelegten Fenster die Möglichkeit, den Namen und eine gegebenenfalls dazugehörige umfangreichere textuelle Beschreibung einzugeben (vergleiche Abbildung 52). Nach Betätigung der auf dem Bildschirm dargestellten Schaltfläche mit der Bezeichnung *OK* werden die Benutzereingaben in die Führungsdatenbank eingestellt und das Eingabefenster entfernt. Ist der eingegebene Name bereits früher vergeben worden, bekommt der Benutzer eine entsprechende Fehlermeldung und muß den Namen ändern.

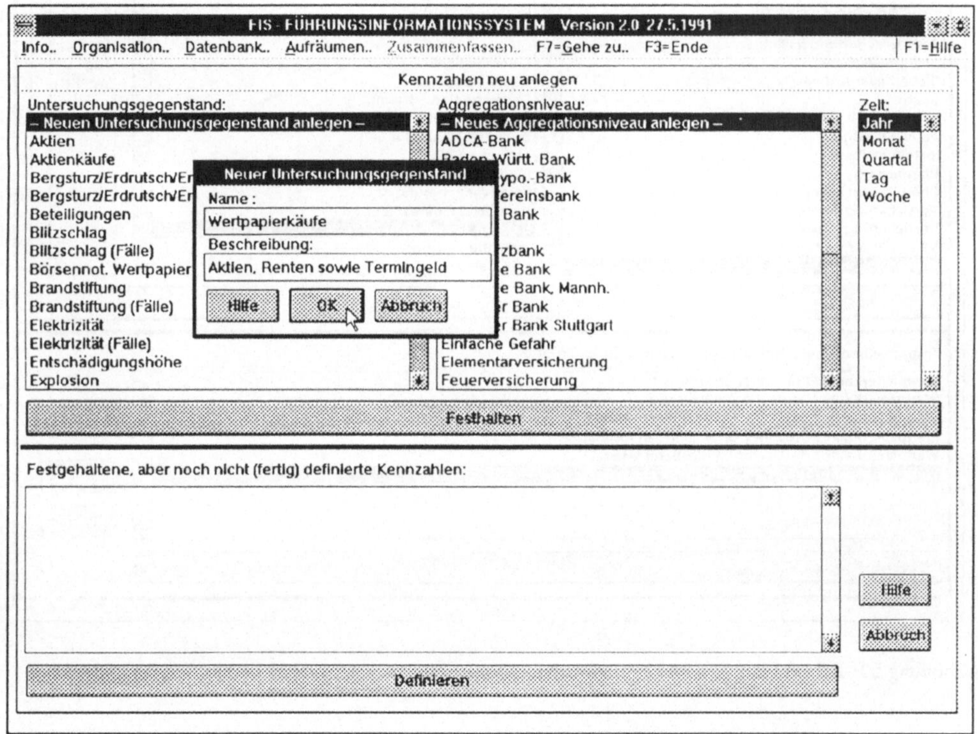

Abbildung 52: Beispiel zur Kennzahlendefinition - Anlegen eines neuen Untersuchungsgegenstandes

Vor dem Hintergrund der Ergebnisse der durchgeführten Informationsbedarfsanalyse konnte der Prototyp zunächst durch die Unterscheidung in dynamische und statische Kennzahlendimensionen vereinfacht werden, indem sachlogisch zusammengehörige Kennzahlen zu Gruppen zusammengefaßt wurden. So ist im vorgestellten Prototyp einer bestimmten Kombination von Untersuchungsgegenstand, betrieblichem und zeitlichem Aggregationsniveau - im folgenden Kennzahlentripel genannt - eine festgelegte Anzahl von Zeitpunkten (z. B. 12 Monatswerte pro Jahr), Informationszwecken (zu jedem Istwert kann genau ein Planwert existieren, für den wiederum je eine obere und untere Warn- und Kontrollgrenze vorgesehen werden kann) sowie eine bestimmte Einheit (z. B. DM)[26] zugeordnet. Auf die Unterscheidung verschiedener Zahlenarten wurde zunächst verzichtet.

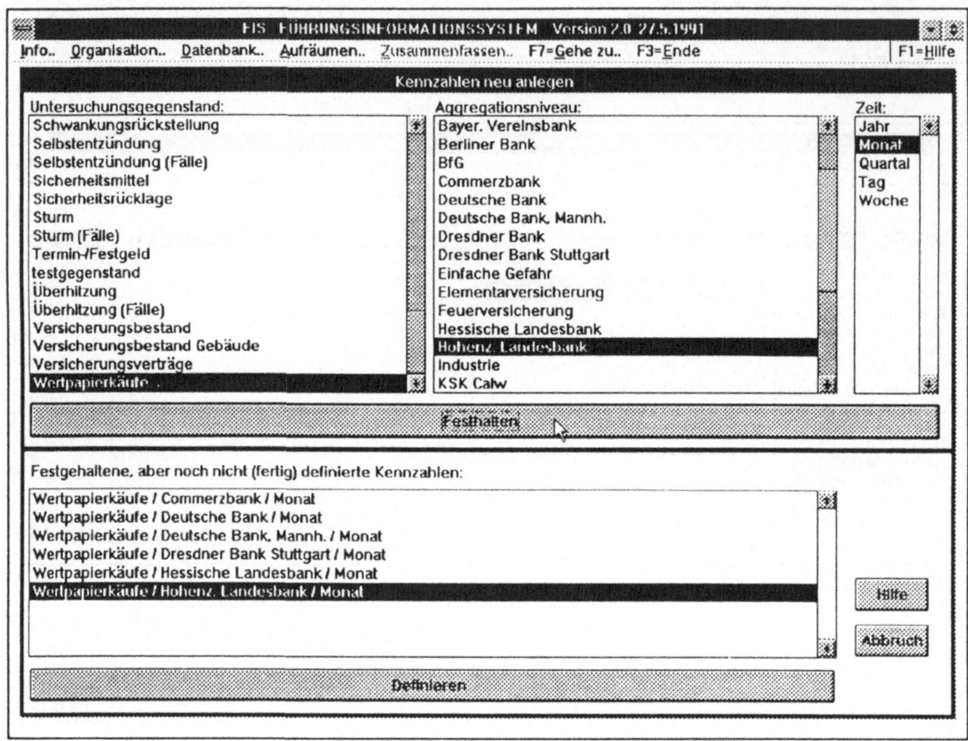

Abbildung 53: Beispiel zur Kennzahlendefinition - Festlegung des Kennzahlentripels

Zur Kennzahlendefinition muß der Benutzer entsprechend in einem ersten Schritt das Kennzahlentripel festlegen, das später der Identifizierung einer bestimmten Kennzahlengruppe dient. Dies geschieht durch Auswahl der einzelnen Elemente (z. B. durch Bewegen des Cursorsymbols mit Hilfe der Maus auf das entsprechende Element und Betätigung der linken Maustaste) und Aktivierung der mit *Festhalten* gekennzeichneten Schaltfläche. Eine alphabetische Liste der bereits früher festgelegten, aber noch nicht vollständig definierten Kennzahlentripel erscheint zur Information des Benutzers im unteren Teil des Bildschirms. Jedes festgelegte Kennzahlentripel wird unmittelbar nach Betätigung der Schaltfläche in diese Liste eingestellt und selektiert - optisch hervorgehoben durch Unterlegung. Der Benutzer erhält so eine sofortige Rückmeldung über den Erfolg seiner Aktion (vergleiche Abbildung 53).

Die Ausprägung beziehungsweise Größe der statischen Kennzahlendimensionen, die diesem Kennzahlentripel zugeordnet sind, ist in einem zweiten Schritt zu bestimmen. Nach Aktivierung der mit *Definieren* bezeichneten Schaltfäche am unteren Fensterrand wird über die bisherige Bildschirmdarstellung ein Eingabefenster gelegt, in dem das ausgewählte Kennzahlentripel näher zu spezifizieren ist (vergleiche Abbildung 54).

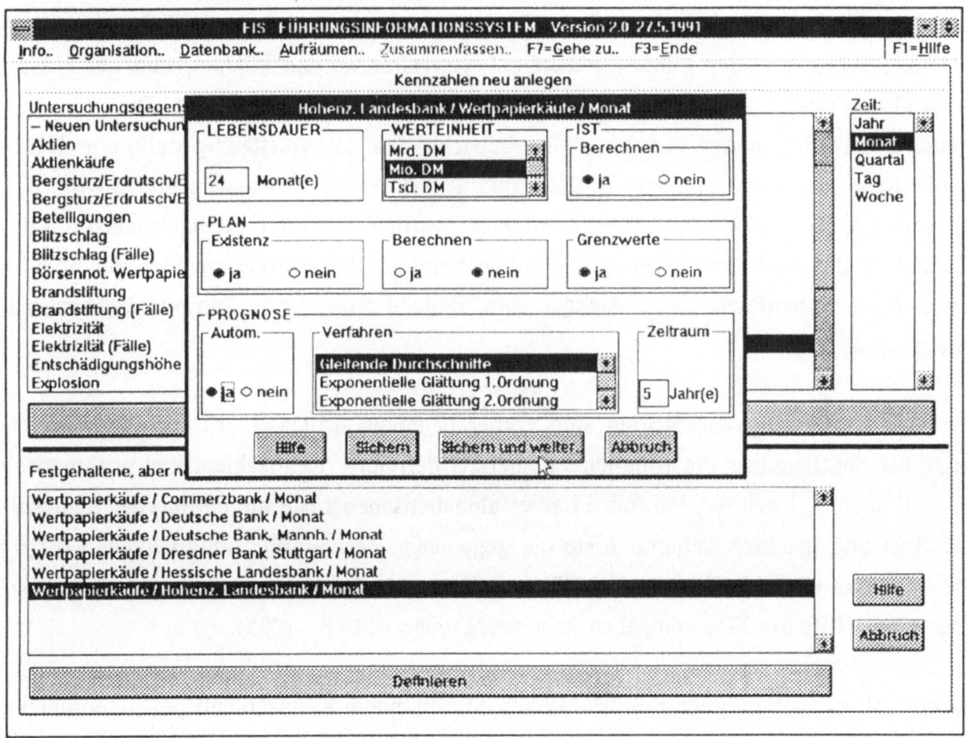

Abbildung 54: Beispiel zur Kennzahlendefinition - Definition des Kennzahlentripels

Zuerst ist die Lebensdauer einer Kennzahlengruppe einzugeben, das heißt die Zeitspanne, nach der die Werte aus der Datenbank automatisch gelöscht werden sollen (z. B. nach 24 Monaten). Danach wird die Werteinheit ausgewählt und bestimmt, ob für die Ist-Kennzahl eine Berechnungsvorschrift vorgesehen werden soll. Sofern die Existenz einer Plankennzahl bei der folgenden Auswahl bejaht wird, kann angegeben werden, ob hierfür ebenfalls eine Berechnungsvorschrift und/oder Kontroll- und Warnwerte vorzusehen sind. Wenn vom Führungsinformationssystem gegebenfalls automatisch eine Prognoserechnung angestoßen werden soll, muß der Benutzer hier ferner das betreffende Prognoseverfahren auswählen und den Prognosehorizont eingeben. In einer späteren Version sollen die Eingabefelder aufgrund der bis dahin vorliegenden Erfahrungen mit Vorbelegungen versehen werden, so daß der Unternehmensführer sinnvolle Kennzahlentripel spezifizieren kann, ohne jeweils alle Eingabemöglichkeiten explizit bearbeiten zu müssen.

Durch Aktivierung der mit *Sichern und weiter* beschrifteten Schaltfläche wird die über das Kennzahlentripel gekennzeichnete Kennzahlengruppe definiert, so daß die entsprechenden Werte von der Führungsdatenbank verwaltet werden können, und der spätere Anstoß von Lösch- und gegebenfalls Prognosemethoden sichergestellt ist. Die ordnungsgemäße Ausführung der Benutzeraktion bewirkt, daß das vollständig definierte Kennzahlentripel aus der am unteren Bildschirmrand noch sichtbaren Liste entfernt wird. Sofern weitere Kennzahlentripel bereits festgelegt wurden, kann unmittelbar danach mit der Definition des nächsten Tripels fortgefahren werden. Bei Aktivierung der mit *Sichern* bezeichnete Schaltfläche wird dagegen anschließend zum ersten Definitionsschritt zurückgesprungen.

Etwaige Berechnungsvorschriften sind vorher in einem dritten Schritt zu spezifizieren. Hier hat der Benutzer die Möglichkeit, bereits definierte Kennzahlentripel arithmetisch zu verknüpfen. Dazu werden ihm in einer alphabetischen Liste die definierten Kennzahlentripel und in einer weiteren Liste die gegebenen Verknüpfungsmöglichkeiten dargestellt, so daß er die Rechenregel via Tastatur[27] oder Auswahl der betreffenden Listenelemente mit Hilfe der Maus eingeben kann (vergleiche Abbildung 55).

Später soll es auch möglich sein, die verschiedenen einem Kennzahlentripel zugeordneten Werte miteinander zu verknüpfen, und zwar sowohl Werte unterschiedlicher Zeitpunkte (z. B. Monatswert - Vormonatswert) als auch Werte mit unterschiedlichem Informationszweck (z. B. Istwert - Planwert). Daneben sind die Verknüpfungsvorschriften um die üblichen Taschenrechnerfunktionen zu ergänzen, beispielsweise um eine Summenfunktion, mit der die Berechnung eines Jahreswertes aus einer bestimmten Anzahl von Monatswerten einfach formuliert werden kann, sowie die Zahleneingabe.[28]

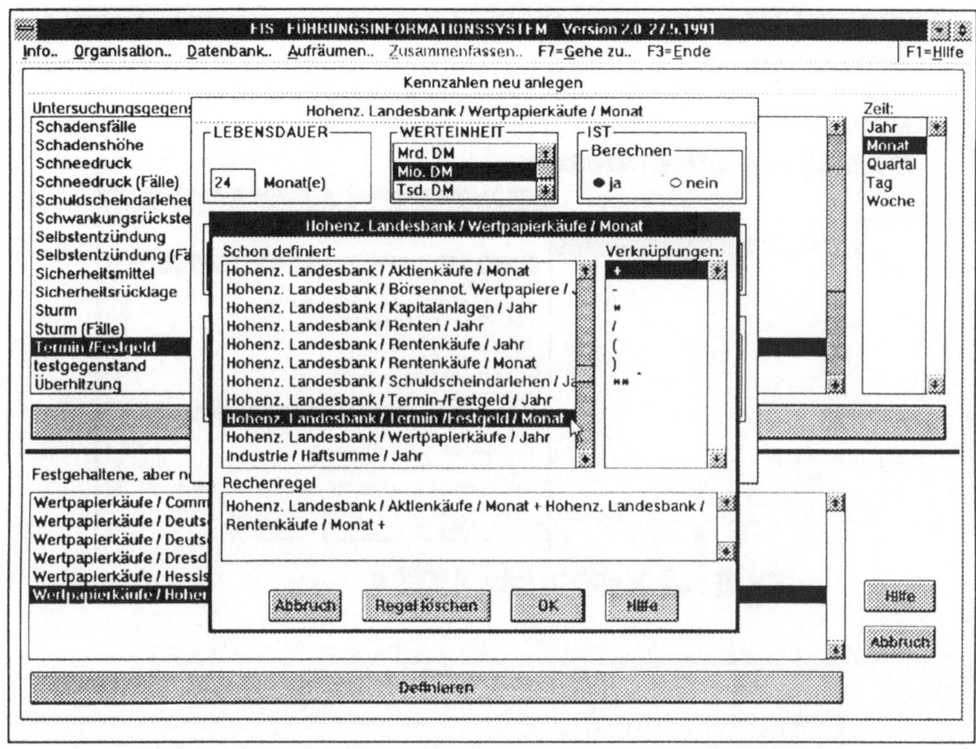

Abbildung 55: Beispiel zur Kennzahlendefinition - Eingabe der Berechnungsvorschrift

(2) Sichtendefinition

Die hierarchische Strukturierung der Kennzahlentripel läßt sich durch das Anlegen einer Sicht erreichen. Nach Aufruf der Funktion - Aktivierung der Aktion *Datenbank/Sichten neu anlegen* in der Aktionsleiste am oberen Bildschirmrand - werden dem Benutzer zunächst im oberen Teil des Fensters die bereits definierten Sichten in einer Auswahlliste dargestellt (vergleiche Abbildung 56).

Das erste, beim Aufruf optisch durch Unterlegung hervorgehobene Listenelement -*Neue Sicht*- ermöglicht es dem Benutzer, ähnlich der Definition von Untersuchungsgegenständen und betrieblichen Aggregationsniveaus, die Bezeichnung und Beschreibung einer neuen Sicht vorzunehmen. Nach Aktivierung der mit *OK* bezeichneten Schaltfläche wird dem Benutzer die erfolgreiche Ausführung dieser Funktion durch das sofortige Einstellen der neuen Sicht in die alte Sichtenliste angezeigt. In Abbildung 56 wurde beispielsweise die Sicht *Wertpapierkäufe* vorher neu angelegt.

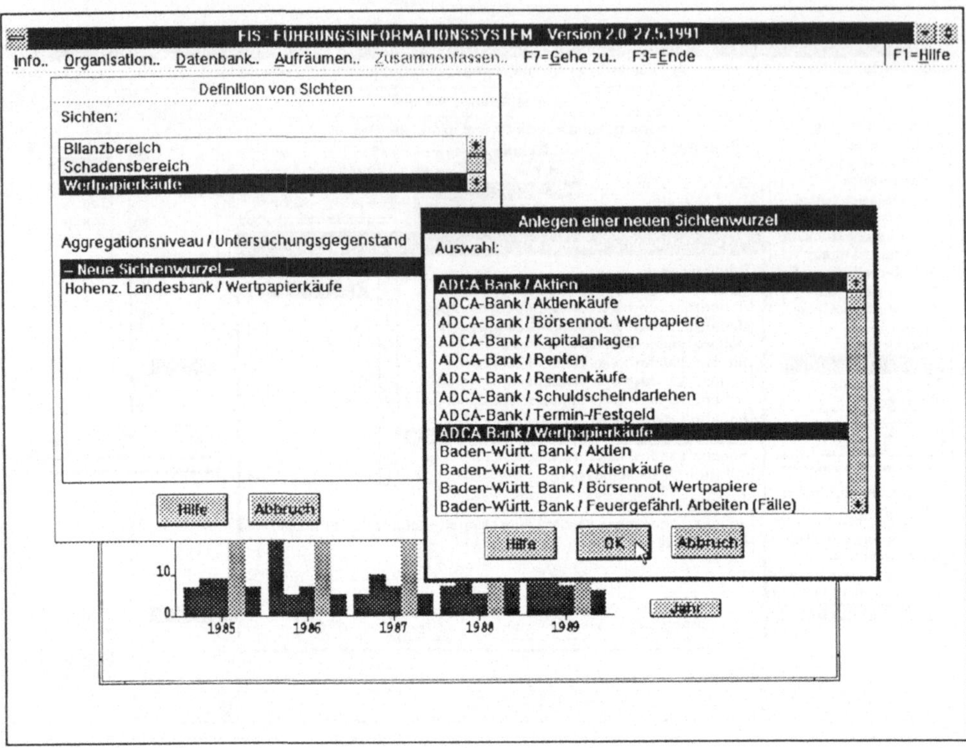

Abbildung 56: Beispiel zur Sichtendefinition - Festlegung der Sichtenwurzeln

Die Auswahl einer bestimmten Sicht aus der am oberen Rand des Fensters dargestellten Liste bewirkt, daß die für diese Sicht auf der obersten Hierarchieebene definierten Kennzahlentripel (Sichtenwurzeln) in der darunterliegenden alphabetisch sortierten Auswahlliste dargestellt werden - sofern bisher keine Sichtenwurzeln definiert wurden, erscheint lediglich das Standardelement *-Neue Sichtenwurzel-*. Das zeitliche Aggregationsniveau wurde dabei zunächst außer acht gelassen, da in der Regel davon ausgegangen werden kann, daß nur Kennzahlentripel mit gleichem zeitlichen Aggregationsniveau hierarchisch strukturiert werden sollen (vergleiche Abbildung 56).

Die Festlegung neuer Sichtenwurzeln geschieht über die Aktivierung des ersten Elementes *-Neue Sichtenwurzel-*. Dazu werden dem Benutzer in einer separaten Auswahlliste alle definierten Kennzahlentripel angezeigt, wovon er sich beliebig viele auswählen kann. Nach Aktivierung der mit *OK* bezeichneten Schaltfläche werden die ausgewählten Elemente wiederum in die Liste der Sichtenwurzeln übernommen.

Sind die Wurzeln einer Sicht festgelegt, lassen sich die Kennzahlentripel der nächst tieferen Hierarchieebene bestimmen, indem der Benutzer die betreffende Sichtenwurzel aktiviert, aus der daraufhin dargestellten Liste die unterzuordnenden Kennzahlentripel auswählt und durch Aktivieren der mit *OK* bezeichneten Schaltfläche seine Eingaben abschließt. Nach erfolgreicher Ausführung dieser Aktion werden die betreffenden Elemente der ursprünglichen Liste hinzugefügt, wobei die Unterordnung optisch durch Einrückung kenntlich gemacht wird (vergleiche Abbildung 57).

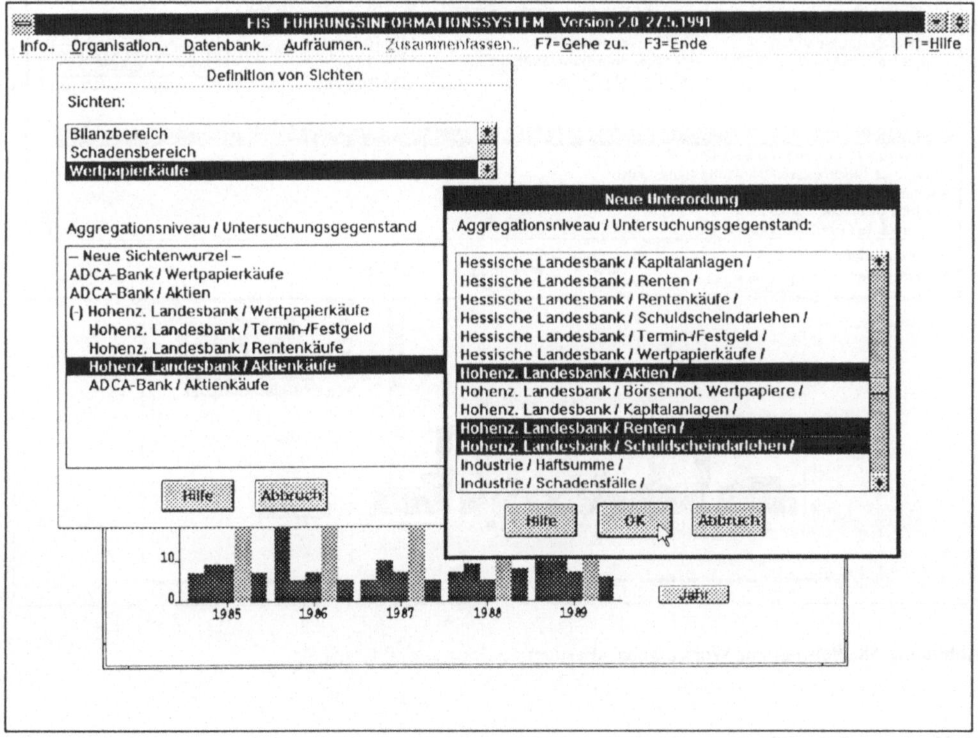

Abbildung 57: Beispiel zur Sichtendefinition - Festlegung der Unterordnung

Um auch umfangreichere hierarchische Strukturen übersichtlich darstellen zu können, lassen sich die einem Kennzahlentripel untergeordneten Elemente wahlweise ein- oder ausblenden. Sofern zu einem Kennzahlentripel untergeordnete Elemente existieren, die in der aktuellen Situation nicht dargestellt werden, wird dies durch Einfügen eines *Pluszeichens* vor dem Tripel kenntlich gemacht, andernfalls erscheint ein *Minuszeichen.* Durch Aktivierung des Pluszeichens lassen sich die untergeordneten Elemente jeweils einblenden, bei Aktivierung des Minuszeichens werden sie entsprechend wieder ausgeblendet.

(3) Werteingabe

Die Eingabe von Werten erfolgt ähnlich der Kennzahlendefinition in zwei Schritten: Zuerst werden Kennzahlentripel ausgewählt, für die Werte eingegeben werden sollen; im zweiten Schritt erfolgt dann die eigentliche Werteingabe.

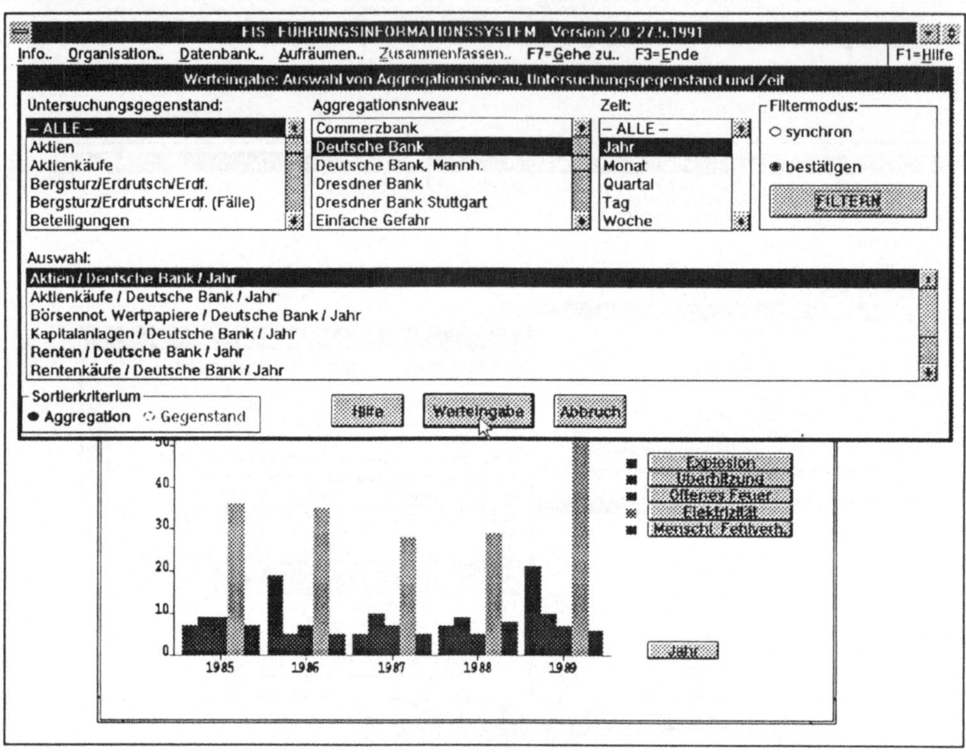

Abbildung 58: Beispiel zur Werteingabe - Festlegung des Kennzahlentripels

Nach Aufruf der Funktion *Datenbank/Werteingabe* werden dem Benutzer zunächst alle definierten Kennzahlentripel in einer alphabetisch sortierten Auswahlliste dargestellt. Neben der Auswahl des Sortierkriteriums *Untersuchungsgegenstand* oder *betriebliches Aggregationsniveau* hat der Benutzer hier die Möglichkeit, die Zusammenstellung der Liste durch Auswahl von Selektionskriterien zu beeinflussen. Dazu muß er diejenigen Dimensionen eines Kennzahlentripels aus den am oberen Bildschirmrand dargestellten Listen auswählen, nach denen selektiert werden soll. Wählt der Benutzer etwa das betriebliche Aggregationsniveau *Deutsche Bank* und das zeitliche Aggregationsniveau *Jahr*, werden in der unteren Auswahlliste alle definierten Kennzahlentripel mit den entsprechenden Aggregationsniveaus dargestellt (vergleiche Abbildung 58). Da jeder einzelne

Selektionsvorgang bei umfangreicheren Datenbeständen einige Sekunden in Anspruch nehmen kann, hat der Benutzer ferner die Möglichkeit, festzulegen, ob automatisch nach jedem einzelnen Selektionsvorgang oder erst nach Bestätigung - durch Aktivierung der mit *Filtern* bezeichneten Schaltfläche - die Liste der Kennzahlentripel aktualisiert werden soll.

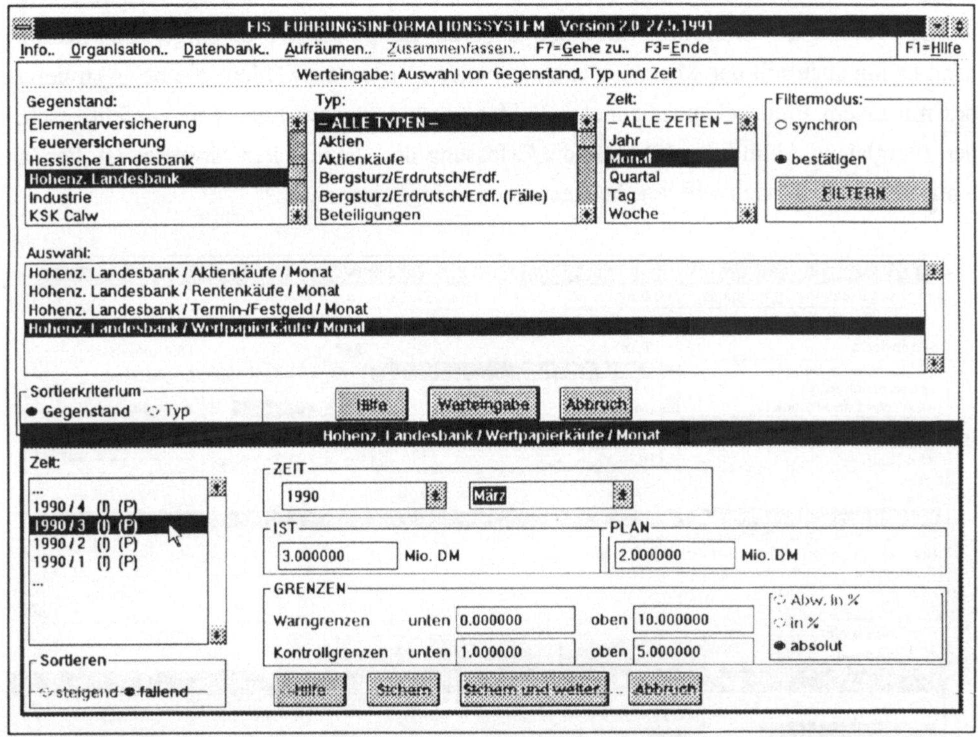

Abbildung 59: Beispiel zur Werteingabe - Überblick über die erfaßten Werte

Die Auswahl eines Kennzahlentripels durch einen "Doppelklick" der linken Maustaste oder Aktivierung der mit *Werteingabe* bezeichneten Schaltfläche ermöglicht es dem Benutzer, für das selektierte Kennzahlentripel Werte einzugeben. Dazu wird am unteren Bildschirmrand ein Fenster mit entsprechend strukturierten Eingabefeldern zur Verfügung gestellt (vergleiche Abbildung 59). Sofern bereits Werte für das ausgewählte Kennzahlentripel erfaßt wurden, werden die dazugehörigen Zeitpunkte und Informationszwecke[29] in die Auswahlliste eingestellt. So hat der Benutzer die Möglichkeit, sich schnell einen groben Überblick über die enthaltenen Werte zu verschaffen. Die dazugehörigen Zahlen werden durch Auswahl eines bestimmten Listenelementes im rechten Teil des Fensters dargestellt.

Nach dem Aufruf ist zunächst das erste Listenelement - gekennzeichnet mit drei Punkten - selektiert, so daß unmittelbar mit der Werteingabe begonnen werden kann. In das *Zeit*-Eingabefeld wird vom System der letzte Zeitpunkt, für den noch kein Istwert erfaßt wurde, voreingestellt. Sollen für einen anderen Zeitpunkt Werte eingegeben werden, kann er ihn auch mit der Maus aus entsprechenden Listen auswählen, die bei Aktivierung des mit einem Pfeil gekennzeichneten Feldes unter dem jeweiligen Eingabefeld erscheinen (vergleiche Abbildung 60). Für die Erfassung des spezifischen Istwertes ist die Zahlentastatur jedoch nach wie vor das geeignetste Eingabemedium.[30]

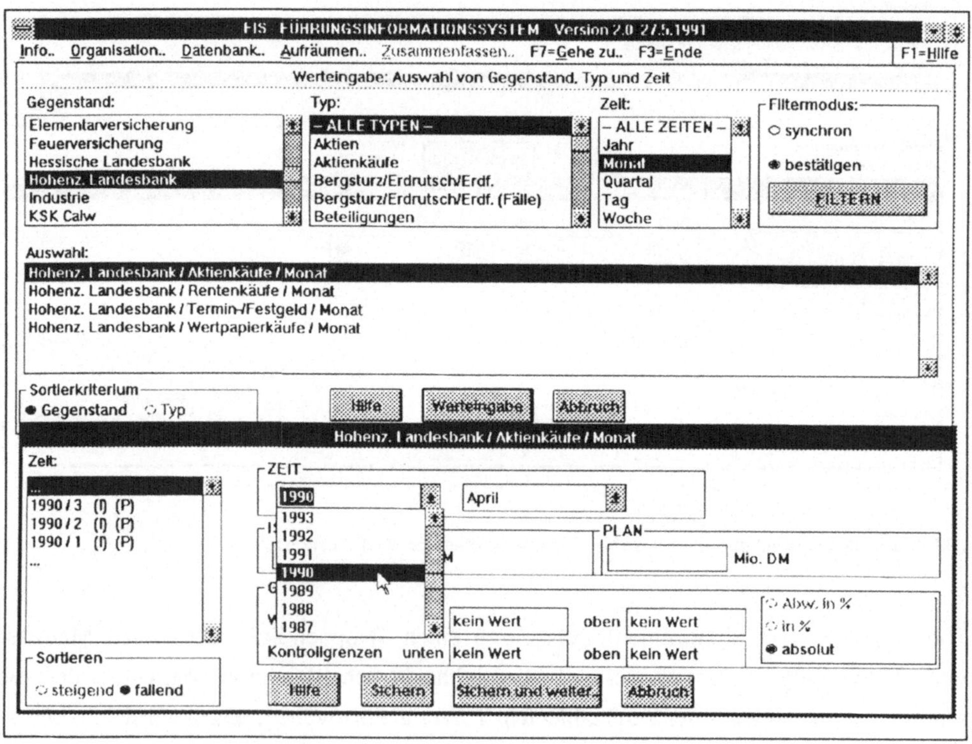

Abbildung 60: Beispiel zur Werteingabe - Erfassung der Werte

In Abhängigkeit von den im Rahmen der Kennzahlendefinition gemachten Angaben können hier darüber hinaus zu dem Istwert gehörende Plan- und/oder Grenzwerte eingegeben werden; sofern die Eingabe solcher Werte nicht vorgesehen ist, sind die Eingabefelder mit der Bezeichnung *kein Wert* versehen und für Eingaben gesperrt. Die Erfassung der Kontroll- und Warnwerte kann wahlweise in Form von Absolutbeträgen, Prozentsätzen oder prozentualen Abweichungen erfolgen.[31]

Sofern die eingegebenen Zeichenfolgen der vorgegebenen Form entsprechen, zum Beispiel keine Buchstaben enthalten, werden durch Aktivierung der mit *Sichern und weiter* bezeichneten Schaltfläche die eingegebenen Werte gespeichert, Zeitpunkt sowie Informationszweck der linken Auswahlliste hinzugefügt und die Erfassung des nächsten Zeitpunktes durch automatische Belegung der entsprechenden Eingabefelder vorbereitet. Ohne die Finger von der Tastatur entfernen zu müssen, kann der Benutzer so schnell zeitlich aufeinander folgende Wertekonstellationen (Zeitreihen) erfassen. Nach Aktivierung der mit *Sichern* bezeichneten Schaltfläche wird hingegen nach erfolgreicher Speicherung zu dem darüberliegenden Fenster zurückgesprungen, indem der Benutzer ein neues Kennzahlentripel auswählen kann, für das Werte erfaßt werden sollen.

Die bedarfsgerechte Konzeption, Entwicklung und Gestaltung sowie die laufende Anpassung an den sich im Zeitablauf ändernden Informationsbedarf sind zwingende Voraussetzungen für den zielgerechten Einsatz eines jeden Führungsinformationssystems im weiteren Sinne. Aus der Sicht des Unternehmensführers ist die konkrete organisatorische und technische Realisierung dabei von untergeordneter Bedeutung. Für ihn ist von zentralem Interesse, daß sein Informationsbedarf mit kurzen, präzisen Informationsnachfragen befriedigt wird; im Idealfall sollten die benötigten Informationen bereits vorliegen, bevor der Unternehmensführer die Informationsnachfrage formulieren und artikulieren konnte - der "mitdenkende" Assistent.

Die Bereitstellung eines gewissen Teiles des Informationsangebotes in einem Führungsinformationssystem ist somit notwendige, aber nicht hinreichende Bedingung für dessen Einsatzfähigkeit am Arbeitsplatz des Unternehmensführers. Von zentraler Bedeutung sind vielmehr die notwendigen und möglichen Interaktionen zur Artikulierung der Informationsnachfrage gegenüber dem Führungsinformationssystem. Vor diesem Hintergrund soll im folgenden anhand des Szenarios einer typischen Informationsabfrage die Qualität der Benutzerschnittstelle des entwickelten Pilotsystems illustriert werden.

6.4 Szenario einer Informationsabfrage

Aufgerufen wird das Führungsinformationssystem durch die Eingabe des Kommandos "FIS" über Tastatur, die Selektion des betreffenden Elementes aus einer Liste ausführbarer Programme oder die Aktivierung des entsprechend bezeichneten Piktogramms am unteren Bildschirmrand (vergleiche Abbildung 61).

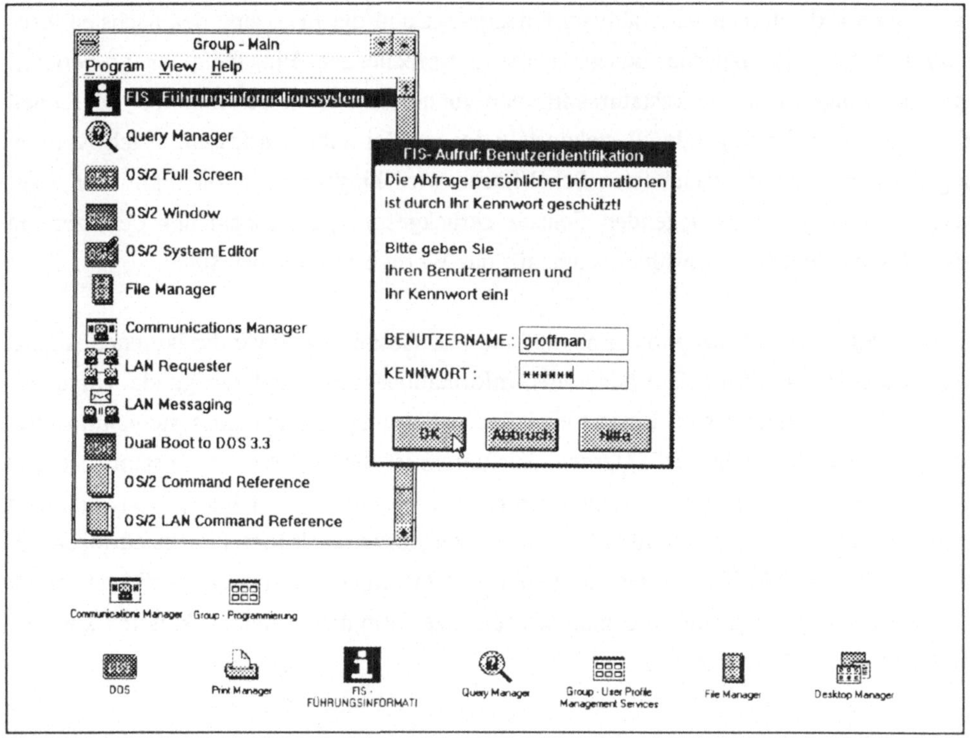

Abbildung 61: Szenario einer Informationsabfrage - Aufruf des Führungsinformationssystems und Benutzeridentifikation[32]

Nach erfolgreichem Aufruf des Führungsinformationssystems und ordnungsgemäßer Identifikation des Unternehmensführers durch Eingabe seines Benutzernamens und eines persönlichen Kennwortes wird das System zur Entgegennahme einer Informationsnachfrage vorbereitet: Die personenspezifische Führungsdatenbank wird geöffnet und ein bestimmter Bildschirmbereich zur Eingabe der Informationsabfrage - das Informationsabfragefenster - zur Verfügung gestellt (vergleiche Abbildung 62).

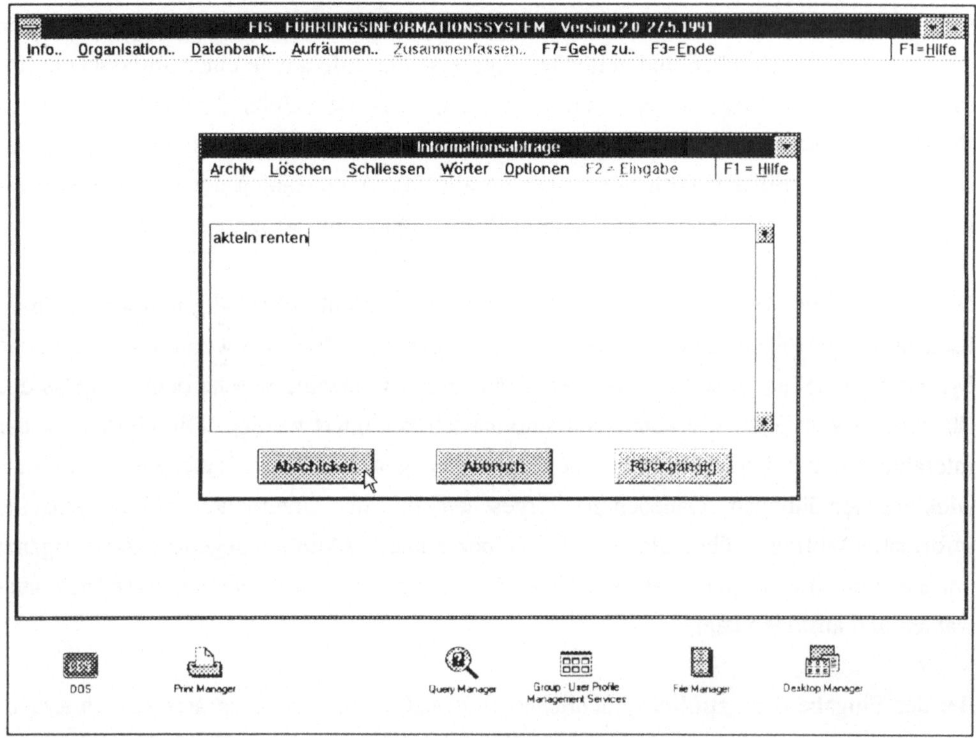

Abbildung 62: Szenario einer Informationsabfrage - das Informationsabfragefenster

Unmittelbar im Anschluß an die Kennworteingabe hat der Unternehmensführer ohne Wechsel des Eingabemediums (Tastatur) die Möglichkeit, seine Informationsabfrage natürlichsprachlich einzugeben. Denkbar ist auch das automatische Einstellen einer zu Beginn der Arbeit mit dem System immer wiederkehrenden Informationsabfrage, zum Beispiel die zeitliche Entwicklung einiger zentraler Kennzahlen, so daß der Unternehmensführer von dieser Rountineeingabe entlastet wäre. Er bräuchte lediglich die Abarbeitung der dargestellten natürlichsprachlichen Informationsabfrage durch Aktivierung der mit *Abschicken* bezeichneten Schaltfläche anzustoßen. Einer weiteren Vereinfachung durch die automatisierte Abarbeitung der Informationsabfrage beim Systemaufruf steht die Tatsache entgegen, daß bei einer abweichenden Abfrage für den Unternehmensführer unzumutbar lange Wartezeiten entstehen können.

Die Informationsabfragekomponente ist so konzipiert, daß der Unternehmensführer nicht alle zur Identifikation von Kennzahlen notwendigen Dimensionen spezifizieren muß, sondern sich auf die Eingabe der Untersuchungsgegenstände (z. B. Aktien und Renten)

beschränken kann. Bei nicht eindeutig bezeichneten Dimensionen wird grundsätzlich von der höchsten betrieblichen und zeitlichen Aggregationsstufe sowie einer umfassenden Informationsabfrage ausgegangen. Sind zum Beispiel zu den Untersuchungsgegenständen *Aktien* und *Renten* sowohl Monats- als auch Jahreskennzahlen zum Gesamtunternehmen sowie einzelnen Filialen vorhanden, werden alle Jahreskennzahlen der Gesamtunternehmung dargestellt, gegebenfalls ergänzt um Plan-, Grenz- und Prognosewerte.

Die Eingaben des Unternehmensführers müssen dabei nicht vollständig und grammatikalisch korrekt erfolgen. Für alle systemseitig erkennbaren Begriffe werden umfangreiche Synonymentabellen verwaltet. Darüber hinaus können einzelne falsche oder ausgelassene Buchstaben vom System erkannt und automatisch korrigiert werden. Die Gestaltung der Interaktionen zur Fehlerkorrektur ist Gegenstand gegenwärtiger Forschungs- und Entwicklungsbemühungen. Daneben ist vorgesehen, daß der Unternehmensführer einzelne Informationsabfragen über die mit *Archiv* bezeichnete Aktion - gegebenenfalls ergänzt um einen entsprechenden Titel und Kommentar - abspeichern sowie aus einer Liste auswählen und anstoßen kann.

Bei der Eingabe der natürlichsprachlichen Informationsabfrage kann sich der Unternehmensführer ferner durch die Angebotsfunktion unterstützen lassen. Über die Aktivierung der Aktion *Info/Baum* wird ihm dazu ein Überblick über die hierarchisch strukturierten Kennzahlentripel gegeben (vergleiche Abbildung 63). Da in der Regel mehrere hierarchische Strukturen vorhanden sind, muß er zunächst die gewünschte Sicht selektieren. Daraufhin werden die enthaltenen betrieblichen Aggregationsniveaus in der Auswahlliste am rechten oberen Bildschirmrand dargestellt. Anschließend muß der Benutzer festlegen, ob die Hierarchie der Untersuchungsgegenstände aller oder einzelner betrieblicher Aggregationsniveaus dargestellt werden sollen. Es ist vorgesehen, später auch für betriebliche Aggregationsniveaus hierarchische Strukturen zuzulassen.

Um die Übersichtlichkeit auch bei umfangreicheren Sichten erhalten zu können, werden zuerst lediglich diejenigen Kombinationen aus Untersuchungsgegenstand und betrieblichem Aggregationsniveau dargestellt, die sich auf der obersten Hierarchieebene befinden. Bei den mit einem Pluszeichen gekennzeichneten Untersuchungsgegenständen hat der Benutzer die Möglichkeit, wahlweise auch die auf der nächst tieferen Hierarchieebene definierten Untersuchungsgegenstände einzublenden, optisch hervorgehoben durch entsprechende Einrückung. Werden alle untergeordneten Elemente eines Untersuchungsgegenstandes angezeigt, wird dies durch ein Minuszeichen kenntlich gemacht. Durch

Aktivierung des Minuszeichens lassen sich die betreffenden untergeordneten Elemente anschließend wieder ausblenden.

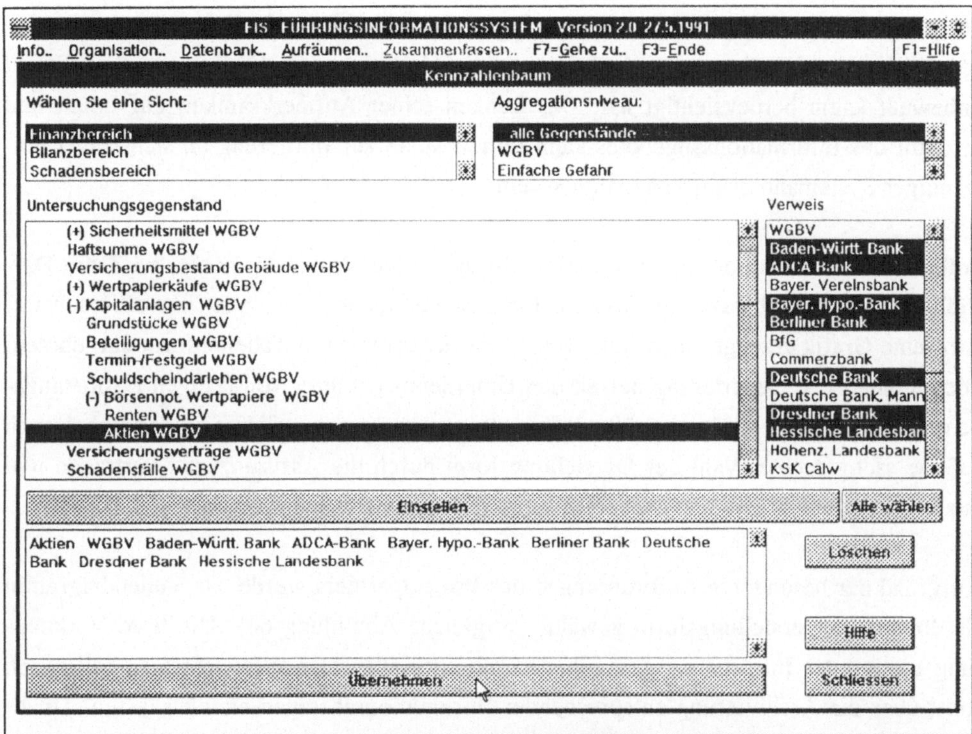

Abbildung 63: Szenario einer Informationsabfrage - strukturierte Darstellung des Informationsangebotes

Für den selektierten Untersuchungsgegenstand werden eventuell definierte weitere betriebliche Aggregationsniveaus in der nebenstehenden Auswahlliste angezeigt. Damit soll einerseits das Erkennen neuer Informationszusammenhänge unterstützt werden; andererseits kommt es dem häufig geäußerten Wunsch nach, die Kennzahlen zu einem bestimmten Untersuchungsgegenstand über mehrere betriebliche Aggregationsniveaus zu vergleichen, zum Beispiel den Umsatz der Gesamtunternehmung mit dem Umsatz bestimmter Filialen.

Durch die Aktivierung der mit *Einstellen* bezeichneten Schaltfläche werden die Bezeichnungen der ausgewählten Untersuchungsgegenstände und betrieblichen Aggregationsniveaus in das am unteren Bildschirmrand dargestellte Eingabefenster kopiert. Die Aktivierung der mit *Übernehmen* bezeichneten Schaltfläche führt zur Übernahme des Fensterinhaltes in das Informationsabfragefenster. Der Unternehmensführer hat so die Möglichkeit, auch ohne Tastatureingaben Informationsabfragen abzusetzen. Zum anderen wird er durch die strukturierte Informationsdarstellung angeregt, ergänzende Informationsabfragen zu formulieren, indem ihm Untersuchungsgegenstände, betriebliche Aggregationsniveaus oder Kombinationen davon dargeboten werden, die er in der Zeit davor vielleicht unbewußt kaum berücksichtigt hat. Das Lenken seiner Aufmerksamkeit auf Inhalt und Struktur des Informationsangebotes kann ferner Anlaß zur Initiierung an sich längst notwendiger Systemanpassungsmaßnahmen sein.

Sofern der Benutzer bei der Informationsabfrage keine Vorgaben macht, wird die Darstellungsform des Abfrageergebnisses automatisch generiert; soweit es sinnvoll erscheint, wird eine Grafik erzeugt, anderfalls werden die Kennzahlen in Tabellenform dargeboten. Die automatische Generierung befreit den Unternehmensführer von lästigen Formatangaben. Wenn er über Assistenzkräfte Informationen nachfragt, wird er in der Regel auch auf die sachgerechte Wahl der Darstellungsform durch die Assistenzkraft vertrauen und nur in Ausnahmefällen von vornherein spezielle Formvorgaben machen.

Aufgrund der besonderen Anforderungen des Projektpartners wurde das Säulendiagramm als dominante Darstellungsform gewählt (vergleiche Abbildung 64). Die feste Verknüpfung bestimmter Informationsgesamtheiten mit speziellen Darstellungsformen sollte sich sonst über die Archivierung entsprechender Informationsabfragen erzielen lassen. Unabhängig davon, ob der Benutzer im Rahmen der Informationsabfrage konkretere Vorgaben bezüglich der Informationsdarstellung gemacht hat, muß er die Möglichkeit haben, die vom System erzeugte Darstellung anschließend leicht zu ändern. Vorgesehen ist hier nicht nur die Änderung von Darstellungsform und Farbbelegung über die im Prototyp bereits enthaltene *Layout*-Funktion, der Benutzer soll darüber hinaus in einfacher Art und Weise sämtliche Variablen der Informationsdarstellung, zum Beispiel auch die Beschriftungen und Maßstäbe, verändern sowie zusätzliche Markierungen und Kommentare anbringen können. Neben der Möglichkeit, durch Maßstabsänderungen eventuell neue Informationszusammenhänge aufzudecken, werden für den Unternehmensführer das Festhalten sowie die Übergabe gekennzeichneter und kommentierter Arbeitsergebnisse zur Weiterbearbeitung durch Assistenzkräfte im Vordergrund stehen.

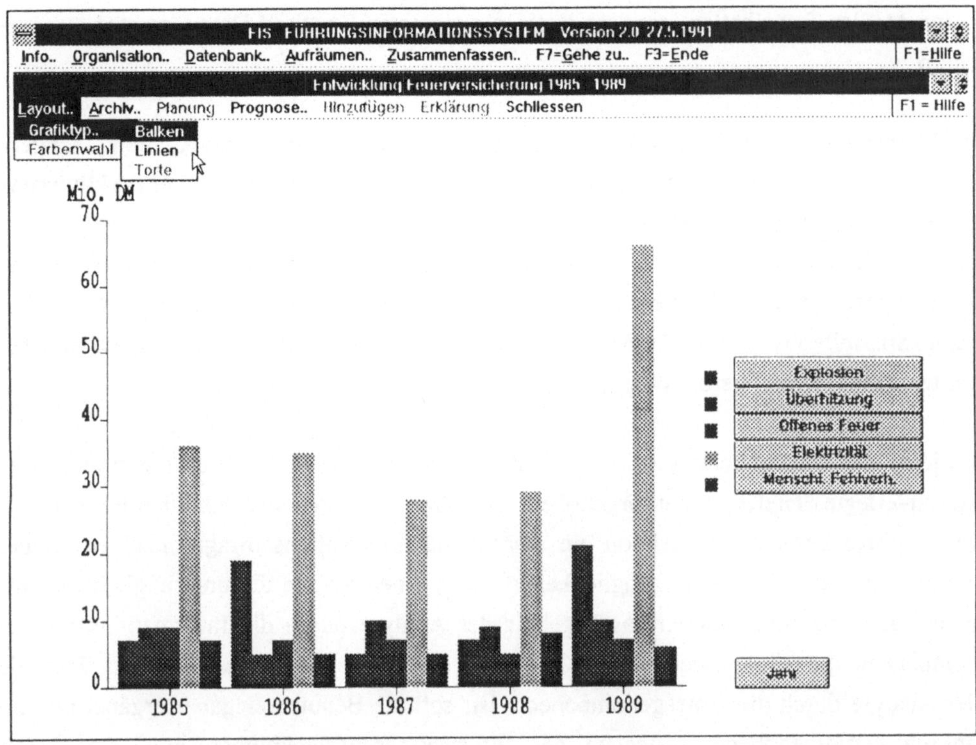

Abbildung 64: Szenario einer Informationsabfrage - grafische Darstellung des Abfrageergebnisses[33]

Zu den Aufgaben von Assistenzkräften gehört hingegen auch die optische Aufbereitung generierter Informationsdarstellungen für Präsentationszwecke. Für externe Präsentationen erscheint es jedoch am sinnvollsten, auf verfügbare, qualitativ hochwertige DV-Systeme zur Erstellung von Präsentationsunterlagen zurückzugreifen. Zentrales Anliegen eines Führungsinformationssystems sollte eine möglichst objektive Informationsdarstellung sein; die scheinbar räumliche Darstellung eines zweidimensionalen Säulendiagramms auf einem zweidimensionalen Medium trägt nicht zur Verdeutlichung der Informationsinhalte bei, sondern dient lediglich einer vermeintlichen optischen Verschönerung oder gar einer bewußten Verschleierung bestimmter Inhalte. Bei der Gestaltung des Führungsinformationssystems sollte dieser sich gegebenenfalls anschließenden Aufbereitung durch die Möglichkeit der Speicherung ausgewählter Bildschirminhalte Rechnung getragen werden. So sollte der Benutzer über die *Archiv*-Funktion nicht nur in die Lage versetzt werden, wahlweise einzelne Informationsdarstellungen, beliebige (rechteckige) Bildschirmausschnitte oder den gesamten Bildschirminhalt auf Papier oder computerlesbaren Medien festzuhalten, sondern auch in geeigneten Standard-Dateiformaten zu speichern.

Änderungen sollten jedoch nicht nur innerhalb einer Informationsdarstellung, sondern auch fensterübergreifend möglich sein. So ist zum Beispiel vorgesehen, über Aktivierung der mit *Zusammenfassen* bezeichneten Aktion und anschließende Selektion einzelner Titel aus einer Auswahlliste mehrere Informationsdarstellungen zu einer Gesamtdarstellung zusammenzufassen, die gegebenenfalls aus mehreren Tabellen und/oder Grafiken besteht. Spezielle DV-technische Möglichkeiten zur Analyse von Informationsgesamtheiten sollten dabei nicht unberücksichtigt bleiben.[34]

Zu jeder *aktiven* Darstellung, die im Vordergrund erscheint und optisch durch eine dunkel unterlegte Titelzeile hervorgehoben ist, läßt sich über die Aktivierung der mit *Info/Abfrage* bezeichneten Aktion die ursächliche Informationsabfrage anzeigen. Dabei bestehen grundsätzlich zwei Möglichkeiten: Zum einen könnte die ursprüngliche Benutzereingabe und zum anderen das Ergebnis der Analyse durch die Informationsabfragekomponente dargeboten werden. Da Grundlage der Darstellung letztendlich das Ergebnis der Analyse durch die Abfragekomponente ist, soll die Benutzereingabe, ergänzt um die optisch hervorgehobenen Angaben der Informationsabfragekpomponente, dargeboten werden. Sofern die Informationsdarstellung nicht den Erwartungen des Benutzers entspricht, hat er so die Möglichkeit festzustellen, ob die Ursache in einem ihm nicht bewußten Eingabefehler liegt oder das System bestimmte Begriffe nicht in seinem Sinne verwendet hat, was über eine Korrektur der betreffenden Synonyme behoben werden könnte.

Durch die Anzeige der ursächlichen Informationsabfrage hat der Benutzer die Möglichkeit, leicht veränderte Informationsdarstellungen durch entsprechende Änderung und erneuten Anstoß der Abfrage zu erreichen. Diese Vorgehensweise erscheint jedoch bei geringen Änderungen recht umständlich, da hierzu in der Regel von der Informationsdarstellung, die Anlaß der erneuten Abfrage ist, über mehrere Benutzeraktionen erst ein Abfragefenster aktiviert und via Tastatureingaben verändert werden muß. Aus Benutzersicht liegt es nahe, kleinere Abfrageänderungen direkt anhand der sie verursachenden Informationsdarstellung vorzunehmen. Wenn etwa bei den in einem Säulendiagramm abgebildeten Kennzahlen zu einem Zeitpunkt bedeutende Abweichungen des Istwertes vom Planwert zu erkennen wären, würde der Betrachter diesen Sachverhalt einer danebenstehenden Person wahrscheinlich unter anderem durch Zeigen auf die betreffende Stelle im Diagramm deutlich machen.

Diese Verhaltensweise wurde zunächst zum Vorbild für die gestikbasierte Aktivierung von Informationsabfragen aus Grafiken genommen; auf Tabellendarstellungen lassen sich diese Überlegungen später analog anwenden: Durch Bewegen des Cursorsymbols (Pfeil) auf die eine Kennzahl repräsentierende Stelle einer Grafik (z. B. die Säule eines Säulendiagramms oder der Knickpunkt eines Liniendiagramms) und kurze Betätigung der linken Maustaste sollen dem Benutzer nähere Informationen zu dieser Kennzahl dargeboten werden, etwa die Ausprägungen der Kennzahldimensionen, der dargestellte Wert in Zahlenform sowie gegebenfalls die Berechnungsvorschrift. Nach Anklicken der Wertbezeichnung (z. B. Explosion) soll dem Benutzer über ein Pop-up-Menü die Möglichkeit geboten werden, das betreffende Element aus der Darstellung zu löschen, Informationen dazu anzuzeigen, es zu zerlegen oder die aus einer Auswahlliste selektierten Elemente zusätzlich in die Darstellung mit aufzunehmen. Das Hinzufügen einzelner Elemente läßt sich auch über die Aktivierung der entsprechend bezeichneten Funktion in der Aktionsleiste des Grafikfensters erreichen.

Beim Zerlegen wird anhand der aktuellen Sicht eine Informationsabfrage über die erklärenden, auf der nächst tieferen Hierarchieebene liegenden Kennzahlen angestoßen und anschließend - sofern geeignete Zahlen vorliegen - eine entsprechende Informationsdarstellung erzeugt (sog. Drill-down). Zunächst wurde versucht, das Zerlegen einer Kennzahl über die Aktivierung einzelner grafischer Elemente anzustoßen. Da bei Liniengrafiken die betreffenden Elemente zum Teil so klein sein müssen, daß sie sich nur äußerst schwer mit der Maus ansprechen lassen und aufgrund der Tatsache, daß mehrere grafische Elemente übereinanderliegen können, so daß sie sich nicht eindeutig ansprechen lassen, wurde auf diese Interaktionsmöglichkeit verzichtet. Der Benutzer hat so die Möglichkeit, die Zerlegung einer Kennzahl unabhängig von der konkreten Darstellungsform einheitlich anzustoßen. Durch Aktivierung der Achsenbezeichnungen lassen sich daneben etwa Informationsabfragen mit variiertem zeitlichen Aggregationsniveau, verschobenem Zeitausschnitt oder geänderten Einheiten anstoßen.

Zur Planungsunterstützung ist vorgesehen, zunächst einfache What-if- und How-to do-to-achieve-Fragen vom Führungsinformationssystem beantworten zu lassen. Auf der Grundlage der sich aus den Berechnungsvorschriften ergebenden Kennzahlenhierarchie (Sicht) hat der Benutzer sowohl die Möglichkeit, sich die Auswirkungen der Veränderung einer einzelnen Kennzahl als auch die zur Erreichung einer bestimmten Zielgröße notwendige Ausprägung einzelner Kennzahlen niedrigerer Hierarchieebenen berechnen und darstellen zu lassen.

Sofern es sich bei der Ursprungssituation um eine Grafik handelt, kann die Eingabe absoluter Werte größtenteils über direkte Manipulation der Grafik erfolgen, etwa die Veränderung der Säulenhöhe durch entsprechende Mausbewegungen und -interaktionen; zur exakten Positionierung könnte der jeweils repräsentierte absolute Wert parallel in einem Fenster in Zahlenform dargestellt werden. Um auch Kennzahlenveränderungen zu ermöglichen, die im Rahmen der dargestellten Grafik nicht möglich wären, sollte der Benutzer daneben die Möglichkeit haben, die gewünschte Zahl einzugeben.

Gegenstand aktueller Forschungs- und Entwicklungsbemühungen ist die Erweiterung des Führungsinformationssystems, um in einem nächsten Schritt auch komplexere "What-if"-Fragen beantworten zu können, bei denen die Auswirkungen unterschiedlicher, gleichzeitig durchgeführter Kennzahlenvariationen sowie eingegebener Kennzahlenverteilungen (Risikoanalyse) auf bestimmte Zielgrößen berücksichtigt werden können. Besondere Bedeutung erlangt in diesem Zusammenhang die einfache Eingabe, Änderung und Löschung von Berechnungsvorschriften, die in separaten Sichten zu verwalten sind.

Um die ursprüngliche mit der neuen Situation vergleichen zu können, sollte das Ergebnis jeweils in einem separaten Fenster dargestellt werden. Im allgemeinen wird die Veränderung eines Wertes beim Vorliegen mehrerer Berechnungsvorschriften jedoch nicht nur unmittelbare Auswirkungen auf die ursprüngliche Informationsdarstellung haben, sondern einige abhängige Kennzahlen werden parallel in den übrigen mehr oder weniger sichtbaren Fenstern enthalten, andere wiederum gar nicht auf dem Bildschirm dargestellt sein. So ist die Frage, ob nur die Auswirkungen in dem betreffenden Fenster, in allen Informationsdarstellungen oder dem gesamten Informationsangebot berücksichtigt werden sollten. Während im ersten Fall vermutlich keine unzumutbar langen Wartezeiten entstehen können, besteht die Gefahr, daß für den Benutzer womöglich nicht transparente Inkonsistenzen in den dargestellten und gespeicherten Informationen auftreten, die deren Vergleichbarkeit grundsätzlich in Frage stellen. So ist vorgesehen, dem Benutzer Manipulationen zu erlauben, die in einem ersten Schritt nur Auswirkungen auf die dargestellten Informationen haben; alle betroffenen Informationsabfragefenster ließen sich etwa entsprechend kennzeichnen, so daß er ohne größere Wartezeiten nacheinander mehrere Konstellationen durchspielen kann. Dabei wird von der Annahme ausgegangen, daß den

Benutzer primär die Abhängigkeiten zwischen den von ihm abgerufenen Informationen interessieren. Er verzichtet dabei bewußt auf das Erkennen einzelner, ihm nicht bekannter beziehungsweise nicht bewußter Wirkungszusammenhänge.

Sofern der Benutzer die Auswirkungen auf das gesamte Informationsangebot betrachten möchte, besteht die Möglichkeit, ihm über die Veränderung und Kennzeichnung der betroffenen Informationsdarstellungen hinaus etwa eine hierarchisch strukturierte Liste mit den abhängigen Kennzahlen anzubieten, bei der die nicht dargestellten Kennzahlen entsprechend hervorgehoben sind. So kann er leicht entsprechend ergänzende Informationsabfragen formulieren, um sich bisher unberücksichtigt gebliebene Abhängigkeiten aufzeigen zu lassen. Spätestens das Sichern einer Planungssituation führt zur Berücksichtigung aller Abhängigkeiten, so daß eine in sich konsistente Kopie der veränderten Ursprungssituation unter einer entsprechenden Bezeichnung (Ausprägung der Dimension Informationsquelle etwa *Szenario 1*) gespeichert wird. Zu späteren Zeitpunkten läßt sich so die gesamte Planungssituation wieder betrachten. Analyse- und Diagnosefunktionen könnten den Benutzer darüber hinaus auf besondere, nicht dargestellte Konstellationen hinweisen, etwa starke Abweichungen bestimmter Istwerte von ihren Planwerten, vor allem bei Kennzahlen niedrigerer Hierarchieebenen.

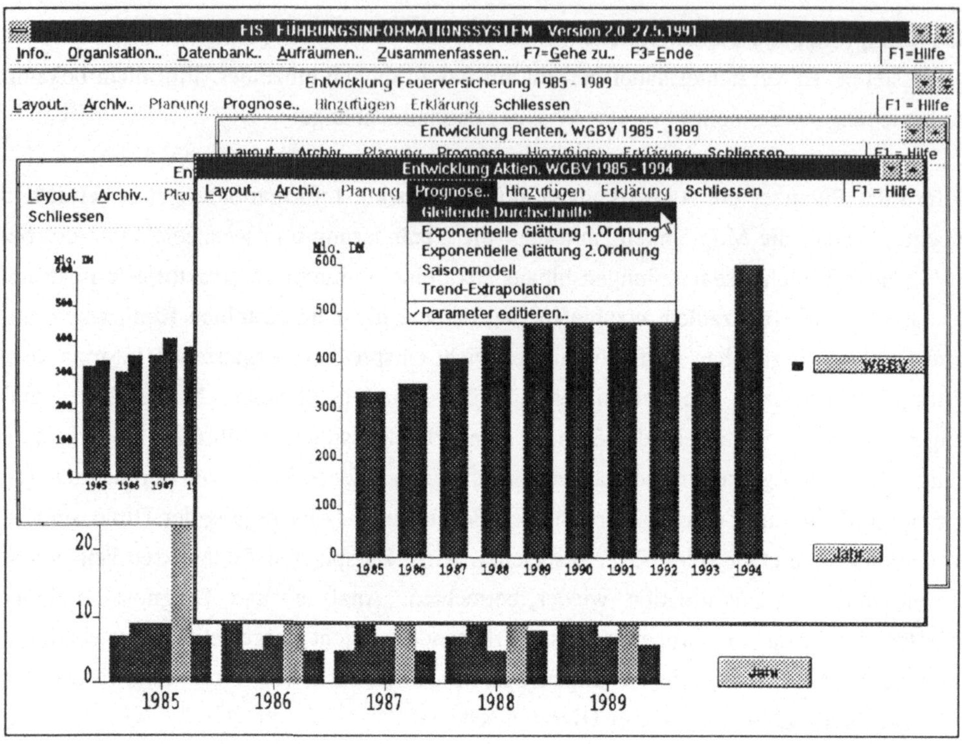

Abbildung 65: Szenario einer Informationsabfrage - Anstoß einer Prognose

Über die Aktivierung der mit *Prognose* bezeichneten Aktion lassen sich die Prognoseparameter eingeben beziehungsweise ändern sowie das gewünschte Verfahren anstoßen (vergleiche Abbildung 65).[35] Sofern aufgrund einer automatisch durchgeführten Prognoserechnung bereits prognostizierte Daten dargestellt wurden, sind die dabei zugrunde gelegten Parameter eingestellt. In der Auswahl des Prognoseverfahrens und Eingabe der -parameter ist der Benutzer grundsätzlich nicht beschränkt, über die Aktivierung der mit *Erklärung* bezeichneten Aktion soll er jedoch die Möglichkeit haben, sich ausführliche Informationen über das gewählte Prognoseverfahren geben zu lassen.

Da auch das Ergebnis jeder erneuten Informationsabfrage in einem separaten Fenster konstanter Größe dargestellt wird, werden jeweils alte Bildschirminhalte teilweise oder vollständig verdeckt. Durch Bewegen des Cursorsymbols auf den sichtbaren Teil eines Fensters und Betätigung der linken Maustaste wird die betreffende Informationsdarstellung in den Vordergrund geholt. Die Darstellungen lassen sich darüber hinaus vom Benutzer kontinuierlich in ihrer Größe verändern und ähnlich der auf einem Schreibtisch liegenden Schriftstücke individuell auf dem Bildschirm plazieren (vergleiche Abbildung 66). So hat der Benutzer zum Beispiel die Möglichkeit, mehrere zu vergleichende Informationsdarstellungen auf dem Bildschirm nebeneinander anzuordnen.

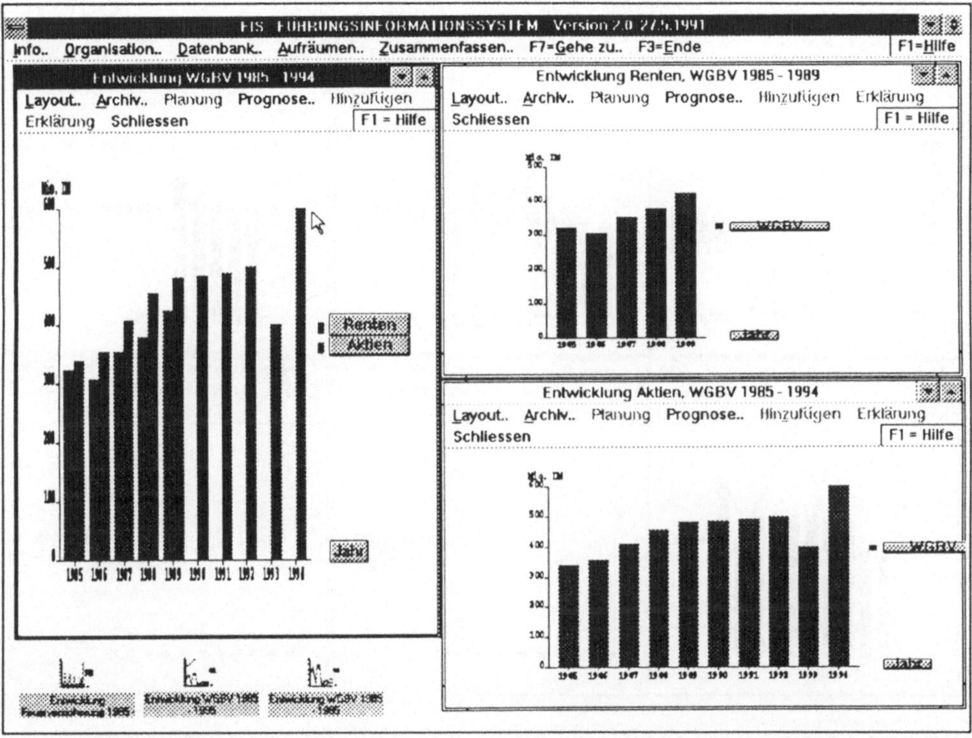

Abbildung 66: Szenario einer Informationsabfrage - individuell angeordnete Informationsdarstellungen

Aufgrund der Tatsache, daß jedes Informationsdarstellungs-Fenster solange erhalten bleibt, bis es vom Benutzer durch Aktivierung der mit *Schließen* bezeichneten Aktion explizit geschlossen wird, kann es aufgrund der begrenzten Bildschirmfläche leicht zu unübersichtlichen Situationen kommen, die vom Benutzer kaum alleine bewältigt werden können, ohne nacheinander mehrere Darstellungen zu löschen, die später vielleicht noch benötigt werden.

Durch die sogenannte Aufräum-Funktion wird der Benutzer systemseitig unterstützt, sich einen Überblick über die Informationsdarstellungen zu verschaffen. Bei Aktivierung der mit *Aufräumen* bezeichneten Aktion kann der Benutzer zwischen einer parallelen und kaskadenförmigen Darstellung wählen. Im ersten Fall werden die betreffenden Fenster auf eine einheitliche Größe gebracht, so daß sie nebeneinander auf dem Bildschirm dargestellt werden können (vergleiche Abbildung 67).

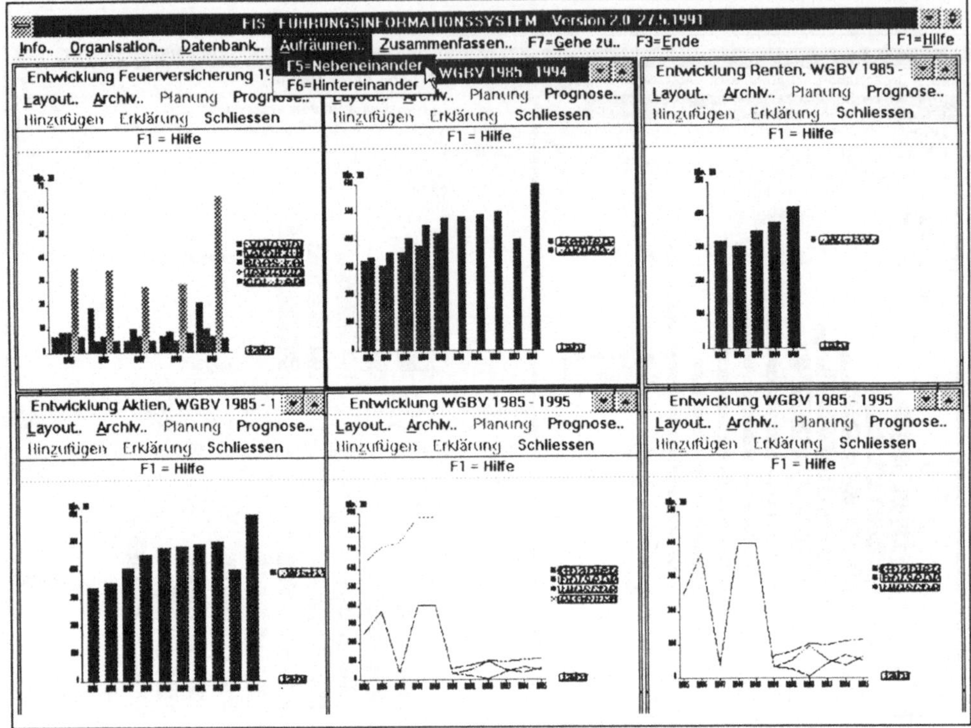

Abbildung 67: Szenario einer Informationsabfrage - parallel angeordnete Informationsdarstellungen

Andernfalls werden die Darstellungen so angepaßt, daß sie kaskadenförmig hintereinander angeordnet werden können, so daß die Darstellungstitel jeweils noch sichtbar bleiben. Darüber hinaus besteht die Möglichkeit, sich über die Aktivierung der mit "*F7=Gehe zu ..*" bezeichneten Aktion die Titel aller auf dem Bildschirm dargestellten Fenster in einer Auswahlliste anzeigen zu lassen (vergleiche Abbildung 68); die Selektion eines Titels führt dazu, daß das betreffende Fenster im Vordergrund dargestellt wird.

Durch Aktivierung der mit *Schliessen* bezeichneten Funktion in der Aktionsleiste eines Grafikfensters läßt sich die betreffende Informationsdarstellung jederzeit schließen. Da hierdurch auch das zugrunde liegende Informationsabfrageergebnis gelöscht wird, muß der Benutzer diese Aktion durch Bestätigung einer entsprechenden Systemmeldung deutlich machen. Damit wird verhindert, daß die Fensterinhalte versehentlich gelöscht werden.

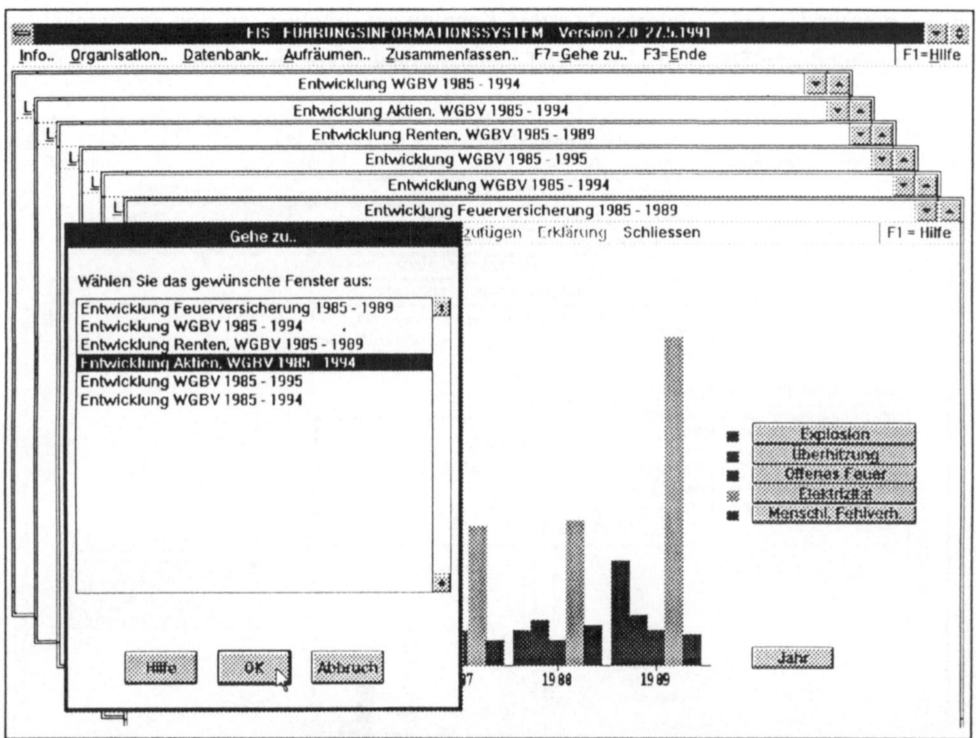

Abbildung 68: Szenario einer Informationsabfrage - kaskadenförmig angeordnete Informationsdarstellungen

Das Gesamtsystem kann vom Benutzer ebenfalls jederzeit verlassen werden, entweder durch Aktivierung der mit "*F3=Ende*" bezeichneten Aktion, Betätigung der *F3*-Funktionstaste oder das sogenannte Systemmenü (anwählbar durch Aktivierung des kleinen Rechteckes in der linken oberen Ecke des FIS-Grundfensters). Auch hier wird der Benutzer jedoch aufgrund des damit gegebenenfalls verbundenen Informationsverlustes gezwungen, seine Absicht durch Bestätigung einer entsprechenden Systemmeldung zu bekräftigen (vergleiche Abbildung 69).

Für Systementwickler und Assistenzkräfte bietet sich aufgrund ihrer im Vergleich zu Unternehmensführern in der Regel umfangreicheren DV-Kenntnisse daneben die sehr flexible, kommando- oder menüorientierte Formulierung und Aktivierung von Informationsabfragen mit Hilfe des OS/2 Query Managers an, der den Benutzer darüber hinaus bei der Erstellung individueller Berichte unterstützt. Aufgrund der einheitlichen Benutzerunterstützung im Rahmen des SAA-Konzeptes ist es bei Bedarf auch Assistenzkräften mit entsprechenden OS/2-Datenbanksystem-Kenntnissen möglich, ad hoc Recherchen in einem angebundenen DB/2-Großrechner-Datenbanksystem vorzunehmen.

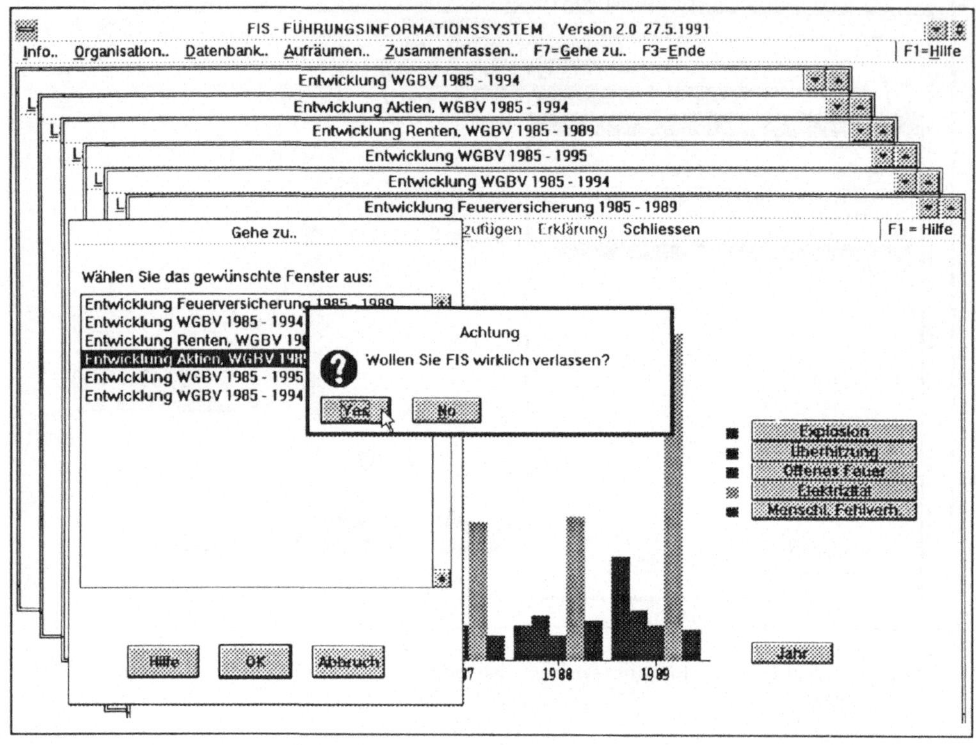

Abbildung 69: Szenario einer Informationsabfrage - Verlassen des Führungsinformationssystems

6.5 Erfahrungen und Entwicklungsperspektiven

Anhand der prototypischen Entwicklung des Pilotsystems für den Unternehmensführer eines konkreten Wirtschaftsunternehmens wurde deutlich, daß es mit Hilfe der verfügbaren Informationstechnik grundsätzlich möglich ist, ein sehr flexibles umfassendes Standard-Führungsinformationssystem zu entwickeln, was sich mit unterschiedlichen Informationsangeboten versehen, von verschiedenen Unternehmensführern bedienen sowie harmonisch in ihre spezifischen organisatorischen Umgebungen einpassen läßt und darüber hinaus über einen Funktionsumfang verfügt, der es dem Unternehmensführer ermöglicht, nicht nur aktuelle Informationen abzufragen, sondern mit ihnen auch umfangreiche entscheidungsvorbereitende Aktivitäten auszuführen. Damit können dem Unternehmensführer erstmals die für ihn relevanten Funktionen herkömmlicher Informations- und Planungssysteme unter einer einheitlichen Benutzerschnittstelle direkt zur Verfügung gestellt werden.

Während sich die zum Teil noch etwas umständlichen Interaktionen mit Hilfe von Evaluierungsstudien identifizieren und gegebenenfalls auch durch den Einsatz direkter Zeigeinstrumente und anderer Ausgabemedien reduzieren lassen, gehen die hohe Flexibilität und Funktionalität offensichtlich mit einem recht komplexen äußeren Erscheinungsbild einher, das ungeübten Personen - ohne vorherige Schulung oder Erfahrung in der Bedienung vergleichbarer Benutzerschnittstellen - die erstmalige Benutzung sehr erschweren oder gar verhindern kann. So versetzt etwa die Möglichkeit, Größe und Position unterschiedlicher Fenster auf dem Bildschirm zu verändern, den geübteren Unternehmensführer zwar in die Lage, ähnlich der gewohnten Arbeitsweise mit verschiedenen herkömmlichen Arbeitsunterlagen auf seiner Schreibtischoberfläche individuelle Arbeitssituationen zu erzeugen; den ungeübten Benutzer können die vielfältigen Möglichkeiten jedoch stören und in der Bewältigung seiner eigentlichen inhaltlichen Aufgabe behindern.

Vor dem Hintergrund der seitens Theorie und Praxis zum Teil geforderten und im Rahmen des Projektes angestrebten Erweiterung des Führungsinformationssystems im Hinblick auf eine noch größere Flexibilität und Funktionalität scheint es notwendig, gleichzeitig das äußere Erscheinungsbild weiter zu vereinfachen. Nur so läßt sich sicherstellen, daß der Unternehmensführer die wichtigsten Grundfunktionen des Führungsinformationssystems bereits nach einer "zehnminütigen Erläuterung" selbst anstoßen kann und nicht auf die Bedienung durch Assistenzkräfte angewiesen ist. In dem vorgestellten Konzept läßt sich dies zum Beispiel über die Archiv-Funktion realisieren, indem die vorhersehbaren Informationsabfragen schon vor der Übergabe des Systems an den Unternehmensführer von Systementwicklern oder Assistenzkräften formuliert und gespeichert werden. Nach Aufruf des Führungsinformationssystems müßte der Unternehmensführer so lediglich aus den gegebenenfalls hierarchisch strukturiert dargebotenen Informationsabfragebezeichnungen die gewünschten Abfragen auswählen und anstoßen, um jeweils die aktuellen Informationen in der gewünschten Form zu erhalten. Vorherige Tests könnten darüber hinaus sicherstellen, daß bei der Informationsabfrageanalyse keine lexikalischen, syntaktischen oder semantischen Fehler auftreten, die gegebenenfalls eine umfangreichere Fehlerbearbeitung vom Unternehmenführer verlangen würden; einzelne Analyseschritte ließen sich sogar umgehen.

Durch die Integration einer Funktion zur automatischen Abarbeitung bestimmter Informationsabfragen in einer festen Reihenfolge ließe sich mit dem vorgestellten Führungsinformationssystem auch ein elektronisches "Bilderalbum" realisieren, in dem der Unternehmensführer ähnlich der Arbeitsweise mit den in einem Aktenordner zusammengestellten Unterlagen vor- und zurückblättern sowie über ein Inhalts- und/oder Schlagwortverzeichnis gezielt bestimmte Informationsdarstellungen auswählen kann, die etwa jeweils in dem einzigen Informationsdarstellungs-Fenster konstanter Größe an einer festen Bildschirmposition erscheinen. Bei dem einfachen Erscheinungsbild hätte auch der erstmalige Benutzer die Möglichkeit, sich mit wenigen Interaktionen wiederkehrende Informationsnachfragen direkt vom Führungsinformationssystem beantworten zu lassen.

Die weiterhin sichtbaren Bezeichnungen in den Aktionsleisten des Grund- und Informationsdarstellungs-Fensters sowie entsprechende grafische Symbole müssen den ungeübten Benutzer nicht stören, können dem geübteren Benutzer aber einen Eindruck von der hinter dem einfachen Erscheinungsbild verborgenen Systemflexiblität und -funktionalität geben und ihn anhalten, die eine oder andere Manipulation selbst vorzunehmen, zum Beispiel eine leicht variierte Informationsabfrage oder Prognose anzustoßen - vielleicht in einer Situation, in der kein geeigneter Mitarbeiter zur Verfügung steht, um diesem Informationswunsch nachzukommen. Damit hat der Unternehmensführer den Einstieg in die individuelle Benutzung des Führungsinformationssystems getan. Auch in späteren Phasen dürfte das System jedoch noch genügend Komplexität aufweisen, um ihn zu reizen, bei Bedarf weitere Auswertungen anzustoßen und so die Qualität seiner Entscheidungsgrundlage zu verbessern. Führungsinformationssysteme, die ein reines elektronisches "Bilderalbum" darstellen, werden anfänglich vielleicht sporadisch benutzt, wenn etwa der Informationsaktualität eine besondere Bedeutung beigemessen wird. Ansonsten scheinen die in Berichtssystemen für die Unternehmensführung üblichen Sammlungen optisch sehr gut aufbereiteter Entscheidungsunterlagen aufgrund ihrer uneingeschränkten räumlichen Unabhängigkeit und einfachen Bedienung jedem DV-System überlegen zu sein.

7 Zusammenfassung und Ausblick

Vor dem Hintergrund der existentiellen Bedeutung einer computergestützten Informationsversorgung der Unternehmensführung und des dagegen festzustellenden äußerst geringen Einsatzes von Führungsinformationssystemen am Arbeitsplatz des Unternehmensführers steht am Anfang dieser Untersuchung die Vermutung, daß die Ursache hierfür vor allem in der unzureichenden Berücksichtigung der betroffenen Personen, der von ihnen zu bewältigenden Aufgaben, der verfügbaren Arbeitsmittel und deren Zusammenwirken sowie der Einbindung des DV-Systems in das organisatorische betriebliche Umfeld zu suchen ist. Im Bereich der Betriebswirtschaftslehre besteht in diesem Zusammenhang ein großes Forschungsdefizit: Zum Teil werden zwar die Auswirkungen des Einsatzes konkreter Informationstechnologien diskutiert oder es wird auf die hohe Flexibilität dieses Gestaltungsinstrumentes hingewiesen. Der ihr darüber hinaus obliegenden Aufgabe der Ableitung wissenschaftlich fundierter Gestaltungshinweise und -hilfen kommt sie größtenteils allerdings nicht nach; die entwickelten theoretischen Konzepte zeichnen sich nach wie vor häufig durch mangelnde Konkretisierung und Überprüfung aus. Die vorliegende Arbeit soll dazu beitragen, diese Lücke im Bereich der betriebswirtschaftlichen Diskussion computergestützter Informationssysteme für die Unternehmensführung zu schließen.

Auf der Grundlage einer kurzen Darstellung des betriebswirtschaftlichen Informationsversorgungsproblems und bisheriger Lösungsansätze wird zu Beginn die Grundstruktur eines Führungsinformationssystems entwickelt. Sie bildet zugleich die Basis der gesamten Arbeit: Nach Ableitung eines Vorgehensmodells wird der gewählten anthropozentrischen Vorgehensweise folgend zunächst der organisatorische Kontext von Führungsinformationssystemen untersucht. Aus der Sicht des Unternehmensführers - als Informationsnachfrager - gehören hierzu insbesondere die übrigen am Arbeitsprozeß beteiligten Personen und Arbeitsmittel sowie deren Beziehungszusammenhänge. Ergebnisse empirischer Untersuchungen über die Tätigkeiten von Führungskräften geben darüber hinaus konkrete Anhaltspunkte für die tatsächliche Aufgabenbewältigung. Aus der Sicht der Informationsbasis - als logische Basis des Informationsangebotes computergestützter Informationssysteme - wird vor allem auf Kennzahlen als wesentliche Informationsträger und Bestandteile des Informationsangebotes eingegangen.

Die hier erzielten Einzelergebnisse bilden den Rahmen für die Entwicklung des Konzeptes der Benutzerschnittstelle von Führungsinformationssystemen, als die Gesamtheit aller betriebswirtschaftlich relevanten Komponenten. Aufgrund der unzureichenden Einbeziehung der organisatorischen Rahmenbedinungen in die herkömmlichen, zumeist technikorientierten und statischen Modelle der Benutzerschnittstelle, wird dafür zunächst ein dynamisches, benutzerorientiertes, aufgabenzentriertes und zugleich technologiebewußtes Modell abgeleitet. Die gedankliche Basis bildet dabei eine Symbiose der vorgestellten Problemlösungs- und Schichtenmodelle auf der einen Seite sowie der betriebswirtschaftlich-organisatorischen Grundlagen auf der anderen Seite. Anhand dieses Ebenenmodells werden anschließend die einzelnen Systemfunktionen konkretisiert, mögliche Dialogformen diskutiert sowie Vorgaben für den Dialogaufbau und -ablauf hergeleitet, bevor auf die differenzierten Möglichkeiten im Zusammenhang mit der Ein- und Ausgabe von Informationen eingegangen wird.

Die Umsetzbarkeit des hier entwickelten, wissenschaftlich fundierten Konzeptes eines flexiblen, umfassenden Standard-Führungsinformationssystems wird abschließend anhand von Ausschnitten aus der prototypischen Realisierung des Pilotsystems für den Vorstandsvorsitzenden eines konkreten Wirtschaftsunternehmens aus dem Versicherungsbereich demonstriert. Die Überprüfung des Einsatzes eines entsprechenden Routinesystems über einen längeren Zeitraum steht zwar noch aus, aufgrund der Einbeziehung der Systementwicklung als integraler Bestandteil des Führungsinformationssystems besteht jedoch die Überzeugung, daß mit dieser Arbeit auch der Grundstein für den längerfristigen Einsatz computergestützter Informationssysteme am Arbeitsplatz des Unternehmensführers gelegt wird.

Den Bemühungen, computergestützte Informationssysteme zu entwickeln, die von Unternehmensführern selbständig benutzt werden, wird heute von den betroffenen Führungskräften zwar noch häufig mit großer Skepsis begegnet.[1] Zur Begründung werden dabei zum Teil die plausiblen Ergebnisse umfangreicher empirischer Untersuchungen bemüht, die konstatieren, daß die Problemstellungen, mit denen Unternehmensführer konfrontiert sind, im Vergleich zu anderen betrieblichen Aufgabenträgern grundsätzlich durch eine hohe Komplexität und niedrige Planbarkeit charakterisiert sind, was mit einem unbestimmten Informationsbedarf sowie einer sehr hohen Inanspruchnahme von Assistenzkräften einhergeht.[2]

Nicht mit einem genügenden zeitlichen Vorlauf bestimmbare, ad hoc gestellte Informationsnachfragen können zwar prinzipiell nicht beziehungsweise nur zufällig mit Hilfe von Führungsinformationssystemen beantwortet werden;[3] auch bei der Unternehmensführung lassen sich in der Praxis jedoch Informationsnachfragen isolieren, die ähnlich strukturiert sind, sich im Zeitablauf wenig ändern und mit Hilfe der Informationstechnik verarbeitet werden können, und zwar schneller als durch den alternativen Einsatz menschlicher Assistenzkräfte. Zudem können dadurch sowohl die Unternehmensführer als auch die Assistenten von relativ unattraktiven Routineaufgaben entlastet werden. Die eingesparte Zeit bietet Freiraum für die Bewältigung attraktiverer, anspruchsvollerer Aufgaben, die menschliche Spontaneität, Kreativität, ganzheitlich-emotionale Erfassung, Situationsgebundenheit und Sozialbezogenheit erfordern und kann dazu genutzt werden, die Entscheidungsqualität wesentlich zu verbessern.

Die aus der Analyse bürotechnologiegestützter Zusammenarbeit zwischen Management und Sekretariat entstandenen Modelle der Aufgabenverteilung, die neben einer Intensivierung (Kooperationsmodell) auch eine Verringerung der Kooperation und Arbeitsteilung (Autarkiemodell) in Betracht ziehen,[4] lassen sich jedoch nicht ohne weiteres auf die Zusammenarbeit zwischen Unternehmensführern und Assistenzkräften übertragen. Selbst bei intensivster Nutzung des Führungsinformationssystems bleibt der Unternehmensführer aufgrund seiner übrigen Aufgaben in der Regel von der zentralen Pflege des Informationsangebotes durch Assistenzkräfte und Systementwickler abhängig; die persönliche manuelle Erfassung und selbständige Verwaltung der Führungsdatenbank wird für ihn nur in besonderen Ausnahmefällen, etwa bei äußerst sensiblen Informationen, sinnvoll sein. Zwischen Unternehmensführern und Assistenzkräften erscheint folglich eine Entwicklung hin zu autarken Aufgabenträgern sehr fraglich.

Es lassen sich vielmehr ohne eine wesentliche Steigerung der Qualifikationsanforderungen oder Verlagerung der Aufgabenschwerpunkte von Unternehmensführern und Assistenzkräften bestimmte Routineaufgaben der Informationsversorgung dem Führungsinformationssystem übertragen, die bei beiden zu einer zeitlichen Entlastung führt. Bedingt durch die zeitlichen und qualitativen Effekte auf der Leistungsseite, kann es gleichzeitig zu einer Produktivitätssteigerung kommen. Sofern die Erweiterung der Leistungskapazität mit einer entsprechenden Ausdehnung der Leistungsnachfrage einhergeht, wird dies bei Unternehmensführern und Assistenzkräften zwar keine Beschäftigungseffekte auslösen, im Bereich der Systementwicklung entsteht jedoch ein langfristiger Zusatzbedarf. Letztendlich kann der Einsatz eines Führungsinformationssystems neben einer Intensivierung der Kooperation und Arbeitsteilung zwischen Unternehmensführern und Assistenzkräften auch zu einer engeren Zusammenarbeit zwischen Unternehmensführern beitragen. Aufgrund der Identität ihrer betrieblichen Informationsbasis bezüglich Art, Menge,

Aktualität und Qualität der enthaltenen Informationen können auch die Gruppen-Entscheidungsprozesse hinsichtlich ihrer Zeitdauer und Qualität verbessert werden.[5]

Aufgrund der zunehmenden Bedeutung computergestützter Informationssysteme für die Unternehmensführung und der Marktmacht von DV-Herstellern besteht die Gefahr, daß überstürzt Systeme entwickelt werden, die vordergründig eine wesentliche Verbesserung der Informationsaktualität und -qualität versprechen (z. B. Berichtssysteme in Form von elektronischen "Bilderalben"), sich aufgrund ihrer Inflexibilität und geringen Funktionalität jedoch einer intensiveren Nutzung durch Unternehmensführer entziehen. So ist zu befürchten, daß ähnlich der früheren Entwicklung von allumfassenden Management Informationssystemen und der aktuellen Entwicklung im Zusammenhang mit Expertensystemen der anfänglichen Ungläubigkeit eine ausgeprägte Euphoriephase folgt, die aufgrund zu hoch gesteckter Erwartungen beziehungsweise unerwarteter Probleme bei der praktischen Umsetzung schließlich von einer Phase abgelöst wird, die durch Spott und Frust gegenüber der betreffenden Technik gekennzeichnet ist.[6]

Die zwischen der Darstellung erster Ansätze und dem sich letztendlich ergebenden positiven Beitrag zur Unternehmensführung liegende Zeitspanne könnte jedoch auch sinnvoll zum schrittweisen Aufbau eines Führungsinformationssystems auf der Grundlage des vorgestellten Konzeptes genutzt werden. Insofern stellt die Entscheidung zwischen der heute von DV-Herstellern zumeist propagierten "80 Prozent-Lösung" - handelt es sich dabei nicht vielleicht doch nur um eine "70 Prozent-Lösung"? - und der langfristig angelegten Entwicklung eines flexiblen, umfassenden, wissenschaftlich fundierten Standard-Führungsinformationssystems eine strategische Entscheidung dar, deren Konsequenzen frühestens in einigen Jahren erkennbar werden, dann aber kaum noch ohne größere negative Auswirkungen auf die Unternehmung korrigierbar sein dürften.

ANHANG

Verzeichnis verwendeter DIN-Normen[1]

Nummer	Ausgabe	Bezeichnung
461	03/73	**Graphische Darstellung in Koordinatensystemen**
2137		**Büro- und Datentechnik**:
-/Teil 1	10/88	-: Alphanumerische Tastaturen: Deutsche Tastatur für Schreibmaschinen
-/Teil 2	10/88	-: -: Deutsche Tastatur für Text- und Datenverarbeitung: Belegung mit Schriftzeichen
2139	07/76	-: -: Tastenanordnung für Dateneingabe
2145	10/77	-: Funktionstasten in Tastaturen: Grundsätze für die Anordnung und Zuordnung
2148	04/82	-: Tastaturen: Begriffe und Einteilung
9753	11/82	-: Numerische Tastaturen: Zehnerblocktastatur
9758	11/77	-: -: Tastenanordnung für den numerischen Bereich
33400	10/83	**Gestalten von Arbeitssystemen nach arbeitswissenschaftlichen Erkenntnissen**: Begriffe und allgemeine Leitsätze
44300		**Informationsverarbeitung**: Begriffe
-/Teil 4	11/88	-: -: Programmierung
66233		**Bildschirmarbeitsplätze**:
-/Teil 1	04/83	-: Begriffe
-/Teil 2	12/84	-: Übersicht von Begriffen aus anderen Normen
66234		**Bildschirmarbeitsplätze**:
-/Teil 1	03/80	-: Geometrische Gestaltung der Schriftzeichen
-/Teil 2	05/83	-: Wahrnehmbarkeit von Zeichen auf Bildschirmen
-/Teil 3	03/81	-: Gruppierung und Formatierung von Daten
-/ -/Bb. 1 (E)	03/83	-: -: Hinweise und Beispiele
-/Teil 5	03/81	-: Codierung von Information
-/ -/Bb. 1 (E)	06/84	-: -: Verwendung von Grafik
-/ -/Bb. 2 (E)	11/86	-: -: Farbkombinationen
-/Teil 6	12/84	-: Gestaltung des Arbeitsplatzes
-/Teil 7	12/84	-: Ergonomische Gestaltung des Arbeitsraumes, Beleuchtung und Anordnung
-/Teil 8	02/88	-: Grundsätze ergonomischer Dialoggestaltung
-/Teil 9 (E)	02/86	-: Meßverfahren
66290		**Gestaltung von maskenorientierten Dialogsystemen**:
-/Teil 1 (E)	09/86	-: Gestaltung von Masken

Anmerkungen

1 Einleitung

1 Vgl. etwa *Ansoff, H. I.*, Strategic, 1982, S. 31 ff.; *Ansoff, H. I./McDonnell, E. J.*, Implanting, 1990, S. 3 ff.; *Staehle, W. H.*, Management, 1989, S. 585 ff., m. w. N. Zu den Umweltfaktoren vgl. ausführlich *Staehle, W. H.*, Management, 1989, S. 582 ff., m. w. N.

2 Zu Begriff und Aufgaben der Unternehmensführung vgl. ausführlich Kapitel 2.1, S. 7 ff.

3 Der Begriff Unternehmung bzw. Unternehmen wird im folgenden im Sinne Gutenbergs zur Bezeichnung eines kapitalistischen Betriebstyps verwendet; vgl. *Gutenberg, E.*, Produktion, 1983, S. 508.

4 Vgl. *Ansoff, H. I./McDonnell, E. J.*, Implanting, 1990, S. 12 ff.

5 Vgl. *Preßmar, D. B.*, Graphisches, 1989, S. 1.

6 Vgl. etwa *Augustin, S.*, Informationslogistik, 1990, m. w. N.

7 Zu der früheren Diskussion vgl. etwa *Zimmermann, D.*, Produktionsfaktor, 1972.

8 Vgl. etwa *Martiny, L./Klotz, M.*, Strategisches, 1989, S. 14 ff., m. w. N.

9 Der Begriff Informationstechnologie geht zurück auf einen Beitrag von Leavitt/Whisler aus dem Jahre 1958 und umfaßt die Gesamtheit aller Technologien zur Verarbeitung von Informationen. Vgl. *Leavitt, H. J./Whisler, T. L.*, Management, 1958, S. 41. Je nachdem, ob der Austausch von Informationen als Teilaufgabe der Informationsverarbeitung oder als eigenständige Aufgabe definiert wird, lassen sich auch die Begriffe Informations- und Kommunikationstechnologie ordnen. Im Rahmen dieser Arbeit wird die Kommunikationstechnologie als ein Bestandteil der Informationstechnologie betrachtet. Vgl. zum Begriff Kommunikationstechnologie etwa *Witte, E.*, Kommunikationstechnologie, 1980, Sp. 1048 ff.

10 Vgl. etwa *Porter, M. E./Millar, V. E.*, Information, 1985, S. 149 ff.

11 Als Datenverarbeitung wird im allgemeinen jeder Prozeß bezeichnet, bei dem aus gegebenen (Eingangs-)Daten durch Erfassung, Speicherung, Umwandlung und Bearbeitung bestimmte (Ausgangs-) Daten gewonnen werden, unabhängig davon, ob die dazu notwendigen Tätigkeiten durch den Menschen selbst, durch Computer oder durch das Zusammenwirken von Mensch und Computer ausgeführt werden. Im Rahmen dieser Arbeit wird der Begriff im engen Sinne als die Gesamtheit der in einem Computer aufgrund logischer und mathematischer Verknüpfungen ablaufenden Prozesse (elektronische Datenverarbeitung) verwendet. Mit dem Begriff DV-System wird die umfassende organisatorische Kombination von Hard- und Software zur Lösung von DV-Aufgaben bezeichnet.

12 Vgl. *Preßmar, D. B.*, Graphisches, 1989, S. 1.

13 Vgl. etwa *Winand, U.*, Informationsbanken, 1988, S. 1130 ff., m. w. N. Einen aktuellen Überblick über die Inhalte und Anbieter von Wirtschaftsdatenbanken gibt etwa *SCIENTIFIC CONSULTING Dr. Schulte-Hillen*, Wirtschaftsdatenbanken, 1990.

14 Vgl. etwa *Scheer, A.-W.*, CIM, 1990; *Urbach, R.*, Fabrik, 1990; *Karcher, H. B.*, Büro, 1985, jeweils m. w. N. Einen aktuellen Überblick über die Chancen und Risiken der unterschiedlichen Integrationstendenzen gibt etwa *Noack, M./u. a.* (Hrsg.), CIM , 1990, m. w. N.

15 Einen Überblick über die weiteren betriebswirtschaftlichen Auswirkungen gibt etwa *Scheer, A.-W.*, EDV-orientierte, 1990, S. 195 ff.

16 Aus der anglo-amerikanischen Literatur kommend, hat sich auch in Teilen der deutschsprachigen Literatur für Führungsinformationssysteme der Begriff Executive Information System (kurz: EIS) durchgesetzt. Vgl. etwa *Rieger, B.*, EIS, 1990, S. 103 ff. Zur Definition eines Führungsinformationssystems vgl. ausführlich Kapitel 2.3, S. 23 ff.

17 Ähnlich *Preßmar, D. B.*, Graphisches, 1989, S. 1 ff.

18 Die Begriffe Technologie und Technik werden in der Literatur unterschiedlich definiert. Vgl. etwa *Pfeiffer, P.*, Informationsmanagement, 1990, S. 13, m. w. N. Im Rahmen dieser Arbeit wird Technik als Teilaspekt der Technologie angesehen. Während Technologie sowohl die aus dem theoretischen Grundlagenwissen gestalteten Produkte als auch die entsprechenden Nutzungs- und Anwendungspotentiale umfaßt, bezeichnet Technik das Ergebnis der unmittelbaren praktischen Umsetzung bzw. Anwendung der Technologie.

19 Vgl. *Heilmann, H.*, Computerunterstützung, 1987, S. 3, m. w. N.

20 Vgl. *Bullinger, H.-J.*, Informationsmanagement, 1986, S. 80 f.

21 Zur historischen Entwicklung der Aufgaben des Informationsmanagements vgl. etwa *Mundhenke, E.*, Informationsmanagement, 1986, S. 846 ff. Eine umfassende Darstellung der aktuellen Inhalte findet sich etwa bei *Pfeiffer, P.*, Informationsmanagement, 1990, insb. S. 18 f. u. 120 ff., m. w. N.

22 Für den Begriff Information Management findet sich, vor allem in der älteren Literatur, z. T. auch der Begriff Information Resource Management (IRM). Vgl. etwa *Szyperski, N./Eschenröder, G.*, Information-Resource-Management, 1983, S. 11 ff.

23 Vgl. *Zahn, E./Rüttler, M.*, Informationsmanagement, 1989, S. 35 f.

24 Vgl. ausführlich etwa *Franck, U.*, Expertensysteme, 1988, m. w. N.

25 In der Literatur wird z. T. hiervon die Bedienung eines Computers unterschieden, wenn die unmittelbare Handhabung des Techniksystems Betrachtungsgegenstand ist. Vgl. *Reichwald, R.*, Akzeptanzforschung, 1978, S. 31. Dieser aus der früher im Fertigungsbereich vorherrschenden Arbeitsteilung stammenden Unterscheidung wird hier nicht gefolgt. Ziel dieser Arbeit ist ja gerade die Entwicklung einer Benutzerschnittstelle, die es den betreffenden Benutzern auch erlaubt, sie zu bedienen. Vgl. Kapitel 1.2, S. 4.

26 Vgl. hierzu ausführlich Kapitel 4.1.2.2, S. 53 ff.

27 Vgl. ähnlich *Spinas, P./Troy, N./Ulich, E.*, Leitfaden, 1983, S. 12.

28 Vgl. hierzu ausführlich *Volpert, W.*, Computer, 1988, S. 55 ff.

29 Vgl. *Volpert, W.*, Computer, 1988, S. 58.

30 In Anlehnung an *Frese, M./Brodbeck, F. C.*, Computer, 1989, S. 101 und *Zapf, D./Frese, M.*, Benutzerfehler, 1989, S. 214.

31 Vgl. hierzu ausführlich Kapitel 2.3.2, S. 24 f.

32 Vgl. etwa *Rieger, B.*, EIS, 1990, S. 103 ff.; *Bullinger, H.-J./Huber, H./Koll, P.*, Chefinformationssysteme, 1991, S. 6 ff.

33 Vgl. etwa die Diskussion der Organisation als Teil der Benutzerschnittstelle, Kapitel 5.2.1.2, S. 100 ff.

34 Vgl. etwa *Kubicek, H.*, Informationstechnologie, 1975; *Beckurts, K. H./Reichwald, R.*, Kooperation, 1984; *Albers, F.*, Informationstechnik, 1988, S. 78 ff.; *Kaucky, G.*, Informationstechnologie, 1988; *Lichtenberg, I.*, Organisations- und Qualifikationsentwicklung, 1990.

35 Vgl. *Szyperski, N.*, Herausforderung, 1963, S. 275 ff., 349 ff. und 423 ff.

36 Bereits 1971 hat Szyperski zur Bewältigung dieses Forschungsdefizits eine evolutionäre Ausrichtung und konzipierende Grundhaltung der Betriebswirtschaftslehre im Zusammenhang mit dem Aufbau und der Gestaltung computergestützter Informationssyteme gefordert. Zu der vorgeschlagenen Forschungsstrategie, die von Szyperski auch kurz als Forschung durch Entwicklung bezeichnet wird, vgl. etwa *Szyperski, N.*, Orientierung, 1971, S. 279 ff., *Szyperski, N.*, Forschungsstrategien, 1974, S. 148 ff. sowie *Szyperski, N./Seibt, D./Sikora, K.*, Forschung, 1979, S. 253 ff.

37 Vgl. etwa *Hichert, R./Moritz, M.*, Führungsinformationssystem, 1986, S. 124 ff.; *Rieger, B.* EIS, 1990, S. 103 ff.; *Bullinger, H.-J./Huber, H./Koll, P.*, Chefinformationssysteme, 1991, S. 6 ff.

38 Die praktische Umsetzung der entwickelten Konzepte wird zwar dadurch erschwert, daß die Techniken in diesem Stadium in der Regel noch relativ viele Fehler aufweisen und die Dokumentation typischerweise noch nicht vollständig ist. Nur so lassen sich jedoch z. T. Gestaltungshilfen erarbeiten, die auch in zukünftige Routinesysteme Eingang finden können.

39 Einerseits lassen sich mit Hilfe von Kennzahlen Sachverhalte, die einer quantitativen Beschreibung zugänglich sind, in konzentrierter Form erfassen; sie kommen dem Wunsch der Unternehmensführung entgegen, sich jederzeit mittels hochaggregierter Größen einen Überblick über das gesamte betriebliche Geschehen verschaffen zu können. Andererseits können quantitative Informationen mit Hilfe der heute zur Verfügung stehenden Informationstechnologie in besonderer Weise verarbeitet werden. Vgl. ausführlich Kapitel 4.2, S. 65 ff.

40 Die adäquate Bereitstellung des Informationsangebotes im Rahmen eines Führungsinformationssystems ist vor allem ein technisches Problem. Da der konkrete Informationsbedarf nicht im voraus bestimmt werden kann, lassen sich keine detaillierteren allgemeingültigen logischen Modelle des Informationsangebotes ableiten. Ein Beispiel für den Versuch eines umfassenderen logischen Unternehmensdatenmodells findet sich etwa bei *Scheer, A.-W.*, Wirtschaftsinformatik, 1991. Ziel war jedoch nicht die Her-

leitung eines allgemeingültigen Informationsangebotes, sondern vielmehr die beispielhafte logische Beschreibung der Datengrundlage eines typischen Industriebetriebes, um Abhängigkeiten und Gesamtzusammenhänge aufzudecken.

41 Vgl. *Scheer, A.-W.*, EDV-orientierte, 1990, S. 271 ff.

42 Die Rückwirkungen der zum Teil zur praktischen Umsetzung parallel laufenden Entwicklung des vorgestellten logischen Konzeptes lassen sich dabei nicht im einzelnen darstellen.

2 Informationsversorgung der Unternehmensführung

1 Zu dem aus der anglo-amerikanischen Literatur stammenden Managementbegriff vgl. etwa *Staehle, W. H.*, Management, 1989, S. 65 ff., m. w. N.

2 Vgl. etwa *Witte, E.*, Unternehmensführung, 1983, S. 136; *Hahn, D.*, PuK, 1985, S. 21.

3 Vgl. *Gutenberg, E.*, Produktion, 1983, S. 131. Die Geschäfts- und Betriebsleitung ist der vierte dispositive Faktor im System der produktiven Faktoren von Gutenberg.

4 *Gutenberg, E.*, Produktion, 1983, S. 131.

5 In der betriebswirtschaftlichen Organisationslehre wird eine Aufgabe definiert als "ein zu erfüllendes Handlungsziel, eine durch physische oder geistige Aktivitäten zu verwirklichende Soll-Leistung." *Hoffmann, F.*, Aufgabe, 1980, Sp. 200.

6 Als Wirtschaftlichkeitsprinzip (ökonomisches Prinzip) wird in der betriebswirtschaftlichen Literatur das auf den Bereich der Wirtschaft übertragene allgemeine Vernunftsprinzip (Rationalprinzip) zweckgerichteten menschlichen Handelns bezeichnet. Es läßt sich sowohl mengenmäßig als auch wertmäßig in der Gestalt eines Maximal- oder Minimalprinzips formulieren. Vgl. etwa *Wöhe, G.*, Einführung, 1984, S. 1 f.

7 Unter einer produktiven Kombination wird die Erzielung eines optimalen Verhältnisses von Faktorertrag zu Faktoreinsatz verstanden.

8 Vgl. *Gutenberg, E.*, Produktion, 1983, S. 5.

9 Eine der Handlungsmöglichkeiten besteht regelmäßig auch darin, das bisherige Verhalten beizubehalten. Vgl. *Diederich, H.*, Grundtatbestände, 1981, S. 35.

10 Der Begriff Entscheidung wird in der betriebswirtschaftlichen Literatur unterschiedlich definiert. Zum einen wird darunter der Akt der Wahl einer Handlungsalternative aus einer Menge möglicher Alternativen verstanden und zum anderen ein Prozeß von Entscheidungsakten, der sich über einen längeren Zeitraum erstreckt. Vgl. *Staehle, W. H.*, Management, 1989, S. 485. Im Rahmen dieser Arbeit wird der Begriff Entscheidung im Sinne der erstgenannten Definition verwendet. Die Entscheidung ist das Ergebnis eines Auswahlprozesses zwischen mehreren, nicht gleichzeitig zu verwirklichenden alternativen Handlungsmöglichkeiten, dem sogenannten Entscheidungsprozeß.

11 "Ziele sind normative Aussagen eines Entscheidungsträgers, die einen gewünschten, von ihm oder anderen anzustrebenden, zukünftigen Zustand der Realität beschreiben."; *Hauschildt, J.*, Zielsysteme, 1980, Sp. 2419.

12 *Gutenberg, E.*, Produktion, 1983, S. 6.

13 *Gutenberg, E.*, Produktion, 1983, S. 7.

14 Vgl. *Gutenberg, E.*, Produktion, 1983, S. 7 ff. und S. 131.

15 Die Planung wird im Sinne von Karl Hax definiert als die gedankliche Vorwegnahme des zukünftigen Geschehens, die sich aus den Stufen der Zielbestimmung, Prognose, Alternativplanung und Entscheidung zusammensetzt; vgl. *Hax, K.*, Instrumente, 1959, S. 606 ff. Zu den verschiedenen Wesensmerkmalen des Planungsbegriffes in der betriebswirtschaftlichen Literatur vgl. *Weber, H.*, Spannweite, 1964, S. 716 ff.

16 Vgl. *Wöhe, G.*, Einführung, 1984, S. 88.

17 *Gutenberg, E.*, Produktion, 1983, S. 7.

18 Vgl. etwa *Griem, H.*, Unternehmungsentscheidung, 1968 , S. 57 ff.; *Rühli, E.*, Führungskonzept, 1973, S. 80 f.; *Heinen, E.*, Grundlagen, 1976, S. 18 ff.; *Hauschildt, J.*, Entscheidungsziele, 1977, S. 79 ff.; *Wild, J.*, Unternehmungsplanung, 1981, S. 32 ff.; *Hahn, D.*, PuK, 1985, S. 23 ff.; *Arnold, H. J./Feldmann, D. C.*, Behavior, 1986, S. 396 ff.; *Erichson, B./Hammann, P.*, Information, 1989, S. 154 ff.

19 Vgl. *Dewey, J.*, Think, 1910.

20 Vgl. *Barnard, C. I.*, Functions, 1938.

21 Vgl. *Simon, H. A.*, Science, 1960.

22 Vgl. etwa *Allen, L. A.*, Management, 1964, S. 252 ff.; *Clough, D. J.*, Concepts, 1963, S. 2; *Johnson, R. A./Kast, F. E./Rosenzweig, J. E.*, Theory, 1967, S. 279 ff.; *Jones, M. H.*, Executive, 1962, S. 31 ff.; *Koontz, H./O'Donell, C.*, Principles, 1972, S. 173 ff.; *Morell, R. W.*, Managerial, 1960, S. 12 ff.; *Newman, W. H./Summer Jr., C. E.*, Process, 1962, S. 257; *Richards, M. D./Greenlaw, P. S.*, Decision, 1966, S. 30 ff.; *Vance, S.*, Industrial, 1959, S. 168 f.

23 Vgl. *Dewey, J.*, Think, 1910, S. 72 ff.

24 Die Phase der Problemerkenntnis wird in der Literatur z.T. als die schwierigste Phase im gesamten Problemlösungsprozeß bezeichnet, da häufig die Symptome mit den Problemen selbst verwechselt werden; vgl. z. B. *Schein, E. H.*, Consultation, 1988, S. 62 ff. Die Interpretation der Ausgangssituation hat entscheidenden Einfluß auf das Ergebnis des Problemlösungsprozesses; vgl. *Staehle, W. H.*, Management, 1989, S. 271. In praxi werden Probleme nicht systematisch ermittelt und vorurteilsfrei analysiert, sondern häufig rein zufällig erkannt; vgl. *Irle, M.*, Macht, 1971.

25 Dabei gegebenenfalls erkannte Begleitprobleme sind in dieser Phase ebenfalls zu erfassen und in eine Rangordnung zu bringen.

26 Die Bedeutung des Findens neuer Ideen für den Bestand einer Unternehmung hat in Wissenschaft und Praxis zur Entwicklung einer Fülle sogenannter Methoden der Ideenfindung geführt; vgl. etwa *Sikora, J.*, Kreativ-Methoden, 1976; *Schlicksupp, H.*, Ideenfindung, 1977.

27 Als Kontrolle wird der Vergleich der Durchführungsergebnisse mit den Planungsergebnissen bezeichnet.

28 Vgl. *Hauschildt, J.*, Struktur, 1973, S. 710.

29 Für jede Aktion im Prozeßablauf kann wiederum ein ebenso detaillierter Problemlösungsprozeß entwickelt werden. Streng genommen bedarf jede Handlung bei gewissenhafter rationaler Verhaltensweise vor ihrer Ausführung der Planung und anschließend der Kontrolle.

30 Die Ergebnisse einzelner Stufen des Problemlösungsprozesses sind jeweils mit den Ausgangsdaten und Annahmen zu vergleichen und abzustimmen. Zur Planung und Kontrolle als System vermaschter Regelkreise vgl. etwa *Hahn, D.*, PuK, 1985, S. 32 ff., m. w. N.

31 Vgl. etwa *Preßmar, D. B.*, Unternehmensplanung, 1980, S. 9 f.; *Hahn, D.*, Puk, 1985, S. 23 ff.

32 Aus der Sicht der "entscheidungsorientierten Betriebswirtschaftslehre" besteht das wirtschaftliche Handeln aus einer Folge von Entscheidungen; vgl. *Wöhe, G.*, Entwicklungstendenzen, 1976, Sp. 723.

33 Vgl. *Staehle, W. H.*, Management, 1989, 76.

34 Vgl. etwa *Hahn, D.*, PuK, 1985, S. 26 ff.; *Wöhe, G.*, Einführung, 1984, S. 87 ff., m. w. N.

35 Zur Abgrenzung von den folgenden Aufgaben werden diese ersten beiden Aufgaben auch als Willensbildung bezeichnet. Vgl. *Hahn, D.*, PuK, 1985, S. 24 ff.

36 Vgl. *Baugut G./Krüger S.*, Unternehmensführung, 1976, S. 37.

37 Mit dem Zusammenhang zwischen Information und Entscheidung hat sich vor allem Jacob Marschak auseinandergesetzt. Vgl. etwa: *Marschak, J.*, Economic, 1954, S. 187 ff. und *Marschak, J.*, Efficient, 1959, S. 307 ff. Vgl hierzu auch *Albach, H.*, Entscheidungsprozeß, 1961, S. 355 ff.; *Hax, H.*, Koordination, 1965; *Wild, J.*, Organisationsforschung, 1967; *Bössmann, E.*, Analyse, 1967; *Albach, H.*, Informationswert, 1969, Sp. 720 ff.

38 Vgl. *Staehle, W. H.*, Management, 1989, S. 270.

39 *Müller, W./Preßmar, D. B.*, Informationsverarbeitung, 1972, S. 182.

40 Vgl. *Teichmann, H.*, Informationsbewertung, 1976, Sp. 1894.

41 Gegenstand des interdisziplinären Forschungsgebietes Künstliche Intelligenz ist die Simulation wesentlicher Aspekte der menschlichen Intelligenz mit Hilfe von Computern. Vgl. etwa *Dreyfus, H. L.*, Grenzen, 1989, m. w. N.

42 Vgl. etwa *Hofstadter, D. R.*, Band, 1985. Nach Hofstadter ist das grundlegende Modell der Informationsverarbeitung nur auf einer "unterirdischen" Ebene gültig. Nach seiner Auffassung gelten die Symbole des Computers nicht für jene Merkmale und Regeln des Alltags, deren Gebrauch von Menschen nur gelegentlich bewußt wahrgenommen wird.

43 Vgl. etwa *Dreyfus, H. L.*, Grenzen, 1989.

44 Der Begriff "Wissen" wird in diesem Zusammenhang weit gefaßt. Neben Wissen mit Gewißheitscharakter wird auch wahrscheinliches Wissen, sowohl über die Vergangenheit und Gegenwart als auch über die Zukunft, als Information bezeichnet.

45 *Wittmann, W.*, Unvollkommene, 1959, S. 14.

46 Vgl. etwa *Staehle, W. H.*, Kennzahlensysteme, 1973, S. 223; *Mag, W.*, Entscheidung, 1977, S. 5; *Diederich, H.*, Grundtatbestände, 1981, S. 50; *Hoffmann, F.*, Informationssysteme, 1984, S. 3 ff.; *Wöhe, G.*, Einführung, 1984, S. 120.

47 Vgl. etwa *Erichson, B./Hammann, P.*, Information, 1989, S. 154.

48 So wird z.B. von der Datenverarbeitung gesprochen, wenn die technischen Möglichkeiten im Vordergrund stehen und von Informationsverarbeitung, wenn die Bedeutung der technischen Möglichkeiten für die Wirtschaft (im weiteren Sinne) hervorgehoben werden soll.

49 *Müller, W./Preßmar, D. B.*, Informationsverarbeitung, 1972, S. 178.

50 Vgl. *Shannon, C. E./Weaver, W.*, Communication, 1949.

51 Vgl. *Couffignal, L.*, Kybernetische, 1962, S. 22.

52 *Müller, W./Preßmar, D. B.*, Informationsverarbeitung, 1972, S. 179. Die synonyme Verwendung beider Begriffe spiegelt sich auch in der Begriffswelt der Daten- bzw. Informationsverarbeitung wider. So wird z.B. von Informationen gesprochen, die in einer Datenbank gespeichert werden. Zur Datenbank vergleiche auch Kapitel 2.3.3, S. 26 f. u. Kapitel 6.3, S. 180 ff., jeweils m. w. N.

53 Zur Klassifizierung der Informationen nach den Phasen des Entscheidungsprozesses vgl. z.B. *Niggemann, W.*, Informationsprozesse, 1973, S. 17 ff.

54 Vgl. *Bamberg, G./Coenenberg, A. G.*, Entscheidungslehre, 1989, S. 2.

55 Vgl. *Heinen, E.*, Grundlagen, 1976, S. 23 ff.

56 Vgl. *Mag, W.*, Informationsbeschaffung, 1976, Sp. 1882 ff.

57 D.h., es werden faktische Entscheidungsprämissen geschaffen; vgl. zur Unterscheidung in faktische und wertende Entscheidungsprämissen etwa *Simon, H. A.*, Entscheidungsverhalten, 1981, S. 49 ff. u. 85 ff.; *Kirsch, W.*, Verhaltenswissenschaftliche, 1970, S. 26 u. 63.

58 Zur Einschränkung der Rationalität eines Wirtschaftssubjektes aufgrund seiner begrenzten Kapazität vgl. *Simon, H. A.*, Choice, 1955, S. 99 ff.; *Simon, H. A.*, Rational, 1955, S. 129 ff.

59 Vgl. *Bamberg, G./Coenenberg, A. G.*, Entscheidungslehre, 1989, S. 2.

60 In diesem Zusammenhang werden in der Literatur auch häufig die Begriffe Informationsstatus und Informationsgrad verwendet. Informationsgrad wird definiert als der Quotient zwischen der planrelevanten vorhandenen Information und der notwendigen Information. Die notwendige Information ist dann erreicht, wenn aus einer Informationsvermehrung keine Verbesserung des Entscheidungsergebnisses mehr erwartet werden kann; vgl. *Wittmann, W.*, Information, 1980, Sp. 877 f.

61 Der Begriff "Entscheidungsfeld" wird in der betriebswirtschaftlichen Literatur definiert "als die Menge und Art der Personen und Sachen, die durch einen Willensakt direkt oder indirekt beeinflußt werden können, und die Gegebenheiten der Umwelt, die den Erfolg der Willensakte beeinflussen." *Engels, W.*, Bewertungslehre, 1962, S. 94.

62 "Die Güte einer Entscheidung steht in unmittelbarem Zusammenhang mit den verfügbaren Informationen." *Heinen, E.*, Grundlagen, 1976, S. 24.

63 Vgl. *Bössmann, E.*, Information, 1983, S. 189.

64 Die Suche nach einer optimalen Informationsregel mit den Mitteln der ökonomischen Theorie gehen zurück auf die Arbeiten von Jacob Marschak; vgl. *Marschak, J.*, Economic, 1954, S. 187 ff.; *Marschak, J.*, Efficient, 1959, S. 307 ff. Zu der aktuellen Darstellung in der Literatur vgl. etwa: *Mag, W.*, Informationsbeschaffung, 1976, Sp. 1891 f.; *Berthel, J.*, Information, 1976, Sp. 1871 f. und *Preßmar, D. B.*, Unternehmensplanung, 1980, S. 23 f.

65 Zum Problem der Informationsbewertung vgl. etwa *Albach, H.*, Informationswert, 1969 Sp. 720 ff.; *Teichmann, H.*, Informationsbewertung, 1976, Sp. 1894 ff., jeweils m. w. N.

66 In Anlehnung an *Bamberg, G./Coenenberg, A. G.*, Entscheidungslehre, 1989, S. 1., m. w. N.

67 Das heißt, je höher der Informationsstand des Entscheidungsträgers werden soll, desto mehr Aufwand muß zur Informationsbeschaffung aufgebracht werden. Der Nutzen erreicht mit steigendem Informationsstand ein Sättigungsgebiet, so daß der Grenznutzen umso mehr abnimmt, je höher der Informationsstand des Entscheidungsträgers ist. Vgl. hierzu ausführlich: *Preßmar, D. B.*, Unternehmensplanung, 1980, S. 23 f.

68 Dies gilt nur, wenn Nutzen- und Aufwandsentwicklung nicht proportional vom Informationsstand abhängig sind bzw. keine der beiden Verläufe Parallelen zur Abszisse sind; vgl. *Preßmar, D. B.*, Unternehmensplanung, 1980, S. 23.

69 Griem führt z.B. aus, daß der Wert zusätzlicher Informationen frühestens erkennbar ist, nachdem die Informationen gewonnen wurden. Vgl. *Griem, H.*, Unternehmungsentscheidung, 1968, S. 21 und S. 64.

70 Vgl. *Simon, H. A.*, Behavior, 1957; *March, J. G./Simon, H. A.*, Organizations, 1958; *Simon, H. A.*, Models, 1957; *Cyert, R. M./March, J., G.*, Behavioral, 1963; *Haire, M.*, Organization, 1959; *Heald, G.*, Approaches, 1970; *Mayntz, R.*, Soziologie, 1963; *Bössmann, E.*, Analyse, 1967; *Wild, J.*, Organisationsforschung, 1967; *Mag, W.*, Grundfragen, 1971; *Kirsch, W.*, Verhaltenswissenschaftliche, 1970; *Kirsch, W.*, Informationstheorie, 1971; *Kirsch, W.*, Entscheidungen, 1971.

71 Der Begriff "Anspruchsniveau" stammt aus dem Gebiet der Psychologie. Hierunter wird die Höhe der Ansprüche verstanden, die eine Person an eine Leistung stellt. Vgl. *Arnold, W./Eysenck, H. J./Meili, R.*, Psychologie, 1988, Sp. 116.

72 Vgl. *Hoppe, F.*, Erfolg, 1930, S. 1 ff. Ein bestimmter Handlungseffekt wird dadurch zum Erfolg oder Mißerfolg, daß eine Beziehung zu einem angestrebten Ziel oder einer Norm besteht, die als Maß für den Handlungseffekt in seiner Bedeutung als Leistung gelten kann. Vgl. *Arnold, W./Eysenck, H. J./Meili, R.*, Psychologie, 1988, Sp. 116. Nach einem Erfolg erhöht sich in der Regel das Anspruchsniveau, während sich nach einem Mißerfolg das Sinken des Selbstvertrauens in der Herabsetzung des Anspruchsniveaus ausdrückt; vgl. *Jucknat, M.*, Leistung, 1937, S. 89 ff. Zu dem Zusammenhang zwischen der Leistungsmotivation und dem Anspruchsniveau vgl. etwa *Heckhausen, H.*, Leistungsmotivation, 1963.

73 Der Vorgang der Anspruchsanpassung wird in der betriebswirtschaftlichen Literatur auch unter dem Begriff "Simon-Regel" diskutiert. Eine ausführliche Darstellung der Anspruchsanpassung findet sich bei *Sauermann H./Selten, R.*, Anspruchsanpassungstheorie, 1962, S. 577 ff.

74 *Gutenberg, E.*, Produktion, 1983, S. 292.

75 *Szyperski, N.*, Informationsbedarf, 1980, Sp. 904.

76 Zur Abgrenzung vom objektiven Informationsbedarf wird der subjektive Informationsbedarf z. T. auch als Informationsbedürfnis bezeichnet.

77 Vgl. etwa *Szyperski, N.*, Informationsbedarf, 1980, Sp. 905; *Garbe, H.*, Informationsbedarf, 1976, Sp. 1875; *Picot, A./Franck, E.*, Planung, 1988, S. 609.

78 Ähnlich etwa *Schneider, U.*, Informationsmanagement, 1990, S. 224.

79 Vgl. *Picot, A./Franck, E.*, Planung, 1988, S. 609.

80 Vgl. etwa *Garbe, H.*, Informationsbedarf, 1976, Sp. 1875.

81 Die skizzierten Größenverhältnisse der Kreise und ihrer Überschneidungsbereiche werden in einem konkreten Fall kaum anzutreffen sein. Die Abbildung dient lediglich der Veranschaulichung der grundsätzlichen Zusammenhänge zwischen Informationsbedarf, -nachfrage und -angebot.

82 Mit dem Begriff "Hierarchie" wird die formale Struktur der Über- und Unterordnung bezeichnet, die durch unterschiedlich hoch angesiedelte Ebenen ausgedrückt wird. Vgl. *Bartölke, K.*, Hierarchie, 1980, Sp. 830 ff., m. w. N.

83 Vgl. *Heinen, E.*, Grundlagen, 1976, S. 24 ff.

84 Vgl. *March, J. G./Simon, H. A.*, Organizations, 1958, S. 122.

85 Vgl. *Hax, H.*, Koordination, 1965, S. 9 ff.

86 So analysiert Merten z. B. 160 unterschiedliche Definitionen des Kommunikationsbegriffs. Vgl. *Merten, K.*, Kommunikation, 1977, S. 29 ff. und 168 ff. Zu den verschiedenen Ansätzen der Definition des Kommunikationsbegriffs in der Literatur vgl. etwa *Wersig, G.*, Information, 1971, S. 75 ff. und *Szyperski, N./u.a.*, Bürosysteme, 1982, S. 291 ff.

87 Vgl. *Mag, W.*, Kommunikation, 1980, Sp. 1032.

88 Zur sozialen Kommunikation vgl. *Staehle, W., H.*, Management, 1989, S. 275 ff., m. w. N.

89 Vgl. *Shannon, C. E./Weaver, W.*, Communication, 1949.

90 Vgl. *Hax, H.*, Kommunikation, 1976, Sp. 2169 f.

91 Zu den Kommunikationsphasen vgl. etwa *Szyperski, N./u.a.*, Bürosysteme, 1982, S. 10 f. u. S. 285 ff.

92 Mit kleinen formalen Änderungen übernommen aus: *Staehle, W. H.*, Management, S. 275.

93 "Ein System ist gekennzeichnet durch eine Zuordnung von systembildenden Elementen (Systembausteinen) und Struktur- oder Anordnungsbeziehungen für diese Elemente." *Preßmar, D. B.*, Modellierung, 1980, S. 453. Zur Anwendung der Systemtheorie in der Betriebswirtschaftslehre vgl. etwa *Fuchs, H.*, Systemtheorie, 1976, Sp. 3820 ff.; *Grochla, E./Lehmann, H.*, Systemtheorie, 1980, Sp. 2204 ff., jeweils m. w. N.

94 Zu dem Begriff der Organisation in der Betriebswirtschaftslehre vgl. *Grochla, E.*, Organisation, 1976, Sp. 2846 ff.

95 Nach vorherrschender Auffassung in der betriebswirtschaftlichen Literatur wird unter einer Stelle die Zusammenfassung einzelner, aus der Gesamtaufgabe eines Betriebes abgeleiteter, Teilaufgaben verstanden, die dem Leistungsvermögen eines gedachten Aufgabenträgers angemessen sind. Vgl. *Schwarz, H.*, Stelle, 1980, Sp. 2114 ff.

96 Der Begriff "Informationswesen" wird in der betriebswirtschaftlichen Literatur z.T. auch als "Berichtswesen" bezeichnet. Vgl. *Schmidt, H.*, Berichtswesen, 1980, Sp. 320 ff. Davon zu unterscheiden ist der engere Begriff der "betrieblichen Berichterstattung". Hierunter werden "nur die Abläufe zur Vermittlung von Informationen über den Betrieb und seine Umwelt an inner- und außerbetriebliche Empfänger verstanden."; *Blohm, H.*, Informationswesen, 1976, Sp. 1924.

97 Vgl. ausführlich etwa *Gutenberg, E.*, Produktion, 1983, S. 293 ff., m. w. N.

98 Vgl. *Schmidt, H.*, Berichtwesen, 1980, Sp. 321 f.

99 Ein Überblick über die Methoden der Informationsbedarfsanalyse findet sich etwa bei *Koreimann, D. S.*, Informationsbedarfsanalyse, 1976. Im Zusammenhang mit Führungsinformationssystemen sei insbesondere auf die von Rockart wiederentdeckte Methode der kritischen Erfolgsfaktoren verwiesen. Vgl. *Rockart, J. F.*, Chief, 1979, S. 81 ff.

100 Szyperski definiert Informationssysteme z. B. als "strukturelle und informationstechnische Ausprägung von Aktorsystemen, die Informationsaufgaben in einem definierten Kontext insbesondere in zielgerichteten ... Organisationen ... erfüllen." *Szyperski, N.*, Informationssysteme, 1980, Sp. 921.

101 Ähnlich etwa *Szyperski, N.*, Informationssysteme, 1976, Sp. 1901.

102 Vgl. *Witte, E.*, Informationsverhalten, 1972, S. 74.

103 Vgl. *Witte, E.*, Informationsverhalten, 1972, S. 79 ff.

104 Den Aufbau passiver Informationssysteme in Form von Datenbanken, in denen das Informationsangebot zwar bereitgehalten, aber nur auf ausdrückliche Anforderung des Benutzers Informationen hieraus zur Verfügung gestellt werden, bezeichnet Witte in diesem Zusammenhang sehr anschaulich als die Schaffung "automatisierter Zahlenfriedhöfe". Vgl. *Witte, E.*, Informationsverhalten, 1972, S. 72.

105 Vgl. *Witte, E.*, Informationsverhalten, 1972, S. 84 ff.

106 Mit geringen Änderungen entnommen aus: *Szyperski, N.*, Informationssysteme, 1980, Sp. 925.

107 Vgl. *Szyperski, N.*, Informationssysteme, 1976, Sp. 1901 f.

108 Vgl. *Hoffmann, F.*, Informationssysteme, 1984, S. 8 ff.

109 Vgl. *Szyperski, N.*, Informationssysteme, 1980, Sp. 926.

110 Vgl. *Szyperski, N.*, Informationssysteme, 1980, Sp. 928 f.

111 Vgl. *Szyperski, N.*, Realisierung, 1978, S. 70 f.

112 Eine solche methodische Verfeinerung findet sich z. B. bei Mertens/Griese. Sie unterscheiden im Hinblick auf den Aufgabenumfang des Systems reine Informationssysteme, die lediglich Informationen anbieten, Informationssysteme, die darüber hinaus eine Diagnose liefern, Systeme, die neben Information und Diagnose auch Empfehlungen geben und zuletzt Systeme, die zusätzlich eine Prognose beinhalten. Aus dieser theoretischen Einteilung leiten sie zehn praxisorientierte Stufen von Informationssytemen ab. Vgl. *Mertens, P./Griese, J.*, Datenverarbeitung, 1988, S. 1 ff.

113 Vgl. *Szyperski, N.*, Informationssysteme, 1980, Sp. 921.

114 Vgl. etwa *Back-Hock, A./Rieger, B.*, EIS, 1990, S. 172, m. w. N. Als Oberbegriff für jegliche informationstechnologische Unterstützung von Managern hat Morton den Begriff Management Support System (MSS) geprägt. Vgl. *Morton, M. S.*, State, 1983. Nach dem Kriterium der Unterstützungsart werden hierbei typischerweise drei Klassen von MSS abgegrenzt: Data, Decision und Executive Support Systems. Vgl. etwa *Heilmann, H.*, Computerunterstützung, 1987, S. 11 ff.; *Krallmann, H./Rieger, B.*, DSS, 1987, S. 28 ff.

115 Vgl. etwa *Mertens, P./Griese, J.*, Datenverarbeitung, 1988, S. 4; *Bullinger, H.-J./Huber, H./Koll, P.*, Chefinformationssysteme, 1991, S. 6 ff.

116 Hierzu gehören sowohl interne Informationen über den aktuellen Stand des Unternehmens, die über die Funktionen und Darstellungsmöglichkeiten des betrieblichen Rechnungswesens hinausgehen können, als auch Informationen über den Stand des Unternehmens am Markt. Vgl. *Wickenhäuser, F.*, Führungssysteme, 1989, S. 179.

117 Bei funktionaler Gliederung der Unternehmensführung wird beispielsweise die mit dem Vertriebssektor betraute Führungskraft bzgl. der benötigten Informationen einen anderen Interessenschwerpunkt aufweisen als die für den Produktionsbereich zuständige Person.

118 Vgl. *Szyperski, N.*, Realisierung, 1978, S. 71.

119 Generator- und benutzeraktive Informationssysteme werden zum Teil auch kurz als Dialogsysteme bezeichnet. Vgl. *Szyperski, N.*, Informationssysteme, 1980, Sp. 929. Aufgrund der uneinheitlichen Verwendung dieses Begriffes wird der Definition jedoch im Rahmen dieser Arbeit nicht gefolgt.

120 Vgl. *Wickenhäuser, F.*, Führungssysteme, 1989, S. 179.

121 Ein Überblick über die Gestaltungsanlässe betrieblicher computergestützter Informationssysteme findet sich z. B. bei *Hoffmann, F.*, Informationssysteme, 1984, S. 129 ff.

122 Eine Gegenüberstellung der generellen Vor- und Nachteile von Menschen und DV-Systemen im Rahmen computerunterstützter betrieblicher Entscheidungsprozesse findet sich etwa bei *Kress, H./Mertens, P.*, Mensch-Maschine-Kommunikation, 1970, S. 1 ff.

123 Diese Tatsache hat ihren Niederschlag auch in der Literatur gefunden, in der z. T. Führungsinformationssysteme explizit als computergestützte Systeme definiert werden: "Unter Management-Informationssystemen werden Konzeptionen verstanden, die unter *Einsatz der EDV* eine gezielte Versorgung des Managements mit Führungsinformationen sicherstellen sollen." *Köhler, R./Heinzelbecker, K.*, Informationssysteme, 1977, S. 267.

124 Vgl. *Stahlknecht, P.*, Management-Informationssysteme, 1990, S. 265.

125 Vgl. etwa *Kirsch, W./Klein, H. K.*, Management-Informationssysteme, 1977.

126 Ein Überblick über die empirischen Untersuchungen zum damaligen Anwendungsstand von Management-Informationssystemen findet sich etwa bei Heinzelbecker. Vgl. *Heinzelbecker, K.*, Partielle, 1977, S. 3 ff.

127 Zur damaligen Diskrepanz zwischen theoretisch beschriebenen MIS-Möglichkeiten und praktischer Verwirklichung vgl. etwa *Amstutz, A. E.*, Market-Oriented, 1969, S. 481 ff.

128 So berichten z. B. Köhler/Heinzelbecker in ihrer vergleichenden empirischen Untersuchung, daß im Jahre 1970 noch rund drei Viertel der befragten Firmen eine Integration aller Teilsysteme anstrebten, während im Jahre 1975 bereits 59 % der Befragten von der Realisierung eines MIS wieder Abstand genommen hatten. Vgl. *Köhler, R./Heinzelbecker, K.*, Informationssysteme, 1977, S. 269.

129 Vgl. *Stahlknecht, P.*, Management-Informationssysteme, 1990, S. 265.

130 Vgl. *Stahlknecht, P.*, Management-Informationssysteme, 1990, S. 265 f.

131 Ähnlich etwa *Mertens, P./Borkowski, V./Geis, W.*, Expertensystem-Anwendungen, 1988, S. 171. Zu Expertensystemen vgl. etwa *Waterman, D. A.*, Expert Systems, 1986; *Frank, U.*, Expertensysteme, 1988; *Harmon, P./King, D.*, Expertensysteme, 1989; *Kurbel, K.*, Expertensysteme, 1989, jeweils m. w. N.

132 Vgl. etwa *Heilmann, H.*, Computerunterstützung, 1987, S. 3 ff.

133 Vgl. etwa *Luconi, F. L./Malone, T. W./Morton, M. S.*, Expert Systems, 1986, S. 7 ff.; *Krallmann, H.*, Entscheidungsunterstützungssysteme, 1987, S. 109 ff.

134 Eine rühmliche Ausnahme bildet hier z. B. *Bartmann, D.*, Vorstand, 1989, S. 325 ff.

135 Zur menschlichen Wahrnehmungsfähigkeit vgl. ausführlich Kapitel 4.2.1, S. 65 ff. u. Kapitel 5.5.2.1, S. 166 ff.

136 Grundsätzlich ist davon auszugehen, daß nicht alle Informationen über ein Informationsobjekt verfügbar sein können. Nur über die vom Menschen direkt oder mit Hilfe von Werkzeugen (z. B. Thermometer) wahrnehmbaren realen Sachverhalte lassen sich Informationen generieren, die von ihm richtig verstanden, das heißt entschlüsselt werden können.

137 Vgl. hierzu ausführlich etwa *Dreyfus, H. L.*, Grenzen, 1989, m. w. N.

138 Vgl. ausführlich Kapitel 5, S. 89 ff.

139 Vgl. *Herrmann, T.*, Mensch-Computer-Interaktion, 1986, S. 205 ff. und die einführende Würdigung von *Langenheder, W.*, Computer, 1986, S. X f.

140 Während die Datenbank logisch zusammengehörige Informationen enthält, setzt sich das Datenverwaltungssystem aus den DV-Prozeduren zur korrekten Handhabung von Datenbanken zusammen. Vgl. *Wedekind, H.*, Datenbanksysteme, 1990, S. 120 ff.

141 Der Methodenbegriff leitet sich von dem griechischen Begriff methodos ab, der übersetzt werden kann mit "Weg zu etwas". Gemeint ist die planmäßige, begründete Vorgehensweise zur Erreichung eines bestimmten Zieles.

142 Zum Modellbegriff vgl. ausführlich Kapitel 3.1, S. 31 ff.

143 Im Rahmen der Wirtschaftsinformatik bezeichnet die Methodenbank eine Sammlung von Methoden, "die in Form von Einzelprogrammen oder Programmbausteinen vorliegen können, sowie eine Reihe von Komponenten zur Verwaltung und Manipulation dieser Methodenbasis." *Bodendorf, F.*, Methodenbanksystem, 1990, S. 280.

144 Als Modellbank wird ähnlich der Methodenbank eine Sammlung von Modellen sowie Komponenten zur Verwaltung und Manipulation dieser Modelle verstanden.

145 Zum Teil werden in der neueren Literatur neben Daten-, Methoden- und Modellbanken Expertensysteme als Bestandteile von Informationssystemen diskutiert; vgl. etwa *Mertens, P./Griese, J.*, Datenverarbeitung, 1988, S. 62 ff. Expertensysteme beinhalten selbst jedoch Daten-, Methoden- und Modellbanken; vgl. etwa *Preßmar, D. B.*, Computergestützte, 1987, S. 26. Im Hinblick auf die Konsistenz des Informationssystemkonzeptes sollten die expertensystemspezifischen Daten, Methoden und Modelle mit den übrigen Daten, Methoden und Modellen jeweils zusammen verwaltet werden. Einer Einbindung konkreter Expertensysteme als Informationsgeneratoren in Informationssysteme steht dies nicht entgegen.

146 Als Datenschnittstelle wird im Rahmen dieser Arbeit die Softwarekomponente eines Führungsinformationssystems bezeichnet, die systemseitig die Anbindung an andere DV-Systeme zum Zwecke der Informationsversorgung sicherstellt.

147 Die Speicherung, Verwaltung und zeitgerechte Zurverfügungstellung der nachgefragten Informationen ist als rein technisches Problem Forschungsgegenstand der Informatik.

3 Vorgehensmodell zur Entwicklung von Führungsinformationssystemen

1 Vgl. *Müller-Merbach, H*, Operations Research, 1985, S. 14.

2 *Ruchti, H.*, Bilanz, 1956, S. 37.

3 Vgl. *Stachowiak, H.*, Modelltheorie, 1973, S. 131.

4 Vgl. *Grochla, E.*, Modelle, 1969, S. 384.

5 "Unter Attributen sind Merkmale und Eigenschaften von Individuen, Relationen zwischen Individuen, Eigenschaften von Eigenschaften, Eigenschaften von Relationen usw. zu verstehen." *Stachowiak, H.*, Modelltheorie, 1973, S. 134.

6 Vgl. *Gillner, R.*, Beschreibungsmodelle, 1980, Sp. 249.

7 Mit dem Begriff Abstraktion wird der Denkvorgang der Bildung von Begriffen und Gesetzen bezeichnet, der durch das stufenweise Heraussondern bestimmter Merkmale in der Absicht, das Gleichbleibende und Wesentliche verschiedener Gegenstände zu erkennen, gekennzeichnet ist. In der Literatur wird z. T. abweichend hiervon das Ergebnis des gedanklichen Prozesses als Abstraktion bezeichnet.

8 Vgl. *Ritschl, H.*, Volkswirtschaftslehre, 1947, S. 110 f.

9 Vgl. *Wöhe, G.*, Einführung, 1984, S. 38.

10 In der Vergangenheit sind von einer Vielzahl von Autoren Systeme zur Klassifikation und Interpretation der verwendeten Modellbegriffe entwickelt worden. Vgl. hierzu etwa: *Frey, G.*, Modelle, 1961, S. 89 ff.; *Black, M.*, Models, 1962; *Pichler, J. H.*, Modellanalyse, 1967 und *Grochla, E.*, Modelle, 1969, S. 370 ff.

11 Aufgrund der vorherrschenden sprachlichen Abbildung mit Hilfe von Sätzen werden betriebswirtschaftliche Modelle häufig auch als Satzsysteme bezeichnet. Vgl. *Reichmann, T.*, Controlling, 1985, S. 39.

12 Zu Darstellung, Funktionen und Entwicklungsstand von Beschreibungsmodellen für DV-Systeme vgl. *Gillner, R.*, Beschreibungsmodelle, 1980, Sp. 250 ff., m. w. N.

13 Vgl. hierzu etwa *Wöhe, G.*, Einführung, 1984, S. 39 ff.

14 Es handelt sich dabei durchweg um Beschreibungsmodelle.

15 Vgl. DIN-Norm 33400, S. 1.

16 Vgl. hierzu ausführlich *Karg, P. W./Staehle, W. H.*, Arbeitssituation, 1982, S. 17 ff., m. w. N.

17 Es kann sich im Einzelfall um eine oder mehrere Personen handeln, die mit der Systementwicklung betraut sind. Im folgenden wird von dem einfachsten Fall ausgegangen, daß mit der Entwicklung des Systems nur eine Person betraut ist, so daß Kommunikationsprobleme zwischen einzelnen Entwicklern im Rahmen dieser Arbeit nicht untersucht werden müssen.

18 Vgl. etwa *Nullmeier, E.*, Gestaltung, 1987, S. 115 f.

19 In Anlehnung an *Gottschalk, B.*, Arbeitsstrukturierung, 1981, S. 9.

20 In der englischsprachigen Literatur wird dieser Zweig der Industrieanthropologie unter dem Begriff human engineering diskutiert.

21 Im Bereich der Informatik bezeichnet Kompatibilität die Eigenschaft von Hard- und Softwareeinheiten, die untereinander ausgetauscht oder zu einem System zusammengesetzt werden können. Zwei Computer sind danach z. B. kompatibel, "wenn alle möglichen Programme mit den gleichen Daten auf beiden Systemen die gleichen Ergebnisse liefern." *Burkhardt, W. H./Würges, H.*, Kompatibel, 1986, S. 320.

22 Im Zusammenhang mit DV-Systemen bezeichnet Effizienz die Eigenschaft, ein vorgegebenes Problem in möglichst kurzer Zeit oder mit möglichst geringem Aufwand an Betriebsmitteln zu lösen. Sie drückt sich im Grad der Auslastung der verschiedenen Systemkomponenten sowie im Grad der internen Verzögerung bei Bearbeitung einer gegebenen Last aus. Vgl. hierzu und zu Effizienzmaßen im einzelnen etwa *Beilner, H.*, Effizienz, 1986, S. 198.

23 Vgl. *Nullmeier, E.*, Gestaltung, 1987, S. 116.

24 Vgl. *Clark, P. A.*, Organizational, 1972, S. 11.

25 Vgl. *Moran, T. P.*, Applied, 1981.

26 Der Akzeptanzbegriff leitet sich von dem lateinischen Begriff acceptare ab, der übersetzt werden kann mit "annehmen, sich gefallen lassen". Zur Beschreibung der weiteren, zwischen Zustimmung und Ablehnung möglichen Verhaltensformen hat sich die aus den Verhaltens- und Kommunikationswissenschaften kommende Akzeptanzskala bewährt; vgl. etwa *Hoffmann, H.-J.*, Massenkommunikation, 1976, S. 151 ff.

27 Zur Akzeptanzforschung, als Teilgebiet der Wirkungsforschung, vgl. etwa *Manz, U.*, Einordnung, 1983, S. 175 ff. Im Zusammenhang mit DV-Systemen vgl. etwa *Reichwald, R.*, Akzeptanzforschung, 1978; *Müller-Böling, D.*, Arbeitszufriedenheit, 1978; *Müller-Böling, D./Müller, M.*, Akzeptanzfaktoren, 1986.

28 Die Einstellungsakzeptanz bezeichnet die relativ dauerhafte affektive und kognitive Wahrnehmungsorientierung, die mit einer Reaktionsbereitschaft gegenüber dem wahrgenommenen Akzeptanzobjekt verbunden ist; vgl. *Müller-Böling, D.*, Arbeitszufriedenheit, 1978, S. 40. Die Verhaltensakzeptanz kennzeichnet hingegen das beobachtbare Verhalten gegenüber dem Akzeptanzobjekt; vgl. *Müller-Böling, D./Müller, M.*, Akzeptanzfaktoren, 1986, S. 27.

29 Vgl. *Müller-Böling, D./Müller, M.*, Akzeptanzfaktoren, 1986, S. 28.

30 Eine ausführliche Darstellung der Wechselbeziehung zwischen Einstellung und Verhalten findet sich bei *Müller, M.*, Benutzerverhalten, 1986, S. 31 ff.

31 *Mertens, P./Griese, J.*, Datenverarbeitung, 1988, S 268.

32 Ein kurzer Überblick über die bisherigen Ergebnisse der Akzeptanzforschung hierzu findet sich etwa bei *Mertens, P./Griese, J.*, Datenverarbeitung, 1988, S. 268 ff.

33 Vgl. *Neuloh, O.*, Automation, 1966.

34 Vgl. etwa *Casey, F. G.*, Foreshadows, 1954, S. 55 ff.; *Simon, H. A.*, Corporation, 1960, S. 17 ff. u. *Schwitter, J. S.*, Computer, 1964, S. 140 ff.

35 Vgl. *Kieser, A./Kubicek, H.*, Organisation, 1983, S. 303 f.

36 Die meisten vorliegenden empirischen Befunde stammen aus Untersuchungen, die einzelne Organisationen vor und nach dem Computereinsatz vergleichen und sich gezielt mit den dabei auftretenden Änderungen befassen und nicht aus Querschnittsanalysen. Darüberhinaus ist die Erfassung des Mechanisierungs- und Automatisierungsgrades der Informationstechnologie im Rahmen dieser Untersuchungen,

z. B. anhand der Speichergröße der Zentraleinheit, äußerst problematisch. Vgl. hierzu *Kieser, A./Kubicek, H.*, Organisation, 1983, S. 300 ff. u. 305 ff.

37 Vgl. *Kubicek, H.*, Informationstechnologie, 1975, S. 158 ff., m. w. N. Zur aktuellen Diskussion vgl. etwa *Federico, P.-A.*, Management, 1985, S. 91 ff.; *Swanson, E. B.*, Information Systems, 1987, S. 181 ff., m. w. N.; *Albers, F.*, Informationstechnik, 1988, S. 78 ff.; *Applegate, L. M./Cash, J. I./Mills, D. Q.*, Information Technology, 1988, S. 128 ff.

38 Vgl. etwa die neuere Untersuchung von *Bellmann, Kurt B.*, Arbeitsteilung, 1989. Am Schluß seiner kostenorientierten Analyse der Informationstechnologiepotentiale kommt Bellmann zu dem Ergebnis, daß der Einsatz moderner Informationstechniken zwar organisatorische Gestaltungspielräume eröffnet, die zu einer Reduzierung der Arbeitsteilung und Aufgabenintegration genutzt werden können; selbst im Bereich der routineorientierten und qualifizierten Sachbearbeitung führt die Ausschöpfung der umfassenden Rationalisierungspotentiale jedoch nicht zwangsläufig zu einer Kostenreduzierung und/oder Leistungserhöhung. Vgl. *Bellmann, Kurt B.*, Arbeitsteilung, 1989, S. 292.

39 Vgl. *Kieser, A./Kubicek, H.*, Organisation, 1983, S. 299.

40 Vgl. etwa *Kubicek, H.*, Informationstechnologie, 1975, S. 240 ff.

41 Vgl. *Mumford, E./Welter, G.*, Benutzerbeteiligung, 1984, S. 53.

42 Vgl. *Peschke, H.*, Systementwicklung, 1986, S. 83. Unter einem Betroffenen wird dabei eine Person oder eine Personengruppe verstanden, die nicht professionell mit der Systemplanung betraut ist und nicht deren Auftraggeber repräsentiert. Vgl. *Heinrich, L. J./Burgholzer, P.*, Informationsmanagement, 1988, S. 215.

43 In der Literatur werden in diesem Zusammenhang Benutzerbeteiligung und Mitbestimmung als kontroverse Organisationstypen der Partizipation diskutiert. Vgl. etwa *Kubicek, H./Welter, G.*, Benutzerbeteiligung, 1984, S. 1237; *Heinrich, L. J./Burgholzer, P.*, Informationsmanagement, 1988, S. 216. Bei der Entwicklung von Führungsinformationssystemen ist diese Unterscheidung jedoch nicht sinnvoll, da die späteren Betroffenen die Unternehmensführer und damit die Arbeitgeber selbst sind.

44 Zum Konzept des Prototyping vgl. etwa *Budde, R./Sylla, K.-H./Züllighoven, H.*, Prototyping, 1990, m. w. N.

45 Als die günstigste Lösung ist in diesem Zusammenhang eine Version des Führungsinformationssystems zu verstehen, die vom Unternehmensführer zu einem bestimmten Zeitpunkt akzeptiert und benutzt wird. Etwaige ungenutzte Informationstechnologiepotentiale oder vom Systementwickler geplante, aber nicht realisierte Funktionen haben keinen direkten Einfluß auf die Güte dieser Lösung. Sie können lediglich als einzelne Aktzeptanzfaktoren von vielen das Verhalten des Unternehmensführers indirekt beeinflussen.

46 Zum Konzept der evolutionären Systementwicklung und den Vorzügen dieser Vorgehensweise bei der Entwicklung von DV-Systemen für die Unternehmensführung vgl. etwa *Hawgood, J.*, Evolutionary, 1981; *Alavi, M./Henderson, J. C.*, Strategy, 1981, S. 1309 ff.

47 Vgl. hierzu ausführlich *Williges, R. C./Williges, B. H./Elkerton, J.*, Software interface, 1987, S. 1417 ff., m. w. N.

48 In Anlehnung an *Williges, R. C./Williges, B. H./Elkerton, J.*, Software interface, 1987, S. 1418.

49 Aus der Praxis wird in diesem Zusammenhang von einer ausgesprochenen Euphoriephase in den ersten Tagen, zum Teil auch Wochen nach der Systemeinführung berichtet. Empirische Untersuchungen über das Benutzerverhalten nach Einführung eines Führungsinformationssystems liegen bisher nicht vor.

50 Im Bereich der Informatik bezeichnen Anpaßbarkeit oder Adaptabilität eines Programms "den Grad seiner Anpassungsfähigkeit an verschiedene Benutzerbedürfnisse. Sie ist um so höher, je geringer Anzahl und Umfang der bei einer Anpassung erforderlichen Programmeingriffe (Hinzufügen, Entfernen und Ändern von Programmteilen) sind." *Gehring, H.*, Anpaßbarkeit, 1986, S. 27.

51 Auf einen Zeitpunkt bezogen, kann es sich hierbei um mehrere Personen oder, bei Betrachtung der unterschiedlichen Ansprüche einer Person zu verschiedenen Zeitpunkten, um eine einzelne Person handeln.

52 Im Bereich der Informatik bezeichnet Portabilität "den Grad der Anpassungsfähigkeit eines Programms an verschiedene DV-Anlagen. Je geringer Anzahl und Umfang der erforderlichen Programmeingriffe bei einer Anpassung sind, desto höher ist die Portabilität." *Gehring, H.*, Portabilität, 1986, S. 439.

53 Zum Begriff der Kompatibilität vgl. FN 21, S. 228.

[54] Nicht zuletzt sind die Probleme zwischen Computerherstellern und Betrieben bzw. Verwaltungen z. T. auch auf die unterschiedlichen zugrundeliegenden Produktivitätsdefinitionen zurückzuführen. Die Computerhersteller leiten ihre Produktivitätsprognosen vor allem aus der technischen Leistungsfähigkeit ihrer Geräte ab, ohne Organisationswirklichkeit, Qualifikationsanforderungen und Arbeitsinhalte mit einzubeziehen.

[55] Im englischsprachigen Raum bildeten sich hierfür seit Beginn der achtziger Jahre neben dem Begriff Software-Ergonomics Begriffe wie z. B. "cognitive Ergonomics", "cognitive Engineering", "user Psychology" und "Software-Psychologie" heraus.

[56] In diesem Zusammenhang wird auf dem Gebiet der Softwareergonomie häufig nicht von DV-Systemen, sondern von dialogfähigen Arbeitssystemen gesprochen. Da im Rahmen dieser Arbeit Führungsinformationssysteme auch als dialogfähige Arbeitssysteme bezeichnet werden könnten, wird, zum Zwecke einer einheitlichen Begriffswelt, auf die Einführung dieses neuen Begriffes verzichtet.

[57] Vgl. etwa *Griese, J.*, Softwareergonomie, 1990, S. 380 f. Zur Entwicklung und zum aktuellen Stand der Forschungsinhalte im deutschsprachigen Raum vgl. etwa die Tagungsbände *Balzert, H.*, Software-Ergonomie, 1983; *Bullinger, H.-J.*, Software-Ergonomie, 1985; *Schönpflug, W./Wittstock, M.*, Software-Ergonomie, 1987; *Maaß, S./Oberquelle, H.*, Software-Ergonomie, 1989; *Ackermann, D./Ulich, E.*, Software-Ergonomie, 1991, jeweils m. w. N.

[58] Vor dem Hintergrund der Tatsache, daß z. Z. die Personalkosten den größten Anteil an den Gesamtkosten bei der Arbeit mit DV-Systemen ausmachen und die Verbreitung von DV-Systemen in der Zukunft voraussichtlich weiter zunehmen wird, kommt dieser Zielsetzung neben den unmittelbaren Auswirkungen für den arbeitenden Menschen auch eine besondere wirtschaftliche Bedeutung zu.

[59] Vgl. *Bullinger, H.-J.*, Dialoggestaltung, 1985, S. 22.

[60] Vgl. *Martin, H.*, Dialogsysteme, 1988, S. 75, m. w. N.; *Streitz, N. A.*, Fragestellungen, 1988, S. 15.

[61] Vgl. etwa *Ulich, E.*, Aspekte, 1988, S. 49.; *Martin, H.*, Dialogsysteme, 1988, S. 75 f.

[62] Vgl. *Martin, H.*, Dialogsysteme, 1988, S. 75 f.

[63] *Ulich, E.*, Aspekte, 1988, S. 49.

[64] Vgl. etwa *Çakir, A./Hart, D. J./Stewart, T. F. M.*, Bildschirmarbeitsplätze, 1980; *Hünting, W./Läubli, T.*, Zwangshaltung, 1983, S. 193 ff.

[65] Vgl. etwa *Koch, H.*, Normungsarbeit, 1983, S. 165 ff., insb. DIN-Norm 66 234, Teil 6 u. 7.

[66] Vgl. etwa DIN-Norm 66 234, Teil 1, 2, 3, 5 u. 8 sowie DIN 66 290, Teil 1.

[67] Vgl. *Ulich, E.*, Aufgabengestaltung, 1989, S. 51 ff., m. w. N.

[68] *Spinas, P./Troy, N./Ulich, E.*, Leitfaden, 1983, S. 20.

[69] Vgl. *Ulich, E.*, Aspekte, 1988, S. 55.

[70] Vgl. *Ulich, E.*, Aspekte, 1988, S. 55 f.

[71] Entnommen aus: *Ulich, E.*, Aufgabengestaltung, 1989, S. 63.

[72] "Die *Genese von Kompetenzen* erfolgt im realen Vollzug von Tätigkeiten." *Frei, F./Duell, W./Baitsch, C.*, Kompetenzentwicklung, 1984, S. 46. Ihre Ausführungen über die tätigkeitspsychologische Konzeption beruhen auf Leontjew. Vgl. *Leontjew, A. N.*, Tätigkeit, 1982, S. 75 ff.

[73] Vgl. *Ulich, E.*, Aspekte, 1988, S. 52.

[74] Z. T. wird der Handlungsspielraum weiter untergliedert in einen objektiven und einen subjektiven Handlungsspielraum, um der Tatsache Rechnung zu tragen, daß die objektiv vorhandenen Wahlmöglichkeiten nicht mit den vom Menschen im konkreten Fall erkannten Wahlmöglichkeiten übereinstimmen müssen. Vgl. etwa *Ulich, E.*, Aspekte, 1988, S. 53 f.

[75] Vgl. *Hacker, W.*, Arbeitspsychologie, 1978, S. 72 f.

[76] Vgl. *Ulich, E.*, Aspekte, 1988, S. 54.

[77] Vgl. *Ulich, E.*, Aspekte, 1988, S. 54 f.

[78] Vgl. etwa *Schroder, H. M.*, Komplexität, 1978, S. 35 ff.

[79] Vgl. die Dokumentation des Szenarios einer Informationsabfrage in Kapitel 6.4, S. 196 ff., und der Erfahrungen in Kapitel 6.5, S. 210 ff.

[80] Zum abweichenden Begriff der flexiblen Arbeitsgestaltung vgl. etwa *Ulich, E.*, Aspekte, 1988, S. 56 f.

[81] Vgl. *Ulich, E.*, Aspekte, 1988, S. 56 f.

[82] Zur allgemeinen Gestaltung und Bewertung von Arbeitssystemen vgl. etwa *Elias, H.-J./Gottschalk, B./Staehle, W. H.*, Arbeitssysteme, 1985, m. w. N.

[83] In Anlehnung an *Schindler, R.*, Bildschirmarbeitsplätze, 1983, S. 11.

84 *Nullmeier, E.*, Gestaltung, 1987, S. 114.

85 Zur ergonomischen Bewertung von Arbeitsgestaltungsmaßnahmen vgl. etwa *Nullmeier, E.*, Gestaltung, 1987, S. 117 ff., m. w. N.

86 In Anlehnung an *Nullmeier, E.*, Gestaltung, 1987, S. 117; *Döbele-Berger, C./Berger, P./Kubicek, H.*, Handlungsmöglichkeiten, 1985, S. 81 ff.

4 Organisatorischer Kontext von Führungsinformationssystemen

1 Vgl. *Beckurts, K. H./Reichwald, R.*, Innovation, 1984, S. 24 ff.

2 Zur Klassifikation von Aufgabentypen der Büroarbeit in Führungs-, Fach-, Sachbearbeitungs- und Unterstützungsaufgaben vgl. etwa *Szyperski, N./u. a.*, Bürosysteme, 1982, S. 21 ff.; *Höring, K./u. a.*, Netzwerke, 1983, S. 8 ff.; *Karcher, H. B.*, Büro, 1985, S. 319 ff.; *Müller-Böling, D.*, Akzeptanzfaktoren, 1986, S. 15; *Zangl, H.*, Durchlaufzeiten, 1985, S. 30.

3 Mit kleinen formalen Änderungen übernommen aus: *Beckurts, K. H./Reichwald, R.*, Innovation, 1984, S. 25.

4 In einem langfristig angelegten Forschungsprojekt soll in den nächsten 10 bis 15 Jahren ein DV-System entwickelt werden, das auf den speziellen Aufgabenbereich und den persönlichen Arbeitsstil seines jeweiligen Benutzers eingeht und ihm eine entsprechend anspruchsvolle und flexible Unterstützung bietet. So soll es insbesondere anpassungsfähig und hilfsbereit sein sowie Eigeninitiative entwickeln, seine Grenzen kennen, sein Verhalten rechtfertigen und erklären können sowie über ein gutes fachliches Wissen verfügen. In diesem Zusammenhang werden von den Wissenschaftlern der GMD drei Assistententypen unterschieden: Der universelle Büroassistent, der allgemeine Büroaufgaben übernimmt, der Fachassistent, der auf eine bestimmte Berufsgruppe spezialisiert ist und der Kommunikationsassistent, der für das Zustandekommen und die Abwicklung der Kontakte mit anderen Personen innerhalb und außerhalb der eigenen Organisation oder Gruppe sorgt. Vgl. *o. V.*, Assistenz-Computer, 1988, S. 32 ff.

5 So zielt das entsprechende Leitprojekt der GMD zwar nicht darauf ab, den menschlichen Assistenten vollends zu ersetzen. Die Vision einer völlig neuen Generation informationstechnischer Bürosysteme soll sich jedoch an den Fähigkeiten und Eigenschaften, die einen guten menschlichen Assistenten auszeichnen, orientieren. An anderer Stelle wird jedoch eingeräumt: "Wieweit und wann dieses Ziel erreicht werden kann, ist heute noch weitgehend offen. Desgleichen auch, was daran im einzelnen wünschenswert ist und was nicht." *o. V.*, Assistenz-Computer, 1988, S. 32.

6 Die räumliche Lage des Büros ist in diesem Zusammenhang unerheblich, z. B. ob sich das betreffende Büro in einem feststehenden Gebäude oder einem sich bewegenden Verkehrsmittel befindet.

7 Neben dem persönlichen Gespräch lassen sich mit entsprechenden Zusatzeinrichtungen mit Hilfe des Telefons auch die übrigen Kommunikationsdienste der Deutschen Bundespost, wie z. B. BTX, Telex, Teletex, Telefax usw., nutzen.

8 Nahezu alle DV-Hersteller bieten mittlerweile Büroanwendungssoftware für diese typischen Funktionen an. Vgl. etwa *IBM Deutschland GmbH*, Office Vision, 1989.

9 Zum Einsatz der einzelnen Informations- und Kommunikationtechniken am Arbeitsplatz des Unternehmensführers vgl. etwa die empirische Untersuchung von Müller-Böling, *Müller-Böling, D.*, Bleistift, 1988, S. 8 ff.

10 Hierbei wird nicht unterschieden zwischen der Nutzung eines Arbeitsplatzrechners oder eines Großrechners via Bildschirmterminal.

11 Eine Ausnahme bildet hier z. B. die Firma IBM, bei der mittlerweile jede Arbeitskraft, einschließlich der Unternehmensführer, mit einem Computer ausgestattet ist. Das ausnahmslose Ersetzen der bisherigen papierorientierten Hauspost durch electronic mail-Systeme hat dazu geführt, daß der Computer zumindest zur formalen Kommunikation benutzt wird bzw. benutzt werden muß.

12 Vgl. *o. V.*, Manager, 1985, S. 13.

13 Vgl. *Müller-Böling, D.*, Bleistift,1988, S. 9 f. u. *Müller-Böling, D./Klautke, E./Ramme, I.*, Soziologische, 1989, S. 108. Trotz ähnlicher Erhebungsmethoden kann die Vergleichbarkeit dieser Untersuchungsergebnisse jedoch aufgrund geographischer Unterschiede in Frage gestellt werden.

14 Zur Messung der Grundeinstellung gegenüber der Datenverarbeitung vgl. etwa *Müller, D. B.*, ADV-Skala, 1975, S. 433 ff.

15 Vgl. *Müller-Böling, D./Klautke, E./Ramme, I.*, Soziologische, 1989, S. 109.

16 Einziges Kriterium für die Unternehmensgröße war in der zugrundeliegenden Untersuchung die Mitarbeiteranzahl. Unternehmen, die weniger als 100 Mitarbeiter haben, wurden als kleinere Unternehmen bezeichnet, während mittlere Unternehmen solche Unternehmen sind die von 100 bis 500 Mitarbeitern beschäftigen.

17 Vgl. *Müller-Böling, D.*, Bleistift,1988, S 11.

18 Zu den Eingabemedien vgl. ausführlich Kapitel 5.5.1, S. 154 ff.

19 Vgl. *Müller-Böling, D./Klautke, E./Ramme, I.*, Soziologische, 1989, S. 109. So stimmten z. B. der These "Es ist nicht Aufgabe von Führungskräften, an Tastaturen zu arbeiten" immerhin 42 Prozent der Nicht-Nutzer und 15 Prozent der persönlichen Nutzer von Computern am Arbeitsplatz zu. Vgl. *Müller-Böling, D./Klautke, E./Ramme, I.*, Soziologische, 1989, S. 109.

20 Um dem Autonomieziel des Führungsinformationssystems Rechnung zu tragen, werden neben dem eigentlichen Führungscomputer hierzu in der Regel auch geeignete Drucker gehören. Vgl. *Wickenhäuser, F.*, Führungssysteme, 1989, S. 182. Vgl. hierzu auch Kapitel 6.2.1, S. 175 ff.

21 *Wickenhäuser, F.*, Führungssysteme, 1989, S. 181.

22 Wickenhäuser spricht in diesem Zusammenhang vom sogenannten "Porsche-Effekt"; vgl. *Wickenhäuser, F.*, Führungssysteme, 1989, S. 181.

23 Vgl. hierzu etwa *Lutz, W.*, Chefarbeitsplätze, 1988, S. 561 ff.

24 Vgl. *Wickenhäuser, F.*, Führungssysteme, 1989, S. 181.

25 Vgl. hierzu ausführlich Kapitel 4.2.1, S. 65 ff.

26 Die Verwendung der vom Unternehmensführer zusammengestellten Informationen könnte z. B. durch die Übernahme in ein Textverarbeitungssystem oder andere vorhandene computergestützte Berichtssysteme erreicht werden.

27 Z. B. für Vorträge in Form von Präsentationsfolien oder die Übernahme in Geschäftsberichte.

28 Bei der elektronischen Sprachübermittlung (voice mail) werden die Sprachinformationen telefonisch eingegeben, digitalisiert und zwischengespeichert. Der Empfänger kann die Information anschließend bei Bedarf mit Hilfe des Telefons abrufen. Die Sprachinformation erfolgt dabei zeitlich versetzt, d. h. ohne einen direkten Kontakt zwischen Sender und Empfänger.

29 Unter elektronischer Post (electronic mail) wird "die elektronische Übermittlung von Briefinhalten zwischen Absender und Empfänger über Wahl- oder festgeschaltete Leitungen verstanden." *Strauch, P.*, Post, 1990, S. 157. Die Telekommunikationsdienste der Deutschen Bundespost, wie etwa Telex, Teletex und Telefax sind ebenfalls Formen der elektronischen Post. Die elektronische Post ist in der Regel mit einem sogenannten elektronischen Postkorb (electronic mailbox) kombiniert, in dem Mitteilungen zwischengespeichert werden können.

30 Als Planungssprachen werden spezielle Programmiersprachen für betriebswirtschaftliche Analyse- und Planungsfunktionen bezeichnet. Sie bestehen im einfachsten Fall aus einer Kombination von Matrix- und Reportgeneratoren, beinhalten zusätzlich noch Diagnose- und Prognosemethoden oder schließen im umfangreichsten Fall darüber hinaus eine Makrosprache für die Formulierung und den Betrieb von Planungsmodellen ein. Vgl. hierzu etwa *Tilemann, T.*, Planungssprachen, 1990, S. 330 ff.

31 Vgl. etwa *Müller-Böling, D.*, Bleistift,1988, S. 7 ff.

32 Der gleiche Sachverhalt ist in einem persönlichen Gespräch hier sicher in einem kürzeren Zeitraum zu vermitteln, als wenn er erst ausformuliert und geschrieben werden müßte. Darüber hinaus kann der Unternehmensführer durch Bemerkungen und ergänzende Fragen Unklarheiten sofort klären sowie die Darstellung seiner Ansicht nach nicht so relevanter Sachverhalte verkürzen oder gar abbrechen.

33 Mit zunehmender Informationsmenge verlängern sich grundsätzlich die Antwortzeiten des Führungsinformationssystems auf Informationsnachfragen des Unternehmensführers. Ist das Informationsangebot zu umfangreich, läßt sich durch eine Verkleinerung des Angebots eine Verkürzung der Antwortzeiten erreichen.

34 Die funktionalistische Sichtweise geht zurück auf Fayol, der bereits im Jahre 1916 die klassischen Funktionen genannt hat: Planung, Organisation, Führung, Koordination und Kontrolle. Vgl. *Fayol, H.*, Administration, 1916, S. 57 ff.

35 Zu den verschiedenen Zielsetzungen, Konzepten und Ergebnissen der bisherigen Untersuchungen zu Unternehmensführungstätigkeiten vgl. ausführlich *Ramme, I.*, Führungskräften, 1986.

36 Vgl. *Staehle, W. H.*, Management, 1989, S. 77.

37 Vgl. etwa *Carlson, S.*, Executive, 1951; *Stewart, R.*, Managers, 1967.

38 Vgl. etwa *Sayles, L. R.*, Managerial, 1964; *Mintzberg, H.*, Nature, 1973; *Kotter; J. P.*, Managers, 1982; *Luthans, F./Hodgetts, R. M./Rosenkrantz, S. A.*, Real managers, 1988.

39 Kaum eine empirische Untersuchung hat sich ausschließlich mit der Personengruppe der Unternehmensführer, wie sie im Rahmen dieser Arbeit definiert wurde, auseinandergesetzt. Die meisten amerikanischen Untersuchungen untersuchen allgemein die Tätigkeiten von Managern. Dieser Titel sagt in den angelsächsischen Ländern noch nichts über die hierarchische Stellung in einer Organisation oder den Aufgabeninhalt aus. Die Ergebnisse der verschiedenen Untersuchungen über Unternehmensführer oder Manager der höchsten Hierarchieebene stimmen jedoch in den wesentlichen Inhalten überein, so daß diese Ungenauigkeit im folgenden vernachlässigt werden kann. Zur Hervorhebung dieses Sachverhaltes werden die Originalbegriffe aus den entsprechenden Untersuchungen verwendet, wie z. B. Management oder Top Management. Zur genaueren Definition dieser Begriffe vgl. etwa *Staehle, W. H.*, Management, 1989, S. 65 ff. u. 82 ff.

40 Vgl. *Mintzberg, H.*, Nature, 1973.

41 Eine ausführliche Beschreibung der von Mintzberg beobachteten Managerrollen findet sich bei *Frese, E.*, Unternehmungsführung, 1987, S. 90 ff. u. *Strehl, F.*, Arbeitsrollen, 1987, Sp. 33 ff. Sie decken sich inhaltlich weitgehend mit den bereits 1965 von Mahoney/Jerdee/Carroll ermittelten Managementfunktionen. Vgl. *Mahoney, T. A./Jerdee, T. H./Carroll, S. J.*, Job(s), 1965, S. 97 ff.

42 In Anlehnung an *Strehl, F.*, Arbeitsrollen, 1987, Sp. 35; Übersetzung nach *Staehle, W. H.*, Management, 1989, S. 78.

43 Vgl. *Mintzberg, H.*, Nature, 1973.

44 Vgl. *Kurke, L. B./Aldrich, H. E.*, Mintzberg, 1983, S. 975 ff.

45 Vgl. ausführlich *Kurke, L. B./Aldrich, H. E.*, Mintzberg, 1983, m. w. N.

46 Vgl. *Reichwald, R./u. a.*, Organisationstest, 1984, S. 71 ff.

47 *Staehle, W. H.*, Management, 1989, S. 82.

48 Entsprechend problematisch erscheint die vor allem von DV-Herstellern vorgetragene Argumentation, aufgrund des hohen Anteils von Kommunikationsaktivitäten im Büro- und Verwaltungsbereich versprechen die Entwicklung und der Einsatz von Kommunikationssystemen zur Zeit die höchsten betrieblichen Rationalisierungspotentiale, Wettbewerbsvorteile usw. Die Auswirkungen des Einsatzes von Führungsinformationssytemen auf Anteile und Inhalte der Kommunikation werden dabei völlig außer acht gelassen.

49 *Szyperski, N.*, Realisierung, 1978, S. 77.

50 Ein Überblick über allgemein annehmbare Systemantwortzeiten für verschiedene Tätigkeiten am Computer findet sich etwa bei *Çakir, A.*, Ergonomic, 1986, S. 63 ff.

51 Einen Überblick über die Möglichkeiten der Unterstützung von Unternehmensführungstätigkeiten mit Hilfe von DV-Systemen anhand der Mintzbergschen Rollen gibt etwa *Heilmann, H.*, Computerunterstützung, 1987, S. 4 f.

52 Ein umfassender Überblick über die physischen Kanäle zur Übertragung von Zeichen findet sich etwa bei *Eco, U.*, Zeichen, 1977, S. 50.

53 Empirische Untersuchungen belegen, daß neben speziellen Dokumenten und persönlichen Beobachtungsrundgängen Hauptinformationsquellen von Führungskräften Gespräche mit Mitarbeitern und anderen Personen sind, ob etwa via Telefon oder in direkten persönlichen Gesprächen, im Rahmen von geplanten oder spontanen Treffen, und sie keinesfalls nur hochaggregierte Informationen aus internen oder externen DV-Systemen nachfragen. Vgl. etwa *Mintzberg, H.*, Nature, 1973.

54 Auf Kommunikationsprobleme, die sich etwa aus Unterschieden im sozialen Umfeld, situativen oder geschichtlichen Kontext sowie in Zeichenrepertoires von Informationssender und -empfänger ergeben können, kann im Rahmen dieser Arbeit nicht näher eingegangen werden.

55 Zum Begriff des Sinnesorgans im Bereich der Psychologie vgl. etwa *Schurig, V.*, Sinnesorgan, 1987, S. 974 f.

56 Vgl. etwa *Hochberg, J. E.*, Wahrnehmung, 1977, S. 7 ff.

57 Zur Selektivität der Wahrnehmung vgl. etwa *Wimmer, H./Perner, J.*, Kognitionspsychologie, 1979, S. 152 ff.

58 Zum Begriff des Zeichens vgl. etwa *Eco, U.*, Zeichen, 1977, S. 25 ff.

59 Zur Informationstheorie der Wahrnehmung vgl. etwa *Wimmer, H./Perner, J.*, Kognitionspsychologie, 1979, insb. S. 23 ff.

60 *Zimbardo, P. G.*, Psychologie, 1983, S. 313.

61 Einen Überblick über die in der Philosophie diskutierten Probleme bezüglich der Beziehungen zwischen Zeichen, Denken und Wirklichkeit, gibt *Eco, U.*, Zeichen, 1977, S. 117 ff.

62 Die Zirkularität von Wahrnehmung und Verhalten ist von besonderem theoretischen Interesse. Da sich die Wahrnehmung über die Zeit erstreckt, ist es dem Organismus möglich, die systematischen Veränderungen der Umwelt, die durch sein Verhalten hervorgerufen werden, wahrzunehmen. Vgl. *Wimmer, H./Perner, J.*, Kognitionspsychologie, 1979, S. 23 f.

63 Vgl. *Wimmer, H./Perner, J.*, Kognitionspsychologie, 1979, S. 23.

64 Mit kleineren formalen Änderungen übernommen von *Zimbardo, P. G.*, Psychologie, 1983, S. 314.

65 *Zimbardo, P. G.*, Psychologie, 1983, S. 313.

66 Zur Abgrenzung datengetriebener und erwartungsgeleiteter Verarbeitung vgl. etwa *Wimmer, H./Perner, J.*, Kognitionspsychologie, 1979, S. 24 f.

67 Bereits Dewey wies darauf hin, daß die Annnahme der Linearität der Verarbeitung der Wirklichkeit Gewalt antut. Vgl. *Dewey, J.*, Reflex, 1896, S. 357 ff.

68 Auf die genaueren Zusammenhänge zwischen Realität, Wahrnehmung und Erfahrung kann im Rahmen dieser Arbeit nicht eingegangen werden. Ein Überblick über die wichtigsten Wahrnehmungstheorien findet sich etwa bei *Zimbardo, P. G.*, Psychologie, 1983, S. 315 ff.

69 Vgl. etwa Müller-Böling/Ramme: "Der Austausch von Informationen erfolgt über **Sprache, Texte** und **Bilder.**" *Müller-Böling, D./Ramme, I.*, Informationstechniken, 1990, S. 12.

70 Der Informationsverlust durch die etwaige Digitalisierung der Informationen in DV-Systemen kann im Rahmen dieser Arbeit unberücksichtigt bleiben.

71 Ein Beispiel hierfür wäre etwa die inhaltliche Strukturierung, Zusammenfassung und Transformation eines gesprochenen Textes in eine übersichtliche grafische Darstellung.

72 Vgl. ausführlich etwa *Dreyfus, H. L.*, Grenzen, 1989, m. w. N.

73 Während noch in den 30er und 40er Jahren Kennzahlen im Rahmen des externen Betriebsvergleichs im Mittelpunkt des Interesses standen, wurde das Anwendungsgebiet Anfang der 50er Jahre bereits auf den Aufbau interner Informationssysteme als Instrumente zur Unternehmensführung ausgedehnt. Vgl. etwa *Antoine, H.*, Betriebskennzahlen, 1950, S. 525 ff. u. *Antoine, H.*, Betriebsindexzahlen, 1950, S. 651 ff.

74 Vgl. *Staudt, E./u. a.*, Kennzahlen, 1985, S. 15.

75 Vgl. *Staudt, E./u. a.*, Kennzahlen, 1985, S. 15.

76 *Staudt, E./u. a.*, Kennzahlen, 1985, S. 15 f. Vgl. hierzu etwa die Bestrebungen zur Konstruktion einer Betriebsbewertungsstichzahl bei Böttger, *Böttger, H. R.*, Stichzahl, 1952, S. 213 ff.

77 Vgl. etwa *Schenk, H.*, Betriebskennzahlen, 1939, S. 3.

78 Vgl. *Heinen, E.*, Kennzahlen, 1970, S. 227.

79 Vgl. *Reichmann, T.*, Controlling, 1985, S. 15. Ausnahmen bilden etwa: *Grüneberg, N./Schienstock, G.*, Bilanzanalyse, 1972; *Hacker, G.*, Kennzahl, 1979; *Eichhorn, W.*, Kennzahlen, 1980.

80 Vgl. *Reichmann, T./Lachnit, L.*, Kennzahlen, 1976, S. 706.

81 Mathematisch handelt es sich um den Quotienten zweier Maßzahlen. Vgl. hierzu ausführlich etwa *Hartung, J.*, Statistik, 1982, S. 55 ff.

82 Dies entspricht überwiegend dem angloamerikanischen bzw. französischen Terminus "ratio". Vgl. etwa: *Wissenbach, H.*, Kennzahlen, 1967, S. 37 ff.; *Sturm, R.*, Kennzahlen, 1979; *Maluche, C.*, Kennzahlensystem 1979.

83 Als Absolutzahl wird eine einzelne Zahl bezeichnet, die für sich genommen einen bestimmten Sachverhalt quantitativ kennzeichnet, das heißt, anhand einer metrischen Skala mißt.

84 Eine Auswertung der deutschsprachigen Kennzahlenliteratur im Hinblick auf die verwendeten Kennzahlendefinitionen findet sich bei *Staudt, E./u. a.*, Kennzahlen, 1985, S. 23.

85 Vgl. ähnlich *Staudt, E./u. a.*, Kennzahlen, 1985, S. 24.

86 Vgl. *Staudt, E./u. a.*, Kennzahlen, 1985, S. 27 ff., m. w. N.

87 Vgl. *Staehle, W. H.*, Kennzahlen, 1969, S. 59.

88 Vgl. *Schott, G.*, Kennzahlen, 1981, S. 23.

89 Vgl. etwa *Scheuing, E. E.*, Unternehmensführung, 1976, S. 9.

90 Vgl. etwa *Meyer, C.*, Kennzahlen, 1976; *Keil, W.*, Kennzahlensysteme, 1977; *Wolf, J.*, Kennzahlensysteme, 1977; *Ahorner, K.*, Kennziffern, 1979; *Grochla, E./u. a.*, Kennzahlen, 1982, S. 569 ff.

91 Vgl. etwa *Hartung, J.*, Statistik, 1982, S. 56.

92 Vgl. etwa *Hartung, J.*, Statistik, 1982, S. 55 ff.

93 Vgl. *Staudt, E./u. a.*, Kennzahlen, 1985, S. 67.

94 Eine quantifizierbare Erscheinung läßt sich relativieren durch ähnliche Größen anderer Zeiträume beziehungsweise -punkte oder Objekte, eine über- oder untergeordnete Erscheinung oder als Bestandteil einer Mittel-Zweck-Relation.

95 Vgl. *Wissenbach, H.*, Kennzahlen, 1967, S. 72. Zur Notwendigkeit der Gewinnung quantitativer Ausdrücke vgl. auch *Staehle, W. H.*, Kennzahlen, 1969, S. 34 f.

96 Zum Problem der Quantifizierung und Messung vgl. etwa *Pfanzagl, J.*, Messen, 1959; *Szyperski, N.*, Terminologie, 1962; *Staehle, W. H.*, Kennzahlen, 1969, S. 36 f.; *Sturm, R.*, Kennzahlen, 1979, S. 3 ff.; *Caduff, T.*, Kennzahlennetze, 1981, S. 18 ff.

97 Vgl. *Wissenbach, H.*, Kennzahlen, 1967, S. 73.

98 Heinen unterscheidet entsprechend zwischen quantifizierbaren Zielen, die Leitzahlen darstellen und nichtquantifizierbaren Zielen, die entweder Leitsätze oder Leitbilder bilden. Vgl. *Heinen, E.*, Zielsystem, 1966, S. 114 f.

99 Zur Auswahl der fragegerechten Zahlenart und insbesondere der Wahl der Beobachtungs- und Bezugszahl bei Verhältniszahlen vgl. ausführlich *Wissenbach, H.*, Kennzahlen, 1967, S. 75 ff.

100 In Anlehnung an *Staudt, E./u. a.*, Kennzahlen, 1985, S. 68.

101 Vgl. etwa *Keil, W.*, Kennzahlensysteme, 1977, S. 16 f.; *Ahorner, K.*, Kennziffern, 1979, S. 124 ff.

102 Vgl. etwa *Reichmann, T.*, Controlling, 1985, S. 7.

103 *Schweitzer, M./Küpper, H.-U.*, Kostenrechnung, 1986, S. 83.

104 Mit kleinen Änderungen übernommen von *Staudt, E./u. a.*, Kennzahlen, 1985, S. 71.

105 Vgl. *Staudt, E./u. a.*, Kennzahlen, 1985, S. 71.

106 Einen umfassenden Überblick über die zur Zeit existierenden wirtschaftlichen Informationsdienste gibt etwa: *SCIENTIFIC CONSULTING Dr. Schulte-Hillen*, Wirtschaftsdatenbanken, 1990.

107 Vgl. hierzu etwa *Scheuing, E. E.*, Unternehmensführung, 1976, S. 19 f.

108 Zur Wirtschaftlichkeit der Kennzahlenermittlung vgl. etwa *Unger, A.*, Bedeutung, 1972, S. 23; *Sturm, R.*, Kennzahlen, 1979, S. 10 ff.

109 Vgl. *Staudt, E./u. a.*, Kennzahlen, 1985, S. 531 ff.

110 Vgl. hierzu etwa die Ergebnisse der empirischen Untersuchung von Horváth/Petsch/Weihe über standardisierte DV-Systeme des betrieblichen Rechnungswesens: *Horváth, P./Petsch, M./Weihe, M.*, Standard-Anwendungssoftware, 1986, S. 133 ff.

111 Zur Verdichtung von Kennzahlen vgl. ausführlich *Caduff, T.*, Kennzahlennetze, 1981, S. 23 ff.

112 Vgl. hierzu *Dressel, H. D./u. a.*, Informationsverdichtung, 1971.

113 Vgl. *Staudt, E./u. a.*, Kennzahlen, 1985, S. 72.

114 *Staudt, E./u. a.*, Kennzahlen, 1985, S. 73.

115 Vgl. *Staehle, W. H.*, Kennzahlen, 1969, S. 223; *Betriebswirtschaftlicher Ausschuß des ZVEI*, Kennzahlensystem, 1976, S. 111 f.; *Lachnit, L.*, Weiterentwicklung, 1976, S. 216 f.; *Reichmann, T./Lachnit, L.*, Kennzahlen, 1976, S. 707; *Hummel, T./Kurras, K./Niemeyer, K.*, Kennzahlensysteme, 1980, S. 94; *Merkle, E.*, Formeln, 1982, S. 326 f.; *Küting, K.*, Grundsatzfragen, 1983, S. 237; *Reichmann, T.*, Controlling, 1985, S. 19; *Staudt, E./u. a.*, Kennzahlen, 1985, S. 30.

116 Vgl. *Staudt, E./u. a.*, Kennzahlen, 1985, S. 30 ff., m. w. N.

117 Vgl. *Tucker, S. A.*, Ratio-Analysis, 1961.

118 Vgl. *American Management Association*, Du Pont chart system, 1960. Entwickelt wurde es bereits im Jahre 1919.

119 Vgl. *Betriebswirtschaftlicher Ausschuß des ZVEI*, Kennzahlensystem, 1976.

120 Vgl. *Betriebswirtschaftlicher Ausschuß des ZVEI*, Kennzahlensystem, 1976, S. 112.

121 Mit kleinen formalen Änderungen entnommen aus *Betriebswirtschaftlicher Ausschuß des ZVEI*, Kennzahlensystem, 1976, S. 113. Die in der Abbildung enthaltenen Großbuchstaben (A bis H) repräsentieren Absolutzahlen. Die Quotienten stellen hingegen Verhältniszahlen dar.

122 Auf die Zerlegungsmöglichkeiten von einzelnen Absolutzahlen wird hier nicht näher eingegangen, da es diese Zerlegungsmöglichkeiten grundsätzlich auch bei den aus Absolutzahlen zusammengesetzten

Verhältniszahlen gibt. Verhältniszahlen bieten ihrerseits jedoch, aufgrund ihres im Verhältnis zu Absolutzahlen komplizierteren Aufbaus, umfangreichere Möglichkeiten.

123 Vgl. *Staehle, W. H.*, Kennzahlen, 1969, S. 67.

124 Gerade in technikorientierten Literaturquellen wird häufig ausschließlich von quantifizierten Informationen ausgegangen beziehungsweise unterstellt, daß sich jegliche Informationen quantifizieren lassen, wobei lediglich der Aufwand dafür stark variieren kann.

125 Vgl. *Staudt, E./u. a.*, Kennzahlen, 1985, S. 69.

126 Vgl. *Staudt, E./u. a.*, Kennzahlen, 1985, S. 74. Zur Auswirkung von Erhebungsfehlern auf Absolut- und Verhältniszahlen und entsprechende Korrekturverfahren vgl. *Meyer, C.*, Kennzahlen, 1976, S. 44 ff. und *Wissenbach, H.*, Kennzahlen, 1967, S. 91 ff. Zur Berücksichtigung der Fortpflanzung von Erhebungsfehlern in Kennzahlensystemen durch Einbeziehung der Wahrscheinlichkeitsverteilungen betroffener Kennzahlen vgl. *Klausmann, H.-D.*, Risikoanalyse, 1977, S. 61 ff.

127 Vgl. *Staudt, E./u. a.*, Kennzahlen, 1985, S. 74.

128 Vgl. *Staehle, W. H.*, Kennzahlen, 1969, S. 67.

129 Einige Autoren vertreten sogar die Meinung, daß Kennzahlen ausschließlich unternehmensindividuell gebildet werden können. Vgl. etwa *Hunziker, A./Scheerer, F.*, Statistik, 1975, S. 184 f. Vgl. in diesem Zusammenhang auch die Vorschläge zur Normung betrieblicher Kennzahlen etwa bei *Meyer, C.*, Normung, 1978, S. 1553 ff.

130 Vgl. *Staudt, E./u. a.*, Kennzahlen, 1985, S. 108.

131 Vgl. etwa *Staehle, W. H.*, Kennzahlen, 1969, S. 66; *Merkle, E.*, Formel, 1982, S. 329.

132 Einen Anhaltspunkt für die psychographischen Eigenschaften deutscher Unternehmensführer bieten etwa die Ergebnisse der empirischen Untersuchungen von Müller-Böling/Ramme. Sie kommen zu dem Ergebnis, daß sich die Unternehmensführer anhand ihrer psychischen Merkmale in vier Psycho-Typen einteilen lassen: Den Kompromißlosen, den Emotionalen, den Risikoscheuen und den Quantitativen. Der mit 42 Prozent am stärksten vertretene Typ des Kompromißlosen ist eher risikofreudig, mehr rational und qualitativ denkend, in erster Linie aber sehr bestimmend. Lediglich 9 Prozent sind dem Quantitativen Typ zuzurechnen, der sich vor allem durch ein starkes zahlenbezogenes Denken auszeichnet. Vgl. hierzu ausführlich *Müller-Böling, D./Ramme, I.*, Informationstechniken, 1990, S. 52 ff.

133 Vgl. *Staudt, E./u. a.*, Kennzahlen, 1985, S. 110 f.

134 Vgl. *Merkle, E.*, Formel, 1982, S. 330.

135 Vgl. *Staehle, W. H.*, Kennzahlen, 1969, S. 67.

136 Vgl. etwa *Johannson, G./Aronsson, G.*, Stress, 1984, S. 159 ff.

137 Vgl. *Frese, M./Brodbeck, F. C.*, Computer, 1989, S. 180. Bei Çakir finden sich etwa konkrete Angaben bezüglich annehmbarer Systemantwortzeiten für verschiedene Tätigkeiten am Bildschirmgerät. Vgl. *Çakir, A.*, ergonomic, 1986, S. 68.

138 Zum dem Problem des Information Retrieval vgl. etwa *Luft, A. L.*, Information Retrieval, 1990, S. 215 ff., m. w. N.; *Salton, G./McGill, M. J.*, Information Retrieval, 1987.

139 Vgl. etwa *Hichert, R./Moritz, M.*, Führungsinformationssystem, 1986, S. 132 ff.

140 Vgl. *Luft, A. L.*, Information Retrieval, 1990, S. 215 f.

141 Vgl. *Heinen, E.*, Kennzahlen, 1970, S. 228.

142 Vgl. *Heinen, E.*, Kennzahlen, 1970, S. 228.

143 *Heinen, E.*, Kennzahlen, 1970, S. 228.

144 Vgl. *Heinen, E.*, Kennzahlen, 1970, S. 228 f.

145 Ein Planungsmodell beschreibt die Zusammenhänge zwischen Ziel- und Einflußgrößen der Planung in Form einzelner Definitions- bzw. Verhaltensgleichungen oder Gleichungssysteme (mathematische Modelle). Während Definitionsgleichungen gesicherte Zusammenhänge in Form elementarer Gleichungen beschreiben, geben Verhaltensgleichungen die Abhängigkeit einer Zielgröße der Planung von der Veränderung einzelner oder mehrerer Einflußgrößen an, wobei bestimmte Annahmen über das Verhalten von Menschen und Institutionen eingehen (z. B. Reaktion der Absatzmenge auf Preiserhöhungen). Vgl. *Stahlknecht, P.*, Planung, 1990, S. 31 f.

146 Vgl. *Heinen, E.*, Kennzahlen, 1970, S. 229 f.

147 Hierbei wird davon ausgegangen, daß die Unternehmung im allgemeinen ein arbeitsteiliges Sozialgebilde darstellt, das grundsätzlich in Form einer Organisationspyramide gegliedert ist.

148 Vgl. *Heinen, E.*, Kennzahlen, 1970, S. 230.

149 Vgl. *Heinen, E.*, Kennzahlen, 1970, S. 230.

150 Mit kleinen formalen Änderungen entnommen aus: *Heinen, E.*, Kennzahlen, 1970, S. 230.

151 Vgl. *Heinen, E.*, Kennzahlen, 1970, S. 231 f.

152 Kennzahlen für organisatorische Teileinheiten sind nur dann geeignet, "wenn sie die in den Oberzielen enthaltenen Komponenten zum Ausdruck bringen und nicht in Konflikt zu diesen Oberzielen stehen." *Heinen, E.*, Kennzahlen, 1970, S. 231.

153 Hierbei muß es sich zum einen um Größen handeln, die durch Entscheidungen oder Ausführungen des Aufgabenträgers beeinflußt werden können. Zum anderen müssen die Kennzahlen Kriterien darstellen, die eine richtige Beurteilung der Verhaltensweisen ermöglichen. Vgl. *Heinen, E.*, Kennzahlen, 1970, S. 232.

154 Auf das psychologische Führungsproblem der Beteiligung der betroffenen Organisationsteilnehmer an der Festlegung der Unterziele kann im Rahmen dieser Arbeit nicht näher eingegangen werden. Zu den unterschiedlichen Führungsstilen vgl. etwa *Staehle, W. H.*, Management, 1989, S. 309 ff. u. 771 ff.

155 Zur überblicksartigen Erfassung der geschilderten Kennzahlenfunktionen bietet sich neben der organisationstheoretischen Analyse als theoretischer Bezugsrahmen auch das kybernetische Unternehmensmodell an. Vgl. hierzu etwa *Heinen, E.*, Kennzahlen, 1970, S. 233 ff. Bezogen auf den Gegenstand dieser Arbeit ist hier jedoch die organisationstheoretische Analyse vorzuziehen. Kybernetische Betrachtungen führen in diesem Zusammenhang zu keinen neuen Erkenntnissen.

156 Vgl. *Lachnit, L.*, Früherkennung, 1986, S. 6.

157 Neben dem Begriff Früherkennung findet sich in großen Teilen der Literatur auch der Begriff Frühwarnung. In dieser Arbeit wird der umfassendere Begriff Früherkennung im Gegensatz zu dem ausschließlich auf die frühzeitige Aufdeckung von Krisen abstellenden Begriff der Frühwarnung verwendet. Hiermit soll deutlich gemacht werden, daß sowohl Gefahren als auch Chancen einer Unternehmung durch frühzeitige Informationen sichtbar werden können. Zu der historischen Entwicklung betrieblicher Frühwarnsysteme vgl. *Klausmann, W.*, Frühwarnsysteme, 1983, S. 39 ff.

158 *Lachnit, L.*, Früherkennung, 1986, S. 7.

159 In der betriebswirtschaftlichen Literatur findet sich eine Vielzahl von empirischen Untersuchungen über die Eignung bestimmter Kennzahlen zur Früherkennung, insbesondere zur Frühwarnung. Vgl. etwa: *Hauschildt, J./Rösler, J./Gemünden, H. G.*, Cash-Flow, 1984, S. 353 ff.; *Hansmann, K.-W./Raubach, U.*, Kennzahlen, 1986, S. 31 ff.; *Dolata, B.*, Früherkennungssysteme, 1987.

160 Zu zeitreihengestützten Prognoseverfahren vgl. etwa: *Schröder, M.*, Zeitreihenprognose, 1981, S. 23 ff.; *Leiner, B.*, Zeitreihenanalyse, 1982; *Hansmann, K.-W.*, Prognoseverfahren, 1983, S. 27 ff.

161 Vgl. etwa *Makridakis, S./Reschke, H./Wheelwright, S. C.*, Prognosetechniken, 1980, S. 98 ff.; *Hansmann, K.-W.*, Prognoseverfahren, 1983, S. 125 ff.

162 Aufgrund der bereits in Zahlenform vorliegenden Informationen lassen sich viele Prognosemethoden unmittelbar anwenden.

163 Vgl. *Lachnit, L.*, Früherkennung, 1986, S. 12 ff.

5 Konzept der Benutzerschnittstelle von Führungsinformationssystemen

1 Z. T. wird in diesem Zusammenhang auch von der Mensch-Rechner- oder Mensch-Computer-Schnittstelle gesprochen.

2 Vgl. *Bullinger, H.-J.*, Dialoggestaltung 1985, S. 23.

3 Vgl. etwa *Hahn, W., von*, Künstliche Intelligenz, 1985, S. 10.

4 Vgl. *Eckert, K.*, Schnittstellen, 1990, S. 378 ff.

5 Der Begriff Computer hat seinen Ursprung in dem lateinischen Begriff computare (berechnen). Heute wird darunter allgemein eine Einrichtung zur Verarbeitung von Daten aufgrund logischer und mathematischer Verknüpfungen verstanden. Nach DIN-Norm 44300 ist der Computer z. B. eine "Funktionseinheit zur Verarbeitung von Daten, nämlich zur Durchführung mathematischer, umformender, übertragender und speichernder Operationen." Vgl. DIN-Norm 44300, S. 10. Kritische Auseinandersetzungen zur Vergleichbarkeit von Mensch und Computer finden sich etwa bei: *Kuhlmann, S.*, Mythos, 1985, S. 91 ff.; *Dreyfus, H. L.*, Grenzen, 1989; *Weizenbaum, J.*, Macht, 1990.

6 Vgl. die Definition des Begriffs Kommunikation in Kapitel 2.2.4, S. 16 f.

7 Vgl. Kapitel 4.2.1, S. 65 ff.

8 Vgl. zum Konzept der anwendungsunabhängigen Benutzerschnittstelle ausführlich Kapitel 5.2.1.2, S. 100 ff.

9 Vgl. etwa *Bullinger, H.-J.*, Dialoggestaltung, 1985, S. 23.

10 Vgl. *Streitz, N. A.*, Psychologische Aspekte, 1988, S. 10.

11 Vgl. *Streitz, N. A.*, Fragestellungen, 1988, S. 17.

12 Vgl. *Streitz, N. A.*, Fragestellungen, 1988, S. 17.

13 Experimentelle Laboruntersuchungen weisen bei ausreichender Anzahl von Versuchspersonen und unter kontrollierten Bedingungen zwar eine hohe interne Validität auf. Vgl. *Streitz, N. A.*, Fragestellungen, 1988, S. 17. Aufgrund der Komplexität der Mensch-Computer-Interaktion sind sie jedoch sehr aufwendig. Vgl. hierzu etwa die von Streitz/Eberleh durchgeführten experimentellen Untersuchungen zur mentalen Belastung und kognitiven Prozessen bei komplexen Dialogstrukturen; *Streitz, N. A./Eberleh, E.*, Mentale Belastung, 1989, S. 94 ff.

14 Bei Feldstudien ist die strenge Kontrolle der experimentellen Bedingungen nicht mehr ausreichend gegeben, die Übertragbarkeit auf reale Situtaionen läßt sich aber, im Gegensatz zu Fallstudien, noch untersuchen. Vgl. *Streitz, N. A.*, Psychologische Aspekte, 1988, S. 13.

15 Vgl. *Streitz, N. A.*, Fragestellungen, 1988, S. 18.

16 Vgl. *Streitz, N. A.*, Psychologische Aspekte, 1988, S. 13.

17 Mit kleinen formalen Änderungen entnommen aus: *Streitz, N. A.*, Fragestellungen, 1988, S. 18.

18 Zum Konzept des iterativen Dialogentwurfs vgl. etwa *Williges, R. C. /Williges, B. H./Elkerton, J.*, Software Interface, 1987, S. 1417 f.

19 In der Regel ist davon auszugehen, daß die Erfahrung eines Menschen im Umgang mit einem DV-System, auch wenn es sich dabei lediglich um einen Prototyp handelt, sein Verhalten in der Zukunft beeinflußt. Vereinzelt weisen Autoren zwar zur Relativierung ihrer Untersuchungsergebnisse auf diesen Sachverhalt hin, für den Umfang der Beeinflussung finden sich jedoch keine Anhaltspunkte in der Literatur.

20 Generelle Anforderungen, die formell von verschiedenen Institutionen akzeptiert wurden, werden als Normen bezeichnet. Sie können in Vereinbarungen, Reglements oder gar Gesetzen dokumentiert sein. Ein Beispiel hierfür sind die Deutschen Industrie-Normen DIN. Vgl. *Smith, S. L.*, Standards, 1986, S. 47 ff.

21 Richtlinien beinhalten im Gegensatz zu Normen allgemeine Empfehlungen mit Beispielen, zusätzlichen Erklärungen und Kommentaren. Sie beruhen auf einer Übereinkunft zwischen den Beteiligten und werden meist aus empirischen Befunden und/oder bekannten Theorien hergeleitet. Aufgrund ihrer allgemeinen Formulierung müssen sie den spezifischen Gegebenheiten bei Bedarf angepaßt werden. Die konkrete Ausgestaltung von Richtlinien für eine bestimmte Anwendung führt zu Regeln. Sie beruhen auf einem Konsens der Beteiligten über die Anforderungen an das System und die zutreffenden Richtlinien. Vgl. *Ackermann, D.*, Empirie, 1988, S. 255.

22 Vgl. *Ackermann, D.*, Empirie, 1988, S. 273.

23 Vgl. *Streitz, N. A.*, Psychologische Aspekte, 1988, S. 14.

24 Vgl. *Streitz, N. A.*, Psychologische Aspekte, 1988, S. 14.

25 Vgl. *Streitz, N. A.*, Fragestellungen, 1988, S. 20.

26 *Streitz, N. A.*, Fragestellungen, 1988, S. 20.

27 Streitz fordert zur Verwirklichung der Vorlaufforschung, im Gegensatz zur heute üblichen Vorgehensweise, eine Systementwicklung von "außen nach innen", um ein benutzerorientiertes und aufgabenzentriertes Design des DV-Systems zu erreichen. Dies entspricht in vollem Umfang der Vorgehensweise in der vorliegenden Arbeit. Vgl. Kapitel 3.6, S. 46 ff.

28 Vgl. *Balzert, H.*, Gestaltungsziele, 1987, S. 477, m. w. N.

29 Vgl. *Petri, C. A.*, Kommunikation, 1962.

30 Vgl. *Kupka, I./Maaß, S./Oberquelle, H.*, Kommunikation, 1981.

31 Vgl. *Maaß, S.*, Mensch-Rechner-Kommunikation, 1984.

32 Vgl. *Maaß, S.*, Mensch-Rechner-Kommunikation, 1984, S. 55 f.

33 Die Kommunikation unter Systementwicklern ist ebenfalls einer dieser beiden Gruppen zuzuordnen. Die Person des Systementwickler kann auch als Computerbenutzer aufzufassen sein, sofern sie sich zur Bewältigung ihrer Entwicklungsaufgabe geeigneter DV-Systeme bedient.

34 Diese Veränderung der Sichtweisen läßt sich aus der technischen Entwicklung begründen. Während früher bei der Diskussion der Mensch-Computer-Interaktionen die Probleme beim Einsatz eines Computers am Arbeitsplatz im Vordergrund standen, kommen heute die durch Vernetzung von Computern entstehenden Probleme hinzu.

35 Vgl. etwa *Herrmann, T.*, Mensch-Computer-Interaktion, 1986, S. 12 f.

36 In Anlehnung an *Herrmann, T.*, Mensch-Computer-Interaktion, 1986, S. 12.

37 Einen Überblick geben etwa *Frese, M./Brodbeck, F. C.*, Computer, 1989, S. 200 ff.

38 Vgl. *Frese, M./Brodbeck, F. C.*, Computer, 1989, S. 201.

39 Vgl. *Herrmann, T.*, Mensch-Computer-Interaktion, 1986, S. 13.

40 Zur Problematik der Übertragung des Werkzeugbegriffs auf den Umgang mit Computern vgl. ausführlich *Wingert, B./Riehm, U.*, Werkzeug, 1985, S. 107 ff.

41 Vgl. hierzu etwa *Fischer, G.*, Symbiotic, 1982, S. 311 ff.; *Dzida, W.*, Werkzeuge, 1982, S. 54 ff.

42 Besonderheiten beim Einsatz des Computers als Werkzeug ergeben sich insbesondere durch die Rückmeldungen des Systems auf das menschliche Handeln und die Verwendung der Sprache, wobei das Werkzeug sogar aktiv werden und den Menschen zu Handlungen auffordern kann.

43 Vgl. hierzu etwa das unter der Leitung von Walther von Hahn entwickelte Hamburger Redepartnermodell (HAM-RPM) der Forschungsstelle für Informationswissenschaft und Künstliche Intelligenz an der Universität Hamburg: *Hahn, W. von/u. a.*, HAM-RPM, 1980, S. 119 ff. und das auf diesen Ergebnissen aufbauende anwendungsorientierte natürlichsprachliche System (HAM-ANS): *Hoeppner, W./Morik, K.*, HAM-ANS, 1983, S. 3 ff. u. *Hoeppner, W./Morik, K./Marburger, H.*, HAM-ANS, 1986, S. 189 ff.

44 Vgl. *Fischer, G.*, Mensch-Maschine-Kommunikation, 1982, S. 21 ff. und 33 ff.

45 Der Begriff "convivial tool" wurde von Illich geprägt; vgl. *Illich, I.*, Tools, 1973. Werkzeuge werden als konvivial bezeichnet, "wenn sie, innerhalb des jeweiligen Arbeits- und Lebenszusammenhangs, in Aufbau und Struktur angeeignet, d. h. denkend durchdrungen und handelnd bewältigt werden können." *Fischer, G.*, Mensch-Maschine-Kommunikation, 1982, S. 41 f. Zur Diskussion dieses Werkzeugbegriffs vgl. ausführlich *Nake, F.*, Werkzeug, 1986, S. 43 ff.

46 Vgl. hierzu etwa *Norman, D. A.*, Cognitive Engineering, 1986, S. 31 ff.; *Hutchins, E. L./Hollan, J. D./Norman, D. A.*, Direct Manipulation, 1986, S. 87 ff.; *Streitz, N. A.*, Modelle, 1985, S. 280 ff.

47 Vgl. etwa *Streitz, N. A.*, Mensch-Maschine-Schnittstelle, 1983 u. *Streitz, N. A.*, Cognitive, 1986, S. 24 ff.

48 Mit kleineren formalen Änderungen übernommen von: *Streitz, N. A.*, Modelle, 1985, S. 282.

49 Zu den unterschiedlichen mentalen und konzeptuellen Modellen vgl. ausführlich etwa *Streitz, N. A.*, Modelle, 1985, S. 283 ff.; *Frese, M./Brodbeck, F. C.*, Computer, 1989, jeweils m. w. N.

50 *Streitz, N. A.*, Modelle, 1985, S. 286.

51 Vgl. *Streitz, N. A.*, Modelle, 1985, S. 283.

52 IFIP ist eine internationale Dachorganisation nationaler Informatik-Gesellschaften.

53 Vgl. *Williamson, H.*, User Environment, 1981, S. 6 ff.

54 Zu den Dialogformen vgl. ausführlich Kapitel 5.4.2, S. 125 ff., m. w. N.

55 *Dzida, W.*, IFIP-Modell, 1983, S. 6.

56 Mit kleineren formalen Änderungen übernommen von: *Williamson, H.*, User Environment, 1981, S. 6.

57 An einem zeilenorientierten Ein- und Ausgabemedium lassen sich beispielsweise Dialogtechniken für kontextabhängiges Suchen weniger gut realisieren als an einem Gerät, das die gesamte Bildschirmfläche hierfür anbietet.

58 Vgl. etwa das Evaluationsverfahren EVADIS, dargestellt bei *Oppermann, R./u. a.*, EVADIS, 1988.

59 Einen Überblick über die aktuellen Normungsbemühungen auf dem Gebiet der Softwareergonomie gibt etwa: *Egner, J.*, Normen, 1990, S. 2 ff. Eine umfangreiche Zusammenstellung der wesentlichen programmiertechnischen Normen findet sich hingegen etwa bei: *Enderle, G./Scheller, A.*, Normen, 1989.

60 Mit kleinen formalen Änderungen übernommen von *Dzida, W.*, IFIP-Modell, 1983, S. 7 f.

61 Bei einer völlig anwendungsunabhängigen Benutzerschnittstelle wären unterschiedliche DV-Systeme nach den gleichen Arbeitsprinzipien nutzbar.

62 Motivation der Entwicklung anwendungsunabhängiger Benutzerschnittstellen sind vor allem die damit verbundenen Erwartungen bezüglich: (1) der Konsistenz verschiedener Anwendungssysteme in der Benutzung, (2) der relativ einfachen Änderbarkeit, (3) der höheren Leistung der gesamten Anwendung

hinsichtlich Leistungsumfang, Effizienz und Zuverlässigkeit, (4) der unabhängigen Konstruktion von Benutzerschnittstellen, (5) der besseren Möglichkeiten für ein Rapid Prototyping sowie (6) der höheren Wirtschaftlichkeit bei der Erstellung und Wartung von Software. Vgl. hierzu ausführlich: *Herczeg, M.*, Benutzerschnittstellen, 1986, S. 74 ff.

63 Vgl. *Dzida, W.*, IFIP-Modell, 1983, S. 6 ff.

64 Vgl. *Bullinger, H.-J.*, Dialoggestaltung, 1985, S. 23 ff.

65 User Interface Management Systeme unterstützen die Gestaltung von Benutzerschnittstellen durch standardisierte Werkzeuge wie Fenstersysteme, Menüsysteme, Editoren für Piktogramme und Formulare sowie Repräsentationsmechanismen für die formale Beschreibung der Dialogsyntax. Schwerpunkt laufender Forschungsarbeiten ist insbesondere die Dialogrepräsentation. Zum Stand der Forschung vgl. etwa *Pfaff, G. E.*, UIMS, 1985.

66 Das ISO-Referenzmodell für offene Systeme (Open Systems Interconnection) "spezifiziert eine universell anwendbare Struktur, die möglichst alle Anforderungen an die Datenkommunikation [Wort im Original kursiv gedruckt] zwischen Systemen umfaßt." *Fleischmann, A.*, ISO-Referenzmodell, 1990, S. 228. Es definert eine Hierarchie von Schichten zur Strukturierung komplexer Übertragungsprobleme. Jede Hierarchieebene bietet der darüberliegenden Schicht einen Dienst an. Dazu bedient sie sich der Dienste der darunterliegenden Schicht und eines entsprechenden Schichtenprotokolls. Vgl. hierzu auch: *Fleischmann, A.*, Protokolle, 1990, S. 351 ff., m. w. N.

67 *Bullinger, H.-J.*, Dialoggestaltung, 1985, S. 24.

68 Vgl. *Bullinger, H.-J.*, Dialoggestaltung, 1985, S. 24.

69 Vgl. *Bullinger, H.-J.*, Dialoggestaltung, 1985, S. 24 ff.

70 Mit kleinen formalen Änderungen übernommen von *Bullinger, H.-J.*, Dialoggestaltung, 1985, S. 23.

71 Vgl. etwa *Bullinger, H.-J.*, Dialoggestaltung, 1985, S. 26 ff.

72 So wird die Organisationsschnittstelle auch in dem auf dem IFIP-Modell aufbauenden EVADIS-Verfahren nicht näher untersucht. "Sie ist [im Vergleich zur Ein-/Ausgabe-, Dialog- und Werkzeugschnittstelle] noch schwerer ohne Anwendungsbezug von Systemen zu untersuchen." *Oppermann, R./u. a.*, EVADIS, 1988, S. 19.

73 So formuliert Wolfgang Dzida bei der Vorstellung des IFIP-Modells für den deutschsprachigen Raum beispielsweise: "Unmut über die Datenverarbeitungsanlage ist manchmal auf die mangelnde Anpassung der Arbeitsorganisation an die neuen Werkzeuge zurückzuführen. Deshalb gewinnt die Bewertung der Organisationsschnittstelle immer mehr an Gewicht." *Dzida, W.*, IFIP-Modell, 1983, S. 6 f.

74 DV-Systeme sind, bezogen auf einen Zeitpunkt, bis heute in der Regel nur für Interaktionen mit einem Benutzer ausgerichtet. Selbst bei sogenannten Mehrplatzsystemen steht jedem Benutzer nur eine Kopie des vollständigen Datenverabeitungsprogramms exklusiv zur Verfügung. Im Gegensatz hierzu sind Blackboardsysteme z. B. speziell für die Koordination verschiedener Benutzereingaben zu einem bestimmten Zeitpunkt konzipiert. Vgl. zu Blackboardsystemen etwa: *Engelmore, R./Morgan, T.*, Blackboard, 1988.

75 Auf die konkreten Vorgehensweisen im Rahmen der Aufgabenanalysen und -synthesen wird im Rahmen dieser Arbeit nicht näher eingegangen, da sie in diesem Zusammenhang keine Bedeutung haben. Vgl. hierzu etwa *Frese, E.*, Aufgabenanalyse, 1980, Sp. 207 ff., m. w. N.

76 Zu den Interdependenzen zwischen Informationstechnologie und Organisation vgl. etwa *Kaucky, G.*, Informationstechnologie, 1988; *Kaucky, G./Niedereichholz, J.*, Informationstechnologie, 1989, S. 655 ff.

77 Dies steht im Gegensatz zum klassischen Ansatz, der durch eine rein aufgabenbezogene Gestaltungsmethodik gekennzeichnet ist. Vgl. zum klassichen Ansatz etwa *Kosiol, E.*, Organistion, 1976, S. 42 ff.

78 Vgl. *Hoffmann, F.*, Aufgabe, 1980, Sp. 200.

79 Vgl. etwa *Ulrich, H.*, Organisationslehre, 1949, S. 57 u. 105, *Nordsieck, F.*, Betriebsorganisation, 1955, S. 38 f.; *Kosiol, E.*, Organistion, 1976, S. 43.

80 Vgl. etwa *Grochla, E.*, Automation, 1966, S. 89 ff.

81 Unternehmensführer haben in der Regel, im Vergleich zu den übrigen Personen in einer Unternehmung, die größtmöglichen Freiheitsgrade bezüglich der Aufgabenbewältigung.

82 Eine Aufgabe läßt sich zwar grundsätzlich auch auf mehr als einen Aufgabenträger verteilen. Für jeden Aufgabenträger muß jedoch auch in diesem Fall eine Teilaufgabe isolierbar sein, um die gesamte Aufgabe bewältigen zu können. Jede Aufgabe läßt sich als Teilaufgabe einer größeren, übergeordneten

Aufgabe auffassen beziehungsweise selbst in Teilaufgaben weiter untergliedern. So stellt sich bei jeder Aufgabe das Problem der Koordination mit anderen Aufgaben. Dabei nimmt der Koordinierungsaufwand mit der Anzahl der Zerlegungen zu.

83 Im Zusammenhang mit der Arbeit einer Person an einem konventionellen DV-System kann davon ausgegangen werden, daß sie zu einem Zeitpunkt mit dem DV-System nur eine bestimmte Aufgabe löst. Selbst bei Multi-Tasking-Systemen, wie z. B. dem Betriebssystem/2 von IBM, können vom Benutzer zwar verschiedene Aufgabenbewältigungen zeitlich nacheinander initiiert werden, die vom DV-System dann scheinbar parallel abgewickelt werden. Zu einem bestimmten Zeitpunkt kann sich der Benutzer jedoch nur mit der Abgabe einer Aufgabenstellung an das DV-System, der Entgegennahme einer Aufgabenlösung oder einzelnen Zwischenergebnissen der Aufgabenbearbeitung befassen.

84 In der Abbildung 30 ist die Aufteilung einer DV-Aufgabe in mehrere Teilaufgaben, die in einer gewissen zeitlichen Reihenfolge zu bearbeiten sind, durch sieben Rechtecke veranschaulicht, die durch gerichtete Kanten miteinander verbunden sind.

85 In Abbildung 30 wird die vom Benutzer aktivierte Systemfunktion etwa systemintern in sieben einzelne Teilaufgaben zerlegt, um eine technisch effiziente Aufgabenbearbeitung zu gewährleisten.

86 Dieses Problem tritt verstärkt bei sogenannten lernenden DV-Systemen beziehungsweise adaptiven Benutzerschnittstellen auf, die aufgrund bestimmter Ergebnisse von ständig durchgeführten Analysen der Benutzerinteraktionen automatisch ihr Verhalten ändern. Vgl. etwa *Thomas, C. G./u. a.*, AiD, 1987, S. 324 ff. Das Wissen über die Änderungen muß dabei jedoch zeitlich vorher vom Systementwickler im DV-System festgelegt worden sein. Ohne auf die Probleme im Rahmen dieser Arbeit näher eingehen zu können, sei angemerkt, daß Kritiker dieser Konzepte aufgrund der Schwierigkeit des Benutzers, die Verhaltensänderungen des DV-Systems zu erkennen, sogenannte adaptierbare Benutzerschnittstellen vorgeschlagen haben. Hier wird eine Änderung des Systemverhaltens von der ausdrücklichen Zustimmung des Benutzers abhängig gemacht. Vgl. hierzu etwa: *Bauer, J./Herczeg, M.*, Software-Ergonomie, 1985, S. 108 ff.

87 Assistenzkräfte sind zumindest in der Regel die ersten Ansprechpartner bei Informationsnachfragen und müssen die Ergebnisse der Unternehmensführung letztendlich auch entsprechend präsentieren. Welcher anderen Aufgabenträger sich die einzelnen Assistenzkräfte womöglich zur Beantwortung der Informationsnachfrage bedienen, ist aus der Sicht der Unternehmensführung im allgemeinen unerheblich.

88 Vgl. die Fallbeispiele in *Ackermann, D.*, Empirie, 1988, S. 266 ff.

89 Da die Systemfunktionen zum großen Teil unabhängig von dem konkreten Benutzer sind, wird im folgenden nicht zwischen Unternehmensführern, Assistenzkräften und Systementwicklern unterschieden, sofern dies nicht im Einzelfall geboten erscheint.

90 Aufgabe der Komponenten auf der Dialogebene ist es, vorab die syntaktische und semantische Korrektheit der Abfrage sicherzustellen. Vgl. hierzu auch Kapitel 5.4.2, S. 125 ff.

91 In der Regel wird der Unternehmensführer, aufgrund ihrer hohen Anzahl, nicht alle im System enthaltenen Informationen, Methoden und Modelle kennen.

92 Voraussetzung hierfür ist, daß die systemseitig vorgehaltenen Informationsbeziehungen im Zeitpunkt der Darstellung den Erwartungen des Unternehmensführers entsprechen. Zur Umsetzung mit Hilfe des Sichtenkonzeptes vgl. Kapitel 6.3.1, S. 180 f. u. Kapitel 6.4, S. 196 f.

93 Zwischen dem Zeitpunkt der Festlegung bestimmter Kontroll- und Warnbereiche durch den Benutzer und der Durchführung von Abweichungsanalysen kann sich die Bedeutung, die der Benutzer bestimmten Abweichungshöhen beimißt, verändert haben.

94 Beispiele für die Generierung von Erklärungen auf der Grundlage sogenannter WENN-DANN-Regeln finden sich bisher hauptsächlich im Rahmen von Expertensystemen. Vgl. hierzu etwa *Schäfer, T./Krug, P.*, MEVEX, 1988; *Augsburger, W./Rieder, H./Schwab, J.*, Informationsgewinnung, 1990, insb. S. 5.

95 Die Festlegung von Struktur und Form der Erklärungen ist Aufgabe der Komponenten der Ein- und Ausgabeebene. Vgl. Kapitel 5.5.2, S. 166 ff.

96 Aufgrund der ansonsten herausgehobenen Stellung des Unternehmensführes erscheint es nicht sinnvoll, etwa nur die nach dem aktuellen Stand der wissenschaftlichen Erkenntnisse anwendbaren Prognosen jeweils zur Verfügung zu stellen. Es ist zu vermuten, daß er sich einer entsprechenden Maßregelung durch das System widersetzen würde, womit der Einsatz des Gesamtsystems gefährdet werden könnte.

97 Unternehmensmodelle beschreiben die komplexen Zusammenhänge zwischen den Teilbereichen beziehungsweise Aktivitäten einer Unternehmung. Vgl. *Buchinger, G.*, Unternehmensmodelle, 1990, S. 440.

98 Der Heuristikbegriff leitet sich aus dem griechischen Begriff "heurískein" ab, der mit "finden, entdekken" übersetzt werden kann.

99 Ein systematischer Überblick über die heuristischen Verfahren im Rahmen der Betriebswirtschaftslehre findet sich etwa bei *Müller-Merbach, H.*, Morphologie, 1976, S. 69 ff.

100 *Müller-Merbach, H.*, Operations Research, 1973, S. 290.

101 Auf der Grundlage von Unternehmensmodellen lassen sich mit Hilfe von "What if"-Fragestellungen die Auswirkungen von Änderungen bestimmter Handlungsparameter auf die übrigen Planungsparameter untersuchen. Vgl. *Buchinger, G.*, Unternehmensmodelle, 1990, S. 440.

102 Auf der Grundlage von Unternehmensmodellen lassen sich mit Hilfe von "How to do to achieve"-Fragestellungen die zur Erreichung bestimmter Ziele erforderlichen Ausprägungen einzelner Handlungsparameter untersuchen. Vgl. *Buchinger, G.*, Unternehmensmodelle, 1990, S. 440.

103 Diese Vorgehensweise findet sich auch in den Tabellenkalkulationsprogrammen auf dem Markt der Personalcomputer, die als computergestützte Planungssysteme mittlerweile eine große Verbreitung gefunden haben. Die Anzahl industrieller Anwendungen der mathematischen Optimierung ist hingegen rückläufig. Vgl. *Preßmar, D. B.*, Computergestützte, 1987, S. 22 f.

104 Die automatische Dokumentation eröffnet darüber hinaus die Möglichkeit für den Systementwickler, fehlerhafte Eingaben seitens der Benutzer aufzudecken und dadurch gegebenenfalls aufgetretene Inkonsistenzen im Informationsangebot gezielt zu beheben.

105 Aus mehreren unstrukturiert auf dem Schreibtisch verteilten Arbeitsunterlagen, die bestimmte Arbeitszustände dokumentieren, läßt sich nicht eindeutig die Reihenfolge ihrer Entstehung rekonstruieren.

106 Auf die Risiken der elektronischen Datenübermittlung, insbesondere die Datensicherheitsprobleme kann im Rahmen dieser Arbeit nicht näher eingegangen werden. Einen aktuellen Überblick gibt etwa *Jaburek, W. J.*, Risiken, 1990.

107 So ist es zum Beispiel denkbar, daß in bestimmten Zeitabständen - durch sogenannte Trigger - Abfragen an die Informationsbasis gestartet werden, die, bei noch nicht vollständig in der Informationsbasis vorliegenden Informationen, nach einer gewissen Zeit wiederholt werden können.

108 Vgl. hierzu etwa *Stahlknecht, P.*, Planung, 1986, Sp. 210 ff., m. w. N.

109 Zur Verschlüsselung von Daten vgl. etwa *Jahnke, B.*, Kryptographie, 1990, S. 251 f., m. w. N.

110 Zu den Möglichkeiten der Benutzerunterstützung mittels Dokumentation und Analyse der Benutzeraktionen und -ziele vgl. auch *Moll, T./Fischbacher, U.*, Online-Tutorial, 1989, S. 223 ff.

111 Vgl. *Volpert, W.*, Computer Aided Taylorism, 1988, S. 58.

112 Vgl. hierzu etwa *Spinas, P./Troy, N./Ulich, E.*, Leitfaden, 1983; DIN-Norm 66 234/Teil 8; *Dzida, W.*, DIN 66234/Teil 8, 1985, S. 430 ff.; *Balzert, H.*, Gestaltungsziele, 1987, S. 483 ff.; *Smith, L. S./Mosier, J. N.*, Guidelines, 1986.

113 Vgl. Kapitel 3.5, S. 42 ff.

114 Vgl. *Ulich, E.*, Benutzerfreundlichkeit, 1986, S. 105.

115 Vgl. etwa *Balzert, H.*, Gestaltungsziele, 1987, S. 477 ff.

116 Zur Bewältigung von Zielkonflikten bei der Softwareentwicklung vgl. *Greutmann, T./Ackermann, D.*, Zielkonflikte, 1989, S. 144 ff.

117 Als Dialog wird in diesem Zusammenhang ein Ablauf verstanden, "bei dem der Benutzer zur Abwicklung einer Arbeitsaufgabe - in einem oder mehreren Schritten - Daten eingibt und jeweils Rückmeldungen über die Verarbeitung dieser Daten erhält". DIN-Norm 66 234/Teil 8, S. 1.

118 Im Bereich der Systementwicklung wird in diesem Zusammenhang auch von der Benutzerfreundlichkeit als einem - von vielen - Softwarequalitätskriterien eines DV-Systems gesprochen. Der Grad der Benutzerfreundlichkeit ist hiernach etwa von der Transparenz/Flexibilität des Verfahrensablaufs, der Qualität der Menü- und Dialogsequenzen, der Variabilität der Benutzerführung sowie der Qualität von Eingabedatenprüfungen, Hilfesystemen und Fehlermeldesystemen abhängig. Vgl. etwa *Kemper, H.-G.*, Benutzerfreundlichkeit, 1990, S. 61 f.

119 Die Kriterien stimmen nicht vollständig mit den in der DIN-Norm 66 234, Teil 8, aufgeführten Kriterien überein, was unter anderem auf die unterschiedliche Herleitung und empirische Überprüfung zurückzuführen ist. Die DIN-Norm beruht lediglich auf den Ergebnissen einer schriftlichen Befragung

von ca. 230 Mitgliedern der GI und des German Chapter of the ACM. Die Befragten sollten 100 Systemeigenschaften bezüglich ihrer Relevanz für die Benutzerfreundlichkeit auf einer siebenstufigen Skala einschätzen. Auf eine Validierung der Ergebnisse wurde verzichtet. Vgl. *Ackermann, D.*, Empirie, 1988, S. 260. Die hier vorgestellten Kriterien wurden hingegen z. T. durch Befunde aus laborexperimentellen Untersuchungen und Erhebungen in verschiedenen Anwendungsfeldern empirisch untermauert. Vgl. etwa *Ackermann, D.*, Handlungsspielraum, 1987; *Spinas, P.*, Benutzerfreundlichkeit, 1987; vgl. auch die Erweiterung der DIN-Normen im Rahmen des EVADIS-Leitfadens in: *Oppermann, R./u. a.*, EVADIS, 1988, S. 26 f.

120 Das Transparenzkriterium beinhaltet z. T. das Kriterium der Selbstbeschreibungsfähigkeit der DIN-Norm 66 234, Teil 8.

121 Vgl. *Spinas, P./Troy, N./Ulich, E.*, Leitfaden, 1983, S. 58.

122 Vgl. *Ulich, E.*, Benutzerfreundlichkeit, 1986, S. 106.

123 Das Konsistenzkriterium beinhaltet das Kriterium der Erwartungskonformität der DIN-Norm 66 234, Teil 8.

124 Vgl. *Ulich, E.*, Benutzerfreundlichkeit, 1986, S. 106.

125 *Spinas, P./Troy, N./Ulich, E.*, Leitfaden, 1983, S. 66.

126 Das Toleranzkriterium beinhaltet das Kriterium der Fehlerrobustheit der DIN-Norm 66 234, Teil 8.

127 Vgl. *Schmitt, A. A.*, Dialogsysteme, 1983, S. 119.

128 Dies setzt softwaretechnisch umfangreiche automatische Datensicherungsmaßnahmen voraus, auf die im Rahmen dieser Arbeit nicht näher eingegangen werden kann.

129 Vgl. *Schmitt, A. A.*, Dialogsysteme, 1983, S. 123 f.

130 Vgl. *Schmitt, A. A.*, Dialogsysteme, 1983, S. 122 f.

131 Vgl. *Schmitt, A. A.*, Dialogsysteme, 1983, S. 119 f.

132 Gegenstand der kognitiven Psychologie sind insbesondere Empfindung und Wahrnehmung, Lernen, Gedächtnis und Denken. Vgl. etwa *Mayer, R. E.*, Denken, 1979, S. 7.

133 Die explizite Ableitung von Gestaltungsregeln für die Benutzerschnittstelle aus Erkenntnissen der kognitiven Psychologie findet sich etwa in: *Gardiner, M. M./Christie, B.*, Cognitive Psychology, 1987.

134 Vgl. etwa *Fischer, G.*, Entwurfsrichtlinien, 1983, S. 43; *Ulich, E.*, Benutzerfreundlichkeit, 1986, S. 105 ff.; *Schmitt, A. A.*, Dialogsysteme, 1983, S. 118 f.

135 Vgl. hierzu etwa *Zimbardo, P. G.*, Psychologie, 1983, S. 246 ff.

136 Während die visuelle sensorische Information, sog. Ikon, weniger als eine Sekunde erhalten bleibt, wird die akustische Information, sog. Echo, von dem sensorischen Informationsspeicher etwa eine Sekunde lang, u. U. auch länger, aufrechterhalten. Vgl. *Zimbardo, P. G.*, Psychologie, 1983, S. 250.

137 Im Kurzzeitgedächtnis lassen sich im allgemeinen nur 5 bis 7 unabhängige Einheiten, Wörter, Zahlen oder sonstige Elemente speichern. Stehen diese Einheiten miteinander in einer bekannten Beziehung, z. B. korrekte Sätze, in denen die Wörter in einer geordneten Reihenfolge vorkommen, kann diese Kapazität zum Teil erheblich erhöht werden. Vgl. *Zimbardo, P. G.*, Psychologie, 1983, S. 252 f.

138 Die Wahrscheinlichkeit, daß Informationen vom Kurzzeitgedächtnis in das Langzeitgedächtnis übertragen werden, steigt dann an, wenn die Menge der Informationen gering ist, wenn sie neu sind, wenn sie aktiv repetiert werden und wenn sie für die Person von Bedeutung sind. Vgl. *Zimbardo, P. G.*, Psychologie, S. 258.

139 Zu den im Langzeitgedächtnis gespeicherten Informationen gehören nicht nur Erinnerungen an Tatsachen, sondern auch Emotionen, Einstellungen und motorische Fähigkeiten. Vgl. *Zimbardo, P. G.*, Psychologie, 1983, S. 254.

140 Vgl. etwa *Zimbardo, P. G.*, Psychologie, 1983, S. 259 ff.; *Muthig, K.-P.*, Reproduzieren und Wiedererkennen, 1978.

141 Vgl. *Ulich, E.*, Benutzerfreundlichkeit, 1986, S. 107.

142 Vgl. *Schmitt, A. A.*, Dialogsysteme, 1983, S. 118 f.

143 Es kann durchaus sinnvoll sein, zur Bearbeitung von DV-System-spezifischen Aufgaben, das heißt Aufgaben, die erst durch den Einsatz des Computers zur Aufgabenbewältigung entstanden sind, auch neue, DV-spezifische Begriffe zu finden, so daß Bearbeitungsfehler durch falsche Assoziationen mit früheren Begriffen nicht entstehen können.

144 Vgl. *Ulich, E.*, Benutzerfreundlichkeit, 1986, S. 107.

145 Zur Verbesserung der Benutzerunterstützung durch ein Online-Tutorial vgl. etwa *Moll, T./Fischbacher, U.*, Online-Tutorial, 1989, S. 223 ff.

146 Vgl. *Spinas, P./Troy, N./Ulich, E.*, Leitfaden, 1983, S. 60.

147 *Spinas, P./Troy, N./Ulich, E.*, Leitfaden, 1983, S. 60.

148 Dies läßt sich systemseitig durch das Vorhalten mehrerer Erklärungsebenen realisieren. Es kann grundsätzlich nicht davon ausgegangen werden, daß das Benutzermodell, das der Systementwickler dem Systemdesign zugrundegelegt hat, bezüglich der in den einzelnen Situationen notwendigen Erklärungen vollständig ist.

149 Das Kriterium der Flexibilität/Individualisierbarkeit beinhaltet das Kriterium der Steuerbarkeit der DIN-Norm 66 234, Teil 8.

150 Im Gegensatz zum Prinzip der flexiblen Arbeitsgestaltung, die sich nur auf die Berücksichtigung interindividueller Differenzen innerhalb eines vorgegebenen Arbeitssystems bezieht, ist mit dem Prinzip der differentiellen Arbeitsgestaltung das gleichzeitige Angebot verschiedener Arbeitsstrukturen gemeint, zwischen denen der arbeitende Mensch wählen kann. Mit dem ergänzenden Prinzip der dynamischen Arbeitsgestaltung ist die Möglichkeit der Erweiterung bestehender und die Schaffung neuer Arbeitssysteme sowie der Wechsel zwischen verschiedenen Arbeitssystemen gemeint. Vgl. *Ulich, E.*, Aspekte, 1988, S. 57.

151 Vgl. *Ulich, E.*, Aspekte, 1988, S. 59 ff.

152 Vgl. etwa *Triebe, J. K./Wittstock, M./Schiele, F.*, Software-Ergonomie, 1987, S. 173.

153 Untersuchungen zu den Möglichkeiten und Auswirkungen der Flexibilisierung und Individualisierung computerunterstützter Arbeitsabläufe finden sich etwa bei: *Ackermann, D.*, Handlungsspielraum, 1987; *Ackermann, D./Nievergelt, J.*, Fünf-Finger-Maus, 1985, S. 376 ff.; *Morrison, P. R./Noble, G.*, Individual differences, 1987, S. 69 ff.

154 *Paetau, M./Pieper, M.*, Mensch-Maschine-Kommunikation, 1985, S. 318.

155 Vgl. *Ulich, E.*, Aspekte, 1988, S. 61. Dies entspricht z. T. der Forderung nach modularen anwendungsneutralen Benutzerschnittstellen, wie sie etwa von Herczeg vertreten wird. Vgl. *Herczeg, M.*, Benutzerschnittstellen, 1986, S. 73 ff.

156 Ein Überblick zum Konzept der Partizipation findet sich etwa bei *Peschke, H.*, Entwicklung, 1988, S. 299 ff.; *Lichtenberg, I.*, Organisations- und Qualifikationsentwicklung, 1990.

157 Vgl. *Ulich, E.*, Aspekte, 1988, S. 61 ff.

158 Zu den Ausprägungen und Formen, Ebenen und Grundlagen sowie Phasen der Partizipation vgl. ausführlich: *Heilmann, H.*, Benutzermitwirkung, 1981, S. 124 ff.

159 Vgl. etwa *Spinas, P./Mussmann, C.*, Arbeitspsychologische, 1985, zitiert bei: *Ulich, E.*, Aspekte, 1988, S. 61 ff.

160 Für die Art und Weise der Interaktion zwischen Mensch und Computer werden in Literatur und Praxis zahlreiche synonyme Begriffe verwendet, beispielsweise Interaktionsart, Dialogtechnik, Dialogform oder Ein-/Ausgabesprache.

161 Vgl. Kapitel 5.2.2, S. 106 ff.

162 Vgl. *Eberleh, E.*, Dialogformen, 1988, S. 102.

163 Vgl. etwa den Überblick in *Eberleh, E.*, Dialogformen, 1988, S. 113 ff.

164 Insbesondere für den Begriff Command Language existiert in der deutschsprachigen Literatur eine Vielzahl von Begriffen, die zum Teil synonym verwendet werden. So wird in diesem Zusammenhang z. B. von Kommando-, Dialog-, Befehls- oder Interaktionssprache sowie Aktions- oder Transaktionscode gesprochen. Vgl. etwa *Oetinger, R.*, Software-Entwicklung, 1988, S. 77 f.; *Schmitt, A. A.*, Dialogsysteme, 1984, S. 113 ff.; *Zoeppritz, M./Rohr, G.*, Interaktionssprachen, 1988, S. 139 ff. Im Rahmen dieser Arbeit wird aufgrund des o. a. Mensch-Computer-Interaktionsmodells diese Klasse von Dialogformen mit Zoeppritz/Rohr als Interaktionssprache im engeren Sinne bezeichnet.

165 Vgl. *Shneiderman, B.*, Designing 1987, insb. S. 83 ff.

166 Im Zusammenhang mit der Bedeutung in Sprachen ist insbesondere zwischen Wortbedeutungen, syntaktisch definierten Bedeutungen sowie der Bedeutung eines Ausdrucks zu unterscheiden. Während sich bei Wortbedeutungen die Bedeutung eines Wortes aus dem Wortlaut selbst ergibt, wird bei syntaktisch definierten Bedeutungen die Bedeutung eines Wortes durch seine Position innerhalb eines Ausdrucks bestimmt. Die Bedeutung eines Ausdrucks setzt sich wiederum aus Wortbedeutungen und syntaktisch definierten Bedeutungen zusammen.

[167] Sofern im folgenden von Interaktionssprachen die Rede ist, sind immer Interaktionssprachen im engeren Sinne gemeint.

[168] Vgl. *Zoeppritz, M./Rohr, G.*, Interaktionssprachen, 1988, S. 139.

[169] Vgl. *Zoeppritz, M./Rohr, G.*, Interaktionssprachen, 1988, S. 140 f.

[170] Vgl. *Zoeppritz, M./Rohr, G.*, Interaktionssprachen, 1988, S. 141.

[171] In der Literatur findet sich eine Vielzahl von empirischen Untersuchungen zu Benennungen und mnemotechnischen Abkürzungen in Kommandosprachen. Vgl. etwa *Black, J. B./Moran, T. P.*, Command names, 1982, S. 8 ff.; *Jorgensen, A. H./u. a.*, Naming, 1983, S. 69 ff.; *Rogers, Y./Oborne, D. J.*, Command names, 1985, S. 349 ff.; *Rohr, G.*, Conceptual, 1987, S. 89 ff.; *Wandke, H./Wetzenstein-Ollenschläger, E.*, Informationsstrukturierung, 1984, S. 608 ff.

[172] Vgl. *Zoeppritz, M./Rohr, G.*, Interaktionssprachen, 1988, S. 142 f.

[173] Vgl. *Zoeppritz, M./Rohr, G.*, Interaktionssprachen, 1988, S. 143.

[174] Vgl. *Lewis, C./Mack, R.*, Abduction, 1982.

[175] Vgl. *Zoeppritz, M./Rohr, G.*, Interaktionssprachen, 1988, S. 144.

[176] Prozedurale Abfragesprachen werden aus diesem Grund auch als Programmiersprachen für spezielle Zwecke, nämlich die Datenbankabfrage, bezeichnet. Vgl. *Zoeppritz, M./Rohr, G.*, Interaktionssprachen, 1988, S. 145.

[177] Vgl. *Zoeppritz, M./Rohr, G.*, Interaktionssprachen, 1988, S. 144 f.

[178] Vgl. etwa *Lans, R. F., van der*, SQL, 1988.

[179] Vgl. *Zoeppritz, M./Rohr, G.*, Interaktionssprachen, 1988, S. 145.

[180] Eine Zusammenstellung der wesentlichen Argumente findet sich etwa bei *Krause, J.*, Mensch-Maschine-Interaktion, 1982, S. 5 ff.

[181] Eine kritische Übersicht über die Untersuchungen zu natürlichsprachlichen Hilfsmitteln in Abfragesprachen findet sich etwa bei *Zoeppritz, M./Rohr, G.*, Interaktionssprachen, 1988, S. 152 ff.

[182] Vgl. etwa *Krause, J.*, Mensch-Maschine-Interaktion, 1982, S. 276 ff.; *Jarke, M./Krause, J./Vassiliou, Y.*, Natural Language, 1986, S. 101 ff. und *Zoeppritz, M.*, Endbenutzersysteme, 1983, S. 397 ff.

[183] Vgl. hierzu ausführlich etwa *Dreyfus, H. L.*, Grenzen, 1989, m. w. N.

[184] In Anlehnung an *Zoeppritz, M./Rohr, G.*, Interaktionssprachen, 1988, S. 145.

[185] Vgl. *Zoeppritz, M.*, Endbenutzersysteme, 1983, S. 407.

[186] Die Restriktionen der natürlichsprachlichen Mensch-Computer-Interaktion haben wiederum Rückwirkungen auf die zwischenmenschliche Kommunikation, insbesondere im Hinblick auf eine zunehmende Rationalisierung und Automatisierung der menschlichen Rede. Vgl. hierzu etwa *Cyranek, G.*, Wirkungen, 1985, S. 303 ff.

[187] *Zoeppritz, M.*, Endbenutzersysteme, 1983, S. 407.

[188] Mit kleinen formalen Änderungen entnommen aus *Zoeppritz, M./Rohr, G.*, Interaktionssprachen, 1988, S. 146.

[189] *Zoeppritz, M./Rohr, G.*, Interaktionssprachen, 1988, S. 147.

[190] Vgl. *Zoeppritz, M./Rohr, G.*, Interaktionssprachen, 1988, S. 147 f.

[191] In Regeln ist z. B. näher zu spezifizieren, wieviele Objekte bzw. Kommandos zu einem bestimmten Zeitpunkt ausgewählt bzw. aktiviert werden dürfen.

[192] Die Auswahl kann grundsätzlich durch Benennen des betreffenden Items über die Eingabe bestimmter Zeichen erfolgen oder direkt durch Zeigen auf das betreffende Item. Vgl. hierzu etwa *Eberleh, E.*, Menüauswahl, 1988, S. 128 ff.

[193] Vgl. etwa *Eberleh, E.*, Menüauswahl, 1988, S. 121.

[194] Das fehlerfreie Wiedererkennen von Items und die korrekte Verbindung mit den dahinterstehenden Kommandos setzt voraus, daß die Bezeichnungen der Listen und Listenelemente aus der Sicht des Benutzers und der von ihm mit dem DV-System zu erledigenden Aufgabe eindeutig sind. Zur Bedeutung und Vorgehensweise bei der Benennung von Listenelementen und -überschriften vgl. etwa *Eberleh, E.*, Menüauswahl, 1988, S. 131 f.

[195] Aufgrund der im Vergleich zu Interaktionssprachen geringeren Menge der zur Aufgabenbewältigung notwendigen Eingabeaktionen ist auch die Wahrscheinlichkeit von Eingabefehlern bei Menüauswahltechniken geringer.

[196] Entnommen aus *IBM Deutschland GmbH*, Finanzbuchhaltung, 1987, S. 5.

[197] Vgl. *Eberleh, E.*, Menüauswahl, 1988, S. 123 ff.

198 Von einer Auswahl kann erst gesprochen werden, wenn für den Benutzer mindestens zwei Wahlmöglichkeiten bestehen.

199 Sog. pull down-, drop down- oder pop up-Menüs sind spezielle Varianten von Menüs, die erst durch bestimmte Benutzeraktionen an der aktuellen Bearbeitungsstelle auf dem Bildschirm erscheinen, pull down-Menüs etwa durch das "Anklicken" einer bestimmten Position der Titelleiste, drop down-Menüs durch das Berühren einer bestimmten Position der Titelleiste und pop up-Menüs durch "Anklicken" eines anderen Objektes auf dem Bildschirm. Diese speziellen Menüformen sind erst im Zuge hochauflösender bildpunktangesteuerter Bildschirme und dem Aufkommen moderner Zeigeinstrumente, wie etwa Maus oder Lichtstift, entstanden und finden heute vor allem in Verbindung mit direkt manipulativen Systemen Verwendung. Vgl. hierzu auch Kapitel 5.4.2.3, S. 136 ff. und Kapitel 5.5.1.2, S. 158 ff.

200 In Anlehnung an *Shneiderman, B.*, Designing, 1987, S. 89.

201 Vgl. etwa *Shneiderman, B.*, Designing, 1987, S. 88 ff.; *Eberleh, E.*, Menüauswahl, 1988, S. 123 ff.

202 Mit Ausnahme des allgemeinsten Menüs auf der obersten Hierarchieebene haben alle Listen jeweils nur einen Vorgänger.

203 Verbindungen zwischen einzelnen Listen einer Hierarchieebene bestehen nicht.

204 Die Verbindungen zwischen zwei Listen benachbarter Hierarchieebenen ist dabei jedoch grundsätzlich nur in einer Richtung erlaubt.

205 Aufgrund der systemseitigen starken Strukturierung der Aufgabe wird im Gegensatz zu Interaktionssprachen auch von einem systemgeführten Dialog gesprochen.

206 Eine vordefinierte Menüfolge kann auch den unerfahrenen Benutzer fehlerfrei zu dem von ihm angestrebten Zielzustand führen.

207 Vgl. *Shneiderman, B.*, Designing, 1987, S. 87.

208 Vgl. etwa *Liebelt, L. S./u. a.*, Menu access, 1982, S. 546 ff.; *McDonald, J. E./Stone, J. D./Liebelt, L. S.*, Searching, 1983, S. 834 ff.

209 Vgl. etwa *Lee, E./Latremouille, S.*, Evaluation, 1980; *McEwen, S. A.*, User search, 1981.

210 Vgl. etwa *Landauer, T. K./Nachbar, D. W.*, Selection, 1985, S. 73 ff.

211 Vgl. etwa *Kiger, J. I.*, Depth/breadth, 1984, S. 201 ff.

212 Vgl. hierzu ausführlich Kapitel 5.4.1, S. 121 f., m. w. N.

213 Vgl. *Eberleh, E.*, Menüauswahl, 1988, S. 128.

214 Vgl. *Frese, M./Brodbeck, F. C.*, Computer, 1989, S. 146.

215 Sind die Antwortzeiten lang, die Bildaufbauzeiten aber kurz, kann versucht werden, durch Menüs mit relativ vielen Items weniger Menüwechsel zu erreichen und damit die Gesamtbearbeitungszeit für eine bestimmte Aufgabe für den Benutzer noch in einem akzeptablen Rahmen zu halten. Bei einer langen Bildaufbauzeit sollten die Menüs dagegen eher weniger Items enthalten. Vgl. *Shneiderman, B.*, Designing, 1987, S. 107.

216 Vgl. *Eberleh, E.*, Menüauswahl, 1988, S. 134 f.

217 Vgl. *Shneiderman, B.*, Designing, 1987, S. 108 ff.

218 Vgl. ausführlich Kapitel 5.5.1.1, S. 155 ff.

219 Vgl. *Zwerina, H.*, Masken, 1988, S. 163.

220 Z. T. werden in Literatur und Praxis die Begriffe Maskentechnik und Formulartechnik bzw. (Bildschirm-)Maske und (Bildschirm-)Formular synonym verwendet, was aufgrund der Ähnlichkeit von Bildschirmformularen zu herkömmlichen Formularen auf Papier durchaus plausibel erscheint. Zur klaren Unterscheidung zwischen beiden Formulartechniken werden im Rahmen dieser Arbeit ausschließlich die in der deutschen Literatur ebenfalls eingeführten Begriffe (Bildschirm-)Maske und Maskentechnik verwendet.

221 Vgl. *Shneiderman, B.*, Designing, 1987, S. 122.

222 Entnommen aus *IBM Deutschland GmbH*, Finanzbuchhaltung, 1987, S. 28.

223 Ergebnisse empirischer Untersuchungen zu der für die Aktualisierung von Datenbankinhalten benötigten Zeit deuten z. B. auf einen signifikanten Vorteil der Maskentechnik gegenüber Interaktionssprachen. Vgl. etwa *Ogden, W. C./Boyle, J. M.*, Evaluating, 1982, S. 542 ff.

224 Vgl. *Zwerina, H.*, Masken, 1988, S. 163.

225 Vgl. etwa *Zwerina, H./Benz, C./Haubner, P.*, Kommunikations-Ergonomie, 1987; *Benz, C./Haubner, P.*, Bildschirmmasken, 1983, S. 36 ff.

226 Vgl. DIN-Norm 66 290, Teil 1.

[227] Gemeint ist damit die Entwicklung leistungsfähiger, dezentraler Arbeitsplatzrechner mit entsprechenden Hardwarevoraussetzungen wie graphikfähigen Bildschirmen und Zeigeinstrumenten, z. B. Maus oder Lichtstift. Vgl. hierzu ausführlich Kapitel 5.5, S. 153 ff.

[228] Klassisches Beispiel ist das am Forschungszentrum PARC der Firma XEROX entwickelte STAR-System. Vgl. hierzu etwa *Smith, D. C./u. a.*, Star, 1982, S. 242 ff.

[229] Vgl. *Shneiderman, B.*, Future, 1982, S. 237 ff.

[230] Vgl. etwa *Madsen, O. L./Moller-Pedersen, B.*, Object-oriented, 1988, S. 1 ff.

[231] Vgl. etwa *Newman, W. M./Sproull, R. F.*, Computergrafik, 1986.

[232] Vgl. hierzu etwa *Staufer, M. J.*, Piktogramme, 1987.

[233] Vgl. *Ilg, R./Ziegler, J.*, Direkte Manipulation, 1988, S. 175.

[234] Vgl. etwa *Hutchins, E. L./Hollan, J. D./Norman, D. A.*, Direct Manipulation, 1986, S. 87 ff.; *Ilg, R./Ziegler, J.*, Direkte Manipulation, 1988, S. 175 ff., jeweils m. w. N.

[235] Vgl. etwa *Shneiderman, B.*, Direct Manipulation, 1983, S. 64.

[236] Es lassen sich entsprechend vom Benutzer jeweils nur die zu diesem Zeitpunkt auf dem Bildschirm sichtbaren Objekte bearbeiten.

[237] WYSIWYG ist die Abkürzung für den Ausdruck *What You See Is What You Get*.

[238] Fähnrich/Ziegler weisen jedoch darauf hin, daß die Entwicklung von direkt manipulativen Schnittstellen mit einer einfachen Objekt-Funktion-Struktur oft nur erreicht werden kann, indem z. T. spezielle Funktionalität über *künstliche* Objektattribute zur Verfügung gestellt wird. Diese versteckte Komplexität der Schnittstelle bereitet dem Benutzer beim Erlernen des Systems große Schwierigkeiten. Vgl. *Fähnrich, K.-P./Ziegler, J.*, Direkte Manipulation, 1985, S. 79.

[239] Hierbei handelt es sich um sogenannte generische oder universelle Funktionen.

[240] Eine einheitliche Löschoperation für Dokumente, Textstücke und Grafikobjekte ließe sich beispielsweise in der Weise realisieren, daß als Metapher für die Löschfunktion ein Papierkorb am unteren Rand des Bildschirms dargestellt wird, in den der Benutzer die zu löschenden Objekte lediglich mit Hilfe einer entsprechenden einfachen physischen Bewegung mit dem Zeigeinstrument zu bringen braucht.

[241] Entnommen aus: *IBM Corporation*, Common User Access: Advanced Interface Design, 1989, S. 115. Durch Bewegung des Cursorsymbols (Pfeil) vom Piktogramm für "Chart 1" auf das Druckersymbol wird der Ausdruck der dargestellten Grafik angestoßen.

[242] Vgl. Kapitel 5.2.2, S. 106 ff.

[243] Vgl. *Ilg, R./Ziegler, J.*, Direkte Manipulation, 1988, S. 178 ff.

[244] Vgl. *Rauterberg, M.*, Maus, 1989, S. 314 ff.

[245] Vgl. hierzu die Ausführungen zur formalen Direktheit, S. 179 f.

[246] Während Menüsysteme von vornherein so konzipiert werden, daß die zur Bewältigung der DV-Aufgabe insgesamt benötigten Systemfunktionen sinnvoll zu Gruppen zusammengefaßt und in mehreren Listen hierarchisch angeordnet werden, besteht bei manipulativen Systemen das Ziel, alle Systemfunktionen für den Benutzer permanent sichtbar zu halten. Selbst bei der Verwendung großflächiger, hochauflösender Ausgabemedien sind DV-Aufgaben denkbar, deren Systemfunktionen sich aufgrund ihrer hohen Anzahl nicht alle permanent auf dem Ausgabemedium darstellen lassen. Indiz hierfür ist die Tatsache, daß bei sogenannten direkt manipulativen Systemen in der Praxis heute mit pop-up-, pull-down- und drop-down-Menüs gearbeitet wird, die erst auf Anforderung des Benutzers in einer bestimmten Arbeitssituation sichtbar werden und die vorher an dieser Stelle dargestellten Systemfunktionen überdecken, so daß sie in dieser Situation nicht mehr direkt, das heißt mit einer einzelnen Interaktion, selektiert werden können.

[247] Als Zeigeoperation läßt sich grundsätzlich auch das Betätigen einzelner Tasten auffassen, unabhängig davon, ob es sich um eine numerische, alphanumerische Taste oder Funktions- bzw. Sondertaste handelt. Sie unterscheidet sich aus der Sicht des Benutzers in ihrer physischen Bewegung nicht grundsätzlich von der typischen Bewegung eines reinen Zeigeinstrumentes, wie etwa der Maus, welche darüber hinaus zumeist auch Tasten besitzt, die zum Anstoß bestimmter Aktionen bedient werden müssen. Insofern erscheint es nicht sinnvoll, den Einsatz von Zeigeinstrumenten als konstituierendes Merkmal direkt manipulativer Benutzerschnittstellen aufzufassen, wie etwa bei *Staufer, M. J.*, Piktogramme, 1987, S. 85.

[248] Die Rückmeldung des Systems nach erfolgter Selektion oder Aktivierung eines Listenelementes könnte, ähnlich den Objekten bei manipulativen Systemen, etwa durch Umrandung oder inverse Darstellung erfolgen.

[249] Vgl. *Ilg, R./Ziegler, J.*, Direkte Manipulation, 1988, S. 181.

[250] *Staufer, M. J.*, Piktogramme, 1987, S. 82.

[251] *Ilg, R./Ziegler, J.*, Direkte Manipulation, 1988, S. 181.

[252] In Anlehnung an *Hutchins, E. L./Hollan, J. D./Norman, D. A.*, Direct Manipulation, 1986, S. 99 ff.; *Ilg, R./Ziegler, J.*, Direkte Manipulation, 1988, S. 181 f.

[253] Zu den Vor- und Nachteilen einer Objekt-Funktion- beziehungsweise Funktion-Objekt-Syntax vgl. etwa *Ilg, R./Ziegler, J.*, Direkte Manipulation, 1988, S. 186 f.

[254] Vgl. hierzu ausführlich *Staufer, M. J.*, Piktogramme, 1987, S. 65 ff.

[255] Vgl. zur gegenteiligen Ansicht etwa *Staufer, M. J.*, Piktogramme, 1987, S. 85.

[256] Vgl. Kapitel 3.5, S. 42 ff.

[257] *Ilg, R./Ziegler, J.*, Direkte Manipulation, 1988, S. 182.

[258] Vgl. etwa *Ilg, R./Ziegler, J.*, Interaktionstechniken, 1987, S. 116.

[259] Vgl. *Shneiderman, B.*, Designing, 1987, S. 201 f.

[260] Zu den verschiedenen Ängsten in Zusammenhang mit der Computernutzung und ihren Auswirkungen auf das Benutzerverhalten vgl. etwa: *Staufer, M. J.*, Piktogramme, 1987, S. 37 f., m. w. N.

[261] Im Zusammenhang mit den Vorteilen direkt manipulativer Benutzerschnittstellen wird oft die Kontrolle des Systems durch den Benutzer als exklusives Merkmal hervorgehoben. Auch hier erstreckt sich die tatsächliche Kontrolle des Benutzers jedoch lediglich auf die sichtbaren und z. T. vorgegebenen Objekte auf der Funktionsebene, nicht aber auf die Steuerung der einzelnen Systemkomponenten der Konzeptebene. Diese Abläufe sind im Rahmen der Systementwicklung festgelegt und können vom Benutzer im normalen Betrieb nicht geändert werden.

[262] Vgl. *Fähnrich, K.-P./Ziegler, J.*, Direkte Manipulation, 1985, S. 79 ff.

[263] Vgl. etwa *Whiteside, J./u. a.*, Performance, 1985, S. 185 ff.; *Altmann, A.*, Direkte Manipulation, 1987, S. 108 ff.; *Rauterberg, M.*, Transparenz, 1989.

[264] Vgl. *Rauterberg, M.*, Maus, 1989, S. 317 f.

[265] Vgl. *Whiteside, J./u. a.*, Performance, 1985, S. 185 ff.

[266] Die Maus ist hier nicht nur physisch auf einer glatten Oberfläche in einem zweidimensionalen Raum zu bewegen, sondern es befindet sich zusätzlich eine bestimmte Anzahl von Tasten auf der Maus, die zur Aktivierung unterschiedlicher Aktionen in entsprechender zeitlicher Reihenfolge zu bedienen sind. Vgl. hierzu ausführlicher Kapitel 5.5.1.2, S. 159 f.

[267] Vgl. *Oppermann, R.*, Individualisierte, 1989, S. 131.

[268] *Spinas, P./Waeber, D./Strohm, O.*, Kriterien, 1989, S. 8, zitiert bei *Oppermann, R.*, Individualisierte, 1989, S. 131.

[269] Vgl. *Spinas, P./Waeber, D./Strohm, O.*, Kriterien, 1989, S. 8 ff. zitiert bei *Oppermann, R.*, Individualisierte, 1989, S. 131.

[270] Vgl. hierzu ausführlich: *Oppermann, R.*, Individualisierte, 1989, S. 132 ff.

[271] Vielfältige Dialoge werden in der Literatur z. T. auch als multimodale Dialoge bezeichnet. Vgl. etwa *Ilg, R./Ziegler, J.*, Interaktionstechniken, 1988, S. 109.

[272] Vgl. etwa *Koller, F./Ziegler, J.*, Benutzerpräferenzen, 1989, S. 304 ff.

[273] Vgl. *Oppermann, R.*, Individualisierte, 1989, S. 142 f.

[274] Vgl. *Oppermann, R.*, Individualisierte, 1989, S. 143.

[275] Carroll/Rosson berichten z. B. von einer großen Anzahl von Benutzern in ihren Untersuchungen, die von den gegebenen Möglichkeiten eigener aktiver Adaptierungen keinen Gebrauch machten, obwohl dies sinnvoll gewesen wäre. Sie schließen daraus, daß Benutzer nicht versuchen, generelle Experten in der Handhabung eines Systems zu werden, sondern sich eher auf die gezielte Hilfe von Spezialisten verlassen, wenn sie in schwierige Situationen geraten. Vgl. *Carroll, J. M./Rosson, M. B.*, Paradox, 1987, S. 85.

[276] Die ersten Ansätze zur Dialogspezifikation mit Zustandsübergangsdiagrammen wurden Ende der sechziger Jahre von Newman und Parnas veröffentlicht. Vgl. *Newman, W. M.*, Graphical programming, 1968, S. 47 ff.; *Parnas, D. L.*, Transition Diagrams, 1969, S. 379 ff.

277 Zum Modell des endlichen Automaten vgl. etwa *Niemeyer, G.*, System- und Modelltheorie, 1977, S. 79 ff..

278 Vgl. *Budde, R./Schnupp, P./Schwald, A.*, Software-Produktion, 1980, S. 107.

279 Eine detaillierte Analyse grafischer Beschreibungsmittel findet sich etwa bei *Oberquelle, H.*, Sprachkonzepte, 1987, S. 50 ff.

280 Vgl. *Oberquelle, H.*, Sprachkonzepte, 1987, S. 96.

281 Bartsch-Spoerl/Meyer/Pinkert unterscheiden entsprechend zwischen Benutzer- und System-Zustandsdiagrammen. Vgl. *Bartsch-Spoerl, B./Meyer, H-M./Pinkert, K.*, Interaktionsdiagramme, 1982, S. 39.

282 Ein Überblick über die verschiedenen Zustandsdiagramme findet sich etwa bei *Oberquelle, H.*, Sprachkonzepte, 1987, S. 96 ff. Eine Zusammenstellung der zeitlichen Entwicklung der Zustandsübergangsmodelle findet sich hingegen bei *Kolbeck, S./Reischitz, I.*, Zustandsübergangsdiagramme, 1987, S. 31 ff.

283 Vgl. *Denert, E.*, State Diagrams, 1977, S. 417 ff.

284 Vgl. *Oberquelle, H.*, Sprachkonzepte, 1987, S. 99.

285 Vgl. *Bartsch-Spoerl, B./Meyer, H-M./Pinkert, K.*, Interaktionsdiagramme, 1982, S. 47.

286 Benutzer- und System-Interaktionsdiagramme sowie entsprechende Compiler haben zum Beispiel Eingang gefunden in die Softwareproduktionsumgebung der Softlab GmbH, München. Vgl. *Hesse, W.*, Software-Produktionsumgebung, 1985, S. 174 ff.

287 Vgl. *Denert, E.*, State Diagrams, 1977.

288 Die Bezeichnung Zustand wird hier zwar uneinheitlich verwendet: (1) Interaktionspunkte sind Dialogzustände, in denen das System auf eine Benutzereingabe wartet, um weiterarbeiten zu können; (2) hinter einem einfachen Zustand verbergen sich hingegen im allgemeinen mehrere systeminterne Aktivitäten (einschließlich Zwischenzuständen), die jedoch ohne weitere Benutzereingaben ablaufen; (3) komplexe Zustände erfassen komplexe Handlungen und Zustandsübergänge. Diese Unterteilung entspricht jedoch am ehesten dem Ziel der Arbeit, da hier die einzelnen Handlungsmöglichkeiten des Benutzers gegenüber dem Gesamtsystem und nicht die detaillierte Beschreibung aller systeminterner Aktivitäten im Vordergrund stehen.

289 Entnommen aus *Denert, E.*, State Diagrams, 1977, S. 418 f. Anfangs- und Endzustand eines Interaktionszyklus werden durch Dreiecke, Interaktionspunkte durch Kreise und Zustände durch Rechtecke dargestellt. Komplexe Zustände sind durch einen doppelten Rahmen von einfachen Zuständen abgehoben.

290 Zum Begriff der Dialogschicht vgl. *Hoffmann, H.-J.*, Mehrschichtige Dialoge, 1979, S. 55 ff.

291 Voraussetzung hierfür ist neben der Beschreibung aller Interaktionen zwischen Benutzer und DV-System (Benutzer-Interaktionsdiagramm) die Spezifikation der einzelnen systeminternen Zustände und Zustandsübergänge (System-Interaktionsdiagramm), zum Beispiel zwischen der Benutzerschnittstelle und dem Datenbanksystem. Vgl. *Bartsch-Spoerl, B./Meyer, H-M./Pinkert, K.*, Interaktionsdiagramme, 1982, S. 40 f. sowie die Erweiterungen des Interaktionsdiagramms bei *Scheer, A.-W.*, EDV-orientierte, 1990, S. 84 f.

292 Vgl. etwa *Kolbeck, S./Reischitz, I.*, Zustandsübergangsdiagramme, 1987, S. 68 ff.

293 Es liegen heute umfangreiche praktische Erfahrungen aus Großprojekten wie etwa des START- Reservierungssystems im Touristikbereich oder des BTX-Dienstes der Deutschen Bundespost vor. Vgl. hierzu *Bartsch-Spoerl, B./Meyer, H-M./Pinkert, K.*, Interaktionsdiagramme, 1982, S. 47 f.

294 Als Vorgänger sind außer dem Endzustand alle übrigen Zustände zugelassen. Entsprechend kann ein Anfangszustand nicht Nachfolger sein.

295 Vorgänger bzw. Nachfolger eines einfachen Systemzustandes können alle Zustände außer dem Endzustand bzw. Anfangs- und Unterbrechungszustand sein.

296 Alle in einen komplexen Systemzustand hineinführenden Zustandsübergänge gehen, im Gegensatz zu den herausführenden, in dem Zustandsübergang auf, der aus dem Anfangszustand des untergeordneten Interaktionsdiagramms herausführt. Anzahl und Beschriftung der aus einem komplexen Systemzustand führenden Zustandsübergänge müssen entsprechend mit der Anzahl und Beschriftung der Zustandsübergänge, die in den Endzustand des untergeordneten Diagramms hineinführen, übereinstimmen.

297 Als Vorgänger sind nur Interaktionspunkte zugelassen, Nachfolger kann hingegen ein beliebiger Zustand außer dem Anfangszustand sein.

298 In Anlehnung an *Kolbeck, S./Reischitz, I.*, Zustandsübergangsdiagramme, 1987, S. 51.

299 Zu den ersten vier Punkten vgl. *Nievergelt, J.*, Mensch-Maschine-Schnittstelle, 1983, S. 44.

300 Zu den Punkten fünf bis sieben vgl. *Feyock, S.*, CAI/HELP, 1977, S. 405.

301 Damit wird erreicht, daß der Benutzer den gesamten Dialog nur beim Abbruch der obersten Dialogschicht beenden kann und es nicht zu unbeabsichtigten Datenverlusten beim unmittelbaren Abbruch des gesamten Dialogs aus tieferen Dialogschichten kommt. Sofern er sich in tieferen Dialogschichten befindet, ist er gezwungen, durch wiederholtes Zurücksetzen auf die nächsthöhere Hierarchiestufe jede einzelne Dialogschicht explizit zu verlassen oder den Dialog zu unterbrechen, was einem Abbruch mit Wiederausetzmöglichkeit entspricht.

302 Zu den Funktionen eines Führungsinformationssystems vgl. ausführlich Kapitel 5.3, S. 112 ff.

303 Dem Unternehmensführer sollten grundsätzlich alle Inhalte zugänglich sein. Selbst wenn er bestimmte Funktionen aufgrund ihrer Komplexität im Normalfall vielleicht nicht benutzt und somit eine Möglichkeit bestünde, das System zu vereinfachen, sollte der Unternehmensführer keinesfalls ohne ausdrückliche Zustimmung von bestimmten Inhalten ausgeschlossen werden. Der Einsatz des Gesamtsystems könnte dadurch in Frage gestellt werden.

304 Jede Systemfunktion umfaßt dabei als komplexer Systemzustand mehrere Zustände und Zustandsübergänge.

305 Falls sich diese initiierenden Informationsnachfragen im Zeitablauf kaum ändern (z. B. die zeitliche Entwicklung weniger zentraler Kennzahlen), könnte der Unternehmenführer auch von dieser Eingabe entlastet werden. Nach dem Systemaufruf würden die wichtigsten Größen unmittelbar dargestellt.

306 Vgl. S. 143 ff.

307 Exemplarische Interaktionsdiagramme zum entwickelten Pilotsystem finden sich etwa bei *Kruppa, S.*, Führungsdatenbanksystem, 1990; *Hellebrandt, B.*, Führungsdatenbanksystem, 1990; *Fehling, G.*, Benutzerschnittstelle, 1991.

308 Die bei Betrachtung des gesamten Computerarbeitsplatzes darüber hinaus zu berücksichtigenden umfangreichen hardwareergonomischen Aspekte wie etwa der Arbeitsumgebung (z. B. Beleuchtung, Lärm und Klima) oder des Arbeitsplatzes (z. B. Höhe und Verstellbarkeit von Arbeitstisch und -stuhl), sind seit längerer Zeit Gegenstand intensivster Forschungs- und Normungsbemühungen. Vgl. hierzu etwa *Çakir, A. E./Hart, D. J./Stewart, T. F. M.*, Bildschirmarbeitsplätze, 1980, S. 153 ff., m. w. N. *Benz, C./R. Grob/Haubner, P.*, Gestaltung, 1981, m. w. N. Soweit sie für die Entwicklung eines Führungsinformationssystems von Bedeutung sind, wurden sie bereits im Zusammenhang mit dem organisatorischen Kontext eines Führungsinformationssystems behandelt; vgl. Kapitel 4.1.2.2, S. 53 ff.

309 Um Computer effizient bedienen zu können, benötigt der Benutzer, aus der Sicht der Ein- und Ausgabemedien, "ein gut entwickeltes Auge, einen langen rechten Arm, einen dünnen linken Arm, gleichlange Finger und ein rudimentäres Ohr". *Balzert, H.*, E/A-Geräte, 1988, S. 67.

310 Vgl. ausführlich *Bullinger, H.-J./Kern, P./Muntzinger, W. F.*, Controls, 1987, S. 578 ff., m. w. N.

311 In Anlehnung an *Bullinger, H.-J./Kern, P./Muntzinger, W. F.*, Controls, 1987, S. 579.

312 Zuerst wurden Dateien über schreibmaschinenähnliche Tastaturen in Lochkarten oder -streifen gestanzt, die mit Hilfe entsprechender Lesegeräte an das DV-System zur Verarbeitung übergeben werden konnten. Später wurde durch den Anschluß von Fernschreibern an Computer dem Benutzer die direkte, zeilenorientierte Dateneingabe ermöglicht.

313 Vgl. *Shneiderman, B.*, Designing, 1987, S. 228.

314 Auf die indirekte Dateneingabe durch die Übernahme von Informationen, die auf maschinenlesbaren Medien gespeichert sind, wird in diesem Zusammenhang nicht näher eingegangen, da die für die Mensch-Computer-Interaktionen relevanten Eingabeaktionen zur Erstellung dieser Datenträger bereits vorher stattgefunden haben.

315 Vgl. *Shneiderman, B.*, Designing, 1987, S. 228.

316 Mit Spezialtastaturen, wie sie etwa von Gerichtsstenographen benutzt werden, bei denen mehrere Zeichen oder Wörter simultan einzugegeben sind, lassen sich bis zu 300 Wörtern pro Minute erfassen. Die Beherrschung der komplexen Eingabemuster verlangt vom Benutzer jedoch monatelanges Training und ständige Übung. Vgl. *Shneiderman, B.*, Designing, 1987, S. 229.

317 Im deutschsprachigen Raum wird diese Tastaturanordnung als QWERTZ-Anordnung bezeichnet. Zur Normung und den entsprechenden englisch- und französischsprachigen Versionen vgl. etwa *Greenstein, J. S./Arnaut, L. Y.*, Input Devices, 1987, S. 1453 ff.

[318] Die gewählte QWERTZ-Anordnung - so bezeichnet nach der Anordnung der ersten sechs Tasten auf der obersten Buchstabenzeile - stellte sicher, daß für die oft auftretenden Buchstabenkombinationen mit den Fingern weite Wege zurückzulegen waren.

[319] Vgl. *Shneiderman, B.*, Designing, 1987, S. 229.

[320] Vgl. etwa *Shneiderman, B.*, Designing, 1987, S. 230 ff. und *Greenstein, J. C./Arnaut, L. Y.*, Input Devices, 1987, S. 1456 ff.

[321] Eine Variante der von Dvorak in den zwanziger Jahren vorgeschlagenen Tastaturanordnung wurde zwar vom American National Standards Institute 1983 als alternativer Standard aufgenommen, hat sich in der Praxis jedoch nicht durchgesetzt. Vgl. *Greenstein, J. S./Arnaut, L. Y*, Input Devices, 1987, S. 1456 f.

[322] Shneiderman spricht etwa von mehreren hundert Millionen Personen. Vgl. *Shneiderman, B.*, Designing, 1987, S. 228.

[323] Der Umstellungsaufwand von der QWERTZ- auf die Dvorak-Tastaturanordnung betrug etwa eine Woche. Vgl. *Shneiderman, B.*, Designing, 1987, S. 231.

[324] Vgl. *Balzert, H.*, E/A-Geräte, 1988, S. 72 f.

[325] Vgl. zu den einzelnen Gestaltungsmerkmalen und -beispielen etwa *Rohmert, W./u. a.*, Schreibmaschinentastaturen, 1982.

[326] Vgl. hierzu ausführlich *Greenstein, J. S./Arnaut, L. Y.*, Input Devices, 1987, S. 1459.

[327] Vgl. *Shneiderman, B.*, Designing, 1987, S. 232.

[328] Bei häufigem Wechsel zwischen Schreibtastatur und Funktionstasten kann es angeraten sein, Funktionen über das gleichzeitige Drücken zweier Schreibtasten auszulösen, um die notwendigen Handbewegungen des Benutzers gering zu halten. Darüber hinaus können damit mnemotechnische Vorteile verbunden sein. Vgl. *Shneiderman, B.*, Designing, 1987, S. 235.

[329] Vgl. *Balzert, H.*, E/A-Geräte, 1988, S. 71 ff.

[330] Vgl. *Shneiderman, B.*, Designing, 1987, S. 235; *Greenstein, J. S./Arnaut, L. Y*, Input Devices, 1987, S. 1460 f.

[331] Vgl. *Shneiderman, B.*, Designing, 1987, S. 236 f.; *Greenstein, J. S./Arnaut, L. Y*, Input Devices, 1987, S. 1459 f.

[332] Vgl. *Balzert, H.*, E/A-Geräte, 1988, S. 69.

[333] Vgl. *Shneiderman, B.*, Designing, 1987, S. 229.

[334] Vgl. *Execucom Systems Corporation*, Handwerkszeug, 1990.

[335] Vgl. *Greenstein, J. S./Arnaut, L. Y.*, Input Devices, 1987, S. 1469 ff., m. w. N.

[336] Zu den bei Grafiktabletts verwendeten Techniken vgl. etwa *Greenstein, J. S./Arnaut, L. Y.*, Input Devices, 1987, S. 1469 ff., m. w. N.

[337] Grafiktabletts wurden bisher hauptsächlich im CAD/CAM-Bereich erfolgreich eingesetzt. Jedoch auch im Bürobereich sind sinnvolle Anwendungen denkbar. So ist es zum Beispiel bei der Büroanwendungssoftware FREESTYLE der Firma Wang möglich, mit Hilfe eines Graphiktabletts handschriftliche Eingaben zu tätigen, die auf dem Bildschirm dargestellt werden und Darstellungen auf dem Bildschirm mit handschriftlichen Kommentaren zu ergänzen, die anschließend etwa gespeichert und auf elektronischem Wege verschickt werden können. Vgl. *Wang Laboratories, Inc.*, Freestyle, 1988.

[338] Vgl. *Bader, K./Doster, W./Oed, R.*, Mensch-Maschine-Schnittstelle, 1989, S. 121.

[339] Durch die Unterbrechung oder Beeinflussung von Strahlen oder elektrischen Feldern durch Gegenstände oder den Druck auf berührungsempfindliche Folien wird ein entsprechendes Signal erzeugt. Ein Überblick über die verwendeten Techniken findet sich etwa bei *Greenstein, J. S./Arnaut, L. Y.*, Input Devices, 1987, S. 1465 ff.

[340] Vgl. *Balzert, H.*, E/A-Geräte, 1988, S. 91 ff., m. w. N.

[341] Vgl. *Greenstein, J. S./Arnaut, L. Y.*, Input Devices, 1987, S. 1468 f., m. w. N.

[342] Im Handel sowie im Bank- und Hotelbereich wurden berührungsempfindliche Bildschirme bereits erfolgreich eingesetzt. Für Führungsinformationssysteme werden sie zum Beispiel von der Firma Comshare angeboten. In der Bundesrepublik Deutschland sind sie bisher kaum im Einsatz.

[343] Vgl. *Shneiderman, B.*, Designing, 1987, S. 238.

[344] Zur Kathodenstrahlröhre vgl. etwa *Newman, W. M./Sproull, R. F.*, Computergrafik, 1986, S. 37 ff.

[345] Ein Lichtgriffel muß nicht zwingend mit der Hand bedient werden. Es gibt z. B. auch Untersuchungen über die Steuerung von Lichtgriffeln mit dem Kopf. Vgl. *Greenstein, J. S./Arnaut, L. Y.*, Input Devices, 1987, S. 1480.

[346] Zur Funktionsweise vgl. etwa *Newman, W. M./Sproull, R. F.*, Computergrafik, 1986, S. 162 ff.

[347] Ein Überblick findet sich etwa bei *Foley, J. D./Dam, A. van*, Fundamentals, 1982, S. 193.

[348] Vgl. *Shneiderman, B.*, Designing, 1987, S. 240 f.

[349] Abbildungen verschiedener Mäuse finden sich etwa bei *Shneiderman, B.*, Designing, 1987, S. 242; *Balzert, H.*, E/A-Geräte, 1988, S. 78; *Greenstein, J. S./Arnaut, L. Y.*, Input Devices, 1987, S. 1474.

[350] Tastenbelegung sowie Empfindlichkeit lassen sich in der Regel vom Benutzer individuell einstellen; vgl. etwa *Ackermann, D./Nievergelt, J.*, Fünf-Finger-Maus, 1985, S. 376 ff.

[351] Eine Gegenüberstellung der wesentlichen Vor- und Nachteile findet sich etwa bei *Greenstein, J. S./Arnaut, L. Y.*, Input Devices, 1987, S. 1475, m. w. N.

[352] Ein Überblick über die verschiedenen Rollkugeln und Steuerknüppel findet sich etwa bei *Greenstein, J. S./Arnaut, L. Y.*, Input Devices, 1987, S. 1475 ff., m. w. N.

[353] Vgl. etwa *Shneiderman, B.*, Designing, 1987, S. 245 ff., m. w. N.; *Greenstein, J. S./Arnaut, L. Y.*, Input Devices, 1987, S. 1483 ff., m. w. N.

[354] Vgl. etwa *Grollmann, J./u. a.*, Multi-Media-Dialog, 1989, S. 39, m. w. N.

[355] Vgl. *Bader, K./Doster, W./Oed, R.*, Mensch-Maschine-Schnittstelle, 1989, S. 108 ff.; *Grollmann, J./u. a.*, Multi-Media-Dialog, 1989, S. 30 ff.; *Balzert, H.*, E/A-Geräte, 1988, S. 91 ff., jeweils m. w. N.

[356] Hiervon grundsätzlich zu unterscheiden ist die Sprachspeicherung, bei der die akustischen Signale lediglich digitalisiert und komprimiert gespeichert werden. Die Bedeutungen der einzelnen Signalketten bleiben dabei unberücksichtigt.

[357] Vgl. *Simpson, C. A./u. a.*, Speech, 1987, S. 1493 f.

[358] Vgl. *Simpson, C. A./u. a.*, Speech, 1987, S. 1512 ff., m. w. N.

[359] Vgl. *Bader, K./Doster, W./Oed, R.*, Mensch-Maschine-Schnittstelle, 1989, S. 110.

[360] Streng genommen handelt es sich hierbei um benutzergruppenabhängige Spracherkennungssysteme. Vgl. *Simpson, C. A./u. a.*, Speech, 1987, S. 1495.

[361] Vgl. *Simpson, C. A./u. a.*, Speech, 1987, S. 1495.

[362] Vgl. *Grollmann, J./u. a.*, Multi-Media-Dialog, 1989, S. 32, m. w. N. Balzert schätzt etwa, daß sprecherunabhängige, kontinuierliche Spracherkennungssysteme nicht innnerhalb der nächsten zehn Jahre praktikabel sein werden. Vgl. Balzert, H., E/A-Geräte, 1988, S. 88.

[363] Vgl. *Balzert, H.*, E/A-Geräte, 1988, S. 88.

[364] Vgl. *Murray, J. T./Praag, J. van/Gilfoil, D.*, Cursor motion, 1983, S. 103.

[365] Vgl. *Morrison, D. L./u. a.*, Text-editing, 1984, S. 49 ff.

[366] Vgl. *Shneiderman, B.*, Designing, 1987, S. 250.

[367] Hiervon zu unterscheiden ist das Problem der Bilddigitalisierung, -speicherung und -wiedergabe sowie die Generierung statischer bzw. bewegter Bilder.

[368] Forschungsbemühungen konzentrieren sich hierbei vor allem auf den Bereich der Robotersteuerung.

[369] Vgl. *Bader, K./Doster, W./Oed, R.*, Mensch-Maschine-Schnittstelle, 1989, S. 111 f.

[370] Vgl. *Balzert, H.*, E/A-Geräte, 1988, S. 86.

[371] Vgl. *Bader, K./Doster, W./Oed, R.*, Mensch-Maschine-Schnittstelle, 1989, S. 121 f.

[372] Vgl. *Rhyne, J. R./Wolf, C. G.*, Gestural Interfaces, 1986, *Wolf, C. G./Morrel-Samuels, P.*, Gestures, 1987. Zur dreidimensionalen gestikbasierten Eingabe vgl. etwa *Greenstein, J. S./Arnaut, L. Y.*, Input Devices, 1987, S. 1482 f., m. w. N.

[373] Vorschriften zur Textkorrektur finden sich etwa in der DIN-Norm 16511.

[374] Oberer Teil entnommen aus: *Wolf, C. G./Morrel-Samuels, P.*, Gestures, 1987, S. 11; unterer Teil entnommen aus: *Rhyne, J. R./Wolf, C. G.*, Gestural Interfaces, 1986, S. 9.

[375] Vgl. *Greenstein, J. S./Arnaut, L. Y.*, Input Devices, 1987, S. 1485 f.

[376] Ähnliche Aufteilungsbemühungen sind bei komplexeren Grafiktabletts bereits erkennbar. Vgl. etwa den Entwurf der Tablettoberfläche eines Executive Terminals bei *Bader, K./Doster, W./Oed, R.*, Mensch-Maschine-Schnittstelle, 1989, S. 117 f.

[377] Ähnlich, *Balzert, H.*, E/A-Geräte, 1988, S. 86.

[378] Zu den Gestaltungsmerkmalen und Einsatzmöglichkeiten akustischer und taktiler Zeichen vgl. etwa *Sorkin, R. D.*, Design, 1987, S. 549 ff., m. w. N.; *Simpson, C. A./u. a.*, Speech, 1987, S. 1508 ff., m. w. N.; DIN 66234/Teil 5, S. 3 ff.

[379] Zum Feedback bei Tastaturen vgl. etwa *Greenstein, J. S./Arnaut, L. Y.*, Input Devices, 1987, S.1463 ff., m. w. N.

[380] Zu den visuellen Variablen des graphischen Bildes vgl. ausführlich *Bertin, J.*, Graphische, 1982, S. 186 ff.

[381] Vgl. hierzu ausführlich etwa *Thompson, P.*, Visual, 1984, S. 5 ff.

[382] Bezeichnung für den grubenartig vertieften Netzhautbereich im Zentrum des gelben Flecks.

[383] Vgl. *Rohr, G.*, Grundlagen, 1988, S. 28 f., m. w. N.

[384] Vgl. *Staufer, M. J.*, Piktogramme, 1987, S. 59 f. Dies gilt nur in Kulturkreisen, in denen von links nach rechts und von oben nach unten geschrieben beziehungsweise gelesen wird.

[385] Vgl. *Wertheimer, M.*, Gestalt, 1922, S. 47 ff.

[386] Vgl. hierzu ausführlich *Moritz, H.*, Informationsgestaltung, 1983, S. 104 ff.

[387] Vgl. *Rohr, G.*, Grundlagen, 1988, S. 31 f.

[388] Vgl. *Rohr, G.*, Grundlagen, 1988, S. 28 f., m. w. N.

[389] Vgl. hierzu ausführlich etwa *Thompson, P.*, Visual, 1984, S. 8 ff.

[390] Nach der Maxwellschen Theorie entsteht die Farbtonempfindung durch eine von den unterschiedlichen Wellenlängen ausgehende ungleichmäßige Erregung dreier verschiedener Zapfentypen auf der Netzhaut des menschlichen Auges. Vgl. hierzu ausführlich etwa *Bertin, J.*, Graphische, 1982, S. 215 ff.

[391] Vgl. hierzu ausführlich etwa *Nolle, F.*, Mehrfarbige, 1983, S. 68 ff., m. w. N.

[392] Wenn z. B. Rot, Blau, Gelb und Grün in gleicher Intensität nebeneinander auftreten, so wird der Farbtonunterschied als dominante Qualität beurteilt, vor allem dann, wenn der Helligkeitsunterschied gering ist.

[393] Vgl. etwa DIN 66234/Teil 5, S. 2 ff. sowie den dazugehörigen Entwurf des Beiblatts 2.

[394] Zu den Wirkungen einzelner Farben vgl. etwa *Nolle, F.*, Mehrfarbige, 1983, S. 73.

[395] Vgl. etwa *Çakir, A. E./Hart, D. J./Stewart, T. F. M.*, Bildschirmarbeitsplätze, 1980; *Çakir, A. E.*, Bildschirmarbeit, 1983; *Spinas, P./Troy, N./Ulich, E.*, Leitfaden, 1983, insb. S. 29 ff., jeweils m. w. N. sowie die DIN-Normen 66234 und 66290.

[396] Vgl. *Staufer, M. J.*, Piktogramme, 1987, S. 51 f., m. w. N.

[397] Vgl. *Craik, F. I. M./Lockhart, R. S.*, Processing, 1972, S. 671 ff.

[398] Die Tatsache, daß Menschen allein aus visueller Erfahrung lernen können, läßt die Annahme, es existiere eine nicht-verbale Informationsstruktur im menschlichen Gedächtnis, plausibel erscheinen.

[399] Vgl. *Staufer, M. J.*, Piktogramme, 1987, S. 55.

[400] Vgl. *Potter, M. C.*, Memory, 1976, S. 509 ff.

[401] Vgl. *Staufer, M. J.*, Piktogramme, 1987, S. 71.

[402] Vgl. hierzu ausführlich *Bertin, J.*, Graphische, 1982, S. 176 ff.

[403] Vgl. etwa *Abels, H./Degen, H.*, Handbuch, 1981, m. w. N.; *Bertin, J.*, Grafische, 1982; *Tufte, E. R.*, Visual, 1983.

[404] Vgl. etwa *Müller, G.*, Graphical, 1981, S. 54 ff.; *Zdybel, F.*, Graphics, 1986, S. 45 ff.; *Rome, E.*, Grafische, 1988, m. w. N.

[405] Die Ausgabe in maschinenlesbarer Form zur Zwischenspeicherung von Informationen wird als indirekte Ausgabe bezeichnet, während direkte Ausgaben unmittelbar vom Menschen wahrgenommen und verarbeitet werden können.

[406] Ein detaillierter Überblick über die sonstigen Ausgabegeräte findet sich etwa in *Proebster, W. E.*, Peripherie, 1987, S. 146 ff., m. w. N.

[407] Zur Bedeutung und Realisierung des Feedbacks vgl. ausführlich etwa *Newman, W. M./Sproull, R. F.*, Computergrafik, 1986, S. 172 ff.

[408] Vgl. hierzu ausführlich *Proebster, W. E.*, Peripherie, 1987, S. 71 ff.; *Balzert, H.*, E/A-Geräte, 1988, S. 89 ff., jeweils m. w. N.

[409] Vgl. etwa *Spinas, P./Troy, N./Ulich, E.*, Leitfaden, 1983, S. 29 ff.; *Hünting, W./Läubli, T.*, Zwangshaltung, 1983, S. 193 ff.; *Çakir, A. E./Hart, D. J./Stewart, T. F. M.*, Bildschirmarbeitsplätze, 1980, S. 191 ff., jeweils m. w. N.

[410] Vgl. etwa *Gould, J. D./u. a.*, Reading, 1987, S. 7 ff.

[411] Zur softwaretechnischen Realisierung der Fenstertechnik vgl. etwa *Newman, W. M./Sproull, R. F.*, Computergrafik, 1986, S. 67 ff.

[412] Vgl. die Funktion "Aufräumen" des prototypischen Führungsinformationssystems, Kapitel 6.4, S. 207 ff.

[413] Vgl. ausführlich *Proebster, W. E.*, Peripherie, 1987, S. 146 ff., m. w. N..

[414] Vgl. etwa *Simpson, C. A./u. a.*, Speech, 1987, S. 1507 ff., m. w. N.

[415] Vgl. hierzu etwa *Sorkin, R. D.*, Design, 1987, S. 565 ff., m. w. N.

[416] Die Wahrnehmbarkeit von Bildschirm-Flimmern hängt unter anderem von der Helligkeit, der Größe und Dichte der Anzeige sowie der Wellenlänge des Lichtes und dem Alter des Betrachters ab. Vgl. hierzu ausführlich: *Çakir, A. E./Hart, D. J./Stewart, T. F. M.*, Bildschirmarbeitsplätze, 1980, S. 108 ff.

[417] Ab einer gewissen Flimmerfrequenz verschmelzen die aufeinanderfolgenden Eindrücke zu einer kontinuierlichen, gleichmäßigen Empfindung. Vgl. *Çakir, A. E./Hart, D. J./Stewart, T. F. M.*, Bildschirmarbeitsplätze, 1980, S. 108 ff.

[418] Vgl. *Gould, J. D./u. a.*, Reading, 1987, S. 7 ff., m. w. N.

[419] Sofern dies aus technischen Gründen unvermeidbar sein sollte, ist zumindest eine sinnvolle, dem Betrachter verständliche Abfolge beim Aufbau der einzelnen Bildelemente einzuhalten.

[420] So wird etwa beim Rollen von Zeilen das sanfte Gleiten des Textes im Vergleich zum zeilenweisen Neuaufbau als weniger störend empfunden. Vgl. *Frese, M./Brodbeck, F. C.*, Computer, 1989, S. 151.

[421] Vgl. *Gould, J. D./u. a.*, Reading, 1987, S. 7 ff., m. w. N.

[422] Vgl. *Gould, J. D./u. a.*, Reading, 1987, S. 7 ff., m. w. N.

[423] Der ästhetische Wert des nicht nur auf den Gebieten der Computeranimation und -spiele anzutreffenden starken Einsatzes unterschiedlicher Farben ist umstritten. Während viele Benutzer anfänglich von Farbbildschirmen sehr angetan sind, stellen sich im Dauergebrauch zum Teil stärkere Augenbelastungen und höhere Aufmerksamkeitsanforderungen heraus. Vor allem die Verwendung greller Farben und starker Kontraste, zusammen mit einem schnellen Bildaufbau, rufen beim Benutzer unwillkürlich Orientierungsaktionen hervor und führen zu einer ständigen Alarmbereitschaft. Solche Alarmsignale sollten nur in Ausnahmefällen benutzt werden. Vgl. *Frese, M./Brodbeck, F. C.*, Computer, 1989, S. 152. Zum Einsatz von Farbe vgl. auch Kapitel 5.5.2.1, S. 166 f., m. w. N.

[424] Vgl.ausführlich *Proebster, W. E.*, Peripherie, 1987, S. 71 ff., m. w. N.; *Balzert, H.*, E/A-Geräte, 1988, S. 90.

[425] Unter dem Begriff einer hohen Druckqualität werden hier subsumiert: Hohe Auflösung, umfangreicher Zeichenvorrat, vielfältige Schriftarten und -teilungen sowie die Wiedergabemöglichkeit eines umfangreichen Farbspektrums.

[426] Vgl. etwa *Wickenhäuser, F.*, Führungssysteme, 1989, S. 180 f. u. 194.

[427] Vgl. hierzu etwa *Balzert, H.*, E/A-Geräte, 1988, S. 91 ff., m. w. N.

[428] Vgl. etwa *Balzert, H.*, E/A-Geräte, 1988, S. 91 ff.

6 Prototypische Realisierung des Pilotsystems eines Führungsinformationssystems

[1] Durchgeführt wurde das Projekt am Lehrstuhl für Wirtschaftsinformatik, Professor Dr. Bernd Jahnke, an der Eberhard-Karls-Universität Tübingen im Rahmen eines Studienprojektes mit der IBM Deutschland GmbH.

[2] Vor dem Hintergrund der höchst unterschiedlichen Qualität und Intensität der geleisteten Arbeit erscheint eine im Bereich der Systementwicklung sonst übliche Quantifizierung des Personalaufwandes in Mann-Monaten oder -Jahren nicht angebracht; die Vergleichbarkeit mit dem Aufwand der professionellen Entwicklung von Routinesystemen ist aufgrund unterschiedlicher Zielsetzungen nicht gegeben.

[3] Vgl. Kapitel 3.4.2, S. 38 ff.

[4] Ein umfangreicheres Beispiel für die schrittweise Verfeinerung und Veränderung einer Komponente der Benutzerschnittstelle findet sich etwa bei *Fehling, G.*, Benutzerschnittstelle, 1991.

5 Zur Forderung nach der Autonomie von Führungssystemen vgl. ähnlich *Wickenhäuser, F.*, Führungssysteme, 1989, S. 180.

6 Diagonale: 14 Zoll; Auflösung: 1024 mal 768 Punkte.

7 Z. Z. handelt es sich dabei um die Version 1.3.

8 Vgl. hierzu ausführlich etwa *Schmid, P.*, SAA, 1990, m. w. N.

9 Entnommen aus *Schmid, P.*, SAA, 1990, S. 128.

10 Vgl. *Fehling, G.*, Benutzerschnittstelle, 1991, m. w. N.

11 Vgl. *Kruppa, S.*, Führungsdatenbanksystem, 1990; *Hellebrandt, B.*, Führungsdatenbanksystem, 1990, jeweils m. w. N..

12 Vgl. *IBM Corporation*, Communications Manager, 1990, m. w. N.

13 Eine fundierte Gegenüberstellung der beiden unterschiedlichen Programmiersprachtypen findet sich etwa bei *Altenkrüger, D. E.*, Wissensdarstellung, 1987, S. 23 ff., m. w. N.

14 Eine umfangreiche Darstellung der verwendeten Hilfsmittel findet sich etwa bei *Fehling, G.*, Benutzerschnittstelle, 1991.

15 Die Abbildung erhebt keinen Anspruch auf Vollständigkeit, sondern stellt eine exemplarische Zusammenstellung in der Bundesrepublik Deutschland verbreiteter Betriebssyteme und entsprechender Softwareprodukte für Arbeitsplatzrechner dar. Vgl. ähnlich etwa *Kurbel, K.*, Technologisches Umfeld, 1991.

16 Vgl. etwa *Stickel, E.*, Datenbankdesign, 1991, S. 7.

17 Vgl. *Kruppa, S.*, Führungsdatenbanksystem, 1990; *Hellebrandt, B.*, Führungsdatenbanksystem, 1990; *Marticke, O.*, Informationsbedarfsanalyse, 1991; *Heinzmann, B.*, Informationsbedarfsanalyse, 1991.

18 Die Sicht 1 umfaßt beispielsweise 16 Kennzahlen auf drei Hierarchieebenen, wovon 6 wiederum in der Sicht 2 und 5 in der Sicht 3 verwendet werden.

19 Analyse-, Diagnose- und Prognosemethoden waren beim betrachteten Unternehmen aufgrund der erhobenen Informationen kaum anwendbar. Daneben mußte der größte Teil der Informationen direkt aus internen DV-Systemen selektiert - beim Prototypen zunächst manuell eingegeben - werden, da nur einzelne Berechnungsvorschriften ermittelt werden konnten.

20 Zur programmtechnischen Realisierung der Verwaltungsfunktionen vgl. ausführlich *Kruppa, S.*, Führungsdatenbanksystem, 1990; *Hellebrandt, B.*, Führungsdatenbanksystem, 1990.

21 Der Query Manager bietet eine fenster- und menüorientierte Benutzerschnittstelle zum OS/2 Database Manager, mit der nicht nur Tabellen und Views verwaltet und SQL-Kommandos eingegeben, sondern auch SQL-Abfragen menügesteuert zusammengestellt und ausgeführt werden können. Darüber hinaus werden umfangreiche Berichtsfunktionen vorgehalten, mit denen sich menügesteuert individuelle Berichte erstellen lassen. Vgl. ausführlich etwa *IBM Corporation*, Database Manager, 1990, m. w. N.

22 Der neben der *ALT-Taste* einzugebende erste Buchstabe des betreffenden Wortes in der Aktionsleiste ist jeweils unterstrichen (vergleiche Abbildung 51). Mit der Tastenkombination *ALT-H* läßt sich z. B. jederzeit die Aktion *Hilfe* anstoßen. Falls die Aktivierung daneben auch über Funktionstasten erfolgen kann, ist dies ebenfalls entsprechend kenntlich gemacht, bei der Hilfeaktion etwa die Funktionstaste *F1*.

23 Der Aufruf des Query Managers kann z. B. durch Aktivierung des entsprechenden Piktogramms am unteren Bildschirmrand (eine Lupe) mit Hilfe der Maus geschehen.

24 Aus Platzgründen wird das betriebliche Aggregationsniveau kurz mit *Aggregationsniveau* und das zeitliche Aggregationsniveau mit *Zeit* bezeichnet.

25 Durch einmalige Aktivierung des nach unten zeigenden schwarzen Pfeils bewegt sich die Liste z. B. um ein Element nach unten, wobei am oberen Rand entsprechend ein Element weniger angezeigt wird.

26 Das hat zur Konsequenz, daß in dem vorgestellten Prototyp die Einheit noch über eine entsprechende Bezeichnung des betrieblichen Aggregationsniveaus deutlich gemacht werden muß. Da es sich bei dem Prototypen in der Regel um DM handelte, wurden nur abweichende Einheiten kenntlich gemacht. So wird in der Auswahlliste in Abbildung 52 z. B. noch unterschieden zwischen den Untersuchungsgegenständen *Blitzschlag* und *Blitzschlag (Fälle)*.

27 Vorgesehen sind dabei umfangreiche Softwarekomponenten zur Unterstützung des Benutzers im Hinblick auf eine lexikalisch, syntaktisch und semantisch korrekte Eingabe.

[28] Es ist anzunehmen, daß die Strukturierung und Darstellung dieser umfangreichen Funktionen ähnlich der üblichen Anordnung auf Taschenrechnern im Vergleich zu der hier gewählten Listendarstellung vorteilhafter ist.

[29] (I) steht für Ist-, (P) für Plan- und (G) für Grenzwerte.

[30] Denkbar wäre auch die Darstellung einer entsprechenden Zahlentastatur auf dem Bildschirm, so daß ohne Wechsel des Eingabemediums mit Hilfe eines Zeigeinstrumentes Werteingaben durchgeführt werden könnten. Dies erscheint jedoch nur in Einzelfällen sinnvoll zu sein; die Erfassung umfangreicherer Zahlenreihen wäre hiermit sicherlich zu umständlich. An die Bedienung einer Zahlentastatur ist darüber hinaus auch der Unternehmensführer gewöhnt.

[31] Beträgt der Istwert etwa 100.000 DM, so kann der obere absolute Kontrollwert in Höhe von 120.000 DM auch als Prozentsatz mit 120 % oder als prozentuale Abweichung mit +20 % eingegeben werden.

[32] Zum Schutze des Kennwortes werden die eingegebenen Zeichen nicht im Klartext dargestellt, sondern für jedes eingegebene Zeichen erscheint im einzeiligen Eingabefeld ein *Stern*.

[33] Die einzelnen Säulen heben sich durch unterschiedliche Farbgebungen voneinander ab, was im Rahmen dieser Arbeit nur unzureichend dokumentiert werden kann.

[34] Zu den DV-technischen Möglichkeiten der Analyse von Informationsgesamtheiten mit Hilfe sog. Matrix-Permutationen vgl. ausführlich *Bertin, J.*, Graphische, 1982.

[35] Zur programmtechnischen Realisierung vgl. ausführlich *Pauly, T.*, Prognose, 1991.

7 Zusammenfassung und Ausblick

[1] Vgl. etwa *Solaro, D.*, Interview, 1987.

[2] Vgl. Kapitel 4.1.2.1, S. 51 f., m. w. N.

[3] Sofern zur Beantwortung einer Anfrage Informationen benötigt werden, die nicht schon im bestehenden Informationsangebot enthalten sind, müssen die betreffenden Informationen zunächst erhoben, in das Informationsangebot des Führungsinformationssystems eingestellt und verfügbar gemacht werden.

[4] Vgl. hierzu ausführlich *Reichwald, R./u.a.*, Organisationstest, 1984.

[5] Einen Überblick über Gruppen-Entscheidungsunterstützungssysteme (Group Decision Support Systems) geben etwa *Jarke, M.*, Gruppenentscheidungen, 1987; *Krcmar, H. A. O.*, Entscheidungsunterstützungssysteme, 1988, jeweils m. w. N.

[6] Zur Durchsetzung neuer Ideen und Verfahren vgl. etwa *Mertens, P./Borkowski, V./Geis, W.*, Expertensystem-Anwendungen, 1988, S. 171.

Anhang

[1] Ein Überblick über weitere Normen und zukünftige Veränderungen durch EG-Richtlinien findet sich etwa in: *DIN Deutsches Institut für Normung e. V.*, Arbeitsplatz und Lichttechnik, 1990; *DIN Deutsches Institut für Normung e. V.*, Arbeitsumgebung und Ergonomie, 1990; *Çakir, A. E.*, EG-Richtlinie, 1991, m. w. N.

Literaturverzeichnis

Abels, Heiner/Degen, Horst [Handbuch, 1981]: Handbuch des statistischen Schaubilds. Konstruktion, Interpretation und Manipulation von graphischen Darstellungen, Herne/Berlin 1981.

Ackermann, David [Handlungsspielraum, 1987]: Handlungsspielraum, mentale Repräsentation und Handlungsregulation am Beispiel der Mensch-Computer-Interaktion, Diss. Universität Bern, 1987.

Ackermann, David/J. Nievergelt [Fünf-Finger-Maus, 1985]: Die Fünf-Finger-Maus: Eine Fallstudie zur Synthese von Hardware, Software und Psychologie, in: Software-Ergonomie '85, Mensch-Computer-Interaktion, Stuttgart 1985, S. 376-385.

Ackermann, David/Ulich, Eberhard (Hrsg.) [Software-Ergonomie, 1991]: Software-Ergonomie '91. Benutzerorientierte Software-Entwicklung, Stuttgart 1991.

Adam, Adolf [Informationstheorie, 1976]: Informationstheorie (nachrichtentechnische), in: Erwin Grochla/ Waldemar Wittmann (Hrsg.): HWB, 4. Aufl., Stuttgart 1976, Sp. 1910-1915.

Adler, Gerhard [Top-Management, 1989]: Top-Management online? Das Interesse an moderner Informationstechnik wächst, in: OM, Jg. 37 (1989), H. 4, S. 16.

Ahorner, Kurt [Kennziffern, 1979]: Kennziffern für den Chef - Führungssicherheit durch ein umfassendes Frühwarnsystem, Kissing 1979.

Alavi, Maryam/Henderson, John C. [Strategy, 1981]: An Evolutionary Strategy for Implementing a Decision Support System, in: Management Science, Vol. 27 (1981), No. 11, S. 1309-1323.

Albach, Horst [Entscheidungsprozeß, 1961]: Entscheidungsprozeß und Informationsfluß in der Unternehmensorganisation, in: Erich Schnaufer/Klaus Agthe (Hrsg.): Organisation. TFB-Handbuchreihe, Bd. 1, Berlin/Baden-Baden 1961, S. 355-402.

Albach, Horst [Informationswert, 1969]: Informationswert, in: Erwin Grochla (Hrsg.): HWO, Stuttgart 1969, Sp. 720-727.

Albers, Felicitas [Informationstechnik, 1988]: Das Büro im Einsatzfeld der Informationstechnik. Informationstechnische Entwicklung und organisatorische Konsequenzen, in: ZfO, Jg. 57 (1988), H. 2, S. 78-88.

Albers, Willi/u.a. [HdWW, 1983]: HdWW, Stuttgart/New York 1983.

Allen, Louis A. [Management, 1964]: The Management Profession, New York/Toronto/London 1964.

Allerbeck, Mechthild/Helmreich, Reinhard [Akzeptanz, 1984]: Akzeptanz planen - aber wie?, in: OM, Jg. 37 (1984), H. 11, S. 1080-1082.

Altenkrüger, Doris Elke [Wissensdarstellung, 1987]: Wissensdarstellung für Expertensysteme, Mannheim/ Wien/Zürich 1987.

Alter, Steven [Decision Support Systems, 1980]: Decision Support Systems: Current Practice and Continuing Challenges, Reading, Mass./u.a. 1980.

Altmann, Alexandra [Direkte Manipulation, 1987]: Direkte Manipulation: Empirische Befunde zum Einfluß der Benutzeroberfläche auf die Erlernbarkeit von Textsystemen, in: Zeitschrift für Arbeits- und Organisationspsychologie, Jg. 31 (1987), H. 3, S. 108-114.

Amdahl Executive Institute (Hrsg.) [Strategies for the 1990s, 1988]: Business Success and Information Technology. Strategies for the 1990s. Proc. of the second Amdahl Executive Institute Conference 30th June 1988, London 1988.

American Management Association (Hrsg.) [Du Pont chart system, 1960]: Executive Committee Control Charts. A description of the Du Pont chart system for appraising operating performance, in: AMA Management Bulletin, Nr. 6, New York 1960.

Amstutz, Arnold E. [Market-Oriented, 1969]: Market-Oriented Management Systems: The Current Status, in: Journal of Marketing Research, Vol. 6 (1969), Nr. 4, S. 481-496.

Andriole, Stephen J. (Hrsg.) [Decision Support System, 1986]: Microcomputer Decision Support Systems: Design, Implementation, and Evaluation, Amsterdam 1986.

Ansoff, Harry Igor [Managing, 1976]: Managing Surprise and Discontinuity - Strategic Response to Weak Signals, in: ZfbF, Jg. 28 (1976), S. 129-152.

Ansoff, Harry Igor [Planning, 1979]: Planning, planned management of turbulent change, in: Encyclopedia of Professional Management, London 1979, S. 880-892.

Ansoff, Harry Igor [Strategic, 1982]: Strategic Management, London 1982.

Ansoff, Harry Igor/McDonnel, Edward J. [Implanting, 1990]: Implanting strategic management, 2. Aufl., New York/u.a. 1990.

Antoine, Herbert [Betriebsindexzahlen, 1950]: Betriebsindexzahlen und arteigene Betriebsindizes, in: ZfB, Jg. 20 (1950), S. 651-653.

Antoine, Herbert [Betriebskennzahlen, 1950]: Betriebskennzahlen der Praxis, in: ZfB, Jg. 20 (1950), S. 525-527.

Applegate, Lynda M./Cash, James I./Mills, D. Quinn [Information Technology, 1988]: Information Technology and Tomorrow's Manager, in: HBR, November-December 1988, S. 128-136.

Arnold, Hugh J./Feldman, Daniel C. [Behavior, 1986]: Organizational behavior, New York/u.a. 1986.

Arnold, Wilhelm/Eysenck, Hans Jürgen/Meili, Richard (Hrsg.) [Psychologie, 1988]: Lexikon der Psychologie, Bd. 1, 6. Aufl., Freiburg/Basel/Wien 1988.

Aschersleben, Gisa/u.a. [Prototyping, 1984]: Prototyping als Verfahren zur Software-Entwicklung - Literaturanalyse und Expertengespräche, in: Zeitschrift für Arbeitswissenschaft, Jg. 43 (1984), H. 1, S. 42-47.

Augsburger, Walter/Rieder, Helge/Schwab, Jürgen [Informationsgewinnung, 1990]: Endbenutzerorientierte Informationsgewinnung aus numerischen Daten am Beispiel von Unternehmenskennzahlen, Bamberger Beiträge zur WI, Nr. 3, Bamberg 1990.

Augustin, Siegfried [Informationslogistik, 1990]: Information als Wettbewerbsfaktor. Informationslogistik - Herausforderung an das Management, Zürich 1990.

Back-Hock, Andrea [EIS, 1990]: Executive Information Systems - Ein neuer Anlauf zur Realisierung von computergestützten Management-Informationssystemen, in: WiSt, Jg. 19 (1990), S. 137.

Back-Hock, Andrea/Rieger, Bodo [EIS, 1990]: Executive Information Systems (EIS), in: Peter Mertens/u.a. (Hrsg.): Lexikon der Wirtschaftsinformatik, 2. Aufl., Berlin/u.a. 1990, S. 172-173.

Bader, Klaus/Doster, Wolfgang/Oed, Richard [Mensch-Maschine-Schnittstelle, 1989]: Zur Gestaltung der Mensch-Maschine-Schnittstelle von Arbeitsplatzsystemen - Spracherkennung und Handschrifteingabe, in: Manfred Paul (Hrsg.): GI - 19. Jahrestagung. Computergestützter Arbeitsplatz, Berlin/u.a. 1989, S. 108-122.

Bahn, H. H. [Büro, 1988]: Das Büro im Spannungsfeld von Organisation und Informationstechnik, in: F. Baur (Hrsg.): Nutzungsbilanz moderner Informations- und Kommunikationssysteme aus Anwendersicht, Berlin/u.a. 1988, S. 328-346.

Balzert, Helmut (Hrsg.) [Software-Ergonomie, 1983]: Software-Ergonomie, Tagung I/1983 des German Chapter of the ACM am 28. und 29.4.1983 in Nürnberg, Stuttgart 1983.

Balzert, Helmut [E/A-Geräte, 1988]: E/A-Geräte für die Mensch-Computer-Interaktion, in: Helmut Balzert/u.a. (Hrsg.): Einführung in die Software-Ergonomie, Berlin/New York 1988, S. 67-98.

Balzert, Helmut [Gestaltungsziele, 1987]: Gestaltungsziele der Software-Ergonomie. Versuch eines neuen, umfassenden Ansatzes, in: Wolfgang Schönpflug/Marion Wittstock (Hrsg.): Software-Ergonomie '87. Nützen Informationssysteme dem Benutzer ?, Stuttgart 1987, S. 477-488.

Balzert, Helmut/u.a. (Hrsg.) [Einführung, 1988]: Einführung in die Software-Ergonomie, Berlin/New York 1988.

Bamberg, Günter/Coenenberg, Adolf Gerhard [Entscheidungslehre, 1989]: Betriebswirtschaftliche Entscheidungslehre, 5. Aufl., München 1989.

Barnard, Chester I. [Functions, 1938]: The Functions of the Executive, Cambridge, Mass. 1938.

Bartmann, Dieter [Vorstand, 1989]: Wird der Vorstand zum Regierungssprecher seines Computers?, in: Klaus Spremann/Eberhard Zur (Hrsg.): Informationstechnologie und strategische Führung, Wiesbaden 1989, S. 325-336.

Bartölke, Klaus [Hierarchie, 1980]: Hierarchie, in: Erwin Grochla (Hrsg.): HWO, 2. Aufl., Stuttgart 1980, Sp. 830-837.

Bartsch-Spoerl, Brigitte/Meyer, Hanns-Martin/Pinkert, Klaus [Interaktionsdiagramme, 1982]: Einsatz von Interaktionsdiagrammen zur Beschreibung und Realisierung von Dialogabläufen, in: NIP, o. Jg. (1982), H. 8, S. 39-48.

Bauer, J./Herczeg, M. [Software-Ergonomie, 1985]: Software-Ergonomie durch wissensbasierte Systeme, in: Hans-Jörg Bullinger (Hrsg.): Software-Ergonomie '85. Mensch-Computer-Interaktion, Stuttgart 1985, S. 108-118.

Baugut, Gunnar/Krüger, Siegfried [Unternehmensführung, 1976]: Unternehmensführung: Modelle - Strategien - Techniken, Opladen 1976.

Baur, F. [Nutzungsbilanz, 1988]: Nutzungsbilanz moderner Informations- und Kommunikationssysteme aus Anwendersicht, Berlin/u.a. 1988.

Baus, Georg [Vorstand, 1986]: Warum soll sich ein Vorstand mit dem PC beschäftigen?, in: Personalführung, o. Jg. (1986), H. 10, S. 429-434.

Becker, Mario/Koller, Ernst [Gestaltung Teil 2, 1988]: Gestaltung von Informationssystemen. 2. Teil und Schluß: Informationsanalyse/Systemplanung und Wertanalyse, in: io Management Zeitschrift, Jg. 57 (1988), Nr. 12, S. 570-573.

Becker, Mario/Liebtran, Georg [Gestaltung Teil 1, 1988]: Gestaltung von Informationssystemen. 1. Teil: Der Vorgehensablauf im Überblick, in: io Management Zeitschrift, Jg. 57 (1988), Nr. 11, S. 508-511.

Beckurts, Karl Heinz/Reichwald, Ralf (Hrsg.) [Kooperation, 1984]: Kooperation im Management mit integrierter Bürotechnik: Anwendererfahrungen, München 1984.

Beckurts, Karl Heinz/Reichwald, Ralf [Innovation, 1984]: Technische Innovation und Anwenderforschung, in: Karl Heinz Beckurts/Ralf Reichwald (Hrsg.): Kooperation im Management mit integrierter Bürotechnik: Anwendererfahrungen, München 1984, S. 11-36.

Beilner, H. [Effizienz, 1986]: Effizienz, in: Hans-Jochen Schneider (Hrsg.): Lexikon der Informatik und Datenverarbeitung, 2. Aufl., München/Wien 1986, S. 198.

Bellmann, Kurt B. [Arbeitsteilung, 1989]: Kostenoptimale Arbeitsteilung im Büro. Der Einfluß neuer Informations- und Kommunikationstechnik auf Organisation und Kosten der Büroarbeit, Berlin 1989.

Bennet, John L. [Building, 1983]: Building Decision Support Systems, Reading, Mass./u.a. 1983.

Benz, Claus/Grob, Robert/Haubner, Peter [Gestaltung, 1981]: Gestaltung von Bildschirm-Arbeitsplätzen. Arbeitsplatz, Umgebung, Organisation und Systemeinführung, Köln 1981.

Benz, Claus/Haubner, Peter [Bildschirmmasken, 1983]: Codierungswirksamkeit bei Informationsdarstellungen in Bildschirmmasken, in: Helmut Balzert (Hrsg.): Software-Ergonomie, Stuttgart 1983, S. 124-134.

Berthel, Jürgen [Information, 1976]: Information, in: Erwin Grochla/Waldemar Wittmann (Hrsg.): HWB, 4. Aufl., Stuttgart 1976, Sp. 1865-1873.

Bertin, Jacques [Graphische, 1982]: Graphische Darstellungen und die graphische Weiterverarbeitung der Information, Berlin/New York 1982.

Bertino, E. [Design, 1985]: Design Issues in Interactive user Interfaces, in: Interfaces in Computing, H. 3 (1985), S. 37-58.

Betriebswirtschaftlicher Ausschuß des ZVEI Frankfurt am Main (Hrsg.) [Kennzahlensystem, 1976]: ZVEI-Kennzahlensystem, 3. Aufl., Frankfurt am Main 1976.

Black, John B./Moran, Thomas P. [Command Names, 1982]: Learning and Remembering Command Names, in: (o. Hrsg.) Proc. of the ACM Conference on Human Factors in Computer Systems, Gaithersburg, Maryland 1982, S. 8-11.

Black, Max [Models, 1962]: Models and Metaphors, Ithaca/New York 1962.

Blaser, Albrecht (Hrsg.) [Database Systems, 1990]: Database Systems of the 90s. International Symposium Müggelsee, Berlin FRG, November 1990. Proc., Berlin/u.a. 1990.

Blohm, Hans [Berichtssysteme, 1976]: Berichtssysteme, in: Erwin Grochla (Hrsg.): HWO, Sp. 315-320.

Blohm, Hans [Informationswesen, 1976]: Informationswesen, Organisation des, in: Erwin Grochla/ Waldemar Wittmann (Hrsg.): HWB, 4. Aufl., Stuttgart 1976, Sp. 1924-1930.

Böcker, H.-D./Fischer, G./Gunzenhäuser, R. [KAMM, 1981]: Projekt KAMM: Kognitive Aspekte bei der Gestaltung von Mensch-Maschine Schnittstellen. Projektantrag an das BMFT, Stuttgart August 1981.

Bodendorf, Freimut [Methodenbanksystem, 1990]: Methodenbanksystem, in: Peter Mertens/u.a. (Hrsg.): Lexikon der Wirtschaftsinformatik, 2. Aufl., Berlin/u.a. 1990, S. 280-281.

Bolc, Leonard (Hrsg.) [Natural Language, 1980]: Natural Language Based Computer Systems, München/ Wien 1980.

Bolc, Leonard/Jarke, Matthias (Hrsg.) [Cooperative Interfaces, 1986]: Cooperative Interfaces to Information Systems, Berlin/u.a. 1986.

Bössmann, Eva [Analyse, 1967]: Die ökonomische Analyse von Kommunikationsbeziehungen in Organisationen, Berlin/Heidelberg/New York 1967.

Bössmann, Eva [Information, 1983]: Information, in: Willi Albers/u.a. (Hrsg.): HdWW, Bd. 4, Stuttgart/ New York 1983, S. 184-200.

Böttger, Helmut R. [Stichzahl, 1952]: Entwicklung einer Betriebs-Bewertungs-Stichzahl, in: ZfO, Jg. 21 (1952), S. 213-216.

Brightman, Havey J./Harris, Sidney E. [Computerized Planning, 1985]: Is Your Information System Nature Enough for Computerized Planning?, in: Long Range Planning, Vol. 18 (1985), No. 5, S. 68-73.

Brown, Judith R./Cunningham, Steve [User interface, 1989]: Programming the user interface. Principles and examples, New York 1989.

Buchinger, Gerhard [Unternehmensmodelle, 1990]: Unternehmensmodelle, in: Peter Mertens/u.a. (Hrsg.): Lexikon der Wirtschaftsinformatik, 2. Aufl., Berlin/u.a. 1990, S. 440-441.

Budde, Reinhard/Schnupp, Peter/Schwald, Andreas [Software-Produktion, 1980]: Untersuchungen über Maßnahmen zur Verbesserung der Software-Produktion - Teil 1 - Theoretische Ansätze auf dem Gebiet der Software-Produktion (GMD Bericht Nr. 130), München/Wien 1980.

Budde, Reinhard/Sylla, Karl-Heinz/Züllighoven, Heinz [Prototyping, 1990]: Prototyping, in: Peter Mertens/u.a. (Hrsg.): Lexikon der Wirtschaftsinformatik, 2. Aufl., Berlin/u.a. 1990, S. 353-355.

Bühner, Rolf (Hrsg.) [Führungsorganisation, 1989]: Führungsorganisation und Technologiemanagement. Festschrift für Friedrich Hoffmann zum 65. Geburtstag, Berlin 1989.

Bullinger, Hans-Jörg (Hrsg.) [Informationsmanagement, 1986]: Büroforum '86. Informationsmanagement für die Praxis. Neue Aufgaben für das Unternehmen und seine Führungskräfte. 6. IAO-Arbeitstagung 11./12. November 1986 in Stuttgart, Berlin/u.a. 1986.

Bullinger, Hans-Jörg (Hrsg.) [Software-Ergonomie, 1985]: Software-Ergonomie '85. Mensch-Computer-Interaktion, Tagung II/1985 des German Chapter of the ACM am 24. und 25.9.1985 in Stuttgart, Stuttgart 1985.

Bullinger, Hans-Jörg [Dialoggestaltung, 1985]: Grundsätze der Dialoggestaltung, in: HMD, Jg. 22 (1985), H. 126, S. 21-29.

Bullinger, Hans-Jörg [Informationsmanagement, 1986]: Wettbewerbsvorteile durch Informationsmanagement, in: Hans-Jörg Bullinger (Hrsg.): Büroforum '86. Informationsmanagement für die Praxis, Berlin/ u.a. 1986, S. 55-122.

Bullinger, Hans-Jörg [Integrationsmanagement, 1989]: Integrationsmanagement. Zukunftssichere Konzepte für eine praxisgerechte Büroplanung und Bürogestaltung, Baden-Baden 1989.

Bullinger, Hans-Jörg/Huber, Heinrich/Koll, Peter [Chef-Informationssysteme, 1990]: Chef-Informationssysteme: Navigationsinstrumente für das Top-Management, in: OM, Jg. 38 (1990), H. 6, S. 40-44.

Bullinger, Hans-Jörg/Huber, Heinrich/Koll, Peter [Chefinformationssysteme, 1991]: Chefinformationssysteme (CIS). Navigationsinstrumente der Unternehmensführung, in: OM, Jg. 39 (1991), H. 3, S. 6-20.

Bullinger, Hans-Jörg/Kern, Peter/Muntzinger, Werner F. [Controls, 1987]: Design of controls, in: Gavriel Salvendy (Hrsg.): Handbook of Human Factors, New York/u.a. 1987, S. 577-600.

Bullinger, Hans-Jörg/Niemeier, Joachim [Computer Integrated Business, 1989]: Computer Integrated Business - Wunsch und Realität integrierter Konzepte, in: Planung und Produktion, Jg. 37 (1989), H. 4, S. 9-18.

Burger, Wolfram [Führungsinformationen, 1986]: Aggregierte Führungsinformationen durch PC-/Mainframe-Kopplung, in: Dietrich Seibt/Helmut Weber (Hrsg.): PCs in der betrieblichen Datenverarbeitung, Braunschweig 1986, S. 100-113.

Burkhardt, W. H./Würges, H. [Kompatibel, 1986]: Kompatibel, in: Hans-Jochen Schneider (Hrsg.): Lexikon der Informatik und Datenverarbeitung, 2. Aufl., München/Wien 1986, S. 320.

Busch, Ulrich [Konzeption, 1983]: Konzeption betrieblicher Informations- und Kommunikationssysteme (IKS), Berlin 1983.

Caduff, Thomas [Kennzahlennetze , 1981]: Zielerreichungsorientierte Kennzahlennetze industrieller Unternehmungen. Bedingungsmerkmale, Bildung, Einsatzmöglichkeiten, Diss. Universität Frankfurt am Main, 1981.

Çakir, Ahmet E. (Hrsg.) [Bildschirmarbeit, 1983]: Bildschirmarbeit. Konfliktfelder und Lösungen, Berlin/ u.a. 1983.

Çakir, Ahmet E. [EG-Richtlinie, 1991]: EG-Richtlinie für Bildschirmarbeitsplätze. Neue Begriffe, Neue Gestaltungsbereiche, Verpflichtungen, in: OM, Jg. 39 (1991), H. 1-2, S. 46-53.

Çakir, Ahmet E. [Ergonomic, 1986]: Towards an ergonomic design of software, in: Behaviour and Information Technology, Vol. 5 (1986), S. 63-70.

Çakir, Ahmet E./Hart, David J./Stewart, Thomas F. M. [Bildschirmarbeitsplätze, 1980]: Bildschirmarbeitsplätze. Ergonomie, Arbeitsplatzgestaltung, Gesundheit und Sicherheit, Aufgabenorganisation, Berlin/Heidelberg/New York 1980.

Carlson, S. [Executive, 1951]: Executive behavior: A study of the work load and the working methods of managing directors, Stockholm 1951.

Carroll, John M./Rosson, Mary Beth [Paradox, 1987]: Paradox of the Active User, in: John M. Carroll (Hrsg.): Interfacing Thought. Cognitive Aspects of Human-Computer-Interaction, Cambridge, Mass./ London 1987, S. 80-111.

Casey, Frank G. [Foreshadows, 1954]: This Machine Foreshadows a Revolution in Management, in: Business, The Journal of Management in Industry, Vol. 84 (1954), Nr. 4, S. 55-59.

Cash, James I./McFarlan, F. Warren/McKenney, James L. [Corporate, 1988]: Corporate Information Systems Management. The Issues Facing Senior Executives, 2. Aufl., Homewood, Ill. 1988.

Chen, Peter Pin-Shan [Entity-Relationship Model, 1976]: The Entity-Relationship Model - Toward a Unified View of Data, in: ACM Transactions on Database Systems, Vol. 1 (1976), No. 1, S. 9-36.

Claasen, Walter/u.a. [Datenbanken, 1986]: Fachwissen Datenbanken - Die Information als Produktionsfaktor, Essen 1986.

Claasen, Walter/u.a. [Online-Recherche, 1988]: Fachwissen Online-Recherche - Suchstrategien in Online-Datenbanken, Esssen 1988.

Clark, Peter A. [Organizational, 1972]: Organizational Design, Theory and Practice, London 1972.

Clocksin, William F./Mellish, Christopher S. [PROLOG, 1987]: Programming in PROLOG, 3. Aufl., Berlin/u.a. 1987.

Clough, Donald J. [Concepts, 1963]: Concepts in Management Science, Englewood Cliffs, NY 1963.

Couffignal, Louis (Hrsg.) [Kybernetische, 1962]: Kybernetische Grundbegriffe, Kybernetik und Information, Bd. 1, Stuttgart 1962.

Craik, Fergus I. M./Lockhart, Robert S. [Processing, 1972]: Levels of processing: A framework for memory research, in: Journal of Verbal Learning and Verbal Behaviour, Vol. 11 (1972), S. 671-684.

Cyert, Richard M./March, James G. [Behavioral, 1963]: A Behavioral Theory of the Firm, Englewood Cliffs, NY 1963.

Cyranek, Günter [Wirkungen, 1985]: Wirkungen 'natürlichsprachlicher' Systeme auf zwischenmenschliche Kommunikation, in: Hans-Jörg Bullinger (Hrsg.): Software-Ergonomie '85. Mensch-Computer-Interaktion, Stuttgart 1985, S. 303-315.

Czaja, Sara J. [Human Factors, 1987]: Human Factors in Office Automation, in: Gavriel Salvendy (Hrsg.): Handbook of Human Factors, New York/u.a. 1987, S. 1587-1616.

Dahmen, Petra [Qualifizierung, 1990]: Qualifizierung für innovative Informationstechnologie. Konzeptionelle Ansätze zur Verringerung der Diskrepanz zwischen Theorie und Praxis, Diss. Köln 1989, 1990.

Dahrendorf, Ralf [Sozialstruktur, 1959]: Sozialstruktur des Betriebes - Betriebssoziologie, Wiesbaden 1959.

Denert, Ernst [State Diagrams, 1977]: Specification and Design of Dialog Systems With State Diagrams, in: E. Morlet/D. Ribbens (Hrsg.): Proc. International Computing Symposium, Liège/Amsterdam 1977, S. 417-424.

Dewey, John [Reflex, 1896]: The reflex arc concept in psychology, in: The Psychological Review, Vol. 3 (1896), No. 4, S. 357-370.

Dewey, John [Think, 1910]: How we think, Boston 1910.

Diederich, Helmut [Grundtatbestände, 1981]: Grundtatbestände der Betriebswirtschaftslehre, in: Herbert Jacob (Hrsg.): Allgemeine Betriebswirtschaftslehre, 4. Aufl., Wiesbaden 1981, S. 17-113.

DIN Deutsches Institut für Normung e. V. (Hrsg.) [Arbeitsplatz und Lichttechnik, 1990]: Bildschirmarbeitsplätze 1. Arbeitsplatz und Lichttechnik, Berlin/Köln 1990.

DIN Deutsches Institut für Normung e. V. (Hrsg.) [Arbeitsumgebung und Ergonomie, 1990]: Bildschirmarbeitsplätze 2. Arbeitsumgebung und Ergonomie, Berlin/Köln 1990.

Dirlich, Gerhard/u.a. [Kognitive Aspekte, 1986]: Kognitive Aspekte der Mensch-Computer-Interaktion, Workshop, München, 12.-13. April 1984, Berlin/u.a. 1986.

Döbele-Berger, Claudia/Berger, Peter/Kubicek, Herbert [Handlungsmöglichkeiten, 1985]: Handlungsmöglichkeiten des Betriebsrates bei der Einführung von Neuen Technologien in Büro und Verwaltung, Saarbrücken 1985.

Dolata, Burkhard [Früherkennungssysteme, 1987]: Betriebliche Früherkennungssysteme und deren strategische Bedeutung, München 1987.

Dressel, H. D./u.a. [Informationsverdichtung, 1971]: Probleme der betriebswirtschaftlichen Informationsverdichtung. Hypothesen und Untersuchungen, in: L. v. Brandt (Hrsg.): Forschungsbericht des Landes Nordrhein-Westfalen, Nr. 2170, Opladen 1971.

Dreyfus, Hubert L. [Grenzen, 1989]: Was Computer nicht können. Die Grenzen künstlicher Intelligenz, Frankfurt am Main 1989.

Dzida, Wolfgang [DIN 66 234/Teil 8, 1985]: Ergonomische Normen für die Dialoggestaltung. Wem nützen die Gestaltungsgrundsätze im Entwurf DIN 66 234, Teil 8 ?, in: Hans-Jörg Bullinger (Hrsg.): Software-Ergonomie '85. Mensch-Computer-Interaktion, Stuttgart 1985, S. 430-443.

Dzida, Wolfgang [IFIP-Modell, 1983]: Das IFIP-Modell für Benutzerschnittstellen, in: OM, Jg. 31, Sonderheft 1983, S. 6-8.

Dzida, Wolfgang [Werkzeuge, 1982]: Dialogfähige Werkzeuge und arbeitsgerechte Dialogformen, in: Helmut Schauer und Michael J. Tauber (Hrsg.): Informatik und Psychologie, Wien/München 1982, S. 54-86.

Eberleh, Edmund [Dialogformen, 1988]: Klassifikation von Dialogformen, in: Helmut Balzert/u.a. (Hrsg.): Einführung in die Software-Ergonomie, Berlin/New York 1988, S. 101-120.

Eberleh, Edmund [Menüauswahl, 1988]: Menüauswahl, in: Helmut Balzert/u.a. (Hrsg.): Einführung in die Software-Ergonomie, Berlin/New York 1988, S. 121-137.

Eberleh, Edmund [Optimierung, 1989]: Optimierung der kognitiven Verträglichkeit von Dialogsituationen durch wissensbasierte Unterstützung, in: Manfred Paul (Hrsg.): GI - 19. Jahrestagung I. Computergestützter Arbeitsplatz. München 18.-20. Oktober 1989. Proc., Berlin/u.a. 1989, S. 146-159.

Eckardt, D. [Benutzungsoberflächen, 1989]: Graphische Benutzungsoberflächen, in: José L. Encarnaçao/Herbert W. Kuhlmann (Hrsg.): Graphik in Industrie und Technik, Berlin/u.a. 1989, S. 343-361.

Eckert, Klaus [Schnittstellen, 1990]: Schnittstellen, in: Peter Mertens/u.a. (Hrsg.): Lexikon der Wirtschaftsinformatik, 2. Aufl., Berlin/u.a. 1990, S. 378-380.

Eco, Umberto [Zeichen, 1977]: Zeichen. Einführung in einen Begriff und seine Geschichte, Frankfurt am Main 1977.

Eder, J./Mittermeir, R./Wernhart, H. [Informationsbedarfsermittlung, 1987]: Induktive und deduktive Ermittlung des Informationsbedarfs, in: R. R. Wagner/u.a. (Hrsg.): Informationsbedarfsermittlung und -analyse für den Entwurf von Informationssystemen, Berlin/u.a. 1987, S. 89-118.

Egner, Jörg [Normen, 1990]: Software-ergonomische Normen - ein Spezialgebiet der Ergonomie, in: Ergonomie & Informatik, Nr. 10 (1990), S. 2-4.

Eichhorn, Wolfgang [Kennzahlen, 1980]: Wirtschaftliche Kennzahlen, in: R. Henn/B. Schips/P. Stähly: Quantitative Wirtschafts- und Unternehmensforschung, Berlin/Heidelberg/New York 1980.

Eisenhofer, A. [Produktionsfaktor, 1984]: Information als Produktionsfaktor - Strategie für Entscheidungsunterstützungssysteme, in: Hans-Jörg Bullinger (Hrsg.): Integrierte Bürosysteme, Berlin/u.a. 1984, S. 429-458.

Elias, Hermann-Josef/Gottschalk, Bernhard/Staehle, Wolfgang H. [Arbeitssysteme, 1985]: Gestaltung und Bewertung von Arbeitssystemen, Frankfurt/New York 1985.

Ellis, Clarence A./Naffah, Najah [Design, 1987]: Design of Office Information Systems, Berlin/u.a. 1987.

Emery, Fred/Thorsrud, Einar [Industrielle, 1982]: Industrielle Demokratie. Bericht über das norwegische Programm der industriellen Demokratie, Bern/Stuttgart/Wien 1982.

Encarnaçao, José L. [Interactive graphics, 1985]: Incorporating knowledge engineering and computer graphics for efficient and userfriendly interactive graphics applications, in: C. E. Vandoni (Hrsg.): Proc. of EUROGRAPHICS '85, Amsterdam 1985, S. 9-11.

Engelmann, Uwe/Meinzer, Hans-Peter [Benutzerfehler, 1985]: Bessere Mensch/Maschine-Schnittstellen durch Beachtung von Benutzerfehlern, in: AI, Jg. 27 (1985), H. 5, S. 191-196.

Engelmore, Robert/Morgan, Tony [Blackboard, 1988]: Blackboard Systems, Workingham, England/u.a. 1988.

Engels, Wolfram [Bewertungslehre, 1962]: Betriebswirtschaftliche Bewertungslehre im Licht der Entscheidungstheorie, Köln/Opladen 1962.

Erichson, Bernd/Hammann, Peter [Information, 1989]: Information, in: Franz Xaver Bea/Erwin Dichtl/ Marcell Schweitzer (Hrsg.): Allgemeine Betriebswirtschaftslehre - Bd. 2: Führung, 4. Aufl., Stuttgart/ New York 1989.

Execucom Systems Corporation (Hrsg.) [Handwerkszeug, 1990]: Leistungsfähiges Handwerkszeug für Führungskräfte. Begleitmaterial zum Seminar über EXECUTIVE EDGE am 2. Februar 1990 in Frankfurt am Main, Austin, Texas 1990.

Fähnrich, Klaus-Peter (Hrsg.) [Software-Ergonomie, 1987]: Software-Ergonomie, München/Wien 1987.

Fähnrich, Klaus-Peter/Ziegler, Jürgen [Direkte Manipulation, 1985]: Direkte Manipulation als Interaktionsform an Arbeitsplatzrechnern, in: Hans-Jörg Bullinger (Hrsg.): Software-Ergonomie '85. Mensch-Computer-Interaktion, Stuttgart 1985, S. 75-85.

Fayol, Henri [Administration, 1916]: Administration industrielle et générale, Paris 1916.

Federico, P.-A. [Management, 1985]: Management Information Systems and Organizational Behaviour, 2. Aufl., New York 1985.

Fehling, Georg [Benutzerschnittstelle, 1991]: Die Benutzerschnittstelle eines computergestützten betrieblichen Führungsinformationssystems, unveröffentlichte Diplomarbeit am Lehrstuhl für Wirtschaftsinformatik der Universität Tübingen, Tübingen 1991.

Feyock, Stefan [CAI/HELP, 1977]: Transition diagram-based CAI/HELP systems, in: International Journal of Man-Machine Studies, Vol. 9 (1977), S. 399-413.

Fischer, Gerhard [Entwurfsrichtlinien, 1983]: Entwurfsrichtlinien für die Software-Ergonomie aus der Sicht der Mensch-Maschine Kommunikation (MMK), in: Helmut Balzert (Hrsg.): Software-Ergonomie, Stuttgart 1983, S. 30-48.

Fischer, Gerhard [Mensch-Maschine-Kommunikation, 1982]: Mensch-Maschine-Kommunikation (MMK): Theorien und Systeme, Diss. Stuttgart, 1982.

Fischer, Gerhard [Symbiotic, 1982]: Symbiotic, knowledge-based computer support systems, in: Proc. of the IFAC/IFIP/IFORS/IEA conference on Analysis, Design and Evaluation of Man-Machine Systems, Baden-Baden, September 1982, Oxford 1982, S. 311-318.

Fischer, Gerhard/Gunzenhäuser, Rul (Hrsg.) [Methoden und Werkzeuge, 1986]: Methoden und Werkzeuge zur Gestaltung benutzergerechter Computersysteme, Berlin/New York 1986.

Fleischmann, Albert [ISO-Referenzmodell, 1990]: ISO-Referenzmodell, in: Peter Mertens/u.a. (Hrsg.): Lexikon der Wirtschaftsinformatik, 2. Aufl., Berlin/u.a. 1990, S. 228-229.

Fleischmann, Albert [Protokolle, 1990]: Protokolle, höhere, in: Peter Mertens/u.a. (Hrsg.): Lexikon der Wirtschaftsinformatik, 2. Aufl., Berlin/u.a. 1990, S. 351-353.

Foley, J. D./Dam, A. van [Fundamentals, 1982]: Fundamentals of interactive computer graphics, Reading, Mass. 1982.

Foley, Patrick/Moray, Neville [Sensation, 1987]: Sensation, Perception and Systems Design, in: Gavriel Salvendy (Hrsg.): Handbook of Human Factors, New York/u.a. 1987, S. 45-71.

Franck, Ulrich [Expertensysteme, 1988]: Expertensysteme: Neue Automatisierungspotentiale im Büro- und Verwaltungsbereich?, Wiesbaden 1988.

Frei, Felix/Duell, Werner/Baitsch, Christof [Kompetenzentwicklung, 1984]: Arbeit und Kompetenzentwicklung. Theoretische Konzepte zur Psychologie arbeitsimmanenter Qualifizierung, Bern/Stuttgart/ Wien 1984.

Freiburg, Dietmar [Ergonomie, 1987]: Ergonomie in Dokumenten-Retrievalsystemen, Berlin/New York 1987.

Frese, Erich [Aufgabenanalyse, 1980]: Aufgabenanalyse und -synthese, in: Erwin Grochla (Hrsg.): HWO, 2. Aufl., Stuttgart 1980, Sp. 207-217.

Frese, Erich [Unternehmungsführung, 1987]: Unternehmungsführung. Landsberg am Lech 1987.

Frese, Michael/Brodbeck, Felix C. [Computer, 1989]: Computer in Büro und Verwaltung. Psychologisches Wissen für die Praxis, Berlin/u.a. 1989.

Frese, Michael/Ulich, Eberhard/Dzida, Wolfgang [Human-Computer Interaction, 1987]: Psychological Issues of Human-Computer Interaction in the Work Place, Amsterdam/u.a. 1987.

Frey, G. [Modelle, 1961]: Symbolische und ikonische Modelle, in: Hans Freundenthal (Hrsg.): The Concept and the Role of the Model in Mathematics and Natural and Social Science, Dordrecht 1961, S. 89-97.

Fuchs, Herbert [Systemtheorie, 1976]: Systemtheorie, in: Erwin Grochla/Waldemar Wittmann (Hrsg.): HWB, 4. Aufl., Stuttgart 1976, Sp. 3820-3832.

Gabriel, Roland [Modell- und Methodenbanksysteme, 1984]: Konstruktionsprinzipien für Modell- und Methodenbanksysteme als universelle interaktive Planungssysteme und Anwendungen für ausgewählte Beispiele der praktischen computergestützten Entscheidungsfindung, Habil. Duisburg, 1984.

Gaitanides, Michael [Benutzerakzeptanz, 1978]: Zur Theorie der Benutzerakzeptanz: 'Inquiring Systems' und Gestaltung von Informationssystemen, in: AI, Jg. 20 (1978), H. 6, S. 240-247.

Garbe, Helmut [Informationsbedarf, 1976]: Informationsbedarf, in: Erwin Grochla/Waldemar Wittmann (Hrsg.): HWB, 4. Aufl., Stuttgart 1976, Sp. 1873-1882.

Gardiner, Margaret M./Christie, Bruce (Hrsg.) [Cognitive Psychology, 1987]: Applying Cognitive Psychology to User-interface Design, Chichester/u.a. 1987.

Gehring, H. [Anpaßbarkeit, 1986]: Anpaßbarkeit, in: Hans-Jochen Schneider (Hrsg.): Lexikon der Informatik und Datenverarbeitung, 2. Aufl., München/Wien 1986, S. 27.

Gehring, H. [Portabilität, 1986]: Portabilität, in: Hans-Jochen Schneider (Hrsg.): Lexikon der Informatik und Datenverarbeitung, 2. Aufl., München/Wien 1986, S. 439.

Gerken, Wolfgang [Dialog, 1986]: Datenverarbeitung im Dialog, Mannheim/Wien/Zürich 1986.

Gerken, Wolfgang [Kennzahlen-Analysesysteme, 1983]: Computergestützte Kennzahlen-Analysesysteme, Diss. Universität Kiel, 1983.

Gillner, Reinhard [Beschreibungsmodelle, 1980]: ADV-Systeme, Beschreibungsmodelle für, in: Erwin Grochla (Hrsg.): HWO, 2. Aufl., Stuttgart 1980, Sp. 249-256.

Gimnich, Rainer/Kunkel, Klaus/Strotkotte, Thomas [Human Factors, 1990]: Human Factors of Database Systems, in: Albrecht Blaser (Hrsg.): Database Systems of the 90s, Berlin/u.a. 1990, S. 115-134.

Gjessing, Stein/Nygaard, Kristen (Hrsg.) [ECOOP, 1988]: ECOOP '88, European Conference on Object-Oriented Programming, Oslo, Norway, 15.-17. August 1988, Proc., Berlin/u.a. 1988.

GMD (Hrsg.) [Projekt X-AiD, 1987]: Projekt X-AiD, Wissensbasierte Benutzerschnittstelle, benutzeradaptiv multimedial anwendungsunabhängig, Sankt Augustin 1987.

Gottschalk, B. [Arbeitsstrukturierung, 1981]: Arbeitsstrukturierung und Informationsbedarf, Diss. Darmstadt, 1981.

Götz, Bernhard [Informationsdienste, 1990]: Integration von externen Informationsdiensten in ein Führungsinformationssystem, unveröffentlichte Diplomarbeit am Lehrstuhl für Wirtschaftsinformatik der Universität Tübingen, Tübingen 1990.

Gould, John D./u.a. [Reading, 1987]: Why reading was slower from crt displays than from paper, in: (o. Hrsg.) Proc. of the CHI '87 conference on human factors in computing systems, Toronto 1987, S. 7-11.

Green, Thomas R. G./Payne, Stephen J./Veer, Gerrit C. van der (Hrsg.) [Psychology, 1983]: The Psychology of Computer Use, London/u.a. 1983.

Greenstein, Joel S./Arnaut, Lynn Y. [Input Devices, 1987]: Human Factors Aspects of Manual Computer Input Devices, in: Gavriel Salvendy (Hrsg.): Handbook of Human Factors, New York/u.a. 1987, S. 1450-1489.

Greutmann, Thomas/Ackermann, David [Zielkonflikte, 1989]: Zielkonflikte bei Software-Gestaltungskriterien, in: Susanne Maaß/Horst Oberquelle (Hrsg.): Software-Ergonomie '89. Aufgabenorientierte Systemgestaltung und Funktionalität, Stuttgart 1989, S. 144-152.

Griem, Heinrich [Unternehmungsentscheidung, 1968]: Der Prozeß der Unternehmungsentscheidung bei unvollkommener Information, Berlin 1968.

Griese, Joachim [Softwareergonomie, 1990]: Softwareergonomie, in: Peter Mertens/u.a. (Hrsg.): Lexikon der Wirtschaftsinformatik, 2. Aufl., Berlin/u.a. 1990, S. 389-391.

Grochla, Erwin (Hrsg.) [HWO, 1969]: HWO, Stuttgart 1969.

Grochla, Erwin (Hrsg.) [HWO, 1980]: HWO, 2. Aufl., Stuttgart 1980.

Grochla, Erwin [Automation, 1966]: Automation und Organisation. Die technische Entwicklung und ihre betriebswirtschaftlich-organisatorischen Konsequenzen, Wiesbaden 1966.

Grochla, Erwin [Modelle, 1969]: Modelle als Instrumente der Unternehmensführung, in: ZfbF, Jg. 21 (1969), S. 382-397.

Grochla, Erwin [Organisation, 1976]: Organisation und Organisationsstruktur, in: Erwin Grochla/Waldemar Wittmann (Hrsg.): HWB, 4. Aufl., Stuttgart 1976, Sp. 2846-2867.

Grochla, Erwin [Organisationstheorie, 1979]: Ansätze der allgemeinen Organisationstheorie und deren Bedeutung für die Entwicklung einer speziellen Organisationstheorie Rechnergestützter Informationssysteme, in: Carl Adam Petri (Hrsg.): Ansätze zur Organisationstheorie Rechnergestützter Informationssysteme, München/Wien 1979, S. 9-35.

Grochla, Erwin/Lehmann, Helmut [Systemtheorie, 1980]: Systemtheorie und Organisation, in: Erwin Grochla (Hrsg.): HWO, 2. Aufl., Stuttgart 1980, Sp. 2204-2216.

Grochla, Erwin/u.a. [Kennzahlen, 1982]: Zum Einsatz von Kennzahlen in der Materialwirtschaft mittelständischer Industrieunternehmungen. Ergebnisse einer empirischen Analyse, in: ZfbF, Jg. 34 (1982), S. 569-580.

Grochla, Erwin/Wittmann, Waldemar (Hrsg.) [HWB, 1976]: HWB, 4. Aufl., Stuttgart 1976.

Groffmann, Hans-Dieter [Graphisches Informationssystem, 1988]: GIS Graphisches Informationssystem, IBM Anwendungs-Brief Nr. 28, August 1988.

Groffmann, Hans-Dieter [Graphisches Informationssystem, 1990]: Graphisches Informationssystem, in: IBM Deutschland GmbH (Hrsg.): Hochschulforum Hamburg. Informationsverarbeitung in Lehre und Forschung vom 14.-15. Februar 1990 in Hamburg, o. O., S. 175-176.

Grollmann, J./u.a. [Mulit-Media-Dialog, 1989]: Multi-Media-Dialog, in: Manfred Paul (Hrsg.): GI - 19. Jahrestagung. Computergestützter Arbeitsplatz, Berlin/u.a. 1989, S. 31-48.

Grüneberg, Nikolaus/Schienstock, Gerd [Bilanzanalyse, 1972]: Bilanzanalyse und Kennzahlenbildung als Instrument der Unternehmensführung in Klein- und Mittelbetrieben, Berlin 1972.

Gutenberg, Erich [Produktion, 1983]: Grundlagen der Betriebswirtschaftslehre, Bd. 1, Die Produktion, 24. Aufl., Berlin/Heidelberg/ New York 1983.

Gutenberg, Erich [Unternehmensführung, 1962]: Unternehmensführung. Organisation und Entscheidungen, Wiesbaden 1962.

Haase, Peter [Auswirkungen, 1985]: Auswirkungen der Einführung neuer Technologien auf die Führungskraft und den Führungsprozeß, in: Klaus J. Zink (Hrsg.): Personalwirtschaftliche Aspekte neuer Technologien, Berlin 1985, S. 121-134.

Hacker, Günter [Kennzahl, 1979]: Theorie der wirtschaftlichen Kennzahl, Diss. Karlsruhe, 1979.

Hacker, Winfried [Arbeitspsychologie, 1978]: Allgemeine Arbeits- und Ingenieurpsychologie. Psychische Struktur und Regulation von Arbeitstätigkeiten, 2. Aufl., Bern/Stuttgart/Wien 1978.

Haderle, Donald J. [Database Role, 1990]: Database Role in Information Systems: The Evolution of Database Technology and its Impact on Enterprise Information Systems, in: Albrecht Blaser (Hrsg.): Database Systems of the 90s, Berlin/u.a. 1990, S. 1-14.

Hahn, Dietger [PuK, 1985]: PuK Planungs- und Kontrollrechnung. Integrierte ergebnis- und liquiditätsorientierte Planungs- und Kontrollrechnung als Führungsinstrument mit Massen- und Serienproduktion, 3. Aufl., Wiesbaden 1985.

Hahn, Walther von [Künstliche Intelligenz, 1985]: Künstliche Intelligenz, SEL-Stiftungsreihe 2, Essen 1985.

Hahn, Walther von/u.a. [HAM-RPM, 1980]: The Anatomy of the Natural Language Dialogue System HAM-RPM, in: Leonard Bolc (Hrsg.): Natural Language Based Computer Systems, München/Wien 1980, S. 119-253.

Haire, Mason (Hrsg.) [Organization, 1959]: Modern Organization Theory. A Symposium of the Foundation for Research of Human Behavior, New York/London 1959.

Hansen, H. R./Wahl, M. P. (Hrsg.) [Probleme, 1973]: Probleme beim Aufbau betrieblicher Informationssysteme. Beiträge zum Wirtschaftsinformatiksymposium 1972 der IBM Deutschland GmbH, München 1973, S. 96-120.

Hansmann, Karl-Werner [Prognoseverfahren, 1983]: Kurzlehrbuch Prognoseverfahren, Wiesbaden 1983.

Hansmann, Karl-Werner/Raubach, Ulrich [Kennzahlen, 1986]: Der Einsatz von Kennzahlen zur Aufdekkung von Unternehmenskrisen, in: SzU, Bd. 34, Wiesbaden 1986, S. 31-47.

Harmon, Paul/King, David [Expertensysteme, 1989]: Expertensysteme: Werkzeuge und Anwendungen, München/Wien 1989.

Hartung, Joachim [Statistik, 1982]: Statistik. Lehr- und Handbuch der angewandten Statistik, München/Wien 1982.

Haun, Peter/Zench, Klaus [Alternativrechnungen, 1987]: Alternativrechnungen mit Planungssprachen und Tabellenkalkulationssystemen, in: HMD, Jg. 24 (1987), H. 138, S. 52-64.

Hauschildt, Jürgen [Entscheidungsziele, 1977]: Entscheidungsziele. Zielbildung in innovativen Entscheidungsprozessen: Theoretische Ansätze und empirische Prüfung, Tübingen 1977.

Hauschildt, Jürgen [Informationssuche, 1985]: Graphische Unterstützung der Informationssuche - Eine experimentelle Effizienzprüfung, in: Wolfgang Ballwieser/Karl-Heinz Berger (Hrsg.): Information und Wirtschaftlichkeit, Wiesbaden 1985, S. 307-338.

Hauschildt, Jürgen [Struktur, 1973]: Die Struktur von Zielen in Entscheidungsprozessen - Bericht aus einem empirischen Forschungsprojekt, in: ZfbF, Jg. 25 (1973), S. 709-738.

Hauschildt, Jürgen [Zielsysteme, 1980]: Zielsysteme, in: Erwin Grochla (Hrsg.): HWO, 2. Aufl., Stuttgart 1980, Sp. 2419-2430.

Hauschildt, Jürgen/Rösler, Joachim/Gemünden, Hans Georg [Cash-Flow, 1984]: Der Cash-Flow - Ein Krisensignalwert?, in: DBW, Jg. 44 (1984), S. 353-370.

Hauschildt, Jürgen/u.a. [Entscheidungen, 1983]: Entscheidungen der Geschäftsführung. Typologie, Informationsverhalten, Effizienz, Tübingen 1983.

Hawgood, J. (Hrsg.) [Evolutionary, 1981]: Evolutionary Information Systems. Proc. of the IFIP TC8 Working Conference on Evolutionary Information Systems, Amsterdam 1981.

Hax, Herbert [Kommunikation, 1976]: Kommunikation, in: Erwin Grochla/Waldemar Wittmann (Hrsg.): HWB, 4. Auflage, Stuttgart 1976, Sp. 2169-2176.

Hax, Herbert [Koordination, 1965]: Die Koordination von Entscheidungen. Ein Beitrag zur betriebswirtschaftlichen Organisationslehre, Köln 1965.

Hax, Karl [Instrumente, 1959]: Planung und Organisation als Instrumente der Unternehmungsführung, in: ZfhF, NF, Jg. 11 (1959), S. 605-615.

Heald, Gordon (Hrsg.) [Approaches, 1970]: Approaches to the Study of Organizational Behavior. Operational Research and the Behavioural Sciences, London 1970.

Heckhausen, Heinz [Leistungsmotivation, 1963]: Hoffnung und Furcht in der Leistungsmotivation, Meisenheim am Glan 1963.

Heilmann, Heidi [Benutzermitwirkung, 1981]: Modelle und Methoden der Benutzermitwirkung in Mensch-Computer-Systemen, Stuttgart/Wiesbaden 1981.

Heilmann, Heidi [Computerunterstützung, 1987]: Computerunterstützung für das Management - Entwicklung und Überblick, in: HMD, Jg. 24 (1987), H. 138, S. 3-18.

Heinen, Edmund [Grundlagen, 1976]: Grundlagen betriebswirtschaftlicher Entscheidungen. Das Zielsystem der Unternehmung, 3. Aufl., Wiesbaden 1976.

Heinen, Edmund [Kennzahlen, 1970]: Betriebliche Kennzahlen - Eine organisationstheoretische und kybernetische Analyse, in: Hanns Linhardt/Peter Plenzhofer/Peter Scherpf (Hrsg.): Dienstleistungen in Theorie und Praxis, Festschrift zum 70. Geburtstag von Otto Hintner, Stuttgart 1970, S. 227-235.

Heinen, Edmund [Zielsystem, 1966]: Das Zielsystem der Unternehmung. Grundlagen betriebswirtschaftlicher Entscheidungen, Wiesbaden 1966.

Heinrich, Lutz J./Burgholzer, Peter [Informationsmanagement, 1988]: Informationsmanagement, 2. Aufl., München/Wien 1988.

Heinrich, Lutz J./Sterrer, Gerald [Ziele, 1987]: Ziele von Informationssystemen - Ergebnisse einer empirischen Studie, in: Information Management, Jg. 16 (1987), H. 1, S. 49-53.

Heinzelbecker, Klaus [Partielle, 1977]: Partielle Marketing-Informationssysteme, Diss. Aachen 1976, Zürich/Frankfurt am Main/Thun 1977.

Heinzmann, Birgit [Informationsbedarfsanalyse, 1991]: Die Ermittlung des Informationsbedarfs für ein effizientes computergestütztes Führungsinformationssystem, unveröffentlichte Diplomarbeit am Lehrstuhl für Wirtschaftsinformatik der Universität Tübingen, Tübingen 1991.

Hellebrandt, Bernd [Führungsdatenbanksystem, 1990]: Konzeption und Realisierung eines Führungsdatenbanksystems im Rahmen eines Führungsinformationssystems, unveröffentlichte Diplomarbeit am Lehrstuhl für Wirtschaftsinformatik der Universität Tübingen, Tübingen 1990.

Henn, Harald [Management-Grafik, 1986]: Management-Grafik, in: HMD, Jg. 23 (1986), H. 127, S. 97-107.

Henning, Gernot [OS/2, 1988]: Das Betriebssystem OS/2 für Personalcomputer - Leistung, Kompatibilität, Migration, in: PIK, Jg. 11 (1988), H. 4, S. 248-252.

Herczeg, Michael [Benutzerschnittstellen, 1986]: Modulare anwendungsneutrale Benutzerschnittstellen, in: Gerhard Fischer/Rul Gunzenhäuser (Hrsg.): Methoden und Werkzeuge zur Gestaltung benutzergerechter Computersysteme, Berlin/New York 1986, S. 73-100.

Herczeg, Michael [Wissensbasierte Benutzerschnittstellen, 1986]: Eine objektorientierte Architektur für wissensbasierte Benutzerschnittstellen, Diss. Stuttgart, 1986.

Herrmann, Thomas [Mensch-Computer-Interaktion, 1986]: Zur Gestaltung der Mensch-Computer-Interaktion: Systemerklärung als kommunikatives Problem, Tübingen 1986.

Hesse, Wolfgang [Software-Produktionsumgebung, 1985]: S/E/TEC - Software-Produktionsumgebung von Softlab, in: Helmut Balzert (Hrsg.): Moderne Software-Entwicklungssysteme und -werkzeuge, München/Wien/Zürich 1985, S. 163-193.

Hichert, Rolf/Moritz, Michael [Führungsinformationssystem, 1986]: PC-orientiertes Führungsinformationssystem für mittelständische Unternehmen, in: HMD, Jg. 23 (1986), H. 132, S. 124-138.

Hochberg, Julian E. [Wahrnehmung, 1977]: Wahrnehmung, Bern/Stuttgart 1977.

Hoeppner, Wolfgang/Morik, Katharina [HAM-ANS, 1983]: Das Dialogsystem HAM-ANS: Worauf basiert es, wie funktioniert es und wem antwortet es?, in: Linguistische Berichte, H. 88 (1983), S. 3-36.

Hoeppner, Wolfgang/Morik, Katharina/Marburger, Heinz [HAM-ANS, 1986]: Talking it Over: The Natural Language Dialog System HAM-ANS, in: Leonard Bolc/Matthias Jarke (Hrsg.): Cooperative Interfaces to Information Systems, Berlin/u.a. 1986, S. 189-258.

Hoffmann, Friedrich [Aufgabe, 1980]: Aufgabe, in: Erwin Grochla (Hrsg.): HWO, 2. Aufl., Stuttgart 1980, Sp. 200-207.

Hoffmann, Friedrich [Informationssysteme 1984]: Computergestützte Informationssysteme. Einführung für Betriebswirte, München/Wien 1984.

Hoffmann, Friedrich [Kritische Erfolgsfaktoren, 1986]: Kritische Erfolgsfaktoren - Erfahrungen in großen und mittelständischen Unternehmungen, in: ZfbF, Jg. 38 (1986), S. 831-843.

Hoffmann, Hans-Joachim [Massenkommunikation, 1976]: Psychologie und Massenkommunikation - Planung, Durchführung und Analyse öffentlicher Beeinflussung, Berlin 1976.

Hoffmann, Hans-Joachim [Mehrschichtige Dialoge, 1979]: Modelle Mehrschichtiger Dialog, in: NIP, o. Jg. (1979), H. 2, S. 55-70.

Hofstadter, Douglas R. [Band, 1985]: Gödel, Escher, Bach: ein Endloses Geflochtenes Band, Stuttgart 1985.

Hoppe, F. [Erfolg, 1930]: Erfolg und Mißerfolg, in: Psychologische Forschung, Jg. 14 (1930), S. 1-62.

Höring, K./u.a. [Netzwerke, 1983]: Interne Netzwerke für die Bürokommunikation, Heidelberg 1983.

Horváth, Péter/Petsch, Manfred/Weihe, Michael [Standard-Anwendungssoftware, 1986]: Standard-Anwendungssoftware für das Rechnungswesen, 2. Aufl, München 1986.

Hruschka, Harald [Methoden- und Modellwissen, 1988]: Neuere Ansätze der Repräsentation von Methoden- und Modellwissen in betriebswirtschafltichen Entscheidungsunterstützungssystemen, in: AI, Jg. 30 (1988), H. 4, S. 158-168.

Huber, Heinrich [MIS, 1989]: Management-Informationssysteme (MIS), Marktanalyse, Produktvergleich, unveröffentlichte Untersuchung des IAO, Beratungszentrum Informationstechnik (BIT), Stuttgart 1989.

Hummel, Thomas/Kurras, Klaus/Niemeyer, Karl [Kennzahlensysteme, 1980]: Kennzahlensysteme zur Unternehmensplanung, in: ZfO, Jg. 49 (1980), S. 94-101.

Hünting, Wilhelm/Läubli, T. [Zwangshaltung, 1983]: Zwangshaltung und Augenbelastung an Bildschirmarbeitsplätzen, in: Ahmet E. Çakir (Hrsg.): Bildschirmarbeit. Konfliktfelder und Lösungen, Berlin/u.a. 1983, S. 193-219.

Hunziker, Alois/Scheerer, Fritz [Statistik, 1975]: Statistik - Instrument der Betriebsführung, 5. Aufl., Zürich 1975.

Hutchins, Edwin L./Hollan, James D./Norman, Donald A. [Direct Manipulation, 1986]: Direct Manipulation Interfaces, in: Donald A. Norman/Stephen W. Draper (Hrsg.): User Centered System Design: New Perspectives on Human-Computer Interaction, Hillsdale/London 1986, S. 87-124.

IBM Corporation (Hrsg.) [Common User Access: Advanced Interface Design, 1989]: IBM Systems Application Architecture. Common User Access. Advanced Interface Design Guide (#SC26-4582-0), o.O. 1989.

IBM Corporation (Hrsg.) [Communications Manager, 1990]: IBM Operating System/2. Extended Edition Version 1.3. User's Guide. Vol.2: Communications Manager and LAN Requester (#87F1026), o.O. 1990.

IBM Corporation (Hrsg.) [Database Manager, 1990]: IBM Operating System/2. Extended Edition Version 1.3. User's Guide, Vol. 3: Database Manager (#87F1027), o.O. 1990.

IBM Corporation (Hrsg.) [LAN-Server: Administrator's Guide, 1990]: IBM Operating System/2. Local Area Network Server Version 1.3. Network Administrator's Guide (#87F1099), o.O. 1990.

IBM Corporation (Hrsg.) [LAN-Server: User's Guide, 1990]: IBM Operating System/2. Local Area Network Server Version 1.3. User's Guide (#87F1095), o.O. 1990.

IBM Corporation (Hrsg.) [OS/2: Base Operating System, 1990]: IBM Operating System/2. Extended Edition Version 1.3. User's Guide. Vol.1: Base Operating System (#87F1025), o.O. 1990.

IBM Corporation (Hrsg.) [Programming Tools and Information: Programming Guide, 1989]: IBM Operating System/2. Programming Tools and Information Version 1.2.Programming Guide (#64F0273), o.O. 1989.

IBM Corporation (Hrsg.) [Programming Tools and Information: Programming Reference, 1989]: IBM Operating System/2. Programming Tools and Information Version 1.2. Programming Reference. Vol.1 (#64F0276) u. Vol 2. (#64F0277), o.O. 1989.

IBM Deutschland GmbH (Hrsg.) [Finanzbuchhaltung, 1987]: IBM PC Finanzbuchhaltung. Bedienerhandbuch, Teil C Anwendung, o. O., 1987.

IBM Deutschland GmbH (Hrsg.) [Office Vision, 1989]: IBM Office Vision Einführung, IBM Form GH12-1929-0, o.O. 1989.

Ilg, Rolf/Ziegler, Jürgen [Direkte Manipulation, 1988]: Direkte Manipulation, in: Helmut Balzert/u.a. (Hrsg.): Einführung in die Software-Ergonomie, Berlin/New York 1988, S. 175-194.

Illich, Ivan [Tools, 1973]: Tools for Conviviality, New York 1973.

Irle, Martin [Macht, 1971]: Macht und Entscheidung in Organisationen: Studie gegen das Linie-Stab-Prinzip, Frankfurt am Main 1971.

Ischebeck, Wolfram [Betriebsübergreifende, 1989]: Betriebsübergreifende Informationssysteme, in: Information Management, Jg. 18 (1989), H. 1, S. 22-26.

Jaburek, Walter J. [Risiken, 1990]: Risiken elektronischer Datenübermittlung im Banken-, Handels- und Behördenbereich, Mannheim/Wien/Zürich 1990.

Jahnke, Bernd [EDV-Anwendungssysteme, 1991]: EDV-Anwendungssysteme, in: Erich Kosiol/Klaus Chmielewicz/Marcell Schweitzer (Hrsg.): HWR, 3. Aufl., Stuttgart 1991, (im Druck).

Jahnke, Bernd [Kryptographie, 1990]: Kryptographie, in: Peter Mertens/u.a. (Hrsg.): Lexikon der Wirtschaftsinformatik, 2. Aufl., Berlin/u.a. 1990, S. 251-252.

Jarke, Matthias (Hrsg.) [Integrated Systems, 1986]: Managers Micros and Mainframes: Integrating Systems for End Users, Chichester/u.a. 1986.

Jarke, Matthias [Gruppenentscheidungen, 1987]: Informations- und Kommunikationsdienste zur Unterstützung von Gruppenentscheidungen, in: HMD, Jg. 24 (1987), H. 138, S. 39-51.

Jarke, Matthias/Krause, Jürgen/Vassilion, Yannis [Natural Language, 1986]: Studies in the Evaluation of a Domain-Independent Natural Language Query System, in: Leonard Bolc/Matthias Jarke (Hrsg.): Cooperative Interfaces to Information Systems, Berlin/u.a. 1986, S. 101-130.

Johannson, Gunn/Aronsson, Gunnar [Stress, 1984]: Stress reactions in computerized administrative work, in: Journal of Occupational Behaviour, Vol. 5 (1984), S. 159-181.

Johnson, Richard A./Kast, Fremont E./Rosenzweig, James E. [Theory, 1963]: The Theory and Management of Systems, 2. Aufl., New York/u.a. 1967.

Jones, Jack William/McLead, Raymond Jr. [Executive Information Systems, 1986]: The structure of Executive Information Systems: An Exploratory Analysis, in: Decision Sciences, Vol. 17 (1986), No. 2, S. 220-249.

Jones, Manley Howe [Executive, 1962]: Executive Decision Making, 3. Aufl., Homewood, Ill. 1962.

Jorgensen, Anker Helms/u.a. [Naming, 1983]: Naming commands: An analysis of designers' naming behaviour, in: Thomas R. G. Green/Stephen J. Payne/Gerrit C. von der Veer (Hrsg.): The Psychology of Computer Use, London/u.a. 1983, S. 69-88.

Jucknat, M. [Leistung, 1937]: Leistung, Anspruchsniveau und Selbstbewußtsein, in: Psychologische Forschung, Jg. 22 (1937), S. 89-179.

Kagermann, Walldorf [Benutzeroberflächen, 1989]: Ergonomische Benutzeroberflächen für komplexe Informationssysteme, in: ZwF, Jg. 84 (1989), H. 6, S. 327-330.

Karcher, Harald Bernhard [Büro, 1985]: Büro der Zukunft - Mikrocomputer und Telekommunikation. Eine Gesamtschau zu Technik, Organisation und Marketing, Diss. München, 7. Aufl., München 1985.

Karg, Peter W./Staehle, Wolfgang H. [Arbeitssituation, 1982]: Analyse der Arbeitssituation. Verfahren und Instrumente, Freiburg im Breisgau 1982.

Kasper, Egon F. [Prognosemethoden, 1978]: Einige kritische Bemerkungen zur Relevanz, Zuverlässigkeit und Anwendbarkeit numerischer Prognosemethoden der Betriebswirtschaftslehre, in: Heiner Müller-Merbach (Hrsg.): Quantitative Ansätze in der Betriebswirtschaftlehre, München 1978, S. 53-64.

Katz, Christian/u.a. [Büro von morgen, 1987]: Arbeit im Büro von morgen. Technologie, Organisation, Arbeitsinhalte und Qualifikationsanforderungen, Zürich 1987.

Kaucky, Gerhard [Informationstechnologie, 1988]: Informationstechnologie und organisatorische Änderungen, Diss. Frankfurt am Main, Wiesbaden 1988.

Kaucky, Gerhard/Niedereichholz, Joachim [Informationstechnologie, 1989]: Informationstechnologie und Organisationsänderung. Dargestellt am Beispiel von Investitionsentscheidungen im Großrechnerbereich, in: ZfB, Jg. 59 (1989), H. 6, S. 655-666.

Kay, Ronald (Hrsg.) [Informationsverarbeitung, 1983]: Management betrieblicher Informationsverarbeitung, München/Wien 1983.

Keil, Wolfram [Kennzahlensysteme, 1977]: Zielorientierte Kennzahlensysteme als Hilfsmittel im Steuerungsprozeß der Bauunternehmung, Diss. Universität Hannover, 1977.

Kemper, Hans-Georg [Benutzerfreundlichkeit, 1990]: Benutzerfreundlichkeit, in: Peter Mertens/u.a. (Hrsg.): Lexikon der Wirtschaftsinformatik, 2. Aufl., Berlin/u.a. 1990, S. 61-62.

Kieser, Alfred/Kubicek, Herbert [Organisation, 1983]: Organisation, 2. Aufl., Berlin/New York 1983.

Kiger, John I. [Depth/breadth, 1984]: The depth/breadth trade-off in the design of menu-driven user interfaces, in: International Journal of Man-Machine Studies, Vol. 20 (1984), S. 201-213.

Kilian-Momm, Agathe [Dezentralisierung, 1989]: Dezentralisierung von Büroarbeitsplätzen mit neuen Informations- und Kommunikationstechniken. Eine Analyse unter betriebswirtschaftlich-organisatorischen Aspekten, München 1989.

Kinder, Klaus [Personal Computer, 1985]: Der Personal Computer als Multifunktionale Arbeitsstation zur Unterstützung von Fach- und Führungskräften, in: Helmut Weber/Hans H. Oppermann (Hrsg.): PC - betriebliche Anwendung und Praxis, Braunschweig/Wiesbaden 1985, S. 200-226.

Kirsch, Werner [Entscheidungen, 1971]: Einführung in die Theorie der Entscheidungsprozesse, Bd. III, Entscheidungen in Organisationen, Wiesbaden 1971.

Kirsch, Werner [Informationstheorie, 1971]: Einführung in die Theorie der Entscheidungsprozesse, Bd. II, Informationstheorie des Entscheidungsverhaltens, Wiesbaden 1971.

Kirsch, Werner [Verhaltenswissenschaftliche, 1970]: Einführung in die Theorie der Entscheidungsprozesse, Bd. I, Verhaltenswissenschaftliche Ansätze der Entscheidungstheorie, Wiesbaden 1970.

Kirsch, Werner/Klein, Heinz K. [Management-Informationssysteme, 1977]: Management-Informationssysteme I. Wege zur Rationalisierung der Führung, Stuttgart/u.a. 1977.

Klausmann, Hans-Siegfried [Risikoanalyse, 1977]: Risikoanalyse betrieblicher Kennzahlen durch direkte Berechnung ihrer Verteilungen, in: ZfOR, Bd. 21 (1977), S. B61-B71.

Klausmann, Walter [Frühwarnsysteme, 1983]: Betriebliche Frühwarnsysteme im Wandel, in: ZfO, Jg. 52 (1983), S. 39-45.

Klingenberg, Heide/Kränzle, Hans-Peter [Kommunikationstechnik, 1983]: Kommunikationstechnik und Nutzerverhalten. Die Wahl zwischen Kommunikationsmitteln in Organisationen, München 1983.

Kmuche, Wolfgang [Externe Datenbanken, 1988]: Umgang mit externen Datenbanken. Ein praktischer Leitfaden für die maßgeschneiderte Informationsbeschaffung durch externe Datenbanken, Planegg/München 1988.

Kobsa, Alfred [Benutzermodellierung, 1985]: Benutzermodellierung in Dialogsystemen, Berlin/u.a. 1985.

Koch, Harald [Normungsarbeit, 1983]: Die Deutsche Normungsarbeit auf dem Gebiet der Ergonomie für Bildschirmarbeitsplätze, in: Ahmet E. Çakir (Hrsg.): Bilschirmarbeit, Konfliktfelder und Lösungen, Berlin/u.a. 1983, S. 165-174.

Köhler, Richard/Heinzelbecker, Klaus [Informationssysteme, 1977]: Informationssysteme für die Unternehmensführung, in: DBW, Jg. 37 (1977), S. 267-282.

Kolbeck, Stefan/Reischitz, Iris [Dialogspezifikation, 1987]: Dialogspezifikation mit Zustandübergangsdiagrammen, unveröffentlichte Studienarbeit TH Darmstadt, Februar 1987.

Koller, Franz/Ziegler, Jürgen [Benutzerpräferenzen, 1989]: Benutzerpräferenzen bei alternativen Eingabetechniken, in: Susanne Maaß/Horst Oberquelle (Hrsg.): Software-Ergonomie '89. Aufgabenorientierte Systemgestaltung und Funktionalität, Stuttgart 1989, S. 304-312.

König, Réne [Gruppen, 1961]: Die informellen Gruppen im Industriebetrieb, in: Erich Schnaufer/Klaus Agthe (Hrsg.): Organisation, TFB Handbuchreihe, Bd. 1, Berlin/Baden-Baden 1961, S. 55-118.

Koontz, Harold/O'Donell, Cyril [Principles, 1972]: Principles of Management. An Analysis of managerial functions, 5. Aufl., Tokyo/u.a. 1972.

Koreimann, Dieter Stefan [Informationsbedarfsanalyse, 1976]: Methoden der Informationsbedarfsanalyse, Berlin 1976.

Kosiol, Erich [Modellanalyse, 1961]: Modellanalyse als Grundlage unternehmerischer Entscheidungen, in: ZfhF, NF, Jg. 13 (1961), S. 318-334.

Kosiol, Erich [Organisation, 1976]: Organisation der Unternehmung, 2. Aufl., Wiesbaden 1976.

Kotteman, Jeffrey E./Konsynski, Benn R. [Information Systems, 1984]: Information System Planning and Development: Strategic Postures and Methodologies, in: Journal of Management Informations Systems, Vol. 1 (1984), No. 2, S. 45-63.

Kotter, J. P. [Managers, 1982]: The general managers, New York 1982.

Krallmann, Hermann [Entscheidungsunterstützungssysteme, 1987]: Betriebliche Entscheidungsunterstützungssysteme. Heute und Morgen, in: ZfO, Jg. 56 (1987), H. 2, S. 109-117.

Krallmann, Hermann/Rieger, Bodo [DSS, 1987]: Vom Decision Support System (DSS) zum Executive Support System (ESS), in: HMD, Jg. 24 (1987), H. 138, S. 28-38.

Krause, Jürgen [Mensch-Maschine-Interaktion, 1982]: Mensch-Maschine-Interaktion in natürlicher Sprache. Evaluierungsstudien zu praxisorientierten Frage-Antwort-Systemen und ihre Methodik, Tübingen 1982.

Krcmar, Helmut A. O. [Entscheidungsunterstützungssysteme, 1988]: Computerunterstützung für Gruppen - neue Entwicklungen bei Entscheidungsunterstützungssystemen, in: Information Management, Jg. 17 (1988), H. 3, S. 8-14.

Kress, Heinz/Mertens, Peter [Mensch-Maschinen-Kommunikation, 1970]: Mensch-Maschinen-Kommunikation als Hilfe bei Entscheidungsvorbereitung und Planung, in: ZfbF, Jg. 22 (1970), S. 1-21.

Kroeber-Riel, Werner [Business Graphik, 1986]: Vorteile der Business Graphik: Zu den Wirkungen von Bild und Graphik auf das Entscheidungsverhalten, in: Information Management, H. 3 (1986), S. 17-23.

Kruppa, Stephan [Führungsdatenbanksystem, 1990]: Konzeption und Realisierung des Datenbanksystems eines Führungsinformationssystems, unveröffentlichte Diplomarbeit am Lehrstuhl für Wirtschaftsinformatik der Universität Tübingen, Tübingen 1990.

Kubicek, Herbert [Herausforderung, 1986]: Konzeptionelle Herausforderung bei der sozialverträglichen Gestaltung der sogenannten Neuen Informations- und Kommunikationstechniken, in: Arno Rolf (Hrsg.): Neue Techniken Alternativ. Möglichkeiten und Grenzen sozialverträglicher Informationstechnikgestaltung, Hamburg 1986, S. 81-98.

Kubicek, Herbert [Informationstechnologie, 1975]: Informationstechnologie und organisatorische Regelungen, Berlin 1975.

Kubicek, Herbert/Welter, Günter [Benutzerbeteiligung, 1984]: Benutzerbeteiligung und Mitbestimmung bei der Planung von Anwendungen der Informationstechnik. Unterschiedliche Einschätzungen aus Arbeitgeber- und Arbeitnehmersicht - Argumente für einen Kompromiß, in: OM, Jg. 32 (1984), H. 12, S. 1236-1245.

Kuhlmann, Stefan [Mythos, 1985]: Computer als Mythos, in: (o. Hrsg.) Technik und Gesellschaft, Jahrbuch 3, Frankfurt am Main/New York 1985, S. 91-106.

Kupka, Ingbert/Maaß, Susanne/Oberquelle, Horst [Kommunikation, 1981]: Kommunikation - ein Grundbegriff für die Informatik, Mitteilung Nr. 91 des Instituts für Informatik der Universität Hamburg (IFI-HH-M-91/81), August 1981.

Kurbel, Karl [Expertensysteme, 1989]: Entwicklung und Einsatz von Expertensystemen. Eine anwendungsorientierte Einführung in wissensbasierte Systeme, Berlin/u.a. 1989.

Kurbel, Karl [Technologisches Umfeld, 1991]: Das technologische Umfeld der Informationsverarbeitung. Ein subjektiver "State of the Art"-Report über Hardware, Software und Paradigmen. Arbeitsbericht Nr. 2 des Instituts für Wirtschaftsinformatik der Universität Münster, März 1991.

Kurbel, Karl/Mertens, Peter/Scheer, August-Wilhelm (Hrsg.) [Interaktive, 1989]: Interaktive betriebswirtschaftliche Informations- und Steuerungssysteme, Berlin/New York 1989.

Kurke, Lance B./Aldrich, Howard E. [Mintzberg, 1983]: Mintzberg Was Right!: A Replication and Extension of The Nature of Managerial Work, in: Management Science, Vol. 29 (1983), No. 8, S. 975-984.

Küting, Karlheinz [Grundsatzfragen, 1983]: Grundsatzfragen von Kennzahlen als Instrumente der Unternehmensführung, in: WiSt, Jg. 12 (1983), S. 237-241.

Lachnit, Laurenz [EDV-gestützte Unternehmensführung, 1989]: EDV-gestützte Unternehmensführung in mittelständischen Betrieben. Controllingsysteme zur integrierten Erfolgs- und Finanzlenkung auf operativer und strategischer Basis, München 1989.

Lachnit, Laurenz [Früherkennung, 1986]: Betriebliche Früherkennung auf Prognosebasis, in: SzU, Bd. 34, Wiesbaden 1986, S. 5-30.

Lachnit, Laurenz [Weiterentwicklung, 1976]: Zur Weiterentwicklung betriebswirtschaftlicher Kennzahlensysteme, in: ZfbF, Jg. 28 (1976), S. 216-230.

Landauer, T. K./Nachbar, D. W. [Menu trees, 1985]: Selection from alphabetic and numeric menu trees using a touch screen: Breadth, depth, and width, in: (o. Hrsg.) Proc. of the CHI'85 conference on Human Factors in Computing Systems, ACM SIGCHI, New York 1985, S. 73-78.

Langenheder, Werner [Computer, 1986]: Der Computer: Partner oder Werkzeug?, in: Thomas Herrmann (Hrsg.): Zur Gestaltung der Mensch-Computer-Interaktion: Systemerklärung als kommunikatives Problem, Tübingen 1986, S. IX-XIV.

Lans, Rick F. van der [SQL, 1988]: Das SQL Lehrbuch, Bonn/u.a. 1988.

Laroff, Gary P./Paller, A. [Business Graphics, 1986]: Business Graphics: Graphics Devices and Trends, in: G. Enderle/u.a. (Hrsg.): Advances in Computer Graphics I. Berlin/u.a. 1986, S. 285-323.

Leavitt, Harold J./Whisler, Thomas L. [Management, 1958]: Management in the 1980's, in: HBR, Vol. 36 (1958), No. 6, S. 41-48.

Lee, Eric/Latremouille, Susane [Evaluation, 1980]: Evaluation of tree structured organization of information on Telidon, in: Telidon Behavioral Research I, Ottawa, Canada 1980, S. 231-242.

Leiner, B. [Zeitreihenanalyse, 1982]: Einführung in die Zeitreihenanalyse, München/Wien 1982.

Leontjew, Alexej N. [Tätigkeit, 1982]: Tätigkeit, Bewußtsein, Persönlichkeit, Berlin 1982.

Lepsius, Rainer M. [Strukturen, 1960]: Strukturen und Wandlungen im Industriebetrieb, München 1960.

Lewis, C./Mack, R. [Abduction, 1982]: The role of abduction in learning to use a computer system, IBM Research Report RC 9433, Yorktown Heights, NY 1982.

Lichtenberg, Ingrid [Organisations- und Qualifikationsentwicklung, 1990]: Organisations- und Qualifikationsentwicklung bei der Einführung Neuer Technologien, Köln 1990.

Liebelt, Linda S./u.a. [Menu Access, 1982]: The effect of organization on learning menu access, in: Human Factors Society (Hrsg.): Proc. of the Human Factors Society 26th Annual Meeting, Santa Monica, CA 1982, S. 546-555.

Lippold, Heiko [Management, 1982]: Management und interaktive Systeme, Frankfurt am Main/Bern 1982.

Lucas, Henry C. Jr. [Information Systems, 1975]: Why Information Systems Fail, New York/London 1975.

Luconi, Fred L./Malone, Thomas W./Morton, Michael Scott [Expert Systems, 1986]: Expert Systems: The Next Challenge for Managers, in: Information Management, Jg. 15 (1986), H. 3, S. 6-16.

Luft, Alfred Lothar [Information Retrieval, 1990]: Information Retrieval, in: Peter Mertens/u.a. (Hrsg.): Lexikon der Wirtschaftsinformatik, 2. Aufl., Berlin/u.a. 1990, S. 215-217.

Lüke, Bernhard [Software-Ergonomie, 1983]: Experimente zur Software-Ergonomie und empirische Untersuchungen dreier Software-Varianten einer computergestützten Finanzbuchhaltung, Diss. Dortmund, 1983.

Lullies, Veronika/u.a. [Einsatz, 1988]: Einsatz neuer Technik im Büro, Baden-Baden 1988.

Luthans, Fred/Hodgetts, Richard M./Rosenkrantz, Stuart A. [Real managers, 1988]: Real managers, Cambridge, Mass. 1988.

Lutz, Walter [Chefarbeitsplätze, 1988]: So gestaltet man Chefarbeitsplätze, in: io management, Jg. 57 (1988), H. 12, S. 561-564.

Maaß, Susanne [Mensch-Rechner-Kommunikation, 1984]: Mensch-Rechner-Kommunikation - Herkunft und Chancen eines neuen Paradigmas, Diss. Hamburg, 1984.

Maaß, Susanne/Oberquelle, Horst (Hrsg.) [Software-Ergonomie, 1989]: Software-Ergonomie '89. Aufgabenorientierte Systemgestaltung und Funktionalität, Gemeinsame Fachtagung des German Chapter of the ACM und der Gesellschaft für Informatik (GI) vom 29. bis 31. März 1989 in Hamburg, Stuttgart 1989.

Mackinlay, Jack D. [Graphical Presentations, 1986]: Automatic Design of Graphical Presentations, Diss. Stanford University, 1986.

Madsen, Ole Lehrmann/Moller-Pedersen, Birger [Objekt-oriented, 1988]: What object-oriented programming may be - and what it does not have to be, in: Stein Gjessing/Kristen Nygaard (Hrsg.): ECOOP '88, European Conference on Object-Oriented Programming, Oslo, Norway, August 15-17, 1988, Proc., Berlin/u.a. 1988, S. 1-20.

Mag, Wolfgang [Entscheidung, 1977]: Entscheidung und Information, München 1977.

Mag, Wolfgang [Grundfragen, 1971]: Grundfragen einer betriebswirtschaftlichen Organisationstheorie. Eine Analyse der Beziehungen zwischen unternehmerischer Zielsetzung, Entscheidungsprozeß und Organisationsstruktur, 2. Aufl., Köln/Opladen 1971.

Mag, Wolfgang [Informationsbeschaffung, 1976]: Informationsbeschaffung, in: Erwin Grochla/Waldemar Wittmann (Hrsg.): HWB, 4. Aufl., Stuttgart 1976, Sp. 1882-1894.

Mag, Wolfgang [Kommunikation, 1980]: Kommunikation, in: Erwin Grochla (Hrsg.): HWO, 2. Aufl. Stuttgart 1980, Sp. 1031-1040.

Mahoney, Thomas A./Jerdee, Thomas H./Carroll, Stephen J. [Job(s), 1965]: The job(s) of management, in: Industrial Relations, Jg. 4 (1965), Nr. 2, S. 97-110.

Makridakis, S./Reschke, H./Wheelwright, S. C. [Prognosetechniken, 1980]: Prognosetechniken für Manager, Wiesbaden 1980.

Makridakis, Spyros [Management, 1989]: Management in the 21st Century, in: Long Range Planning, Vol. 22 (1989), No. 2, S. 37-53.

Maluche, Christoph [Kennzahlensystem, 1979]: Entwicklung eines Kennzahlensystems für den Produktionsbereich auf der Basis sekundär-statistischer Daten, Diss. Universität Aachen, 1979.

Mambrey, Peter [Partizipative Sytementwicklung, 1986]: Praxis und Perspektiven partizipativer Systementwicklung, in: Arno Rolf (Hrsg.): Neue Techniken Alternativ. Möglichkeiten und Grenzen sozialverträglicher Informationstechnikgestaltung, Hamburg 1986, S. 146-169.

Mandel, Heinz/Huber, Günter (Hrsg.) [Komplexität, 1978]: Kognitive Komplexität. Bedeutung, Weiterentwicklung, Anwendung, Göttingen/Toronto/Zürich 1978.

Mansuy, John E. [Evolutionary, 1989]: Evolutionary Development Strategy for MIS, in: Journal of Systems Management, o. Jg. (July 1989), S. 7-13.

Manz, Ulrich [Einordnung, 1983]: Zur Einordnung der Akzeptanzforschung in das Programm sozialwissenschaftlicher Begleitforschung. Ein Beitrag zur Anwenderforschung im technisch-organisatorischen Wandel, München 1983.

March, James G./Simon, Herbert A. [Organizations, 1958]: Organizations, New York 1958.

Marschak, Jacob [Economic, 1954]: Towards an Economic Theory of Organization and Information, in: Robert M. Thrall/Clyde H. Coombs/Robert L. Davis (Hrsg.): Decision Process, New York/London 1954, S. 187-220.

Marschak, Jacob [Efficient, 1959]: Efficient and Viable Organizational Forms, in: Mason Haire (Hrsg.): Modern Organization Theory. A Symposium of the Foundation for Research on Human Behavior, New York/London 1959, S. 307-320.

Marticke, Olaf [Informationsbedarfsanalyse, 1991]: Informationsbedarfsanalyse als Problemfeld bei Aufbau und Pflege von computergestützten betrieblichen Führungsinformationssystemen, unveröffentlichte Diplomarbeit am Lehrstuhl für Wirtschaftsinformatik der Universität Tübingen, Tübingen 1991.

Martin, Hans [Dialogsysteme, 1988]: Arbeitswissenschaftliche Aspekte menschengerechter Gestaltung von Dialogsystemen, in: Erhard Nullmeier/Karl-Heinz Rödiger (Hrsg.): Dialogsysteme in der Arbeitswelt, Mannheim/Wien/Zürich 1988, S. 75-94.

Martin, James [Design, 1973]: Design of Man-Computer Dialogues, Engelwood Cliffs, NY 1973.

Martiny, Lutz/Klotz, Michael [Strategisches, 1989]: Strategisches Informationsmanagement. Bedeutung und organisatorische Umsetzung, München/Wien 1989.

Mayer, Richard E. [Denken, 1979]: Denken und Problemlösen. Eine Einführung in menschliches Denken und Lernen, Berlin/Heidelberg/New York 1979.

Mayntz, Renate [Soziologie, 1963]: Soziologie der Organisation, Hamburg 1963.

Mayo, Elton [Human, 1933]: The Human Problems of an Industrial Civilization, New York 1933.

McDonald, James E./Stone, Jim D./Liebelt, Linda S. [Searching, 1983]: Searching for items in menus: The effects of organization and type of target, in: Human Factors Society (Hrsg.): Proc. of the Human Factors Society, 27th Annual Meeting, Santa Monica, CA 1983, S. 834-837.

McEwen, S. A. [Search, 1981]: An investigation of user search performance on a Telidon information retrieval system, in: (o. Hrsg.) Telidon Behavioral Research 2, Ottawa, Canada, May 1981, S. 35-61.

McLean, Ephraim R./Sol, Henk G. (Hrsg.) [DSS, 1986]: Decision Support Systems: A Decade in Perspektive, Amsterdam/u.a. 1986.

Meier, Bernd [Büroarbeit, 1985]: Büroarbeit im Wandel, Köln 1985.

Merkel, Helmut [Benutzerorientierte, 1987]: Benutzerorientierte Informationssysteme, in: PIK, Jg. 10 (1987), H. 1, S. 3-5.

Merkle, Erich [Formeln, 1982]: Betriebswirtschaftliche Formel und Kennzahlen und deren betriebswirtschaftliche Relevanz, in: WiSt, Jg. 11 (1982), S. 325-330.

Merten, Klaus [Kommunikation, 1977]: Kommunikation. Eine Begriffs- und Prozeßanalyse, Opladen 1977.

Mertens, Peter (Hrsg.) [Prognoserechnung, 1981]: Prognoserechnung, 4. Aufl., Würzburg/Wien 1981.

Mertens, Peter [Simulation, 1982]: Simulation, 2. Aufl., Stuttgart 1982.

Mertens, Peter/Borkowski, Volker/Geis, Wolfgang [Expertensystem-Anwendungen, 1988]: Betriebliche Expertensystem-Anwendungen. Eine Materialsammlung, Berlin/u.a. 1988.

Mertens, Peter/Griese, Joachim [Datenverarbeitung, 1988]: Industrielle Datenverarbeitung Band 2. Informations-, Planungs- und Kontrollsysteme, 5. Aufl., Wiesbaden 1988.

Mertens, Peter/u.a. (Hrsg.) [Lexikon, 1990]: Lexikon der Wirtschaftsinformatik, 2. Aufl., Berlin/u.a. 1990.

Mettner, W. [Graphische Systeme, 1989]: Entwicklung der graphischen Systeme - Technologie und Trends, in: José L. Encarnaçao/Herbert W. Kuhlmann (Hrsg.): Graphik in Industrie und Technik, Berlin/u.a. 1989, S. 250-263.

Meyer, Claus [Kennzahlen, 1976]: Betriebswirtschaftliche Kennzahlen und Kennzahlensysteme, Stuttgart 1976.

Meyer, Claus [Normung, 1978]: Normung und zentrale Ermittlung betriebswirtschaftlicher Kennzahlen und Kennzahlen-Systeme, in: DB, Jg. 31 (1978), S. 1553-1557.

Mintzberg, Henry [Managers' job, 1975]: The managers' job: folklore and fact, in: HBR, Vol. 53 (1975), H. 7/8, S. 49-61.

Mintzberg, Henry [Nature, 1973]: The nature of managerial work, New York/u.a. 1973.

Moazzami, Mahmond [Query-By-Windows, 1989]: Query-By-Windows. Eine grafikorientierte Datenbankabfragesprache, in: AI, Jg. 31 (1989), H. 11/12, S. 285-492.

Moll, Thomas/Fischbacher, Urs [Online-Tutorial, 1989]: Über die Verbesserung der Benutzerunterstützung durch ein Online-Tutorial, in: Susanne Maaß/Horst Oberquelle (Hrsg.): Software-Ergonomie '89. Aufgabenorientierte Systemgestaltung und Funktionalität, Stuttgart 1989, S. 223-232.

Möllhoff, Lutz [Informationsnachfrage-Verhalten, 1978]: Unvollkommenes Informationsnachfrage-Verhalten im Mensch-Machine-Dialog, Stuttgart 1978.

Monk, Andrew (Hrsg.) [Human-Computer Interaction, 1984]: Fundamentals of Human-Computer Interaction, London/u.a. 1984.

Moran, T. P. [Applied, 1981]: An Applied Psychology of the User, in: Computing Surveys, Vol. 13 (1981), S. 1-11.

Morell, Robert W. [Decision-Making, 1960]: Managerial Decision-Making, Milwaukee 1960.

Moritz, Hans [Informationsgestaltung, 1983]: Umsetzung wahrnehmungspsychologischer Erkenntnisse für die Informationsgestaltung am Bildschirm (Maskengestaltung), in: Helmut Balzert (Hrsg.): Software-Ergonomie, Stuttgart 1983, S. 98-113.

Morrison, D. L./u.a. [Text-editing, 1984]: Speech-controlled text-editing: effects of input modality and of command structure, in: International Journal of Man-Machine Studies, Vol. 21 (1984), S. 49-63.

Morrison, P. R./Noble, G. [Individual differences, 1987]: Individual differences and ergonomic factors in performance on a videotex-type task, in: Behavior and Information Technology, Vol. 6 (1987), S. 69-88.

Morton, Michael Scott [State, 1983]: State of the Art of Research in Management Support Systems. CISR, Sloan School of Management, MIT, Cambridge, Mass., Working Paper CISR #107, Juli 1983.

Müller, Detlef B. [ADV-Skala, 1975]: Die ADV-Skala. Ein Instrument zur Messung von Einstellungen gegenüber der ADV, in: AI, Jg. 17 (1975), S. 433-440.

Müller, Günter [Endbenutzersysteme, 1983]: Entscheidungsunterstützende Endbenutzersysteme, Stuttgart 1983.

Müller, Günter [Graphical, 1981]: Graphical Information Representation in Business Systems, in: Paul Schmitz/Norbert Szyperski (Hrsg.): Display Generation and Management Systems (DGMS) for Interactive Business Applications, Braunschweig 1981, S. 54-98.

Müller, Jost [Bedienoberfläche, 1989]: Objektorientierte Bedienoberfläche auf der Basis von Standard-Fenstersystemen, in: Manfred Paul (Hrsg.): GI - 19. Jahrestagung I. Computergestützter Arbeitsplatz. München 18.-20. Oktober 1989, Proc., Berlin/u.a. 1989, S. 160-173.

Müller, Michael [Benutzerverhalten, 1986]: Benutzerverhalten beim Einsatz automatisierter betrieblicher Informationssysteme, München/Wien 1986.

Müller, Wolfgang/Preßmar, Dieter B. [Informationsverarbeitung, 1972]: Betriebswirtschaftliche Informationsverarbeitung und EDV, in: Herbert Jacob (Hrsg.): Industriebetriebslehre in programmierter Form, Bd. III, Organisation und EDV, Wiesbaden 1972, S. 173-369.

Müller-Böling, Detlef [Akzeptanzfaktoren, 1986]: Akzeptanzfaktoren der Bürokommunikation, München/Wien 1986.

Müller-Böling, Detlef [Arbeitszufriedenheit, 1978]: Arbeitszufriedenheit bei automatisierter Datenverarbeitung. Eine empirische Analyse zur Benutzeradäquanz computergestützter Informationssysteme, München/Wien 1978.

Müller-Böling, Detlef [Bleistift, 1988]: Über Bleistift und Telefon hinaus. Welche IuK-Techniken nutzen Führungskräfte in mittelständischen Unternehmen?, Sonderdruck des BIFEGO, Dortmund 1988.

Müller-Böling, Detlef/Klautke, Elke/Ramme, Iris [Soziologische, 1989]: Soziologische Studie durchleuchtet: Manager-Alltag, in: Bild der Wissenschaft, Jg. 26 (1989), H. 1, S. 104-109.

Müller-Böling, Detlef/Müller, Michael [Akzeptanzfaktoren, 1986]: Akzeptanzfaktoren der Bürokommunikation, München/Wien 1986.

Müller-Böling, Detlef/Ramme, Iris [Informationstechniken, 1990]: Informations- und Kommunikationstechniken für Führungskräfte. Top-Manager zwischen Technikeuphorie und Tastaturphobie, München/Wien 1990.

Müller-Merbach, Heiner (Hrsg.) [Quantitative Ansätze, 1978]: Quantitative Ansätze in der Betriebswirtschaftslehre, Bericht von der wiss. Tagung des Verbandes der Hochschullehrer für Betriebswirtschaft e.V. vom 1. bis 3. Juni 1977 in Darmstadt, München 1978.

Müller-Merbach, Heiner [Informationssysteme, 1989]: Komprehensive Informationssysteme und allgemeine Betriebswirtschaftslehre - Auf dem Wege zur professionellen Nutzung von Informationen durch die Unternehmensleitung, in: ZfB, Jg. 59 (1989), Nr. 10, S. 1023-1045.

Müller-Merbach, Heiner [Morphologie, 1976]: Morphologie heuristischer Verfahren, in: ZfOR, Jg. 20 (1976), S. 69-87.

Müller-Merbach, Heiner [Operations Research, 1973]: Operations Research. Methoden und Modelle der Optimalplanung, 3. Aufl., München 1973.

Mumford, Enid/Welter, Günter [Benutzerbeteiligung, 1984]: Benutzerbeteiligung bei der Entwicklung von Computersystemen - Verfahren der Steigerung der Akzeptanz und der Effizienz des EDV-Einsatzes, Berlin 1984.

Mundhenke, E. [Informationsmanagement, 1986]: Informationsmanagement. Erfolgreiche Einführung in US-Verwaltungen, in: OM, Jg. 34 (1986), H. 9, S. 846-862.

Murray, J. Thomas/Praag, John van/Gilfoil, David [Cursor motion, 1983]: Voice versus keyboard control of cursor motion, in: Human Factors Society (Hrsg.): Proc. of the Human Factors Society 27th Annual Meeting, Santa Monica, CA 1983, S. 103.

Muthig, Klaus-Peter [Reproduzieren und Wiedererkennen, 1978]: Zum Vergleich von Reproduzieren und Wiedererkennen, Diss. Universität Bonn, 1978.

Nake, Frieder [Werkzeug, 1986]: Die Verdoppelung des Werkzeugs, in: Arno Rolf (Hrsg.): Neue Techniken Alternativ. Möglichkeiten und Grenzen sozialverträglicher Informationstechnikgestaltung, Hamburg 1986, S. 43-52.

Nastansky, Ludwig [Business Graphics, 1982]: Business Graphics, in: H. R. Hansen (Hrsg.): Büroinformations- und -kommunikationssysteme, Berlin/Heidelberg/New York 1982, S. 119-134.

Neuloh, Otto [Automation, 1966]: Die weiße Automation. Die Zukunft der Angestelltenschaft, Köln 1966.

Newman, William H./Summer Jr., Charles E. [Process, 1962]: The Process of Management. Concepts, Behavior, and Practice, Englewood Cliffs, NY 1962.

Newman, William M. [Graphical Programming, 1968]: A system for interactive graphical programming, in: (o. Hrsg.): Proc. AFIPS SJCC, (32)1968, Washington 1968, S. 47-54.

Newman, William M./Sproull, Robert F. [Computergrafik, 1986]: Grundzüge der interaktiven Computergrafik, Hamburg/u.a. 1986.

Niemeyer, Gerhard [System- und Modelltheorie, 1977]: Kybernetische System- und Modelltheorie. System Dynamics, München 1977.

Nievergelt, J. [Mensch-Maschine-Schnittstelle, 1983]: Die Gestaltung der Mensch-Maschine-Schnittstelle, in: Ingbert Kupka (Hrsg.): 13. Jahrestagung der GI 1983, Berlin/Heidelberg/New York 1983, S. 41-50.

Niggemann, Walter [Informationsprozesse, 1973]: Optimale Informationsprozesse in betriebswirtschaftlichen Entscheidungssituationen, Wiesbaden 1973.

Noack, Michael/u.a. (Hrsg.) [CIM, 1990]: CIM Integration und Vernetzung. Chancen und Risiken einer Innovationsstrategie, Berlin/u.a. 1990.

Noll, Stefan [Computer-Grafik, 1988]: Computer-Grafik und Normung, in: PIK, Jg. 11 (1988), H. 4, S. 243-247.

Nolle, Friedrich [Mehrfarbige, 1983]: Die mehrfarbige Anzeige von Zeichen, Graphiken und Symbolen bei Bildschirmgeräten, in: Ahmet E. Çakir (Hrsg.): Bildschirmarbeit. Konfliktfelder und Lösungen, Berlin/u.a. 1983, S. 68-78.

Nordsieck, Fritz [Betriebsorganisation, 1955]: Rationalisierung der Betriebsorganisation, 2. Aufl., Stuttgart 1955.

Norman, Donald A. [Cognitive Engineering, 1986]: Cognitive Engineering, in: Donald A. Norman/Stephen W. Draper (Hrsg.): User Centered System Design. New Perspectives on Human-Computer Interaction, Hillsdale/London 1986, S. 31-61.

Norman, Donald A./Draper, Stephen W. (Hrsg.) [User Centered, 1986]: User Centered System Design. New Perspectives on Human-Computer Interaction, Hillsdale/London 1986.

Nullmeier, Erhard [Gestaltung, 1987]: Gestaltung rechnerunterstützter Arbeitsplätze in Büro und Verwaltung, in: Erhard Nullmeier/Karl-Heinz Rödiger (Hrsg.): Dialogsysteme in der Arbeitswelt, Mannheim/Wien/Zürich 1987, S. 109-121.

Nullmeier, Erhard/Rödiger, Karl-Heinz (Hrsg.) [Dialogsysteme, 1987]: Dialogsysteme in der Arbeitswelt, Mannheim/Wien/Zürich 1987.

o. V. [Assistenz-Computer, 1988]: Assistenz-Computer, in: GMD (Hrsg.): Der Zukunft verpflichtet. Informationstechnik und Phantasie an der Schwelle zum dritten Jahrtausend, Sankt Augustin 1988, S. 32-35.

o. V. [Manager, 1985]: Computer im Top-Management: Jeder 10. Schweizer Manager am PC, in: Schweizerische Handelszeitung, Nr. 39a, vom 1. Oktober 1985, S. 13.

Oberquelle, Horst [Sprachkonzepte, 1987]: Sprachkonzepte für benutzergerechte Systeme, Berlin/u.a. 1987.

Oetinger, Ralf [Benutzergerechte, 1988]: Benutzergerechte Software-Entwicklung, Berlin/u.a. 1988.

Ogden, William C./Boyle, James M. [Evaluating, 1982]: Evaluating human-computer dialog styles: command vs. form/fill-in for report modification, in: Human Factors Society (Hrsg.): Proc. of the Human Factors Society, 26th Annual Meeting 1982, Santa Monica, CA 1982, S. 542-545.

Oppermann, Reinhard [Individualisierte, 1989]: Individualisierte Systemnutzung, in: Manfred Paul (Hrsg.): GI - 19. Jahrestagung I. Computergestützter Arbeitsplatz. München 18.-20. Oktober 1989, Proc., Berlin/u.a. 1989, S. 131-145.

Oppermann, Reinhard/u.a. [EVADIS, 1988]: Evaluation von Dialogsystemen. Der software-ergonomische Leitfaden EVADIS, Berlin/New York 1988.

Paetau, Michael [Adaptive Benutzer-Schnittstellen, 1987]:Kommunikationsbarriere zwischen Mensch und Maschine. Adaptive Benutzer-Schnittstellen aus software-ergonomischer und soziologischer Sicht, in: OM, Jg. 35 (1987), H. 12, S. 28-31.

Paetau, Michael/Pieper, Michael [Computer, 1985]: Computer und menschliche Kommunikation, Arbeitspapier der GMD, Nr. 144, März 1985.

Paetau, Michael/Pieper, Michael [Mensch-Maschine-Kommunikation, 1985]: Differentiell-dynamische Gestaltung der Mensch-Maschine-Kommunikation. Ergebnisse und Konsequenzen empirischer Laboruntersuchungen, in: Hans-Jörg Bullinger (Hrsg.): Software-Ergonomie '85. Mensch-Computer-Interaktion, Stuttgart 1985, S. 318-324.

Parnas, David L. [Transition Diagrams, 1969]: On the use of transition diagrams in the design of a user interface for an interactive computer system, in: (o. Hrsg.) Proc. of the ACM 24th National Conference, New York 1969, S. 379-385.

Paul, Manfred (Hrsg.) [Computergestützter Arbeitsplatz, 1989]: GI - 19. Jahrestagung I und II. Computergestützter Arbeitsplatz. München 18.-20. Oktober 1989. Proc., Berlin/u.a. 1989.

Paul, Manfred (Hrsg.) [Computerintegrierter Arbeitsplatz, 1987]: GI - 17. Jahrestagung. Computerintegrierter Arbeitsplatz im Büro, München, 20.-23. Oktober 1987, Proc., Berlin/u.a. 1987.

Pauly, Thomas [Prognose, 1991]: Konzeption und Realisierung einer Prognose-Methodenbank im Rahmen eines Führungsinformationssystems, unveröffentlichte Diplomarbeit am Lehrstuhl für Wirtschaftsinformatik der Universität Tübingen, Tübingen 1991.

Peschke, Helmut [Entwicklung, 1988]: Partizipative Entwicklung und Einführung von Informationssystemen, in: Helmut Balzert/u.a. (Hrsg.): Einführung in die Software-Ergonomie, Berlin/New York 1988, S. 299-322.

Peschke, Helmut [Systementwicklung, 1986]: Betroffenenorientierte Systementwicklung. Prozeß und Methoden der Entwicklung menschengerechter Informationssysteme, Frankfurt/Bern/New York 1986.

Petri, Carl Adam (Hrsg.) [Organisationstheorie, 1979]: Ansätze zur Organisationstheorie Rechnergestützter Informationssysteme, München/Wien 1979.

Petri, Carl Adam [Kommunikation, 1962]: Kommunikation mit Automaten, Diss. Universität Bonn, 1962.

Pfaff, Günther E. [UIMS, 1985]: User Interface Management System. Proceedings of the Workshop on User Interface Management Systems held in Seeheim, FRG, November 1-3, 1983, Berlin/u.a. 1985

Pfanzagl, J. [Messen, 1959]: Die axiomatischen Grundlagen einer allgemeinen Theorie des Messens, Würzburg 1959.

Pfeiffer, Peter [Informationsmanagement, 1990]: Technologische Grundlage, Strategie und Organisation des Informationsmanagements, Berlin/New York 1990.

Pichler, J. Hanns [Modellanalyse, 1967]: Modellanalyse und Modellkritik. Darstellung und Versuch einer Beurteilung vom Standpunkt der ganzheitlichen Wirtschaftslehre, Berlin 1967.

Picot, Arnold/Franck, Egon [Planung, 1988]: Die Planung der Unternehmensressource Information (II), in: WISU, Jg. 17 (1988), H. 11, S. 608-614.

Porter, Michael E./Millar, Victor E. [Information, 1985]: How information gives you competitive advantage, in: HBR, Nr. 4 (1985), S. 149-160.

Potter, Mary C. [Memory, 1976]: Short-Term Conceptual Memory for Pictures, in: Journal of Experimental Psychology: Human Learning and Memory, Vol. 2 (1976), No. 5, S. 509-522.

Preßmar, Dieter B. [Computergestützte, 1987]: Computergestützte Planung und mathematische Programmierung, in: Deutsche Gesellschaft für Operations Research (Hrsg.): Operations Research Proceedings 1986, Berlin/u.a. 1987, S. 22-33.

Preßmar, Dieter B. [Graphisches, 1989]: Graphisches Informationssystem für das Top-Management, in: IBM Deutschland GmbH (Hrsg.): Hochschulkongreß '89 "Informationsverarbeitung in Hochschule, Forschung und Industrie" vom 26. bis 28. April 1989 in Berlin, Bd. 1: Referate, München 1989, Referat 334.

Preßmar, Dieter B. [Lagezentrum, 1987]: Grundlagen und Gestaltung eines computergestützten betrieblichen Lagezentrums, in: IBM Deutschland GmbH (Hrsg.): Hochschulkongreß'87. Informationsverarbeitung in Lehre und Forschung. Dokumentation Bd. 1: Vorträge, München 1987, Vortrag Nr. 813.

Preßmar, Dieter B. [Modellierung, 1980): Modellierung und Optimierung dynamischer Produktionssysteme, in: Dietger Hahn (Hrsg.): Führungsprobleme industrieller Unternehmungen, Berlin/New York 1980, S. 453-469.

Preßmar, Dieter B. [Unternehmensplanung, 1980]: Methoden und Probleme der computergestützten Unternehmensplanung, in: SzU, Bd. 28, Wiesbaden 1980, S. 7-45.

Proebster, Walter E. [Peripherie, 1987]: Peripherie von Informationssystemen. Technologie und Anwendung, Berlin /u.a. 1987.

Puhl, Werner [Kosten- und Erlösinformationssystem, 1983]: Entwurf und Realisierung eines computergestützen Kosten- und Erlösinformationssystems auf der Basis einer Datenbank und einer Methodensammlung, Diss. Nürnberg, 1983.

Ramme, Iris [Führungskräfte, 1986]: Konzepte zur Erfassung der Arbeit von Führungskräften, Arbeitsbericht Nr. 16 der Universität Dortmund, Fachbereich Wirtschafts- und Sozialwissenschaften, Fachgebiet Methoden der empirischen Wirtschafts- und Sozialforschung, Dortmund, November 1986.

Rauch, Friedrich K. [Computerunterstützung, 1987]: Computerunterstützung für das Management in einem Versicherungsunternehmen, in: HMD, Jg. 24 (1987), H. 138, S. 104-109.

Rauh, Norbert [Unternehmensdiagnose, 1988]: Wissensbasierte Systeme zur Unternehmensdiagnose auf der Grundlage von Jahresabschlußdaten und Branchenvergleichswerten in der Steuerkanzlei, Diss. Erlangen-Nürnberg, 1988.

Rauterberg, Matthias [Maus, 1989]: Maus versus Funktionstaste: ein empirischer Vergleich einer desktop-mit einer ascii-orientierten Benutzungsoberfläche, in: Susanne Maaß/Horst Oberquelle (Hrsg.): Software-Ergonomie '89. Aufgabenorientierte Systemgestaltung und Funktionalität. Stuttgart 1989, S. 313-323.

Rauterberg, Matthias [Transparenz, 1989]: Die Transparenz von desktop-orientierten im Vergleich zu konventionellen menü-orientierten Benutzungsoberflächen. Forschungsbericht ETH Zürich - Lehrstuhl für Arbeits- und Organisationspsychologie, Zürich 1989.

Reich, Anton [Informationsübermittlung, 1982]: Betriebswirtschaftliche Auswirkungen einer verzögerten Informationsübermittlung, Diss. München, 1982.

Reichmann, Thomas [Controlling, 1985]: Controlling mit Kennzahlen. Grundlagen einer systemgestützten Controlling-Konzeption, München 1985.

Reichmann, Thomas/Lachnit, Laurenz [Kennzahlen, 1976]: Planung, Steuerung und Kontrolle mit Hilfe von Kennzahlen, in: ZfbF, Jg. 28 (1976), S. 705-723.

Reichwald, Ralf [Akzeptanzforschung, 1978]: Zur Notwendigkeit der Akzeptanzforschung bei der Entwicklung neuer Systeme der Bürotechnik, München 1978.

Reichwald, Ralf/u.a. [Organisationstest, 1984]: Ein integriertes Bürosystem im Organisationstest - Ergebnisse der Begleituntersuchung im Kooperationsfeld von Führungskräften, in: Karl Heinz Beckurts/Ralf Reichwald (Hrsg.): Kooperation im Management mit integrierter Bürotechnik: Anwendererfahrungen, München 1984, S. 71-160.

Rhyne, James R./Wolf, Catherine G. [Gestural Interfaces, 1986]: Gestural Interfaces for Information Processing Applications. RC 12179 (#54544), IBM T. J. Watson Research Center, Yorktown Heights, New York 1987.

Richards, Max D./Greenlaw, Paul S. [Decision, 1966]: Management Decision Making, Homewood, Ill. 1966.

Rieger, Bodo [EIS, 1990]: Executive Information Systems (EIS): Rechnergestützte Aufbereitung von Führungsinformationen, in: Hermann Krallmann (Hrsg.): Innovative Anwendungen der Informations- und Kommunikationstechnologien in den 90er Jahren, München/Wien 1990, S. 103-126.

Ritschl, H. [Volkswirtschaftslehre, 1947]: Theoretische Volkswirtschaftslehre, Bd. 1, Tübingen 1947.

Rockart, John F. [Chief, 1979]: Chief executives define their own data needs, in: HBR, Nr. 2 (1979), S. 81-92.

Rockart, John F./DeLong, David W. [ESS, 1988]: Executive Support Systems. The Emergence of Top Management Computer Use, Homewood, Ill. 1988.

Roethlisberger F. J./Dickson, W. J. [Management, 1934]: Management and the Worker, Harvard Business School, Business Research Studies No. 9, 1934.

Rogers, Yvonne/Oborne, D. J. [Command names, 1985]: Some psychological attributes of potential computer command names, in: Behaviour and Information Technology, Vol. 4 (1985), No. 4, S. 349-365.

Rohmert, Walter/u.a. [Schreibmaschinentastaturen, 1982]: Forschungsbericht zur ergonomischen Gestaltung von Schreibmaschinentastaturen. Forschungsbericht DV 82-003, BMFT, Dezember 1982.

Rohr, Gabriele [Conceptual, 1987]: How people comprehend unknown system structures: Conceptual primitives in systems' surface representations, in: Peter Gorny/Michael J. Tauber (Hrsg.): Visualization in Programming, 5th Interdisciplinary Workshop in Informatics and Psychology, Schärding, Austria, May 20-23, 1986, Berlin/u.a. 1987, S. 89-105.

Rohr, Gabriele [Grundlagen, 1988]: Grundlagen menschlicher Informationsverarbeitung, in: Helmut Balzert/u.a. (Hrsg.): Einführung in die Software-Ergonomie, Berlin/New York 1988, S. 27-48.

Röhrich, Johannes [Benutzungsoberflächen, 1989]: Objektorientierte graphische Benutzungsoberflächen, in: HMD, Jg. 26 (1989), H. 145, S. 106-115.

Rolf, Arno (Hrsg.) [Informationstechnikgestaltung, 1986]: Neue Techniken Alternativ. Möglichkeiten und Grenzen sozialverträglicher Informationstechnikgestaltung, Hamburg 1986.

Rome, Erich [Grafische, 1988]: Wissensbasierte grafische Gestaltung, Arbeitspapier der GMD Nr. 339, Sankt Augustin, Oktober 1988.

Rosemann, Hermann [Hilfsmenüs, 1987]: Einige wahrnehmungs- und erkenntnispsychologische Prinzipien zur Gestaltung von Hilfsmenüs, in: AI, Jg. 29 (1987), H. 2, S. 65-74.

Rosenkranz, F. [Unternehmensplanung, 1981]: Stand und Perspektiven der modell- und computergestützten Unternehmensplanung, in: W. Kilger/August-Wilhelm Scheer (Hrsg.): Investitions- und Finanzplanung im Wechsel der Konjunktur, Würzburg/Wien 1981, S. 88-94.

Ruchti, Hans [Bilanz, 1956]: Bilanz und Investitionen, in: E. Schulz (Hrsg.): Der Industriebetrieb und sein Rechnungswesen. Festschrift für Max Rudolf Lehmann, Wiesbaden 1956, S. 32-57.

Rühli, Edwin [Führungskonzept, 1973]: Ein Ansatz zu einem integrierten, kooperativen Führungskonzept, in: Werner Kirsch (Hrsg.): Unternehmensführung und Organisation. Bericht von der wissenschaftlichen Tagung in Innsbruck vom 23.-27. Mai 1972, Wiesbaden 1973, S. 71-92.

Russell, David Lawrence [Prototyping management, 1988] Prototyping management information systems application software: An empirial study of developers' perceptions, Diss. University of Mass., 1988.

Salton, Gerard/McGill, Michael J. [Information Retrieval, 1987]: Information Retrieval - Grundlegendes für Informationswissenschaftler, Hamburg/u.a. 1987.

Salvendy, Gavriel (Hrsg.) [Human Factors, 1987]: Handbook of Human Factors, New York/u.a. 1987.

Sauermann, Heinz/Selten, Reinhard [Anspruchsanpassungstheorie, 1962]: Anspruchsanpassungstheorie der Unternehmung, in: Zeitschrift für die gesamte Staatswissenschaft, Jg. 118 (1962), S. 577-597.

Sayles, L. R. [Managerial, 1964]: Managerial behavior: Administration in complex organizations, New York 1964.

Schäfer, T./Krug, P. [MEVEX, 1988]: Stand des Expertensystems MEVEX zur Analyse von fünf aufeinanderfolgenden Jahresabschlüssen, Arbeitspapier der Informatik-Forschungsgruppe VIII der Universität Erlangen-Nürnberg, Erlangen, Februar 1988.

Schauer, Helmut/Michael J. Tauber (Hrsg.) [Computerbenutzung, 1984]: Psychologie der Computerbenutzung, München/Wien 1984.

Schauer, Helmut/Michael J. Tauber (Hrsg.) [Informatik und Psychologie, 1982]: Informatik und Psychologie, Wien/München 1982.

Scheck, Hans-Jörg/Scholl, Marc H. [Evolution of Data Models, 1990]: Evolution of Data Models, in: Albrecht Blaser (Hrsg.): Database Systems of the 90s, Berlin/u.a. 1990, S. 135-153.

Scheer, August-Wilhelm [CIM, 1990]: CIM Computer Integrated Manufacturing. Der computergesteuerte Industriebetrieb, 4. Aufl., Berlin/u.a. 1990.

Scheer, August-Wilhelm [EDV-orientierte, 1990]: EDV-orientierte Betriebswirtschaftslehre. Grundlagen für ein effizientes Informationsmanagement, 4. Aufl., Berlin/u.a. 1990.

Scheer, August-Wilhelm [Wirtschaftsinformatik, 1988]: Wirtschaftsinformatik. Informationssysteme im Industriebetrieb, 2. Aufl., Berlin/u.a. 1988.

Schefe, Peter [Natürlichsprachlicher Zugang, 1983]: Natürlichsprachlicher Zugang zu Datenbanken?, in: AI, Jg. 25 (1983), H. 10, S. 419-423.

Schein, Edgar H. [Consultation, 1988]: Process consultation: Its role in organization development, Vol. I, 2. Aufl., Reading, Mass./u.a 1988.

Schenk, Hans [Betriebskennzahlen, 1939]: Die Betriebskennzahlen. Begriff, Ordnung und Bedeutung für die Betriebsbeurteilung, Leipzig 1939.

Scheuing, Eberhard Eugen [Unternehmensführung, 1976]: Unternehmensführung mit Kennzahlen, Baden-Baden/Bad Homburg 1976.

Scheuten, Wilhelm K. [Informationstechnik, 1988]: Informations-Technik für Manager. Nutzen moderner Informationstechnik für Führungskräfte, Auswirkungen auf ihre Arbeit, in: Personalführung, o. Jg. (1988), H. 3, S. 130-137.

Schild, Heinz G. [Endbenutzerkonzept, 1980]: Endbenutzerkonzept. Rechnerunterstützung für Fachabteilungsaufgaben, in: ZfO, Jg. 49 (1980), S. 444-450.

Schindler, R. [Bildschirmarbeitsplätze, 1983]: Rechnergestützte Bildschirmarbeitsplätze - Entwicklungstendenzen, Gestaltungsprobleme und Stand der Forschung, in: Zeitschrift für Psychologie, Jg. 191 (1983), S. 7-23.

Schlicksupp, Helmut [Ideenfindung, 1977]: Kreative Ideenfindung in der Unternehmung - Methoden und Modelle, Berlin/New York 1977.

Schmid, Peter [SAA, 1990]: SAA. Die IBM System-Anwendungsarchitektur. Grundlagen Konzepte Trends, Vaterstetten 1990.

Schmidhäusler, Fritz J. [DSS und EIS, 1989]: Decision Support Systems und Executive Information Systems: Dedizierte Computerunterstützung für Manager aller Ebenen, in: OM, Jg. 37 (1989), H. 10, S. 64-70.

Schmidhäusler, Fritz J. [EIS, 1990]: EIS - Executive Information System. Zur Computerunterstützung des Topmanagements, in: ZfO, Jg. 59 (1990), H. 2, S. 118-127.

Schmidt, Horst [Berichtswesen, 1980]: Berichtswesen, Organisation des, in: Erwin Grochla (Hrsg.): HWO, 2. Aufl., Stuttgart 1980, Sp. 320-330.

Schmidt, Reinhart [Ansätze, 1980]: Quantitative Ansätze zur Beurteilung der wirtschaftlichen Lage von Unternehmen, in: BFuP, Jg. 32 (1980), S. 544-555.

Schmidt, Reinhart [Verbindung, 1978]: Zur Verbindung von Modellen, Methoden und Daten bei Unternehmensplanung mit EDV, in: Heiner Müller-Merbach (Hrsg.): Quantitative Ansätze in der Betriebswirtschaftslehre, München 1978, S. 95-109

Schmitt, Alfred A. [Dialogsysteme, 1983]: Dialogsysteme. Kommunikative Schnittstellen, Software-Ergonomie und Systemgestaltung, Mannheim/Wien/Zürich 1983.

Schneider, Hans-Jochen (Hrsg.) [Lexikon, 1986]: Lexikon der Informatik und Datenverarbeitung, 2. Aufl., München/Wien 1986.

Schneider, Ursula [Informationsmanagement, 1990]: Kulturbewußtes Informationsmanagement. Ein organisationstheoretischer Gestaltungsrahmen für die Infrastruktur betrieblicher Informationsprozesse, München/Wien 1990.

Scholz, C. [Branchenanalyse, 1985]: Strategische Branchenanalyse durch Mustererkennung, in: ZfB, Jg. 55 (1985), S. 120-141.

Schönecker, Horst G./Nippa, Michael (Hrsg.) [Büroarbeit, 1987]: Neue Methoden zur Gestaltung der Büroarbeit. Computergestützte Organisationshilfen für die Praxis, Baden-Baden 1987.

Schönpflug, Wolfgang/Wittstock, Marion (Hrsg.) [Software-Ergonomie, 1987]: Software-Ergonomie '87. Nützen Informationssysteme dem Benutzer?, Tagung III/1987 des German Chapter of the ACM vom 27. bis 29. April 1987 in Berlin, Stuttgart 1987.

Schott, Gerhard [Kennzahlen, 1981]: Kennzahlen. Instrument der Unternehmensführung, 4. Aufl., Wiesbaden 1981.

Schroder, Harold M. [Komplexität, 1978]: Die Bedeutsamkeit von Komplexität, in: Heinz Mandel/Günter L. Huber (Hrsg.): Kognitive Komplexität. Bedeutung, Weiterentwicklung, Anwendung, Göttingen/Toronto/Zürich 1978, S. 35-50.

Schröder, M. [Zeitreihenprognose, 1981]: Einführung in die kurzfristige Zeitreihenprognose und Vergleich der einzelnen Verfahren, in: Peter Mertens (Hrsg.): Prognoserechnung, 4. Aufl., Würzburg/Wien 1981, S. 23-58.

Schultz, Reinhart [Szenarien, 1987]: Quantitative Entscheidungsunterlagen auf der Grundlage von Szenarien, Diss. Hamburg, Wiesbaden 1987.

Schurig, Volker [Sinnesorgan, 1987]: Sinnesorgan, in: Siegfried Grubitzsch/Günter Rexilius (Hrsg.): Psychologische Grundbegriffe. Mensch und Gesellschaft in der Psychologie. Ein Handbuch, Reinbek bei Hamburg 1987, S. 974-975.

Schwarz, Horst [Stelle, 1980]: Stelle, in: Erwin Grochla (Hrsg.): HWO, 2. Aufl., Stuttgart 1980, Sp. 2113-2118.

Schweitzer, Marcell/Küpper, Hans-Ulrich [Kostenrechnung, 1986]: Systeme der Kostenrechnung, 4. Aufl., München 1986.

Schwitter, Joseph S. [Computer, 1964]: Sind die Computer wirklich die Totengräber der mittleren Betriebsführer?, in: Die Unternehmung, Jg. 18 (1964), S. 140-143.

Schwuchow, Werner (Hrsg.) [Wirtschaftlichkeit, 1989]: Wirtschaftlichkeit von Informationstechniken. 5. Internationale Fachkonferenz Garmisch-Partenkirchen vom 29.-31. Mai 1989, Konferenzbericht, Frankfurt am Main 1989.

SCIENTIFIC CONSULTING Dr. Schulte-Hillen (Hrsg.) [Wirtschaftsdatenbanken, 1990]: Handbuch der Wirtschaftsdatenbanken 1990. Inhalte und Anbieter - weltweit, 6. Aufl., Darmstadt/u.a. 1990.

Seibt, Dietrich/Weber, Helmut (Hrsg.) [PCs, 1986]: PCs in der betrieblichen Datenverarbeitung, Braunschweig 1986.

Senghaas-Knobloch, Eva [Menschen und Maschinen, 1985]: Menschen und Maschinen. Der nichtzukleine Unterschied, in: (o. Hrsg.) Technik und Gesellschaft, Jahrbuch 3, Frankfurt am Main/New York 1985, S. 232-242.

Shannon, Claude E./Weaver, Warren [Communication, 1949]: The mathematical theory of communication, Urbana, Ill. 1949.

Shaw, Phil [Database Language, 1990]: Database Language Standards: Past, Present and Future, in: Albrecht Blaser (Hrsg.): Database Systems of the 90s, Berlin/u.a. 1990, S.55-80.

Shneiderman, Ben [Designing, 1987]: Designing the User Interface: Strategies for Effective Human-Computer Interaction, Reading, Mass./u.a. 1987.

Shneiderman, Ben [Direct Manipulation, 1983]: Direct Manipulation: A step beyond programming languages, in: IEEE Computer, Vol. 16 (1983), No. 8, S. 57-69.

Shneiderman, Ben [Future, 1982]: The future of interactive systems and the emergence of direct manipulation, in: Behaviour and Information Technology, Vol. 1 (1982), No. 3, S. 237-256.

Sikora, Joachim [Kreativ-Methoden, 1976]: Handbuch der Kreativ-Methoden, Heidelberg 1976.

Simon, Herbert A. [Behavior, 1957]: Administrative Behavior. A Study of Decision-Making Processes in Organization, 2. Aufl., New York 1957.

Simon, Herbert A. [Choice, 1955]: A Behavioral Model of Rational Choice, in: The Quarterly Journal of Economics, Cambridge, Mass., Jg. 69 (1955), S. 99-118.

Simon, Herbert A. [Corporation, 1960]: The Corporation: Will It Be Managed by Machines?, in: Melvin Anshen/George Leland Bach (Hrsg.): Management and Corporations 1985, New York/Toronto/London 1960, S. 17-55.

Simon, Herbert A. [Entscheidungsverhalten, 1981]: Entscheidungsverhalten in Organisationen. Eine Untersuchung von Entscheidungsprozessen in Management und Verwaltung (Übersetzung der 3. englischsprachigen Auflage von: Administrative Behavior: A Study of Decision-Making Processes in Administrative Organization), Landsberg am Lech 1981.

Simon, Herbert A. [Models, 1957]: Models of Man - Social and Rational, Mathematical Essays on Rational Human Behavior in a Social Setting, New York/London/Sydney 1957.

Simon, Herbert A. [Rational, 1955]: A Behavioral Model of Rational Choice, in: The Quarterly Journal of Economics, Vol. 69 (1955), S. 99-118.

Simon, Herbert A. [Science, 1960]: The new science of management decision, New York 1960.

Simpson, Carol A./u.a. [Speech, 1987]: Speech Controls and Displays, in: Gavriel Salvendy (Hrsg.): Handbook of Human Factors, New York/u.a. 1987, S. 1490-1525.

Smith, David Canfield/u.a. [Star, 1982]: Designing the star user interface, in: BYTE Publications, H. 4 (1982), S. 242-282.

Smith, L. S./Mosier, J. N. [Guidelines, 1986]: Guidelines for designing user interface software, Bedford, Mass. 1986.

Smith, Sidney L. [Standards, 1986]: Standards versus guidelines for designing user interface software, in: Behaviour and Information Technology, Vol. 5 (1986), No. 1, S. 47-61.

Smith, Thomas J./Smith, Karl U. [Feedback-Control, 1987]: Feedback-Control Mechanisms of Human Behavior, in: Gavriel Salvendy (Hrsg.): Handbook of Human Factors, New York/u.a. 1987, S. 251-293.

Solaro, Dietrich [Interview, 1987]: Das Interview, in: HMD, Jg. 24 (1987), H. 138, S. 110-113.

Sorg, Stefan/Zangl, Hans [Bürosysteme, 1985]: Vorteile integrierter Bürosysteme für Führungskräfte. Erfahrungen aus einem Pilotprojekt, in: OM, Jg. 33 (1985), H. 5, S. 474-479.

Sorkin, Robert D. [Design, 1987]: Design of auditory and tactile displays, in: Gavriel Salvendy (Hrsg.): Handbook of Human Factors, New York/u.a. 1987, S. 549-576.

Spinas, Philipp [Benutzerfreundlichkeit, 1987]: Arbeitspsychologische Aspekte der Benutzerfreundlichkeit von Bildschirmsystemen, Diss. Universität Bern, Zürich 1987.

Spinas, Philipp/Troy, Norbert/Ulich, Eberhard [Leitfaden, 1983]: Leitfaden zur Einführung und Gestaltung von Arbeit mit Bildschirmsystemen, München/Zürich 1983.

Sprague, Ralph H. Jr./Carlson, Eric D. [DSS, 1982]: Building Effective Decision Support Systems, Englewood Cliffs, NY 1982.

Spremann, Klaus/Zur, Eberhard (Hrsg.) [Informationstechnologie, 1989]: Informationstechnologie und strategische Führung, Wiesbaden 1989.

Stachowiak, Herbert [Modelltheorie, 1973]: Allgemeine Modelltheorie, Wien/New York 1973.

Staehle, Wolfgang H. [Kennzahlen, 1969]: Kennzahlen und Kennzahlensysteme als Mittel der Organisation und Führung von Unternehmen, Wiesbaden 1969.

Staehle, Wolfgang H. [Kennzahlensysteme, 1973]: Kennzahlensysteme als Instrumente der Unternehmensführung, in: WiSt, Jg. 2 (1973), S. 222-228.

Staehle, Wolfgang H. [Management, 1989]: Management. Eine verhaltenswissenschaftliche Perspektive, 4. Aufl., München 1989.

Stahlknecht, Peter [Management-Informationssysteme, 1990]: Management-Informationssysteme, in: Peter Mertens/u.a. (Hrsg.): Lexikon der Wirtschaftsinformatik, 2. Aufl., Berlin/u.a. 1990, S. 265-267.

Stahlknecht, Peter [Planung, 1986]: Computergestützte Planung, in: Norbert Szyperski (Hrsg.): HWP, Stuttgart 1986, Sp. 210-219.

Stahlknecht, Peter [Planung, 1990]: Anwendungen in der Planung (Überblick), in: Peter Mertens/u.a. (Hrsg.): Lexikon der Wirtschaftsinformatik, 2. Aufl., Berlin/u.a. 1990, S. 30-32.

Staudt, Erich/u.a. [Kennzahlen, 1985]: Kennzahlen und Kennzahlensysteme. Grundlagen zur Entwicklung und Anwendung, Berlin 1985.

Staufer, Michael J. [Piktogramme, 1987]: Piktogramme für Computer. Kognitive Verarbeitung, Methoden zur Produktion und Evaluation, Berlin/New York 1987.

Stewart, R. [Managers, 1967]: Managers and their jobs, London 1967.

Stickel, Eberhard [Datenbankdesign, 1991]: Datenbankdesign. Methoden und Übungen, Wiesbaden 1991.

Strauch, Petra [Post, 1990]: Elektronische Post, in: Peter Mertens/u.a. (Hrsg.): Lexikon der Wirtschaftsinformatik, 2. Aufl., Berlin/u.a. 1990, S. 157-158.

Strehl, Franz [Arbeitsrollen, 1987]: Arbeitsrollen der Führungskräfte (nach Mintzberg), in: Alfred Kieser/Gerhard Reber/Rolf Wunderer (Hrsg.): HWFür, Stuttgart 1987, Sp. 33-46.

Streitferdt, Lothar [Entscheidungsmodelle, 1978]: Kritische Würdigung der Entscheidungsmodelle zur Auswertung von Plan-Ist-Abweichungen, in: Heiner Müller-Merbach (Hrsg.):Quantitative Ansätze in der Betriebswirtschaftslehre, München 1978, S. 173-187.

Streitz, Norbert A. [Cognitive, 1986]: COGNITIVE ERGONOMICS: An approach for the design of user-oriented interactive systems, in: Friedhart Klix/Hartmut Wandke (Hrsg.): Man-Computer Interaction Research MACINTER-I. Proc. of the First Network Seminar of The International Union of Psychological Science (IUPsyS) on Man-Computer Interaction Research Berlin, German Democratic Republic, October 16-19, 1984, Amsterdam/u.a. 1986, S. 21-33.

Streitz, Norbert A. [Fragestellungen, 1988]: Fragestellungen und Forschungsstrategien der Software-Ergonomie, in: Helmut Balzert/u.a. (Hrsg.): Einführung in die Software-Ergonomie, Berlin/New York 1988, S. 3-24.

Streitz, Norbert A. [Mensch-Maschine-Schnittstelle, 1983]: Die Mensch-Maschine-Schnittstelle unter dem Blickwinkel der Kommunikation. Positionspapier zur 3. Arbeitstagung "Mensch-Maschine-Kommunikation" in Bad Honnef (organisiert von der GMD), Bad Honnef 1983.

Streitz, Norbert A. [Modelle, 1985]: Die Rolle von mentalen und konzeptuellen Modellen in der Mensch-Computer-Interaktion: Konsequenzen für die Software-Ergonomie?, in: Hans-Jörg Bullinger (Hrsg.): Software-Ergonomie'85, Mensch-Computer-Interaktion, Stuttgart 1985, S. 280-292.

Streitz, Norbert A. [Psychologische Aspekte, 1988]: Psychlogische Aspekte der Mensch-Computer-Interaktion, Arbeitspapier der GMD, Nr. 344, Sankt Augustin, Oktober 1988.

Streitz, Norbert A./Eberleh, Edmund [Mentale Belastung, 1989]: Mentale Belastung und kognitive Prozesse bei komplexen Dialogstrukturen. Abschlußbericht an die Bundesanstalt für Arbeitsschutz, Dortmund 1989.

Streitz, Norbert A./Lieser, Alfons/Wolters, Antonius [Metaphor worlds, 1988]: The combined effects of metaphor worlds and dialogue modes in human-computer interaction, Arbeitspapier der GMD, Nr. 342, Oktober 1988.

Sturm, Rüdiger [Kennzahlen, 1979]: Finanzwirtschaftliche Kennzahlen als Führungsmittel, Berlin 1979.

Swanson, E. Burton [Information Systems, 1987]: Information Systems in Organization Theory: A Review, in: R. J. Boland/R. A. Hirschheim (Hrsg.): Critical Issues in Information Systems Research, Chichester/u.a. 1987, S. 181-204.

Szyperski, Norbert [Forschungsstrategien, 1974]: Forschungsstrategien in der Angewandten Informatik - Konzepte und Erfahrungen, in: AI, Jg. 16 (1974), H. 4, S. 148-153.

Szyperski, Norbert [Herausforderung, 1963]: Die technologische Herausforderung an die Betriebswirtschaftslehre der Gegenwart, in: ZfB, Jg. 33 (1963), Teil I: S. 275-289, Teil II: S. 349-358 und Teil III: S. 423-434.

Szyperski, Norbert [Informationsbedarf, 1980]: Informationsbedarf, in: Erwin Grochla (Hrsg.): HWO, 2. Aufl., Stuttgart 1980, Sp. 904-913.

Szyperski, Norbert [Informationssysteme, 1976]: Informationssysteme, in: Erwin Grochla/Waldemar Wittmann (Hrsg.): HWB, 4. Aufl., Stuttgart 1976, Sp. 1900-1910.

Szyperski, Norbert [Informationssysteme, 1980]: Informationssysteme, computergestützte, in: Erwin Grochla (Hrsg.): HWO, 2. Aufl., Stuttgart 1980. Sp. 920-933.

Szyperski, Norbert [Orientierung, 1971]: Zur wissenschaftsprogrammatischen und forschungsstrategischen Orientierung der Betriebswirtschaftslehre, in: ZfbF, Jg. 23 (1971), H. 5/6, S. 261-282.

Szyperski, Norbert [Realisierung, 1978]: Realisierung von Informationssystemen in deutschen Unternehmungen, in: Heiner Müller-Merbach (Hrsg.): Quantitative Ansätze in der Betriebswirtschaftslehre, München 1978, S. 67-86.

Szyperski, Norbert [Terminologie, 1962]: Zur Problematik der quantitativen Terminologie in der Betriebswirtschaftslehre, Berlin 1962.

Szyperski, Norbert/Eschenröder, Gerhard [Information-Resource-Management, 1983]: Information-Resource-Management. Eine Notwendigkeit für die Unternehmensführung, in: Ronald Kay (Hrsg.): Management betrieblicher Informationsverarbeitung, München/Wien 1983, S. 11-38.

Szyperski, Norbert/Seibt, D./Sikora, K. [Forschung, 1979]: Forschung durch Entwicklung von rechnergestützten Informationssystemen, in: Carl Adam Petri (Hrsg.): Ansätze zur Organisationstheorie Rechnergestützter Informationssysteme. GMD-Bericht Nr. 111, München/Wien 1979, S. 253-269.

Szyperski, Norbert/u.a. [Bürosysteme, 1982]: Bürosysteme in der Entwicklung - Studien zur Typologie und Gestaltung von Büroarbeitsplätzen, Braunschweig/Wiesbaden 1982.

Teichmann, Heinz [Informationsbewertung, 1976]: Informationsbewertung, in: Erwin Grochla/Waldemar Wittmann (Hrsg.): HWB, 4. Aufl., Stuttgart 1976, Sp. 1894-1900.

Templeton, Marjoric/Burger, John [Natural-Language Interfaces, 1986]: Considerations for the Development of Natural-Language Interfaces to Database Management Systems, in: Leonard Bolc/Matthias Jarke (Hrsg.): Cooperative Interfaces to Information Systems, Berlin/u.a. 1986, S. 67-99.

Thomas, Christoph G./Finke, Elke B./Kellermann, Gert M. [AiD, 1987]: AiD: Ein Wissensbasierter Ansatz für adaptive Mensch-Computer-Schnittstellen, in: Manfred Paul (Hrsg.): GI - 17. Jahrestagung. Computerintegrierter Arbeitsplatz im Büro, München, 20.-23. Oktober 1987, Proc., Berlin/u.a. 1987, S. 324-336.

Thompson, Peter [Visual, 1984]: Visual Perception: an Intelligent System with Limited Bandwidth, in: Andrew Monk (Hrsg.): Fundamentals of Human-Computer Interaction, London/u.a. 1984, S. 5-33.

Thrall, Robert M./Coombs, Clyde H./Davis, Robert L. [Decision Process, 1954]: Decision Process, New York/London 1954.

Tiemeyer, Ernst/Herzog, Frank [PC-Nutzung, 1989]: PC-Nutzung durch Führungskräfte. Einsatzmöglichkeiten und Einsatzbedingungen, in: OM, Jg. 37 (1989),H. 4, S. 28-37.

Tilemann, Thilo [Planungssprachen, 1990]: Planungssprachen, in: Peter Mertens/u.a. (Hrsg.): Lexikon der Wirtschaftsinformatik, 2. Aufl., Berlin/u.a. 1990, S. 330-332.

Töpfer, A. [Unternehmensplanung, 1980]: Computergestützte Unternehmensplanung: Zum Realisierungsgrad einer Systemkonzeption, in: ZfbF, Jg. 32 (1980), S. 325-346.

Triebe, J. K./Wittstock, M./Schiele, F. [Software-Ergonomie, 1987]: Arbeitswissenschaftliche Grundlagen der Software-Ergonomie, Schriftenreihe der Bundesanstalt für Arbeitsschutz S 24, o. O. 1987.

Tsichritzis, Dionysios (Hrsg.) [Office Automation, 1985]: Office Automation, Concepts and Tools, Berlin/ u.a. 1985.

Tucker, S. A. [Ratio-Analysis, 1961]: Successful Managerial Control by Ratio-Analysis, New York/ Toronto/London 1961.

Tufte, Edward R. [Visual, 1983]: The Visual Display of Quantitative Information, Cheshire, Connecticut 1983.

Ulich, Eberhard [Aspekte, 1988]: Arbeits- und organisationspsychologische Aspekte, in: Helmut Balzert/ u.a. (Hrsg.): Einführung in die Software-Ergonomie, Berlin/New York 1988, S. 49-66.

Ulich, Eberhard [Aufgabengestaltung, 1989]: Arbeitspsychologische Konzepte der Aufgabengestaltung, in: Susanne Maaß/Horst Oberquelle (Hrsg.): Software-Ergonomie '89. Aufgabenorientierte Systemgestaltung und Funktionalität, Stuttgart 1989, S. 51-65.

Ulich, Eberhard [Benutzerfreundlichkeit, 1986]: Aspekte der Benutzerfreundlichkeit, in: W. Remmle/M. Sommer (Hrsg.): Arbeitsplätze morgen, Berichte des German Chapter of the ACM, Bd. 27, Stuttgart 1986, S. 102-122.

Ulrich, H. [Organisationslehre, 1949]: Betriebswirtschaftliche Organisationslehre. Eine Einführung, Bern 1949.

Ulrich, Rolf [Bilanzanalyse, 1985]: Bilanzanalyse mit PC und Micro-ITS, in: Helmut Weber/Hans H. Oppermann (Hrsg.): PC - betriebliche Anwendung und Praxis, Braunschweig/Wiesbaden 1985, S. 331-349.

Unger, Albrecht [Bedeutung, 1972]: Die Bedeutung betriebswirtschaftlicher Kennzahlen für die Unternehmensleitung. Untersucht am Beispiel eines größeren Mittelbetriebes der metallverarbeitenden Industrie, Diss. Universität Freiburg i. Ue., Ebingen 1972.

Urbach, Ralf [Fabrik, 1990]: Die "Fabrik der Zukunft" - ein Konzept im Spannungsfeld wissenschaftslogischer Sichtweisen, Göttingen 1990.

Vance, Stanley [Industrial, 1959]: Industrial Administration, New York/Toronto/London 1959.

Volpert, Walter [Computer, 1988]: Computer Aided Taylorism - Die Fortsetzung der Persönlichkeitszerstörung am Arbeitsplatz mit anderen Mittel, in: Erhard Nullmeier/Karl-Heinz Rödiger (Hrsg.): Dialogsysteme in der Arbeitswelt, Mannheim/Wien/Zürich 1988, S. 47-59.

Wagner, R. R./Traumüller, R./Mayr, H. C. (Hrsg.) [Informationsbedarfsermittlung, 1987]: Informationsbedarfsermittlung und -analyse für den Entwurf von Informationssystemen, Berlin/u.a. 1987.

Wandke, Hartmut/Wetzenstein-Ollenschläger, Elke [Informationsstrukturierung, 1984]: Informationsstrukturierung und Kommandokodierung - Ein Beitrag zur nutzerfreundlichen Softwaregestaltung für rechnergestützte Bildschirmarbeitsplätze, in: Wissenschaftliche Zeitschrift der Humboldt-Universität zu Berlin, Math.-Nat. R. XXXIII, Jg. 6 (1984), S. 607-614.

Wang Laboratories, Inc. (Hrsg.) [Freestyle, 1988]: Freestyle. The personal computing system you already know how to use, Lowell, Mass. 1988.

Waterman, Donald A. [Expert Systems, 1986]: A guide to expert systems, Reading, Mass. 1986.

Watson, Hugh J./Rainer, Kelly/Koh, Chang (Hrsg.) [EIS, 1989]: Executive Information Systems: A Framework for Development and a Survey of Current Practices. Department of Management, College of Business Administration, University of Georgia, Working Paper # 41, Athens, Georgia 1989.

Weber, Helmut [Spannweite, 1964]: Die Spannweite des betriebswirtschaftlichen Planungsbegriffes, in: ZfbF, Jg. 16 (1964), S. 716-724.

Weber, Helmut/Oppermann, Hans H. [PC, 1985]: PC - betriebliche Anwendungen und Praxis - Beiträge des 2. deutschen PC-Kongresses 1984, Braunschweig/Wiesbaden 1985.

Wedekind, Hartmut [Datenbanksysteme, 1990]: Datenbanksysteme, in: Peter Mertens/u.a. (Hrsg.): Lexikon der Wirtschaftsinformatik, 2. Aufl., Berlin/u.a. 1990, S. 120-122.

Weizenbaum, Joseph [Macht, 1990]: Die Macht der Computer und die Ohnmacht der Vernunft, 8. Aufl., Frankfurt am Main 1990.

Wersig, Gernot [Information, 1971]: Information - Kommunikation - Dokumentation. Ein Beitrag zur Orientierung der Informations- und Dokumentationswissenschaften, München-Pullach/Berlin 1971.

Wertheimer, M. [Gestalt, 1922]: Untersuchungen zur Lehre von der Gestalt, in: Psychologische Forschung 1, 1922, S. 47-58.

Whisler, Thomas L. [Information Technology, 1970]: Information Technology and Organizational Change, Belmont, CA 1970.

Whiteside, John/u.a. [Performance, 1985]: User Performance with Command, Menu and Iconic Interfaces, in: ACM (Hrsg.): Human Factors in Computing Systems-II, Proc. of the CHI '85 Conference in San Francisco, Amsterdam/New York/Oxford 1985, S. 185-191.

Wickenhäuser, Fritz [Führungssysteme, 1989]: Rechnerunterstützte Führungssysteme in mittelständischen Unternehmen, in: Rolf Bühner (Hrsg.): Führungsorganisation und Technologiemanagement. Festschrift für Friedrich Hoffmann zum 65. Geburtstag, Berlin 1989, S. 173-194.

Wickens, Christopher D. [Information, 1987]: Information, Processing, Decision Making and Cognition, in: Gavriel Salvendy (Hrsg.): Handbook of Human Factors, New York/u.a. 1987, S. 72-107.

Wild, Jürgen [Organisationsforschung, 1967]: Neuere Organisationsforschung in betriebswirtschaftlicher Sicht, Berlin 1967.

Wild, Jürgen [Unternehmungsplanung, 1981]: Grundlagen der Unternehmungsplanung, 3. Aufl., Opladen 1981.

Williamson, Hilary [User Environment, 1981]: User Environment Model, in: Report of the 1st Meeting of the European User Environment Subgroup of IFIP WG 6.5, o. O., 1981, S. 6-8.

Williges, Robert C./Williges, Beverly H./Elkerton, Jay [Software Interface, 1987]: Software Interface Design, in: Gavriel Salvendy (Hrsg.): Handbook of Human Factors, New York/u.a. 1987, S. 1416-1449.

Wimmer, Heinz/Perner, Josef [Kognitionspsychologie, 1979]: Kognitionspsychologie. Eine Einführung. Stuttgart/u.a. 1979.

Winand, Udo [Informationsbanken, 1988]: Externe Informationsbanken für betriebliches Informationsmanagement - Ein noch unerschlossenes Potential, in ZfbF, Jg. 40 (1988), H. 12, S. 1130-1149.

Wingert, Bernd/Riehm, Ulrich [Werkzeug, 1985]: Computer als Werkzeug. Anmerkungen zu einem verbreiteten Mißverständnis, in: (o. Hrsg.) Technik und Gesellschaft, Jahrbuch 3, Frankfurt am Main/New York 1985, S. 107-131.

Winkler, Heinz [Einfluß, 1983]: Einfluß neuer Technologien auf Informationssysteme, in: Ronald Kay (Hrsg.): Management betrieblicher Informationsverarbeitung, München/Wien 1983, S. 227-242.

Wise, John A./Debons, Anthony (Hrsg.) [Information Systems, 1987]: Information Systems: Failure Analysis, Berlin/u.a. 1987.

Wissenbach, Heinz [Kennzahlen, 1967]: Betriebliche Kennzahlen und ihre Bedeutung im Rahmen der Unternehmerentscheidung, Berlin 1967.

Witte, Eberhard [Bürokommunikation, 1984]: Bürokommunikation, Berlin/u.a. 1984.

Witte, Eberhard [Entscheidungsverläufe, 1968]: Die Organisation komplexer Entscheidungsverläufe - Ein Forschungsbericht, in: ZfbF, Jg. 20 (1968), S. 581-599.

Witte, Eberhard [Informationsverhalten, 1972]: Das Informationsverhalten in Entscheidungsprozessen, Tübingen 1972.

Witte, Eberhard [Kommunikationstechnologie, 1980]: Kommunikationstechnologie, in: Erwin Grochla (Hrsg): HWO, 2. Aufl., Stuttgart 1980, Sp. 1048-1056.

Witte, Eberhard [Phasen-Theorem, 1968]: Phasen-Theorem und Organisation komplexer Entscheidungsverläufe, in: ZfbF, Jg. 20 (1968), S. 625-647.

Witte, Eberhard [Unternehmensführung, 1983]: Unternehmensführung, in: Willi Albers/u.a. (Hrsg.): HdWW, Stuttgart/New York 1983, Sp. 136-144.

Witte, Eberhard/Hauschildt, Jürgen/Grün, Oskar (Hrsg.) [Innovative Entscheidungsprozesse, 1988]: Innovative Entscheidungsprozesse. Die Ergebnisse des Projektes "Columbus", Tübingen 1988.

Wittmann, Waldemar [Information, 1980]: Information, in: Erwin Grochla (Hrsg.): HWO, 2. Aufl., Stuttgart 1980, Sp. 894-904.

Wittmann, Waldemar [Unvollkommene, 1959]: Unternehmung und unvollkommene Information, Köln/ Opladen 1959.

Wöhe, Günter [Einführung, 1984]: Einführung in die Allgemeine Betriebswirtschaftslehre, 15. Aufl., München 1984.

Wöhe, Günter [Entwicklungstendenzen, 1976]: Betriebswirtschaftslehre, Entwicklungstendenzen der Gegenwart, in: Erwin Grochla/Waldemar Wittmann (Hrsg.): HWB, 4. Aufl., Stuttgart 1976, Sp. 710-747.

Wolf, Catherine G./Morrel-Samuels, Palmer [Gestures, 1987]: The Use of Hand-drawn Gestures for Text-Editing, RC 12523 (#56294), IBM T. J. Watson Research Center, Yorktown Heights, New York 1987.

Wolf, Jakob [Kennzahlensysteme, 1977]: Kennzahlensysteme als betriebliche Führungsinstrumente, München 1977.

Wollnik, Michael [Implementierung, 1986]: Implementierung computergestützter Informationssysteme. Perspektiven und Politik informationstechnologischer Gestaltung, Berlin/New York 1986.

Wurr, Peter R. [Management-Grafik, 1985]: Verbessert Management-Grafik die Führungsqualität?, in: OM, Jg. 33 (1985), H. 7/8, S. 706-709.

Zahn, Erich/Rüttler, Martin [Informationsmanagement, 1989]: Informationsmanagement. Eine strategische Antwort auf kritische Herausforderungen der Unternehmensumwelt, in: Controlling, Jg. 1 (1989), H. 1, S. 34-43.

Zangl, H. [Durchlaufzeiten, 1985]: Durchlaufzeiten im Büro, Berlin 1985.

Zapf, Dieter/Frese, Michael [Benutzerfehler, 1989]: Benutzerfehler im Kontext von Arbeitsaufgabe und Arbeitsorganisation, in: Susanne Maaß/Horst Oberquelle (Hrsg.): Software-Ergonomie '89. Aufgabenorientierte Systemgestaltung und Funktionalität, Stuttgart 1989, S. 213-222.

Zdybel, Frank [Graphics, 1986]: An engine for intelligent graphics, in: Leonard Bolc/Matthias Jarke (Hrsg.): Cooperative Interfaces to Information Systems, Berlin/u.a. 1986, S. 45-63.

Zilahi-Szabó, M. G. [Determinanten, 1973]: Determinanten eines Führungsinformationssystems auf betrieblicher, nationaler und supranationaler Ebene, in: H. R. Hansen/M. P. Wahl (Hrsg.): Probleme beim Aufbau betrieblicher Informationssysteme. Beiträge zum Wirtschaftsinformatiksymposium 1972 der IBM Deutschland GmbH, München 1973, S. 83-95.

Zimbardo, Philip G. [Psychologie, 1983]: Psychologie, 4. Aufl., Berlin/u.a. 1983.

Zimmermann, D. [Produktionsfaktor, 1972]: Produktionsfaktor Information, Neuwied/Berlin 1972.

Zoeppritz, Magdalena [Endbenutzersysteme, 1983]: Endbenutzersysteme mit 'natürlicher Sprache' und ihre Human Factors, in: Helmut Balzert (Hrsg.): Software-Ergonomie, Stuttgart 1983, S. 397-410.

Zoeppritz, Magdalena/Rohr, Gabriele [Interaktionssprachen, 1988]: Interaktionssprachen, in: Helmut Balzert/u.a. (Hrsg.): Einführung in die Software-Ergonomie, Berlin/New York 1988, S. 139-161.

Zwerina, Harald [Masken, 1988]: Masken und Formulare, in: Helmut Balzert/u.a. (Hrsg.): Einführung in die Software-Ergonomie, Berlin/New York 1988, S. 163-174.

Zwerina, Harald/Benz, Claus/Haubner, Peter [Kommunikationsergonomie, 1987]: Kommunikations-Ergonomie. Benutzerfreundliche Anwenderprogramme in Maskentechnik, Berlin/München 1987.

Stichwortverzeichnis